马斯洛
心理学
经典译丛

马斯洛心理学经典译丛

MOTIVATION AND PERSONALITY

动机与人格

［美国］亚伯拉罕·H.马斯洛 著

赵巍 译

中国出版集团有限公司

世界图书出版公司
西安 北京 上海 广州

感谢我的兄弟们，
通用集装箱公司的哈罗德、保罗和刘易斯，
因为他们的慷慨相助，本书才得以完成。

目录

前　言　01

第一章　科学研究的心理学方法　1

第二章　方法中心和问题中心　11

第三章　动机理论前言　19

第四章　人类动机理论　34

第五章　基本需求的满足在心理学中的角色　58

第六章　基本需求的类本能性质　76

第七章　高级需求和低级需求　95

第八章　心理病原和威胁理论　102

第九章　破坏性是类本能的吗　112

第十章　行为的表达成分　125

第十一章　自我实现者：心理健康研究　143

第十二章　自我实现者的爱情　175

第十三章　对个体和共性的认知　195

第十四章　无动机和无目的的反应　221

第十五章　心理治疗、健康与动机　232

第十六章　正常、健康和价值　255

附录 A　积极心理学方法带来的问题　271

附录 B　整体动力学、机体理论、综合征动力学　284

参考文献　319

致　谢　353

前　言

　　此次修订，我尝试着把过去 16 年的主要经验教训都吸收进来。这些经验教训相当重要。我认为此次修订是一次真正意义上的广泛修订。虽然我只对部分内容进行了重写，但是本书的主旨已经在一些重要方面得到了修改，这一点我将在下文中做详细阐述。

　　本书于 1954 年首次出版，目的是希望对当时的经典心理学起到推进作用，而不是去否定它们或者建立另一种对立的心理学。本书试图通过探索人性的更高层次来深化我们对人格的认识（我本来打算给本书起名为《更高层次的人性》）。如果我必须把本书的主题提炼成一句话，我会这样说：除了当时的心理学对人性的剖析之外，人还有更高层次的本性，这是一种类本能，是人的本质的一部分。如果能再加一句，我会强调人性深刻的整体性，以驳斥行为主义和弗洛伊德精神分析学说的分析式—解剖式—原子论—牛顿式方法。

　　换一种说法，我当然接受并继承了实验心理学和精神分析学的现有成果。我也认可实验心理学的经验主义和实验主义精神，以及精神分析学对人性的彻底揭露和深入探索，但我不认同它们刻画出的人类形象。也就是说，本书代表了一种不同的人性哲学、一种新的人的形象。

　　无论是任何领域（如经济学、社会学、生物学）、任何行业（如法、政、医），还是任何社会单位（如家庭、教育、宗教），这种全新的"人本主义"世界观似乎都更有前景、更鼓舞人心。我当时认为这不过是心理学家之间的一场内部争论，但事实证明，这场争论代表了心理学界新的时代精神，代表了一种普遍、全面的新的人生哲学。我采纳这种构想，着手修订本书，并在本书中表达了以下观点：我认为，这种构想从一个侧面体现了一种更宏大的世界观和一种全面的人生哲学。这一点已经初步实现，至少已经令人信服，因此，必须得到学界重视。

有个令人恼火的事实，我不得不一吐为快。这场名副其实的革命（人、社会、自然、科学、终极价值观、哲学等的新形象）仍被大多数学者完全忽视，而他们中一部分人掌控着与知识阶层和青年进行沟通的渠道（正因如此，我把它称为"备受冷落的革命"）。

这部分人中有许多人有极端绝望和愤世嫉俗的世界观，这种观念有时会导致恶意和残忍。事实上，他们不承认人性和社会有可能改善，不承认有可能发现人类的内在价值，也不承认人有可能热爱生活。

他们认为诚实、善良、慷慨、友爱都是不真实的，嘲笑一些人是傻瓜、老顽固、空想家或盲目乐天派，跟这些人打交道时，他们往往会过度怀疑，骤下判断，实际上已经产生主观上的敌意。这种主动的揭露、憎恶和攻击已经不止于鄙夷，有时候，他们像是在义愤填膺地反击，反击那些他们认为是侮辱性的意图，比如别人想要蒙骗他们、欺瞒他们、戏弄他们。我认为，精神分析学家会从中看到一种因为过去的失望和幻灭而产生愤怒和报复的动机。

这种绝望的亚文化，这种"比你更阴损"的态度，这种相信弱肉强食、悲观绝望而怀疑善意的反道德，正是人本主义心理学所要正面驳斥的，本书及参考书目中所列的许多著作中介绍的原始资料也都正面驳斥了这一点。在肯定人性之善的前提条件时，我们虽然仍有必要非常慎重（见第七、九、十一、十六章），但已经有可能坚定地驳斥那种绝望的观念，即相信人性在根本上是堕落和邪恶的。这样的观念已经不仅仅是品位的问题。只有盲目和无知到冥顽不灵的地步，只有拒不接受事实，才会死抱着这种观念不放。因此，这种观念只能被视为一种个性的反映，而不代表一种理性的哲学或科学的立场。

前两章和附录B中，我提出了人本主义和整体论的科学观。过去10年的许多最新研究进展有力地证实了这一观点,尤其是在迈克尔·波拉尼的《个人知识》(376)一书中得到了证实。我自己撰写的《科学心理学》(292)也阐述了类似主题。这些书直接针锋相对地反驳了那些当时仍然大行其道的正统、经典的科学哲学,并且提供了更加完善的替代哲学,用来开展关于人的科学研究。

整体论贯穿整本书,但附录B中收录了一种更深入,或许也更晦涩的方法。整体论显然是正确的——毕竟,宇宙是一个相互关联的整体,任何社会都是一个相互关联的整体,任何人都是一个相互关联的整体——然而,作为一种世界观,整体论要得到理想的实施和运用并非易事。最近我越来越倾向于认为,原子论思维是一种轻微的精神病变,或者至少是认知不成熟综合征的一种表现。对于心态良好、自我实现的人来说,整体论的思维和观察方式似乎是自然而然、水到渠成的。而对于不太开明、不够成熟、心态不健康的人来说,接受起来似乎异常困难。当然,到目前为止,这只是一种印象,我也不想急于下定论。但我认为,有理由把它作为一个有待验证的假设提出来,要做到这一点也相对容易。

除了第三章到第七章,在某种程度上,本书从头到尾都在阐述动机理论。该理论还有一段有趣的历史。弗洛伊德、阿德勒、荣格、D.M.利维、弗洛姆、霍尼和戈尔茨坦都曾提出过相关理论。1942年我首次向一个精神分析学会提出动机理论时,试图将以上的局部真理整合到一个统一的理论体系中。我从自己零散的治疗经验中了解到,这些作者提出的理论在不同时间,对不同的人来说都是正确的。而我的问题本质上是一个临床问题:哪种早期的缺失会导致神经症?哪种心理疗法能治疗神经症?哪种措施可以预防神经症?不同的心理疗法的应用顺序是什么,哪种最为有效,哪种是最基本的?

平心而论,这一理论从临床的、社会的和人格学的角度来看都相当成功,但在实验室的实验中却并不成功。它非常符合大多数人的个人体验,并能够给他们提供一个有层次的理论,帮助他们更好地认识自己的内心生活。对大多数人来说,这一理论似乎有一种直接的、个人的、主观的合理性。然而,它仍然缺乏实验的验证和支持。至今我还没能想出一个能在实验室里进行验证的好方法。

道格拉斯·麦格雷戈（332）将这种动机理论应用于工业领域，才找到了这个问题的部分答案。他不仅发现动机理论有助于整理资料和观察的结果，还发现这些资料能作为原始资料，反过来确认和验证动机理论。正是工业领域，而不是实验室为该理论提供了实证的支持（参考书目中包含此类报告的样本）。

工业及生活的其他方面后来都验证了动机理论，我从中得到的经验教训是：当我们探讨人类的需求时，我们实际上是在探讨生命的本质。我怎么能将人类的本质放在动物实验室环境或试管状态下进行实验呢？显然，要验证它需要完整的人在社会环境中的真实生活状态。只有在这种条件下才能进行检验。

可以看出，第四章的内容源于临床治疗，因为第四章强调的是神经症的各种诱发因素，而不是无须心理治疗师劳心费神的诸多动机。这些包括惰性和懒散、感官愉悦、对感官刺激和活动的需要、对生命的执着或淡漠、希望或绝望的倾向，以及在恐惧、焦虑、匮乏等情况下不同程度的退步倾向，等等。更不用说，人类的最高层次的价值也是重要动机：如美、真理、卓越、完满、正义、秩序、一致、和谐等。

我在以下著作中对第三章和第四章进行了必要补充：《存在心理学探索》（295）的第三章、第四章和第五章，《优心态管理》（291）中关于"低级牢骚、高级牢骚和超级牢骚"的部分，以及《超越性动机理论：价值生活的生物学根源》（314）。

如果不考虑人类的最高追求，就永远无法理解人类的生活。人的成长、自我实现、对健康的追求、对自我和独立的向往、对卓越的渴望（以及奋斗上进的其他说法），这些都已经成为最广泛、最普遍的倾向，而且毫无疑问地被广泛接受。

然而，也存在其他倒退、恐惧、自我贬低的倾向，但人们如果在个人成长过程中自我感觉良好，就很容易就忘记这些倾向，尤其是那些没有经验的年轻人。我认为，要预防这种错觉，有必要透彻了解心理病理学和精神分析学。我们必须认识到，许多人选择从恶而不是向善；我们必须认识到，正因为成长往往是个痛苦的过程，我们可能会回避成长；我们必须认识到，对于最好的自己，我们除了爱还感到恐惧（314）；我们必须认识到，我们所有人都对真善美怀有极其矛盾的心理，对它们既爱又怕（295）。人本主义心理学家仍然需要阅读弗洛伊德（读他的临床事实，而不是他的形而上学）。我还想推荐霍格特的一本内容极其敏感的书（196），这本书有助于我们以同情之心去理解他所写的那些没文化的人，理解他们为什么倾向于庸俗、琐碎、廉价和虚假。

我认为，第四章和第六章"基本需求的类本能性质"构成了人类内在价值体系的基础。人类内在价值，也即不言而喻的人类之善，它们本质美好，值得拥有，无须自证。这是个价值的层次体系，属于人的本质。这一价值体系不仅全人类都渴望拥有，而且对于避免一般疾病和心理病变也是必要的。换句话说，这些基本需求和超越性需求（314）也是内在的强化剂，即非条件刺激，以此为基础可以组织各种实用的学习和培训。也就是说，为了获得内在的善，动物和人几乎什么都愿意学，因为对他们来说，学到了就等于拥有了这种终极的善。

因篇幅有限，我在此不便展开，但我还是要提一下，将类本能的基本需求和超越性需求既视为权利也视为需求，这不仅合理而且富有成效。如果承认猫有权利成为猫，也就等于承认人也有权利成为人，这是顺理成章的。为了成为真正意义上的人，就必须满足这些基本需求和超越性需求，因此这些需求可以被视为天生权利。

需求和超越性需求的层次体系对我还另有用处。我觉得它有点像自助餐，人们可以根据自己的喜好和胃口随意挑选。也就是说，对一个人的行为动机所作的任何判断都会受到判断者自身性格因素的影响。举个例子，判断者会依照自己一贯秉持的乐观主义或悲观主义，选择将某一行为归结为某种动机。在当前社会，我发现人们越来越频繁地选择悲观主义，我们不妨把这种现象称为"动机降级"。简而言之，就是在解释某种行为动机时，更倾向于选择低级需求而不是中级需求，或者更倾向于选择中级需求而不是高级需求。这样一来，人们倾向于选择纯粹物质主义的动机，而不是社会性动机或者超越性动机，也不会兼选三种动机。这是一种近乎偏执的猜疑，是一种对人性的贬低，对此我倒是不觉得奇怪，只是据我所知，目前这种情况并没有得到充分的描述。依我之见，任何完整的动机理论都必须包括人这一变量。

毫无疑问，思想史学家一定可以轻而易举地在不同文化和不同时代找到许多这方面的例子，既有"动机升级"型，也有"动机降级"型。在我撰写本书期间，我们文化中的动机降级之势正愈演愈烈。为了解释某种行为或现象，低级需求被严重滥用，而高级需求和超越性需求则明显被忽略了。在我看来，这种趋势背后更多的是一种先入为主的观念而并非经验事实。我发现，高级需求和超越性需求被严重低估了，不仅病人低估了它们的决定性作用，而且当前的知识分子也不敢承认它们的重要性。显然，这是一个经验性和科学性的问题。同样显而易见的是，如此重要的问题绝不能任由某些派系或团队来解决。

在第五章"满足理论"的基础上，我增加了关于满足病理学的一节。15 或 20 年前，我们怎么也不会想到，一个人在得到自己苦苦追寻的东西后，随之而来的可能不是梦寐以求的幸福感，而是病态的后果。从奥斯卡·王尔德被判入狱的故事中我们得到的教训是，人们应该警惕自己的愿望——因为愿望实现的同时可能也会招致悲剧。任何层次的动机——物质的、人际的或者超验的——似乎都有可能造成这样的后果。

这一发现令人始料未及，我们从中认识到，基本需求得到满足后，并不会自动生成一套让人深信不疑并且愿意坚守的价值体系，相反，随之而来的往往是百无聊赖、漫无目的、信念丧失之类的后果。显然，人在追求自己所欠缺的东西时表现最佳，比如希望得到自己所没有的东西，并且为满足这种愿望而凝聚力量、努力拼搏的时候。事实证明，如愿以偿并不能确保幸福快乐、心满意足。这是一种不明状态，既可能解决问题，也可能招致新的麻烦。

这一发现表明，对许多人来说，有意义的生活应该是，也只能是"有所欠缺，有所渴求，并为之奋斗"。但事实上，对于自我实现的人来说，即使所有的基本需求都得到了满足，他们也会觉得生活变得更有意义了，因为这表明他们可以生活在存在的国度里（295）。因此，有意义的普通生活哲学虽然广为流传，但其实并不正确，至少可以说并不成熟。

有一点对我来说也很重要：人们对于我提出的牢骚理论（291）有了越来越多的认识。简单来说，据我观察，需求的满足只能带来短暂的快乐，这种快乐往往会被另一种（希望是）更大的不满所取代。这么一来，人类追求永恒幸福的愿望似乎永远都无法实现。当然，幸福一定会来临，它并非遥不可及，而是真切和具体的。只是，我们好像必须接受它转瞬即逝的本质，强烈的幸福感更是昙花一现。高峰体验不会持续，也无法持续。大喜过望只是偶尔有之，永远难以为继。

但这就意味着对统治我们长达三千年之久的幸福学进行修正，而这种幸福学一直决定着我们的各种认知，包括天堂、伊甸园、美满生活、美好社会和善良的人等概念。传统爱情故事的结尾总是"从此他们幸福地生活在一起"。我们的社会改良和社会革命理论也往往是老调重弹。社会的实质性进步往往效果不明显，那些喋喋不休的兜售，最终只会使我们感到幻灭。我们写进宪法修正案的改良措施，如工会主义、妇女选举权、直选议员、累进所得税等带来的社会进步被大肆炒作，令人不堪其扰。任何改良都被声称能够带来太平盛世、永久福祉，能够一劳永逸地解决所有问题，却最终在惨淡的事实面前化为泡影。幻灭意味着曾经有过幻想。我们不妨声明一点：我们完全有理由期待社会改良，但对尽善尽美、幸福长久什么的已经不抱任何期待了。

有一个事实现在看来显而易见，但却被人们普遍忽略了，在此我还是要提醒大家注意：我们拥有的全部幸福都被视为理所当然，这些幸福因此被淡忘，被忽略，甚至不被珍惜——直到我们再次失去它（483）。比如1970年1月，我写这篇前言的时候，美国社会历经150年的不懈奋斗，取得了公认的成就和进步，但当时一些头脑简单、见识浅薄之人正在诋毁这一切，宣称它们都是虚假的、毫无价值的，根本不值得保护或为之奋斗，也不值得珍惜，而这一切仅仅是因为这个社会尚不完美。这是美国文化的典型特征。

我打算以当前妇女争取解放的斗争为例（我还有几十个别的例子），来说明这个复杂但重要的问题，并以此证明有多少人倾向于一分为二的割裂式思维，而不会进行多层次的整体性思考。一般说来，在当今的文化中，年轻女子的夙愿大多是有男人爱她，跟她成家并和她生一个孩子。按她的想法，她从此便可以一生幸福了。但事实是，不论她多么渴望拥有家庭和孩子，或者多么向往爱情，终有一日，她会对这一切到手的幸福感到厌倦，认为这一切都是天经地义的，并且渐渐变得无所适从，而且心有不甘，觉得生活仿佛缺了点什么，仿佛还应该有点别的什么。接下来，她会把一切都归结到家庭、孩子和婚姻上，觉得这都是骗人的，甚至可以说是陷阱，是桎梏。紧接着，她又会以一种非此即彼的二分方式来追寻更高层次的需求和满足，诸如专职工作、自由旅行、个人独立等。实际上，认为这些选择互相排斥、无法兼容的想法既不成熟，也不明智，牢骚理论和需求的层次整合理论的主要观点正在于此。这些不知满足的女人一方面希望紧紧地抓住她所拥有的一切不放，另一方面又像工会主义成员那样，想要得到更多的东西。也就是说，她既想牢牢守住现有的幸福，又期望收获额外的福祉。但说到这里，我们似乎还是没有吸取这个永恒的教训：无论她渴望什么，事业也好，其他东西也罢，一旦愿望实现，整个过程就会再次重演。短暂的幸福、激动和满足过后，一切又不可避免地变得理所应当，她又开始焦灼不安地渴望得到更多！

我想提出这样一种可能性供大家思考：如果我们能够完全意识到人类的这种天性，如果我们能放弃追求永久的快乐，承认幸福难再、好景不长，承认人永远会心怀不满、牢骚满腹、忧心忡忡，那我们就会让普通人学会那些自我实现的人是如何行事的，他们对自己拥有的一切如数家珍、心怀感激，不会陷入非此即彼的抉择困境。对女人来说，她可以一面实现女人的"夙愿"（有人爱，有家，有孩子），一面在不放弃任何既得满足感的情况下继续向前，超越性别，实现与男人共享全面的人性。这样，她的智力、她的才华和潜能、她特有的天赋以及她的自我实现都可以得到全面发展。

第六章"基本需求的类本能性质"的主题有相当大的变动。在过去10年左右的时间里，遗传学取得了巨大的进步，促使我们比15年前更相信基因在决定生物性状时的能力。在我看来，对心理学家而言，这些发现中最重要的一点就是X和Y染色体可能发生的种种情况，比如二倍体、三倍体、缺失等。

第九章"破坏性是类本能的吗"也基于这些新的发现做出了重大调整。

遗传学方面的进展或许可以更好地阐明我的立场，让我的观点更容易被人接受。目前，关于遗传与环境在生物发展中的作用的争论还是太过简单化，几乎与过去50年一样。两极分化依然存在，不是支持简单化的本能理论、相信动物的总体本能，就是全盘反对整个本能论观点、支持整体环境论。这两种观点在我看来根本站不住脚，甚至可以说是愚不可及，可以被轻而易举地推翻。与这两种截然对立的观点不同，本书的第六章以及之后的内容提出了第三种观点，即人只保留了非常微弱的残存本能，这些残存本能跟动物的纯粹本能完全不能相提并论。它们和类本能倾向十分微弱，文化知识的学习就可以轻而易举地使它们消失，可见文化知识比残存本能和类本能更强大。实际上，心理分析法和其他揭示疗法，当然还有"自我寻求"法，都是艰巨复杂的任务，目的就是透过学习、习惯和文化的表层来寻找我们残存的本能和类本能倾向，以及难以觉察的本性。总而言之，人类有一种生物的本性，但是这种本性微弱且不易察觉，需要特殊的探索方法才能发现它们。因此我们必须把人作为主体，逐一探索这种动物性和物种属性。

我们从中得出的结论是，人性具有极强的可塑性，因为文化和环境可以轻易抹去或者削弱遗传性潜能，但却不能创造或增强这种潜能。在我看来，对社会而言，这就等于在大力主张，每一个刚出生的婴儿都拥有绝对平等的机会。既然恶劣的环境容易摧毁和抹杀人的潜能，这也相当于在极力捍卫美好社会。此前有观点认为，人生而为人，仅凭是人的一分子，就有权利成为一个全面的人，可以实现人类所有的潜能。这与当前的发现相去甚远。人之所以为人，除了与生俱来的物种身份，必须经历成长，才能真正变成一个人。从这个意义上来说，婴儿只能说是一个潜在的人，必须在社会、文化和家庭中成长为人。

这一观点最终将迫使我们以更严肃的态度看待个体差异及物种类属。我们必须学会用这种全新的方式把他们理解为：①极具可塑性，极其表面化，容易改变，也容易消失，但同时伴随着各种微妙的反常情况。这给我们带来了艰巨的治疗任务。②尽量揭示每个人的气质和潜在倾向，以便使他们能够顺利地形成自我风格。这要求心理学家更多关注否认自身倾向所带来的心理及生理的细微代价和痛苦，因为个体不一定能够意识到这些痛苦和代价，而外界也不易发现。这意味着"健康成长"在每个年龄段的实践价值都应该得到更多关注。

最后，我必须指出，一旦放弃社会不公这一借口，必会导致严重后果，我们必须在原则上做好应对的准备。我们越是淡化社会不公，社会不公便越有可能被生理不公所取代，即每个婴儿生来具有不同的基因潜能。如果我们已经有能力充分发挥每个婴儿的优良潜能，也就意味着同时接受不良潜能。若一个孩子生来便有生理缺陷，我们应该归咎于谁？如果说归咎于造物主，那这对遭到造物主"虐待"的个人自尊又意味着什么？

在本章及其他论文中，我引入了"主观生物学"这个概念。我发现这是弥合主观与客观、现象与行为之间差距的得力工具。人能够而且必须从内省和主观的角度研究人的生理，我希望这一发现对他人，尤其是生物学家能够有所裨益。

第九章论述的破坏性的内容也得到了全面的修订。我将它归入了更加宽泛的罪恶心理学之下，希望通过详细论述罪恶的一个方面，来说明整个问题从经验上和科学上都是可以解决的。对我来说，将其纳入实证科学范围之内，意味着我们对它的了解有望逐步深入，而这通常意味着对此问题能够有所作为。

我们知道，攻击性受基因和文化两种因素的影响。在我看来，健康的攻击和不健康的攻击之间的区别至关重要。

攻击性不能完全归咎于社会，也不能完全归咎于人的本性。同样，多数罪恶也不单单是社会或心理的产物。这可能听起来显而易见，不值一提，但现在有人不仅相信这些站不住脚的理论，还依此行事。

在第十章"行为的表现成分"中我引入了"理性控制"这个概念，即一种理想的控制，不但不会影响反而可以增加满足感。我认为，这一概念对纯心理学和应用心理学都有深远的意义。有了这一概念，我就可以区分（病态的）冲动性和（健康的）自发性。如今这一区分正是应时之需，不仅是年轻人需要，那些把任何形式的控制都视为邪恶和专制的人也需要。这一概念使我受益匪浅，希望它对别人也同样有益。

我没有耗时费力地用这一概念工具去解释诸如自由、伦理、政治、幸福等老问题，但我相信，对于任何一个认真思考这些问题的人来说，这一概念的影响与作用都是显而易见的。精神分析学家会注意到，在某种程度上，这一解决办法与弗洛伊德对快乐原则和现实原则的整合有共同之处。在我看来，对于精神动力学理论工作者来说，深入思考两者的异同将受益良多。

第十一章涉及自我实现。在本章中，我将"自我实现"这个概念明确限定于老年人群体，以免再生疑问。按我的标准，年轻人还做不到自我实现。至少在我们的文化中，年轻人尚未获得认同感和独立性，也没有足够的时间去体验一段长久、忠诚、超越浪漫激情的爱情，大多数也没找到能够让他们奉献一生的神圣使命。他们没有形成自己的价值体系；他们没有足够的阅历（对他人的责任、失败、收获、成功），无法摆脱完美主义幻想；他们大多没法平心静气地看待死亡；他们没有学会怎样变得有耐心；他们不甚了解自己和他人的恶，做不到善解人意；他们涉世未深，不会处理对父母长辈、权力及权威的矛盾心理；他们一般受教育时间短、知识储备有限，因而不具备人生智慧；他们通常勇气不足，易随波逐流，且不能光明正大地坚守美德，等等。

不论如何，在心理学上最好把这两个概念区别开来：已经实现自身潜能、人格成熟、人性完备的自我实现者和不分年龄段的健康。我发现，这就形成了"趋向于自我实现的健康成长"这一意义重大、值得研究的概念。我研究过大学生年龄段的青年，得到了这样的结论：的确有可能将健康与不健康区分开来。在我印象中，健康的青年男女仍在成长，他们讨人喜欢，甚至极为可爱又心地善良。他们为他人着想（但对此非常害羞），私下关怀爱护那些他们敬重的长辈。年轻人不自信、未定型，会因在同龄人中处于少数（他们的个人观点和品位更加耿直正派，棱角分明，更容易受到超越性动机的影响，也就是说比一般人更品行端正）而感到不安。对年轻人时常表现出的残忍、卑鄙和帮派情绪等，也会让他们感到不安。

当然，我不知道这种综合表现是不是一定会发展成年长者表现出的那种自我实现。只有纵向研究才能确定这一点。

我描述的自我实现的主题是超越民族主义的，还可以补充说，它们也超越了阶层和等级。我的经验告诉我，这是正确的。当然，我能预见这样一个前提：财富和社会地位往往能促进自我实现。

在第一份报告中，有一个问题我没有料到：这些人是不是只能和健全的人生活在一起，只能生活在一个美好的世界里？我过去的印象（当然还有待检验）是，自我实现者本质上比较活泛，能够根据实际情况与各色人等打交道，能适应不同环境。他们随时可以以善报善，也能够以恶还恶。

除了描述自我实现者以外，我还研究了"牢骚"（291），并考察了一种普遍倾向，即人们倾向于忽视、贬低乃至放弃已经获得的满足感。比较而言，自我实现者幸免于人类这一大不幸之源。总而言之，他们知道如何"感恩"，能清醒地意识到自己的幸运。奇迹即使一再重复，也仍然是奇迹。他们对天降好运与无功受禄保持清醒认识，这就确保他们无比珍惜生活，且永不厌倦。

我对自我实现者的研究进展顺利，我承认我感到欣慰。毕竟，这是一场豪赌，我在执着追求一种仅凭直觉得出的信念。在这个过程中，我摒弃了一些科学方法和哲学批判的基本准则。正因为这些准则我曾经全盘接受并深信不疑，所以我很清楚我现在如履薄冰。我的探索始终伴随着焦虑、矛盾和自我怀疑。

在过去的几十年中，我已经积累了足够的证据（见参考书目），所以没有必要再担心这种根本问题了。但我明白，基本的方法论和理论问题仍摆在眼前，目前只是开了个头而已。我们已经采用了协作方法来挑选健康、自主、人性完备的自我实现者作为研究对象。这种方法更加客观，得到了公认，而且排除了个人因素。跨文化研究是必需的。至少在我看来，唯有从生到死的追踪式研究才能提供真正令人满意的印证。我从类似奥运金牌得主一样优秀的人当中抽样，除此以外，对总人数进行抽样显然也非常必要。即使最优秀的人身上，也能找出无可救药的原罪与缺点。在更全面的研究这些罪过和缺点之前，我认为我们无法完全理解人类那些无法根除的罪恶。

我深信这些研究能够改变我们对科学（292）、伦理道德和价值观（314）、宗教（293）、工作、管理、人际关系（291）、社会（312）以及其他方面的看法。此外，我认为如果我们能告诉年轻人，除了某些短暂的高峰体验和完美交合以外，不要再抱有不切实际的完美主义幻想，别再要求有完美的人类、社会、老师、父母、政客、婚姻、朋友、机构等——这些都不存在，也不可能存在。如此，社会和教育的伟大变革才可能会立刻发生。即使见识浅薄，我们也知道这些期望都是幻想，会不可避免地、无情地幻灭、消亡，并带来厌恶、愤怒、沮丧与报复情绪。我发现，"及时涅槃"本身就是罪恶之源。如果你要求完美的领导或完美的社会，就等于放弃了在相对的好坏之间做出选择。如果认为不完美就是邪恶，那么万物都会变得邪恶，因为万事万物皆有不足。

从积极的一面来讲，我相信这一新开辟的重大研究领域很可能是一个起点，由此我们开始认识人性的内在价值。这里有价值体系、宗教代替品、理想化的满足和标准人生哲学。全人类似乎都需要它们，渴求它们。如果没有这些，人类会变得肮脏、卑鄙、粗俗而又琐碎。

心理健康不仅是个人主观上感觉良好，同时也是正当的、真切的、实在的。就此而言，它比病态要好，要优越。它不仅正当和真实，还富有洞见，能明白更多和更高一层的真理。也就是说，缺乏心理健康不仅使人感到不适，也是一种"失明"、一种认知病变以及道德和情感的缺失。此外，它还是一种"残疾"，是行为能力和成事能力的下降。

健康的人虽然不多，但还是有的。健康及其价值——真、善、美等都已被证实是可能的，所以健康原则上也是可以实现的。有人倾向于睁开眼睛看世界，不愿闭目塞听，他们愿意体验美好而非丑陋，他们渴望健全而非残缺，这样的人我们建议他们去积极追求心理健康。我记得有人曾问一个小女孩，为什么善比恶好，她回答道："因为善良更美好。"我想我们还有更好的解释：同样的思路可以证明，生活在一个健全社会（相亲相爱、协同合作、彼此信任、Y理论）比在一个丛林社会（X理论、独裁主义、互相敌视、霍布斯主义）里感觉更舒适。这种舒适感既有生物层面和医学层面的原因，即受达尔文式生存价值的影响，也受成长价值的影响；既是主观的，也是客观的（314）。美满的婚姻、真诚的友谊和尽职的父母也是如此。不仅人们向往（钟爱、首选）这些，这些也都值得被拥有。我知道，这会给职业哲学家造成很大麻烦，但我相信他们有能力应付。

优秀的人虽然为数不多，也会有一些缺点，但毕竟有可能存在而且确实存在着。能证明这一点，就能给我们足够的勇气和希望，让我们继续奋斗，让我们对自己、对自己成长的潜力充满信心。同样，对人性的希望，哪怕是清醒冷静的一点点希望，都能使我们彼此相亲相爱、通情达理。

我决定删除本书第一版的最后一章"探索积极心理学"。在1954年，那些内容有98%是准确的，如今只有三分之二是正确的。现在，积极心理学还没有得到广泛应用，但至少已经有了积极心理学。人本主义心理学、超验心理学、存在主义心理学、经验主义心理学、整体心理学、价值心理学等都在蓬勃发展，而且已经形成，至少在美国是如此。但大部分心理学系的课程还没有包括这些内容，那些有兴趣的学生,要么得竭力挖掘,要么只能碰运气了。如果有读者想要亲身体验一番,在莫斯塔卡斯(344)、塞韦林(419)、布根塔尔(69)、苏蒂奇(441)等人的著作中最容易找到代表性人物、思想和资料的最佳样本。如果需要合适的学校、期刊和协会的通信地址,请参考我的《存在心理学探索》的附录"优心态网络"(295)。

对于举棋不定的研究生来说,我还是推荐你们读一下第一版的最后一章,大多数大学图书馆里应该都能找得到。我的《科学心理学》也同样推荐给你们。对于那些认真对待并且致力于研究这些问题的人,该领域的著作——波拉尼的《个人知识》也同样值得一读(376)。

所谓价值无涉的传统科学,更确切地讲,为实现科学的价值中立所做的无用功,遭到了日益坚决的抵制,本书的修订版就是一个很好的例子。这种抵制比从前更加直白,更加规范。它更加自信地肯定,科学是由那些勇于追求价值的科学家们进行的一场价值探索。我断言,他们能从人性的结构中揭示出整个人类内在的、终极的价值。

对于一些人来说,这似乎是在攻击他们,也包括我所热爱和尊崇的科学。我承认,有时候他们的担心情有可原。在很多学者,尤其是社会科学领域的学者看来,只有全身心的政治投入(本意是指一知半解)才会妨害科学的价值无涉,与科学的价值无涉相互排斥。对他们来说,全身心的政治投入意味着放弃科学的价值无涉。

然而,一个简单的事实即可证明,这种非此即彼的认识实属浅薄:即使你正在同敌人作战,即使你公开宣称自己是政治家,也最好能掌握准确的情况。

只要我们完全摆脱这种不攻自破的愚蠢思维,尽可能在更高层次上着手解决这一重大问题,我相信,我们对规范性的执着(行善、助人、完善世界)就足以与科学的客观性相兼容,甚至可能会使科学变得更加完善、更加强大、更具有普适性。而眼下,科学仍努力保持价值中立(把价值问题留给伪科学家,让他们不顾事实,对价值妄下论断)。如果想实现上述目标很简单,只需拓展客观性的概念,使它不但包括旁观者知识(与己无关的自由知识、关于"外界"的知识以及来自"外界"的知识），而且还包括经验知识（85）、爱的知识或道家知识。

道家客观性的简单模式源于现象学。这种现象学强调，对所有的 B 型爱（B-love）给予无私和超脱的爱与赞美。例如，全心全意地爱自己的孩子、朋友、职业，甚至是自己的缺点及科学领域，爱到不加干预，爱到毫不勉强，也就是爱它原原本本的样子，也爱它将来可能的样子，没有任何改变和完善它们的冲动。唯有无条件的大爱才能做到如此。一个人爱孩子可以爱到十分纯粹，任由他成为真实的自我。不过，我想说的是——人们可以同样地热爱真理。倘若爱到深处，便会相信未来的科学。孩子未出世之前，父母可能就已经爱他了。他们屏息以待，满心欢喜地期待着他将会成长为何种人物，从此便爱着那个未来的他。

孩子出生之前便为他制定了规划，决定了发展方向，希望他会成长为这样或那样的人——而这同道家思想大相径庭。这些都是父母对孩子的诉求，他们早已决定好了孩子应该成为什么样的人。这样的孩子生来便受到了无形的束缚。

同样，我们也有可能热爱并相信那些尚未发现的真理，当真理本质显露时，我们也会欢欣鼓舞地赞叹不已。比起按照人的期待、希望、计划或当前政治需要被强行歪曲的真理，那些未被玷污、未被操控、未遭强迫和未被强求的真理更加美好，更加纯粹，也更加真实。真理生来也可能伴随着无形的束缚。

对规范性的执着可能会遭到误解，事先的规定可能会扭曲尚未发现的真理。我担心一些科学家恰恰就是这么做的，这实际上是为政治牺牲了科学。但对于那些更富有道家思想的科学家来说，这绝非必然。他们对尚未问世的真理同样充满热爱，认为它会成为最好的真理，他会任其自然，而这也正是因为他对规范性的执着。

我坚信：真理越纯粹，就越不会受到先入为主的教条主义的玷污，就越有益于人类的未来。我相信，比起我现在的政治信念，未来的真理必然能更好地造福世界。比起目前我所掌握的知识，我更相信有待发现和认识的真理。

这相当于"如你而非我所愿"在人文科学的翻版。我对人类的担忧与希望，对帮助他人的渴望，对和平与友谊的向往，对规范性的执着，这一切都会得到极大的满足——只要我对真理保持适度的开放心态，既不预判也不歪曲，保持客观公正的态度。我始终相信，我懂得越多，就越容易成为一个更加有用的人。

在本书和此后发表的很多文章中，我一直强调，一个人真正潜能的实现取决于其父母和他人能满足他的基本需求，取决于现在所谓的全部"生态"因素，取决于文化的"健康"，取决于世界形势，等等。错综复杂的有利先决条件使自我实现和充分人性化的发展成为可能。这些物理、化学、生物、人际和文化条件对个人至关重要，能够为人提供基本生活必需品和各种"权利"。只有有了这些必需品和"权利"，人才能作为足够强大的人来掌控自己的命运。

一旦我们研究这些先决条件，便会悲哀地发现，摧毁或抑制人类的潜能简直易如反掌。因此，一个人能得到充分发展堪称奇迹，稀罕得令人肃然起敬。但与此同时，我们也感到振奋，因为能做到自我实现的人确实存在。这就说明，人们完全有可能经受住危险的考验，成功抵达终点。

研究到这里，研究者必然会遭受来自他人和自我内心的谴责，不是谴责他乐观，就是谴责他悲观，依据就是他此刻关注哪一方面。此外，有一方谴责他为遗传论者，就有一方谴责他为环境论者。不用说，政治团伙也会根据当前的形势，试图给他贴上这样或那样的标签。

当然，科学家势必会抵制这种二分法和标签化的全有或全无的倾向。他会坚持认为这是个度的问题，会从整体上把握诸多决定性因素所共同发挥的作用。他对原始数据尽可能不抱偏见，并尽量不让数据受到自己情绪的影响，将数据和自己的愿望、希望和恐惧区别开来。很显然，这些问题——何为善良之人，何为美好社会——完全属于经验科学的范畴，我们满怀信心会在这些领域取得进步（316）。

第一个问题是得到充分发展的人，第二个问题是何种社会可以使人得到充分发展，本书更关注第一个问题。自 1954 年该书第一次出版以来，我已经就该主题写过很多文章，但我并不想把这些发现都收录到这次的修订版中。不过我想向读者推荐一些我就该主题写过的文章（291，301，303，311a，311b，312，315），并尽可能鼓励大家多去了解一下规范性社会心理学（亦称为组织发展、组织理论、管理理论等）的诸多研究文献。在我看来，这些理论、个案报告和研究意义深远，因为它们确实为不同版本的马克思主义理论、民主与专制理论以及其他现存的社会哲学提供了一个替代方案。但使我感到惊讶的是，竟然鲜有心理学家知道诸如阿吉里斯（15，16）、本尼斯（42，43，45）、利克特（275）和麦格雷戈（332）等人的著作，而他们是该领域的代表学者。无论如何，任何人如果想认真钻研自我实现理论，都必须认真研究这种新的社会心理学。如果有人想要了解该领域最新的发展状况，我推荐他去读《应用行为科学杂志》，不过，该杂志的标题很容易引起误解。

最后，本书是向人本主义心理学（即所谓"第三力量"）的过渡，我想简单就这本书说两句。尽管从科学的角度来讲，人本主义心理学尚未成熟，但它为人们研究超验的、超个人的所有心理现象打开了大门。由于行为主义和弗洛伊德主义自身的哲学局限性，这些心理资料理论上已经被封存太久。这些心理现象不仅包括了更加积极活跃的意识状态和人格状态，即超越唯物主义、肤浅的自我、"原子—分裂—割裂—对抗"等，而且还吸纳了这样一种观念，即价值（永恒的真理）是部分自我的过度放大。新期刊《超个人心理学杂志》上已经发表了有关文章。

现在已经有可能思考超人类，这是一种超越人类本身的心理学和哲学。虽然尚未实现，但已为时不远。

马斯洛
W. P. 劳克林慈善基金会

第一章 科学研究的心理学方法

对科学的心理学阐释始于这样一种敏锐的认知,那就是科学是人类创造的,而非自发的、非人类的、有着自身内在规律性的纯粹客体。它的活水源头是人类的诸多动机,它以人类的目标为目标,由人创造、更新并维系着。它的法则、结构及表述不仅取决于它所发现的事物的本质属性,还取决于发现这些事物的人类的本性。心理学家,尤其是具有临床经验的心理学家,在探究任何课题时,都会自然而然地通过亲自研究病人去研究问题,而不是着眼于科学家和科学研究所建构的种种抽象理论。

然而还有些人执迷不悟,认定事实并非如此。他们坚持主张科学完全是自发的、能自我调节的,并将科学视作一场与人类利益无关的游戏,有着类似于象棋一般任意的、内在的规则。心理学家必须将这些主张视作不切实际的、虚假的,甚至是反经验的妄断。

在本章中,我想先详细阐述一些重要的常识性问题,这些问题为我的理论建构奠定了基础。随后,我会探讨我的理论内涵及影响。

科学家的心理

科学家的动机

和所有人一样,科学家同样受到广泛的需求驱动,包括对食物、安全、保护、关心、归属感、情感、爱、尊重、地位、身份、自尊(由尊重、地位、身份而产生)的需求,还包括对个人特有的以及人类共有的多种潜能的自我实现与发挥的需求。心理学家对这些需求极为熟悉，原因很简单，需求得不到满足的挫败感会引发病态心理。

其次，虽在这方面鲜有研究，但通过日常观察，我们发现还有好奇心驱动下对纯粹知识的认知以及理解需求，即对哲学、神学以及价值体系进行解读的需求。

最后，最不为人所知的是对美、简洁、完善和秩序的冲动，这些都可以被称为审美需求。表达、演绎、臻于完美的需求可能与这些审美需求息息相关，但也同样不为人所知。

迄今为止，所有的需求、欲望或动机如果不是为达到上述基本目标而采取的手段，就是神经质的，或者是学习训练的结果。

显然，在科学研究中，哲学家们最关心的是认知需求。在自然历史阶段，是人类持之以恒的好奇心极大地推动了科学的进展，当科学上升到更理论化、更抽象的层次时，也同样有赖于人类对理解、阐释以及系统化的不懈热忱。当然，这种理论冲动对于科学的发展尤为必要，因为纯粹的好奇心在动物身上也随处可见（172，174）。

当然，科学发展的整个阶段也离不开其他动机。最初的科学理论家常常认为，科学在本质上是帮助人类的手段，这一点现在却经常被忽视。比如，培根（24）就曾期望科学能大大缓解疾病和贫困的蔓延。现在有证据表明，虽然古希腊科学常常受制于根深蒂固的柏拉图式的纯思辨传统，但也有很强的实践性和人本主义倾向。从事科学研究的人，其初衷一般是出于认同感和归属感以及对全人类的热爱。一些人投身如社会或医疗领域的科研，都是为了帮助他人。

最后，我们必须认识到，任何一种人类需求都可能成为我们投身科学、钻研科学并坚守科学的原始动机。科学研究是一种谋生手段、一种威望的来源、一种自我表达的方式或一种满足多种神经症需要的方法。

大多数人的行为常常受多种原始动机的共同驱动，而出于单一动机的情况并不多见。因此我们可以断言，任何科学家从事科学研究不仅仅是出于对人类的热爱，也可能是出于纯粹的好奇；不仅仅是想追求名望，也可能是想获得更多的收入，等等。

理性与冲动的共生性质

现在有一点很清楚,将理性与本能相互对立的二分法已经过时,因为理性和进食一样,也是一种动物本能(至少对人这种动物而言)。冲动并不一定与理性判断截然对立,因为理智本身就是冲动的表现。现在我们可以更加清楚地看到,在一个人格健全的人身上,理智与冲动是共生的,在这两种情绪支配下人们得出的结论往往很相似,而不是大相径庭。非理性并不一定是无理性或反理性,相反,它通常是亲理性的。通常来说,意动和认知之间长期存在的差异和对立本身就是社会或个人病态心理的产物。

人对爱和尊重的需求与对真理的渴求一样神圣。"纯"科学的内在价值与人本主义科学的内在价值不相上下。人性同时支配两者,根本无须将其二分对立起来,因为科学给人带来快乐的同时也能带来益处。古希腊崇尚理性无可指摘,只不过有些过犹不及。亚里士多德没有看到,爱和理性一样,都是人性的表现。

认知需求的满足与情感需求的满足时常会出现短时期的冲突,这需要我们去整合、协调二者,而不是将二者对立起来。"纯"科学家那纯粹、客观、中立的非人本主义好奇心可能会妨碍其他人类需求的满足,而这些需求同样重要,如安全感。我这里想说的不仅仅是大家有目共睹的事件,还想说明一个更为普遍的事实,那就是科学本身暗含着一套价值系统。毕竟,"纯"科学家追求的极致不是爱因斯坦或牛顿式的,他们更像搞集中营实验的纳粹科学家以及好莱坞的"疯魔"科学家。对于科学和真理,我们或许可以找到一种更全面、更人性化以及更超验的定义(66,292,376)。因为,为科学而科学和为艺术而艺术一样,都是病态的。

科学的多元性

就像在社交、工作或婚姻中一样,人们在从事科学研究时会寻求各种各样的满足,而科学总能投其所好。不管是谨小慎微、兢兢业业的资深学者,还是勇敢无畏、乐此不疲的学术新秀,都能获得满足。有些人在科学中追寻人本主义目标,而另一些人只是喜欢科学那客观、非人性化的特质。有些人首先追寻科学的合法性，而另一些人则看重科学的内容，对一些"要紧事"极为关切，即便它们还不够精确和完美。有些人喜欢打破常规，推陈出新，另一些人则偏爱收尾工作——编排、梳理，并维护已经赢得的科学领地。有些人在科学中寻求安全感，另有些人则热衷于冒险和刺激。我们无法描述理想的妻子，同样，我们也无法描绘出理想的科学、科学家、方法、问题或科学研究。就好比我们普遍赞成结婚，但还是会给个人留下选择的余地。科学也一样，可以实现多元化。

我们可以从科学中分辨出以下几种功能：

1. 寻找问题、提出问题、激发灵感并提出假设。
2. 试验、检验、证明、推翻以及再核实；进行试验验证假设；对试验重复检验；获取事实；使事实更可靠。
3. 使事物条理化、理论化和体系化；将科学理论逐步抽象化。
4. 累积学术史。
5. 技术作用；科学可作为工具、方法和技术应用于生产生活。
6. 管理、执行和组织。
7. 宣传及教育。
8. 为人所用。
9. 供人欣赏、娱乐、庆祝并表彰。

科学功能的多样性必然意味着劳动的分工，因为极少有人能集诸多能力于一身。而劳动的分工又需要各种各样的人，这些人有着各不相同的兴趣、能力和技术。

兴趣反映并表现一个人的性格特征。比如科学家选择物理学而不是人类学，在同一学科中选择主攻不同研究领域，如鸟类学而非遗传学。对于研究领域内特定课题的选择也能说明这一点，只不过层次更低而已。此外，选择研究方法、资料、精确度、适用性、实用性以及与人类当前关注点的密切程度等，也都说明了同样的问题。

科学的不同领域是相互补充、相得益彰的。如果每个人都喜欢物理学而不喜欢生物学，那么科学的进步将是天方夜谭。好在我们有不同的科学追求，就像我们喜欢不同的气候或乐器。正因为有些人喜欢小提琴，另一些人喜欢竖笛和鼓，乐队演奏才成为可能。广义的科学之所以产生，正是因为科学家们有不同的兴趣。就像艺术、哲学和政治一样，科学也需要各色人等（我不是说"科学可以容忍各色人等"），因为每个人看待世界的眼光不同，提出的问题也不尽相同。即便是精神分裂症患者也可以发挥其独特的作用，因为他的病症使他在某些方面变得尤其敏锐。

科学中真正的危险是来自一元论的压力，因为很多时候我们所谓的"人类知识"实际上只是"自己的知识"。我们很容易就将自己的兴趣、偏见和期望投射到宇宙万物上。比如，物理学家、生物学家和社会学家早已证明，他们跟别人有重大区别（401）是因为他们选择了不同的领域。因为他们兴趣的不同，我们自然期待他们对科学以及科学方法、目标和价值有不同的定义。显然，既然我们能接受人类其他领域内的差异，我们也要容忍、接受科学家之间的个体差异。

心理学方法对科学研究的一些启示

对科学家的研究

显然，对科学家的研究是科学研究中基础的，甚至是必要的环节。科学作为一种体制，在一定程度上是对人性某些方面的放大反映。这些方面的知识增长，会自然体现为科学的倍增。比如，每一门学科及其每一种理论都受到知识增长的影响，这些知识包括：①偏见和客观的实质；②抽象化过程的实质；③创造性的实质；④文化适应以及科学家对文化适应的抵制的实质；⑤期望、焦虑情绪对感知的干扰；⑥科学家的角色或地位的本质；⑦社会文化中的反智主义现象；⑧信仰、信念、信心、确信等的实质。当然，最主要的影响因素还是我们先前提到的问题，那就是科学家们从事科学研究的动机和目的（292，458）。

科学和人类价值

科学建立在人类价值观的基础上，其本身就是一套价值体系（66）。人类的情感、认知、表达和审美需求是科学产生的源头，也是科学要实现的目标。而满足此类的需求，如对安全、真理和确定性的追求，就是一种价值。简洁、精炼、优雅、朴素、准确、干净这类审美需求的满足，既是工匠、艺术家或哲学家的价值追求，也是数学家和科学家的价值追求。

另外，作为科学家，我们有着共同的基本文化价值观，而且在某种程度上，我们不得不一直如此。这些基本价值包括诚实守信、人道主义、尊重个体、服务社会、本着民主精神尊重个人决定权（哪怕是错误的决定）、珍重生命、保持健康、减缓痛苦、赏罚分明、分享荣誉、竞技精神、公平公正等。

很显然，客观性和不偏不倚的观察这两个词需要重新定义（292）。排除价值原指排除神学思维和独裁主义，因为这两者往往毫无根据就对事实做出预断。现在和文艺复兴时期一样，对某些价值的排除也是极其必要的，因为我们需要原原本本的事实。如果说现在组织化的宗教对我国的科学只构成了微弱的威胁，那么我们还需要与强大的政治和经济教条相抗衡。

理解价值

现在我们只知道一种方式能防止人类价值干扰我们对自然、社会和自身的认知。这种方式就是对这些价值时刻保持清醒的认识，明白它们如何影响我们的认知，并据此对我们的认知进行必要的修正（此处的干扰是指混淆心理因素和现实因素，而我们所要认知的是现实因素）。任何科学研究最基本的方面都必须包括对价值观、需求、期望、偏见、恐惧、兴趣和神经症的研究。

科学研究的基本方面还必须包括人类最普遍的一些倾向，即抽象、分类、寻找异同以及对现实的选择性关注，并根据兴趣、需求、期望以及恐惧等心理调整和重组关注的重心。从某些方面来说，这种依据不同的准则来调整我们认知外界的方式（即"标签化"）是可取的，但从其他方面来说则是不利的，因为它在揭露某些特征的同时，也掩盖了一部分特征。我们必须明白，尽管自然为我们提供了给事物分类的线索，尽管自然对万物划定了天然的分界线，但这些分类的线索往往是琐碎而含糊的。我们必须创造分类方式，或强行将自然分门别类。在这过程中，我们不仅依照大自然的启示顺其自然而为，也在依照人类本性，如自身一些无意识的价值观、偏见和癖好等进行判断。假如说理想的科学是将理论中人的影响因素降到最低，那么我们必须充分了解这些人为因素，而不是一味排斥人为因素在科学中的作用。

所有这些关于价值观的令人不安的讨论，都是为了更有效地实现科学的目标。也就是加深我们对自然的了解，通过研究知识的主体——人类，来净化我们现有的知识。明白了这一点，坐立不安的"纯"科学家们应该就能如释重负（376，377）。

人类和自然规律

人类的心理规律和自然规律在某些方面是相通的，但在某些方面又截然不同。我们生存在自然界中，但这并不等同于人类的法则和规律必须和自然界保持一致。当然，生活在现实世界中，要对现实做出一些让步，但这并不能否定人类与自然界有不同的内在规律。希望、恐惧、梦想等心理现象的表现形式与鹅卵石、电线、温度或原子等客观事物截然不同。哲学理论的建构也绝不同于建造桥梁。研究家庭和水晶，定然要采用不同的方法。我们探讨动机和价值并不意味着我们要把非人性的自然界主观化或心理学化，但我们当然要把人性心理学化。

非人类现实独立于人类的需求和愿望，它非善非恶，没有任何目的（只有生命体才有目的）或功能，也没有意动和情感倾向。即使全人类都消失了，它也有可能会一直延续下去。

无论是出于纯粹、无利害的好奇心,还是为了满足人类的直接需要而预测并掌控现实,认识原原本本的现实而非我们主观期待的现实,都是有利无害的。因此,康德的主张完全正确,即我们永远无法真正理解非人类现实,但却可以一步步接近它,或多或少地认识它。

科学社会学

对科学和科学家的社会学研究应获得比现在更多的关注。如果科学家在某种程度上是由文化变量决定的,那么其研究成果也是如此。科学需要多少来自其他文化的贡献?为做到更客观地感知外界,科学家需要在何种程度上超越其所属文化?在何种程度上,科学家需要成为国际主义者,而不仅是一个美国人?科学家的研究成果在何种程度上取决于其阶级归属?要想更深入理解文化对感知自然的干扰作用,我们必须面对并解决这些问题。

认识现实的多种方法

科学只是接近自然、社会和心理现实的途径之一。有创造性的艺术家、哲学家、人文主义作家,甚至是挖水沟的工人,也可以成为真理的发现者,他们应该和科学家一样得到支持。① 这些人并不一定是互相排斥、各自独立的个体。因为科学家同样也可以是诗人、哲学家甚至是梦想家,而比起眼界狭窄的科学家,这些涉猎广泛的

---

① 在今天,理想的艺术家和理想的科学家之间的主要区别或许可以表述如下。第一,前者往往熟练掌握并擅长发现具体(独特、个别)事物的规律,而后者则擅长发现一般(抽象、普遍)的规律。第二,艺术家更像是那些发现并提出问题和假设的"科学家",而不是那些解决、检验问题并核实研究的科学家。就此而言,科学家更像是务实的商人、运动员或外科医生。他从事的工作是可以证实并检验的,因为根据检验的结果就能对他提出的理论主张做出判断。假设他要去生产自行车,那么大家可以一清二楚地数出自行车的数量。而教师、艺术家、教授、治疗师、牧师等却很有可能几十年重复相同的错误而一事无成,但依然觉得自己德才兼备,卓有成效。典型的例子就是某个治疗师一生都在犯同样的错误,却依然将自己的错误标榜为"丰富的临床经验"。

科学家几乎肯定更容易取得进步。

如果我们接受心理学的多元论,将科学视为多种才能、动机和兴趣的合奏,那么科学家与非科学家的界限也就变得模糊了。不过,比起搞技术的科学家,那些致力于批判和分析科学概念的科学哲学家肯定更接近纯理论科学家。那些提出系统化人性论的剧作家或诗人也肯定更接近心理学家。科学史学家可以是历史学家,也可以是科学家,这都不重要。跟那些进行抽象、实验研究的同行相比,仔细研究个案的临床心理学家或医生可能从小说家那里获益更多。

我没发现用什么方法能把科学家和非科学家严格区分开来。我们也不能以从事实验研究为标准,来衡量某人是不是科学家,因为有很多人领着科学家的薪资,却从来没有,也永远不会做出一个真正的实验。一个在大学里教化学的人,虽然在化学领域从来没有任何发现,平时也只是读读化学杂志,重复一下别人的实验,但他依然认为自己是一个化学家。这样的"科学家"还不如一个聪明过人、充满好奇地探索地下室的12岁小学生,也比不上一个核实虚假广告的多疑而又精明的家庭主妇。

一个研究协会的会长,平时一直忙于行政和管理工作,但依然声称自己是科学家,那么他在哪些方面称得上是科学家呢?

如果说,一个完美的科学家是集众多角色于一身:创造性的假设者、细心的实验核验员、哲学家、历史学家、技术员、组织者、教育宣传作家、实践者和鉴赏者,那么我们也很容易想象,一个理想的科学团队应该至少由9位专家组成,各自发挥不同的作用,而没有人需要成为面面俱到的科学家!

的确,我们认为科学家与非科学家的二分法过于简单,但与此同时我们也必须考虑到一个普遍的发现:从长远来看,某一狭窄领域的专才往往难成大器,因为这意味着作为一个全面的人,他们往往会有缺憾。全面发展、身心健康的普通人在大多数事情上都要比残疾人更得心应手,正是这个道理。如果为了成为纯粹的思想家,而一味压抑情感和冲动,这样的人最终只会以病态的方式思考问题。总而言之,可以认为在科学领域,一个有艺术细胞的科学家会比他没有艺术细胞的同行发展得更好。

如果用个案加以说明，这一点就更清楚了。因为历史上伟大的科学家一般都兴趣广泛，他们从不局限于技术专家的身份。从亚里士多德到爱因斯坦，从达·芬奇到弗洛伊德，这些伟大的发现者都是多才多艺的多面手，对人文主义、社会和美学等方面都有广泛涉猎。

科学上的心理多元论告诉我们，通往知识和真理的道路不止一条。无论是单纯的艺术家、哲学家、人文主义作家，还是集以上才艺于一身的通才，都能成为真理的发现者。

心理病理学和科学家

在其他条件不变的情况下，我们认为性格开朗、无忧无虑、心气平和、身体健康的科学家比郁郁寡欢、焦虑不安、病恹恹的科学家更出色，艺术家、机械师和行政人员也是如此。神经质的人总是歪曲现实，苛求现实，急于定论。他们对未知和新奇的事物抱有恐惧，过度受制于人际需求，无法如实描述真相。他们容易受到惊吓，也太渴望获得别人的认可。

上述事实至少有三重含义。首先，科学家（或者更确切地说是真理追寻者）要想做好科研工作，应该要有健康而非病态的心理。其次，随着文化进步，全民健康得到改善，追寻真理的过程也应该有所改进。最后，我们应当相信，心理治疗有助于科学家个人发挥更大的作用。

我们已经了解到这样的事实：社会越开明，越倾向于帮助真理探索者，因为在开明社会里，我们可以呼吁学术自由、终身教职和更高薪酬等。[①]

[①] 如果有读者能认识到这是一种革命性主张，并觉得有必要进一步阅读，我强烈建议他钻研这一领域的经典著作，即波拉尼撰写的《个人知识》（376）。如果还没拜读过这本书，你就不能说你为进入下一世纪做好了准备。要是你没有时间或没有意愿和精力来攻克这本巨著，那我推荐你阅读我的《科学心理学：一个新探索》（292），这本书短小精练，陈述的观点和波拉尼也很相似。除了本章，以上两本书以及参考文献推荐的阅读书目都很好地表达了科学领域内新的人文主义时代精神。

第二章　方法中心和问题中心

在过去的一二十年里，人们越来越关注"官方"科学的缺陷和弊端。然而，除了林德的精彩分析（282）以外，关于这些缺陷的原因的其他探讨都没有引起关注。本章旨在说明，正统科学，尤其是心理学的许多不足是方法中心主义或技术中心主义的科学理念造成的。

我所说的方法中心指的是一种倾向，即认为科学的本质在于它的工具、技术、程序、设备和方法，而不是它的问题、疑难、功用或目标。在简单的实践层面上，方法中心主义会使科学家和其他技术人员不易区别，如工程师、医生、实验室技术人员、玻璃吹制工、尿检分析师、机器维修人员等。在最高的理论思辨层面上，方法中心主义通常将科学和科学的方法等同起来。

过度强调技术

人们难免强调方法的完美，强调技术和设备，这通常会弱化问题本身的价值、活力及意义，同时也会弱化通常所说的创新能力。每个心理学博士生都明白，这在实践中意味着什么。任何一个实验，只要将实验方法运用得炉火纯青，无论其成果是否微不足道，都很少受到批评。而一个大胆的、开创性的问题，则常常被批得体无完肤，甚至死于萌芽阶段，就因为它有可能会失败。事实上，科学研究中的批评通常只是批评方法、技术、逻辑等。在我见过的文献当中，我不记得有哪篇论文批评另一篇论文毫无价值、微不足道或没有意义。①

因此，人们越来越倾向于认为，讨论的问题本身并不重要，只要过程无误就万事大吉。换句话说，论文并不需要贡献新的知识。博士生必须了解本领域的技术和现有数据，根本没人会去强调好的研究想法非常重要，结果造就了一批毫无创新能力的"科学家"。

在较低层次上，比如高中和技校的科学教学中，也会看到类似的结果。学生们按部就班地操作仪器，死记硬背烹调大全。总之，学校鼓励他们有样学样、亦步亦趋地重复他人发现的成果，通过这样的方式来认识科学。没人告诉他们，科学家不是技术员，所做的工作也不只是读几本科学读物这么简单。

这些争论的要点很容易被误解。我无意贬低方法的重要性，我只想指出，即使在科学研究中，方法也容易与结果混淆。只有科研的目标或结果才能使其方法得到尊重与验证。诚然，从事科研工作的科学家应当关注他的研究手段，但这也仅仅是因为研究手段能帮助他实现正当的研究目的，比如有助于回答重要的研究问题。一旦忘记了这一点，他就会变得像弗洛伊德所说的人那样，整天忙着擦眼镜，却从不戴上眼镜看东西。

方法中心主义会把技术人员和仪器操作员推到科研的主导地位，而提问者和解决问题者却受到冷落。有些人只知道怎么做，而有些人还知道做什么。尽管应该避免极端和不真实的二分法，但不难看出，这两者之间还是有差别的。前者大有人在，他们难免变成科学界的牧师阶层，也就是仪式或程序的权威。过去，这些人只是招人

---

① "但即便是学者也很可能在小问题上大做文章，他们称其为原创性研究。这么做不是因为值得，而是因为他们能发现前人所没有发现的事实，而这些事实其他专家早晚会用到。于是各个大学的学者都像筑堤人一样，为了那神秘的科学目标，耐心地为后人做嫁衣。"（Van Doren, C., *Three Worlds*, Harper & Row. 1936, p.107.）

"或者他们整天坐在沼泽地里用钓竿钓鱼，因此自以为很深奥，但在没有鱼的地方钓鱼，我认为这样的人不是一般地流于表面。"（Nietzsche, F., *Thus Spake Zarathustra*, Modern Library, 1937, p.117.）

"运动员"是一个坐着观看运动员的人。

讨厌而已，但现在科学已经成为能够影响国家利益的问题，他们有可能因此成为活跃的危险因素。相比于创造者和理论家，操作工更容易被一般人理解，因此他们带来的这种危险有可能倍增。

方法中心主义倾向于一味高估量化方法的价值，并以量化方法本身为目标。这是千真万确的，因为以方法为中心的科学更强调如何陈述而不是陈述什么。正因如此，方法的优良精确与研究意义的针对性和广泛性形成了对立。

以方法为中心的科学家往往会不自觉地让问题来适应技术，而不是根据问题来寻找技术。他们最初的问题往往是"用我现在所拥有的技术和设备能够解决哪些问题"，而不是大家通常所认为的"哪些才是值得我耗费心力的、最紧迫的、最关键的问题"。这一点毋庸置疑，否则如何解释这一事实：资质平庸的科学家一生都在一个很狭窄的领域做研究。这个领域并不是根据关于世界的某个基本问题划定的，而是由某一仪器或某项技术限定的。① 在心理学界，"动物心理学家"或"统计心理学家"是指那些用他们的动物实验或统计数据来回答一切问题的心理学家。但心理学界很少有人觉得"动物心理学家"或"统计心理学家"的概念有任何可笑之处。说到最后，这会让我们想起那个尽人皆知的酒鬼。他的钱包丢了，他不在丢钱包的地方找，却在路灯下找，原因是"那里光线更好"。这也会让我们想起那个著名的医生，他将所有病人都诊断为痉挛，因为他唯一能治的病就是痉挛。

方法中心主义的一个强烈倾向就是将科学等级化，这是相当有害的做法。在这种等级体系中，人们认为物理学比生物学更科学，生物学又比心理学更科学，而心理学则比社会学更科学。如果只基于研究的技术方法是否优良、成功和精准考虑，这种等级化的设想或许是可能的。但从问题中心主义角度来看，等级化绝不可能，因为谁都不会认为，星体、钠元素或者肾功能等问题在本质上要比失

---

① "我们倾向于做我们知道怎么做的事情，而不是尝试做我们应该做的事情。"（Anshen, R., ed., *Science and Man*, Harcourt, Brace & World, 1942, p.466.）

业、种族歧视和爱等问题更加重要。

方法中心主义倾向于将各个科学领域强行割裂开来，使它们壁垒森严、互不相通。但是，当有人问雅克·洛布，他到底是神经学家、化学家、物理学家、心理学家还是哲学家时，他回答说："我只解决问题。"当然，这理应成为一种更为普遍的回答。如果能有更多像洛布这样的科学家，那真是科学之幸，但有这种观点的人却往往受到哲学观的干扰，因为这种哲学观认为科学家只是技术员和专家，而不是富有探索精神的真理追寻者，科学家是"无所不知"的，而不是"无所不问"的。

如果科学家能把自己看作问题的提出者和解决者，而不只是专业的技术人员，那科学界就会掀起新的热潮，致力于提出并解决心理学和社会学问题，这些问题我们理应最为了解，却又知之甚少。为什么心理学和社会学的互动如此罕见？为什么化学家和物理学家的人数跟心理学者的人数相差如此悬殊？是让顶尖人才去制造更有威力的炸弹（或更有效的青霉素），还是派他们去解决民族主义、心理问题或剥削问题，两者相比哪个更能造福人类呢？

方法中心主义使科学家与其他真理追寻者产生巨大的分歧，二者在追求并理解真理的各种途径上也有天壤之别。如果把科学定义为对真理、顿悟、理解的探索以及对重大问题的关注，那我们很难将科学家与诗人、艺术家以及哲学家等区分开来[①]，因为他们面临的问题可能是一样的。当然，归根结底，在语义层面上应该有所区别，而且他们必须承认，这种区别主要基于预防错误的方法与技术的不同。如果科学家与诗人、哲学家之间不存在像今天这样难以跨越的鸿沟，那显然更有利于科学的发展。因为方法中心主义只是简单地将这些人划归到不同领域，而问题中心主义却将他们视为互利互助的协作者。从大多数伟大科学家的传记来看，事实确实印证了问题中心主义比方法中心主义更接近事实。许多伟大的科学家本身

[①] "你必须热爱问题本身。"——里尔克

"我们知道所有答案，一切答案，但就是不知道问题是什么。"（A. MacLeish, *The Hamlet of A. MacLeish*, Houghton Mifflin.）

也是艺术家和哲学家，他们从哲学家那里获得的帮助不亚于从搞科学的同行那里获得的帮助。

方法中心主义和正统科学

方法中心主义必然会产生一种正统科学，而正统科学又随之制造出一种科学异端。科学上的疑难问题很难被公式化或被分类归档。因为过去的一些问题已不再是问题，而是答案，未来要面临的问题也尚未提出。但是，将过去的研究方法和技术公式化并分类整理，却是可以实现的，这些就是后来所谓的"科学方法的准则"。它们裹着历史传统的外衣，被奉为正统，使当今科学家亦步亦趋。如此一来，它们虽然对科学研究具有启发和帮助作用，但也在逐渐束缚当代科学。在那些因循守旧的人眼中，这些"准则"就成为一种硬性要求，那就是只能按照前人的方式来解决当今的问题。

这种态度对心理学和社会学来说尤其危险。做到完全满足科学的要求会被解读为运用物理学和生命科学的技术方法。因此，心理学家和社会学家总是倾向于模仿以前的技术方法而不是发明或创新技术方法——这一点尤为必要，因为心理学和社会学的发展程度，及其研究问题和研究资料在本质上不同于自然科学。在科学领域中，一些研究惯例在助力科学发展的同时也埋下了祸端，而科学家对这些惯例的盲目遵从无疑会危害科学的发展。

正统科学的危害

正统科学的一个主要危害是阻碍新技术的发展。如果"科学方法的准则"已经被公式化了，那么接下来要做的就是运用准则。如此一来，新的研究方法和处理方式必然受到质疑和敌视，比如心理分析、格式塔心理学和罗氏测试。在某种程度上，这是因为新的心理学和社会学所需要的整体的、相关的、综合的逻辑推理、数据统计和数学方法还没有形成。

通常来说，科学的进步是人类相互协作的产物。否则，能力有限的个体怎么可能有重大甚至是伟大的发现呢？如果没有合作，科学发展将一直停滞不前，直到出现一个独当一面的科学巨人。正统意味着拒绝向异端伸出援手。由于正统领域和异端领域的天才凤毛麟角，所以只有正统科学才会持续稳定地推进。我们期待异端的（如果是正确的）科学思想在经历了长期的搁置、忽视和抵制后，能突破困境，上升为正统科学。

以方法为中心的正统科学还有一种更大的危害，那就是日益限制了科学的进展。这体现为正统科学不仅阻碍新技术的发展，还阻碍了很多问题的提出，理由是人们不期待现有的技术能回答诸如主观、价值观和宗教等方面的问题。正因为有了这样愚昧的托词，才有了那种大可不必的自认失败、自相矛盾的说法和"非科学问题"这一概念，就好像我们敢于提出任何问题并尝试解答似的。当然，任何人只要读过并且了解科学史，都不愿提及某个无法解决的问题，而只会谈论那些尚待解决的问题。这样说来，我们显然可以有所作为并进一步发挥独创性和创造力。可是依照当前正统科学的观点，也就是说，凭借当前已知的科学方法（就我们所知），我们能做些什么呢？正统科学实际上反其道而行之，教我们画地为牢，主动脱离人类有研究兴趣的广阔天地。这种趋势最终会走向危险的极端。最近，国会正讨论设立国家研究基金，而一些物理学家建议应将心理学和社会科学排除在外，理由是这两门学科"不够科学"。这套说辞过于看重精湛完备的技术，而忽视了科学的本质在于"提出问题"这一事实，科学源于人类的价值观和动机。作为一个心理学家，听到我那些搞物理的朋友如此嘲笑心理学，我该如何看待呢？我也该采用他们的研究技术吗？可这些技术对我的研究问题毫无用处，又怎么能解决心理学上的问题呢？难道这些问题就不该被解决吗？还是心理学家应该完全退出科学研究领域，把它交还给神学家？又或者这是暗含嘲讽的人身攻击，暗示心理学家愚钝，而物理学家睿智？这种无稽之谈理由何在？又或者这仅仅是一种印象而已？那我不妨谈谈我的印象——任何科学团体都不乏愚蠢之人，且数量不相上下，那到底哪种印象更可信呢?

唯一可能的解释就是人们已下意识地将技术置于科学研究的首要地位,而且有可能是独一无二的地位。

以方法为中心的正统科学鼓励科学家要稳妥可靠,而不要大胆创新。如此一来,科学事业似乎就是在既定路径上一寸一寸地前进,而不是在未知领域中另辟蹊径。面对未知的问题,正统科学推行正统而非新奇的解决方法,造就了安于现状而非开拓创新的科学家。[①]

科学家应该(至少偶尔)置身于未知、混沌、朦胧、棘手而且难以名状的神秘事物中。以问题为导向的科学要求他们这样做,只有在这些领域,他们才会从方法中心的桎梏中解脱出来。

过于注重方法和技术促使科学家认为:①方法和技术自身更具客观性,虽然事实上未必如此;②方法和技术不需要考虑价值观。方法在伦理道德上是中立的,而问题则不然,因为问题迟早会卷入有关价值观的论战之中,而强调科学技术而非科学目标则能够有效避免引发价值观争议。确实,以方法为中心的科学的主要追求之一就是使研究尽可能客观(不涉及价值观)。

但是,正如第一章所言,科学过去不是,现在不是,以后也不可能是完全客观的,也就是说,科学不会独立于人类的价值观。此外,科学是否应该以绝对客观为旨归(而不仅仅是尽可能达到客观)也很有争议。本章以及上一章罗列的错误观点都证明,任何忽视人性弱点的尝试都是危险的。因为神经症患者不仅为自己徒劳的尝试付出了巨大的主观代价,而且讽刺的是,他的思想也日渐贫瘠。

正是因为这种"科学独立于价值观"的想象,价值的标准才渐趋模糊。如果方法中心主义哲学走向极端(实际上这种情况很少见),而且能坚持到底(实际上没敢坚持到底,因为怕导致荒唐的结果),那便无法区分重要的实验和不重要的实验,因为实验只有技术上成

[①] "天才是先锋部队,他们以闪电般的速度攻入无主之地,其侧翼必然失于防守。"(Koestler, A., *The Yogi and the Commissar,* Macmillan, 1945, p.241.)

功和不成功的区别。①倘若仅以研究方法为衡量标准，那么最没价值的实验跟那些卓有成效的实验同样值得尊重。当然，实际情况并不会如此绝对，因为人们更重视实验的标准和原则而不是方法。不过，这种错误表现得并不明显，往往不太引人注意。科学杂志中俯拾皆是的实例足以说明：不值得做的事不需要做好。

如果科学不过是一套规则和程序，那它与象棋、炼金术、看牙还有什么区别呢？②

---

① "科学家之所以伟大，不是因为他解决了一个问题，而是因为他提出了一个问题，而对这个问题的解决……将有利于科学的进步。"(Cantril, H., *An inquiry concerning the characteristics of man*, J.abnom.social Psychol., 1950, 45, pp.491-503.)

"提出问题比解决问题重要得多，因为解决的问题可能只是数学或实验技术的问题，而提出新的问题、新的可能性，从新的角度看原有的问题则需要创造力和想象力，这才真正标志着科学的进步。"(Einstein, A., and Infeld, L., *The Evolution of Physics*, Simon and Schuster, 1938.)

② 牛津大学基督教会学院的理查德·利文斯通（Richard Livingstone）爵士将技术专家定义为"有很强的专业知识，但对技术工作的最终目的以及技术专家的地位一概不知的人"。还有人说过类似的话：技术专家不犯小错，要犯就犯大错。

第三章　动机理论前言

　　这一章提出了十六个关于动机的命题,任何合理的动机理论都应该包含这些命题。其中,有些已是无人不知的平凡道理,但我认为仍有必要重新强调一遍,而其他命题可能不太容易被接受,争议较大。

作为整体的个人

　　我们的第一个命题规定,个人是个完整的、有组织的整体。心理学家通常会非常热忱地接受这一理论陈述,但在真实实验中却对它视若无睹。人们必须认识到,这一命题既是理论上的现实,也是实验上的现实。只有做到这一点,才有可能建立完善的实验过程和健全的动机理论。在动机理论中,这一命题有具体的所指。例如,它意味着人是作为完整个体受到动机驱动的,而不是个体的一部分。在完善的动机理论中,不存在口腹之需,也不存在单纯的性需求,而只存在某人的需求。需要食物的是约翰·史密斯,而不是约翰·史密斯的胃。此外,满足感是整个个体的感觉,而不仅仅是他身体的一部分的感觉。食物满足了约翰·史密斯的饥饿感,而不是他胃的饥饿感。

　　实验员如果仅仅将约翰·史密斯的饥饿作为他肠胃的一项功能来处理,就忽视了这样一个事实:人饿的时候,发生变化的不仅仅是他的肠胃功能,还有许多其他功能,甚至身体的大多数其他功能都发生了变化。他的感知变了（他对食物的感知会更强烈）；他的记忆变了（更容易记起一顿美餐）；他的情绪变了（比平时更加紧张不安）；他的所思所想变了（他更倾向于想念美食，而不是思考代数题）。上述现象可以扩展到人体几乎所有生理和心理功能。换句话说，当约翰·史密斯饥饿的时候，他浑身上下都饥肠辘辘。作为一个个体的人，饥饿的约翰·史密斯跟平常有所不同。

饥饿作为典型动机

选择饥饿作为所有动机的典型，无论在理论上还是在实践上都既不明智也不合理。通过更细致的分析可以看出，饥饿驱动主要是一种特殊的动机，而不是一般的动机。它比其他动机更孤立（格式塔学派和戈尔茨坦学派心理学家的说法），它不像其他动机那么普遍，它以躯体的明确感知为基础，这不同于一般的动机状态。更常见的直接动机有哪些？通过对日常生活的观察思考，我们可以很容易地发现常见的动机。人们日常所思所想的无非是衣服、汽车、友谊、陪伴、赞扬、声望等。人们习惯上把这些欲望称为次级的或文化的驱动，并认为它们与真正高尚的或原始的驱动（生理需求）分属不同的等级。事实上，这些欲望对我们来说更重要，也更普遍。因此，从中选择一个作为范例比选择饥饿更合适。

我们通常假设所有的驱动都遵循生理驱动的运作方式，但现在可以合理地预测，这种情况永远不会发生。因为大多数驱动都不是孤立的，也不是局部的，不能认为机体当前仅仅存在某些驱动。典型的驱动、需求或欲望与身体具体、孤立的局部感知没有关系，而且很可能永远不会有关系。典型的欲望更明显是整个人的需要。选择这类驱动作为研究模型会更合适，比如对金钱的渴望，或者更基本的驱动，如对爱的渴望，而不是纯粹的饥饿驱动或者任何局部的驱动。从目前收集的证据判断，尽管我们对饥饿驱动可能有所了解，但永远无法充分理解人们对于爱的需求。的确，以下表述可能更具说服力：与其深入研究饥饿驱动，不如充分理解爱的需求，因为后者更有益于我们了解一般的人类动机（包括饥饿驱动）。

在这方面，我们不妨回顾一下格式塔心理学家对简单性概念的批判性分析。与爱的驱动相比，饥饿驱动似乎很简单，但从长远来看，实际上并非如此（160）。简单性表现为独立于机体整体之外的个案和活动。显而易见，人所从事的任何重要活动与人其他所有的重要方面都有动态的联系。既然如此，为什么要选择一项毫无普遍性的行为呢？难道某一活动被遴选出来加以特别关注，仅仅是因为我们更容易用我们习惯的（但不一定正确）实验技术来分离和还原它，或者仅仅因为它独立于其他活动？如果我们必须二择其一：①解决实验方法简单但非常琐碎或无效的问题；②解决实验方法非常困难但很重要的问题。我们当然应该毫不犹豫地选择后者。

手段和目的

如果仔细审视一下我们日常生活中的普遍欲望，我们会发现它们至少有一个重要特征，那就是它们通常是用来达成目的的手段，而非目的本身。我们想要钱，因为有了钱我们就能买车。我们想要车，因为邻居有车，而我们不想因为自己没有而觉得低人一等。有了车，我们就可以维护自尊，就可以得到别人的喜欢和尊重。每当我们分析一个有意识的欲望时，我们会发现可以探本求源，也就是说，深入到个体的其他更基本的目的。换句话说，我们现在分析的情况与精神病理学症状非常相似。这些症状很重要，不是说它们本身重要，而是指它们意义重大。也就是说，它们的根本目标或根本影响可能很重要。研究症状本身并不重要，但研究症状的动态意义至关重要，因为这一研究会产生实际成效——使心理治疗成为可能。每天在我们意识中一闪而过的数十次的欲望本身并不重要，重要的是它们所代表的意义、它们所暗示的方向，以及深入分析后所获得的价值。

一旦进行深入分析，我们最终会面对某些我们无法进一步深究的目标或需求。也就是说，某些需求的满足似乎就是目的本身，不需要任何进一步的证明或论证。这些需求在普通人身上有一种特殊的表现，那就是通常无法直接观察，而更多的时候是从多样的、具体的、有意识的欲望中衍生出来的概念。换句话说，动机研究一定程度上必须研究人类的终极目标、欲望或需求。

这些事实从另一个方面暗示了完善动机理论的必要性。由于这些意识中的目标往往无法直接观察，我们有必要立刻处理无意识动机的整体问题。如果仅仅深入研究有意识的动机生活，往往会遗漏很多内容，而这些内容跟可直接观察的有意识目标一样重要，甚至更加重要。精神分析学反复证明，有意识的欲望和无意识的终极目标之间，不需要有直接的关系。实际上，这种关系可能是消极的，就像在反应形成中表现出来的一样。所以我们可以断言，完善的动机理论不可能忽视无意识的生活。

欲望和文化

现在有充分的人类学证据表明，全人类的基本或终极欲望跟他们有意识的日常欲望有所不同，前者没有后者那么多样化。主要原因是，两种不同的文化可能会提供两种完全不同的方式来满足一种特定的欲望。以自尊为例。在某一社会中，人当个好猎手就可以获得自尊；而在另一个社会中，要获得自尊可能需要成为出色的医生、勇敢的战士或者沉稳矜持之人等。或许可以认为，如果考虑终极目标，那么想成为好猎手和想成为好医生有着相同的动力和根本目的。我们据此可以断定，对心理学家来说，将这两种貌似不同的有意识的欲望归入同一类别，要比把它们按照外在行为纳入不同类别更加有用。显然，目的本身远比为达到这些目的而采取的途径更为普遍，因为这些途径是由当地特定的文化决定的。人类比我们最初想象的更具共性。

多样的动机

我们从心理病理学的研究中了解到,有意识的欲望或动机性行为还有一个特性与我们刚才讨论的特性相关联,那就是它提供了一种能够同时表达其他诸多目的的渠道。有几种方法可以说明这一点。例如,众所周知,性行为和有意识的性欲可能有着极其复杂的潜在的、无意识的目的。对有些人来说,性欲实际上可能代表了展示阳刚之气的愿望。对另一些人来说,它可能意味着想要给人留下深刻印象的根本欲望,或者是一种想与人亲密、想获得安全感和爱的欲望,或者是这些欲望的自由组合。这些个体有意识的性欲可能有着相同的内容,而且他们所有人可能都会误以为他们寻求的只是性的满足。但是我们现在知道并非如此。我们认为,从根本上理解这些个体的性欲和性行为所代表的含义,而不是个体想当然的意义,更有益于我们深入了解这些个体(无论是预备性行为还是完成性行为,都是如此)。

还有一组证据同样能说明这一观点。人们发现,某一精神病症状可能同时代表几种不同的,甚至冲突的欲望。一只癔症性麻痹的胳膊可能代表了多种愿望的同时实现,如复仇、怜悯、爱和尊重。单纯从行为的角度看待前一个例子中的有意识的愿望或者第二个例子中的外在症状,意味着我们断然否定了对个人行为和动机状态进行全面理解的可能。我们强调一点,通常情况下,某一行为或有意识的愿望不只有单一动机。

刺激状态

在某种意义上,几乎任何事物的机体状态本身也是一种刺激状态。我们说一个人感到被拒绝了,我们是什么意思呢?静态心理学会满意地接受这一陈述本身,但动态心理学会通过实证经验证明这一陈述还意味着更多内容。遭到拒绝的感觉在身体和精神上都会对整个机体产生影响。例如，它还意味着紧张、压力和痛苦。而且，被拒绝的感觉不仅当时影响机体的其他部分，还会自动地、必然地导致一系列后果，例如，急于赢回失去的爱、各种自我设防、敌意的滋长等。

显然，只有我们进一步说明他遭到拒绝以后的事情时，我们才会解释"这人感到被拒绝了"这句话所暗示的状态。换句话说，被拒绝的感觉本身就是一种刺激状态。当前的动机概念通常或者至少看起来是基于这样一种假设：动机状态是一种特殊的、个别的状态，与机体中的其他事态有泾渭分明的界限。相反，完善的动机理论应该假定，动机是持续的、永久的、波动的、复杂的，并且几乎是每一种机体的普遍特征。

动机之间的关系

人是一种有需求的动物，除了短暂的满足外，很少能达到完全满足的状态。一个欲望得到满足后，就会产生一个新的欲望。这个需求被满足了，那个需求又出现了。人一生之中几乎总是渴望着什么。所以，如果我们想要全面了解动机，就有必要研究所有动机之间的相互关系，同时有必要放弃之前孤立的动机单元。动机或欲望的出现，它所引发的行为，以及达到目标后获得的满足，所有这些只给我们提供了一个人为的、孤立的、单一的个例，是从整个复杂的动机单元中抽取出来的。这种动机的出现实际上总是取决于整个机体的所有其他动机是否得到了满足，也就是取决于诸多强烈欲望的相对满足状态。如果需要某样东西，这本身就意味着其他欲望得到了满足。如果大部分时间我们都饥肠辘辘、口燥喉干，或是大祸临头、朝不保夕，或是遭人唾弃，那么我们绝不会产生谱写乐曲、创建数模、装饰房间或者穿着打扮的欲望。

动机理论的创立者对以下两个事实从来没有给予应有的重视：第

一，人是永远不会满足的，除非是相对满足或者阶段性满足；第二，欲望似乎是按照某种优势层级自动排列的。

内驱力列表

我们应该彻底放弃提供内驱力或需求的穷尽式列表。由于各种原因，这种列表在理论上是站不住脚的。

首先，这种列表暗示着所列出的各种内驱力是平等的，即效力和出现概率平等。这是不正确的，因为欲望是否会变成有意识行为，取决于其他强烈欲望的满足或不满足状态。各种特定内驱力出现的概率有很大的差别。

其次，这样的列表意味着这些内驱力是相互独立的。事实上并非如此。

最后，这样的内驱力列表通常是以行为为基础制作的，所以它完全忽略了我们所知的内驱力的动态特性。例如，有意识和无意识的内驱力可能有所不同，或者某一特定的欲望可能同时表达了其他多个欲望等。

这种列表的荒唐之处还在于，内驱力并不是孤立的、离散的，多个内驱力也不是单个内驱力的简单相加。内驱力是按照具体特征的层次来排列的。这意味着一个人选择列出的内驱力有多少，完全取决于他分析内驱力时的具体程度。打个比方，真实情况不像很多根木棍并排摆放那样简单，而是像一套盒子，其中一个大盒子里有三个盒子，每个盒子里又有另外十个小盒子，而这十个小盒子又分别装有五十个更小的盒子，依次类推。再打个比方，描述内驱力就像是按照不同放大倍数来描述组织切片。按照这一列表，我们可以谈论满足或平衡的需要，或者更具体地说是吃东西的需要，再具体一点说是填饱肚子的需要，再具体一点说是对蛋白质的需要，再具体一点说是对某种特定蛋白质的需要……我们现有的列表有太多都不加区别地囊括了不同具体程度的需求，比如有些列表包含三到四种需求，而有些则包含数百种需求。在这种各自为政的情况下，这也是可以理解的。如果我们愿意，我们可以制定出这样一个内驱力列表，它包含的欲望从一到一百万个不等，这完全取决于分析动机行为的具体程度。此外，我们应该认识到，如果我们试图讨论基本的欲望，就应该将它们清楚地划分为欲望的系列，或者说欲望的基本类别或集合。换句话说，罗列这些根本目标是为了对内驱力进行抽象的分类，而不是穷尽式地罗列（12）。

此外，所有已公布的欲望列表似乎都暗示了各种内驱力之间是相互排斥的，但实际上并非如此。相反，各种内驱力通常会相互重叠。正因如此，要把一个内驱力和另一个内驱力清晰而明确地区分开来几乎是不可能的。对内驱力理论的任何批判也应该指出，内驱力的概念本身可能来自对生理需求的高度关注。在处理这些需求时，将激发物、动机性行为和目标对象分开是很容易的。但是，当我们谈到对于爱的渴望时，我们就很难区分内驱力和目标对象。这里的内驱力、欲望、目标对象以及行为似乎都是一回事。

动机生活的分类

在我看来，现有的种种证据似乎都表明，划分动机生活唯一可靠的根本依据是基本目标或需求，而非内驱力列表上列出的一般意义上的激发物（是"吸引"而非"促使"）。动态方法会给心理学理论建构带来变化，但在变化过程中只有基本目标保持不变。毋庸赘言，此前我们讨论过的种种因素足以支撑这一论断。我们注意到，动机驱动的行为可能传达多种信息，自然不能作为有效的分类依据。以此类推，特定的目标对象也不是可靠的分类依据。一个人有了食欲，自然会想方设法弄到食物，而后嚼一嚼吞掉，这种行为实际上可能是在寻求安全感而不是食物本身。同理，一个人产生了性欲，会进一步求偶、性交，这实际上可能是在谋求自尊而不是性的满足。事后产生的有意识内驱力、动机行为，甚至某种行为所追求的明确目标对象或效果，统统不能作为动态划分人类动机生活的可靠依据。如果仅根据上述逻辑排除过程进行判断，动机理论分类的唯一可靠依据就只剩下无意识的基本目标或需求了。①

动机和动物数据

学院派心理学家主要通过动物实验开展对动机领域的研究。"白鼠非人"本是尽人皆知之事，无奈在此还是要重申一遍，因为在进行人性理论研究时，常常有人把动物实验的结果奉为圭臬。②毋庸置疑，动物数据的确大有用处，但前提是我们使用时要把握分寸、头脑清晰。

我的观点是动机理论必须以人为中心，而不是以动物为中心。下面将就这一点展开进一步的论述。首先来探讨本能这个概念。严格来说，本能是一个动机单位，其中的内驱力、动机行为以及目标对象或目标效果明显都受到遗传的影响。沿着物种阶梯不断攀升，我们所说的生物本能呈现逐步消失的态势。例如，按照我们的定义，白鼠身上确实存在着饥饿本能、性本能和母性本能。猴子的性本能早已消失，饥饿本能也有不同程度的改变，只有母性本能一如既往地强烈。同理，按照我们的定义，人类身上的这三种本能通通消失了，取而代之的是一系列本能，如遗传反射、遗传内驱力、自主学习、动机行为，以及根据动机性行为和目标对象而进行的文化学习（见第六章）。因此，如果我们仔细观察人类的性生活，会发现纯粹的驱动力是由遗传所赋予的，但对象和行为的选择必须在生命长河

---

① 参见默里（Murray）《人格探索》和其他更多关于这些观点的讨论（346）。

② 例如 P.T. 杨（P.T. Young, 492）武断地将目的或目标概念排除在动机理论之外，理由是老鼠不能告诉我们它的意图，但人可以回答我们这个问题啊！这还需要大书特书吗？既然老鼠不能告诉我们它的意图，我们倒不如聪明些，放弃这类动物数据，而不是将目的或目标概念排除在外。

中慢慢学习和领悟。

　　沿着物种阶梯往上，口味变得愈发重要，而果腹的需求自然就下降了。也就是说，在挑选食物的时候，白鼠的选择要比猴子的少得多，而猴子又比人少得多（302）。

　　最后，沿着物种阶梯上升，生物本能逐渐减退，而对文化这一适应工具的依赖性增强。如果我们不得不使用动物数据，那我们应该认清这些事实，例如，比起白鼠，我们更喜欢用猴子做动机实验的对象。原因很简单：人类和猴子有更近的亲缘关系，和白鼠却相去太远。哈洛和许多其他灵长目动物学家便是这么做的（172，202）。

环　境

　　目前，我只谈到了机体本身的属性。现在我们有必要讨论一下机体所处的情境或环境。我们必须承认，人类要通过某种行为实现动机，则必然要与环境及其他人发生联系。任何动机理论都必须考虑到这一事实，全面衡量机体的属性、环境以及文化的决定性作用。

　　一旦承认了这一点，理论家应该时刻保持清醒，避免过度关注外部、文化、环境或情景。归根结底，我们的核心研究对象是机体或特征结构。情境理论很容易本末倒置、走向极端：该理论把机体看成情境中的附属物，将其等同于一个障碍物或者个体尝试达到的某一目标。我们必须明白，障碍和价值目标在某种程度上是个体自己设置的，而这些也应该由具体情境中的特定生物来定义。我不知道有什么放之四海而皆准的方法，可以定义或者描述一个情境而抛开在其中活动的特定机体。需要指出的是，如果孩子想得到对他来说有价值的东西而遭到某种阻挠，那他便会打定主意，认定这个东西肯定是个宝贝，而那些阻挠就是障碍。心理学上没有"障碍"这一概念，"障碍"只是人试图得到他想要的东西时遭遇的阻力。

　　在我印象中，动机理论尚不成熟的时候，在此基础上发展起来的极端的或者排他的情境理论正大行其道。比如，任何纯粹的行为理论都需要情境理论才有意义。如果一个动机理论不是以目标或需求为基础，而是建立在现有内驱力的基础上，那么为了防止其理论失败，同样需要一个强大的情境理论作支撑。实际上，强调恒定的基本需求的理论发现这些基本需求相对稳定，并且不会因机体所处的特殊情境而发生显著变化。因为，基本需求会以一种行之有效、富于变化的方式组织自己的活动，也会规划甚至定义自己的外部世界。换言之，如果我们认同考夫卡对地理环境和心理环境的划分，那么这句话是说，要弄清楚地理环境是如何转化为心理环境的唯一可行的办法就是明白一点：心理环境的组织原则就是当前机体在具体环境中的目标。

完善的动机理论必须考虑情境，但绝不能成为纯粹的情境理论，除非我们明确表示，为了认识机体所生活的世界而放弃对机体恒常性的探索。

为了避免不必要的争论，我要明确一点，我们现在探讨的是动机理论，不是行为理论。行为是多种决定因素共同作用的结果，其中包括动机，也包括环境因素。动机研究并不否定情境决定因素的研究，而是对情境研究的一种补充。在一个更为宏观的框架下，二者各有一席之地。

整 合

任何动机理论都必须注意这样一种情况：机体通常表现为有机整体，但有时则不然。因为还存在着一些特殊、孤立的习性或条件作用、各种阶段性反应，以及我们所知的许多割裂和缺乏整合的现象。在日常生活中，机体甚至能够做出不止一种反应，就好比人可以同时做好几件事。

显然，在成功面对某一喜事、创造性时刻、重大问题、威胁或紧急情况时，机体会处于最佳整合状态。但是，一旦威胁呈排山倒海之势，或者机体过于虚弱、无力招架之时，整合状态便趋于瓦解。

总的来说，生活闲适顺遂时，机体可以同时做许多事情，向不同方向发展。

我认为，相当一部分现象看似特殊和孤立，实则不然。一般来说，我们多加分析就可以证实，这些现象在整个框架中都不可或缺，比如转变性歇斯底里症状。这种明显的整合缺失有时仅仅表明我们孤陋寡闻，不过，我们现在掌握的知识足以证明，在某些情境下，孤立的、阶段性的或割裂的反应是有可能的。另外，我们越来越清楚，这种现象不一定就代表脆弱、糟糕或者病态。相反，它们往往代表机体最重要的一种能力，即以局部、具体或阶段性的方式处理次要、熟悉或者容易解决的问题。如此一来，便可以保留主要能力去应付更加重要或者更有挑战性的问题（160）。

无动机行为

与心理学家普遍接受和推崇的观点不同，在我看来，并非所有的行为或反应都是动机驱动的，至少并不都是为了满足某种需求，即通常所说的寻找缺乏或需要的东西。成熟、表达、成长、自我实现，通通不符合普遍的动机理论，我们最好将这些现象看作自我表达方式而非应对策略。之后的章节（特别是第十章和十四章）会就此进行详细论述。

此外，在诺曼·梅尔（284）的极力呼吁下，我们开始注意到一种差别，弗洛伊德学派常常谈到这种差别，却从来没有把它交代清楚。大多数神经质的症状或趋势都意味着满足基本需求的冲动不知何故受到阻挠、误导，或与其他需求相混淆，或囿于错误的做法。但其他症状仅仅是出于保护或者防御目的，不再是满足冲动的问题。它们唯一的目标是防止受到进一步的伤害、威胁或挫折。两类症状犹如两个斗士，一方依然渴望胜利，而另一方对胜利不再抱有幻想，只希望不要输得太惨。

由于放弃和绝望与病情预断、学习目标，甚至长寿都密切相关，因此明确的动机理论必须充分考虑梅尔的区分以及克利（233）对此的相关解读。

实现的可能性

杜威（108）和桑代克（449）明确指出，一直以来大多数心理学家严重忽视了动机的一个重要方面，即实现动机的可能性。一般来说，我们对一切实际可能得到的东西都充满渴望。也就是说，与关注无意识愿望的精神分析学家相比，我们对于愿望的态度要现实得多。

随着收入的增加，人们会发现自己对于几年前想都不敢想的东西充满了期待，并且会为之拼搏。普通美国人为了汽车、冰箱和电视机而奋斗，因为这些都是切实可得的。他们不会奢求游艇或飞机，因为这些对一般的美国人来说遥不可及。很可能，他们从没有无意识地期待过这些东西。

要了解本国不同阶级和种族之间、本国与其他国家文化之间动机的差异，最为关键的一点是关注实现愿望的可能性。

现实的影响

与此相关的是现实对于无意识冲动的影响。弗洛伊德认为，一个本我冲动就是一个离散的存在，与世界上任何事物都没有内在联系，包括其他本我冲动。

> 我们可以借助意象接近本我，我们可以称它为一片混沌，就像一口沸腾不已的大锅……这些本能使本我充满活力，但它没有组织，没有统一的意志，只有根据快乐原则满足本能需要的冲动。逻辑规律，尤其是矛盾律在本我进程中

并不适用。相互矛盾的冲动既不相互中和,也不彼此分离,而是并存的。在巨大的经济压力下,它们最多相互妥协、重新组合,以便释放它们的能量。本我不等同于虚无,不仅如此,哲学家们断言,时间和空间是我们心理活动的必要形式,但在本我中我们震惊地发现关于这个断言的一个意外。

当然,本我对价值、善恶、道德一无所知。与快乐原则密切相连的经济因素,或者叫数量因素,控制着本我的整个进程。依我们之见,寻求本能心理的释放是本我的全部内容。(Freud, Sigmund, *New Introductory Lectures on Psychoanalysis*, W. W. Norton, 1933, pp.103—105.)

如果这些冲动受到现实条件的控制、改变或压抑而得不到释放,它们就不再属于本我,而是变成自我的一部分。

可以认为,自我是本我的一部分,由于接近外部世界并受其影响而有所改变,就像包裹着微小生物的皮层,它的职责就是接收刺激并保护机体不受其侵扰。这种与外界的关系对自我起着决定性作用。自我负责向本我传达外部世界,并以此来保护本我。若非如此,本我不顾强大的外部力量,盲目地追求本能的满足,或许难逃毁灭的结局。在执行这一任务的过程中,自我必须观察外部世界,并在其认知记忆中保存外界的真实图景,同时,自我必须通过现实验证,排除外部世界中一切由内部激发的要素。自我代表本我,控制着通向自动力(motility)的路径,但它在欲望和行动之间插入了思想这一延迟因素,在思考的过程中,自我调动了记忆中储存的零散经验。如此一来,自我推翻了对本我进程影响至深的快乐原则,并用现实原则取而代之,而现实原则能提供更大的安全保障,并带来更高的成就。(同上,第106页)

然而杜威认为,成年人的所有冲动,至少典型的冲动,都受现实影响,并与现实密不可分。简而言之,他主张根本不存在本我冲动，言外之意就是，即便存在本我冲动，它们本质上也是病态的、不健康的。

尽管无法提出经验性的解决方案，我们还是需要注意这一矛盾之处，因为这意味着一种至关重要、针锋相对的差异。

对我们来说，问题不在于是否存在弗洛伊德所描述的那种本我冲动。任何一个心理分析学家都可以证明，想入非非的冲动确实存在，往往与现实、常识、逻辑，甚至个人利益脱节。问题在于，这些突发奇想究竟是疾病或退化的证据，还是健康人内心深处的写照？在人生的哪个阶段，人类对现实的感知开始纠正幼儿时期的奇思异想？这个时间节点对神经症患者和健康人都同样适用吗？高效工作的人能完全不受影响，维护自己冲动生活的私密角落吗？如果事实证明，每个人都会产生这种完全源自机体内部的冲动，那我们不禁要问，这种冲动何时产生，在什么情况下产生，它们一定会是弗洛伊德设想的麻烦制造者吗，它们一定和现实对立吗？

关于健康动机的知识

我们往往不是通过心理学家，而是通过有临床经验的心理治疗师才获得了有关人类动机的大多数知识。这些患有心理疾病的患者虽然提供了大量有用的数据，但这些数据存在很大的误差，因为这些患者显然属于人类的次级样本。从原则上讲，他们的动机应该排除在健康动机的样本之外。健康并不仅仅是没有疾病，也不能简单地理解为疾病的反义词。凡是值得关注的动机理论都必须考虑身强体健之人的才能，也要探索残疾人的防御措施。同时，动机理论也应该涵盖并解释人类历史上出类拔萃的伟人最为关切的问题。

我们永远无法从患者这一单一渠道得到这种认识，而必须将注意力转移到健康人身上。动机理论家对他们的研究方向应当更加自信。

第四章 人类动机理论

引 言

本章试图构建一个积极的动机理论,以满足第三章所提出的理论需求。同时,这一理论力求符合已知事实、临床观察及实验观察所得,但临床经验仍为其最直接的理论来源。在我看来,这一理论既遵守了詹姆斯和杜威的功能主义传统,又结合了韦特海默、戈尔茨坦及格式塔心理学的整体主义,还融合了弗洛伊德、弗洛姆、霍尼、里奇、荣格以及阿德勒的动态主义。经融合或者整合后的理论可称为整体动态理论。

基本需求

生理需求

探讨动机理论时,我们通常从所谓的生理需求出发。近来有两项研究使我们不得不修正我们对生理需求的固有观念:第一是内稳态概念的发展;第二是研究发现食欲(食物的优先选择)能够有效揭示身体的实际需求和元素短缺。

内稳态是指人体自动维持恒定、正常的血流状态。坎农(78)描述了这一过程中:血液的水含量、盐含量、糖含量、蛋白质含量、脂肪含量、钙含量、氧含量、稳定的氢离子水平(酸碱平衡)和恒定的血液温度。很明显,其他矿物质、激素、维生素等也可以添加到这一清单中。

杨（491，492）总结了食欲与身体需求之间的关系。如果身体缺少某些元素，个体则会（以不合理的方式）对含有这些元素的食物产生特定的食欲或口味偏好。

因此，列出人类所有的基本生理需求似乎是不可能的，也毫无用处。因为根据描述的具体程度不同，这些生理需求是可多可少的。我们无法证明所有的生理需求都是为了维持机体内部稳定。目前尚未证实以下行为具有内稳定性，如性欲、嗜睡、纯粹的运动以及动物的母性行为。此外，这份清单不包括感官上的快感（味觉、嗅觉、挠痒、抚摸），这些快感可能是生理上的，也可能是动机行为的目标。还有一种事实我们也不知道如何解释：机体有着懒惰、懈怠和散漫的倾向，同时又需要活动、刺激和兴奋。

第三章指出，这些生理驱动力或需求是孤立的，可在身体某部位找到它们的定位，因此我们应该将它们看作不同寻常的、非典型的。也就是说，生理需求不仅相互独立，也独立于其他动机，还独立于整个机体。另外，在许多情况下，生理需求都可能具有局部的、潜在的机体基础。人们以为这是普遍现象（疲劳、困倦、母性反应除外），但实际上并非如此。但在典型的例子（饥饿、性欲、干渴）中，情况确实如此。

我们需要再次指出，任何一种生理需求及满足这种需求的行为都会引发人类其他的需求。也就是说，一个有饥饿感的人可能实际上是在寻找安慰或依赖，而不是维生素或蛋白质。相反，其他活动，像喝水和吸烟也能部分满足人的饥饿需求。换句话说，这些生理需求是相对独立的，而非完全独立。

毫无疑问，生理需求是所有需求中最基本的。具体而言，这意味着人一无所有时，他们的主要动机很可能是满足生理需求而非其他。一个缺乏安全、爱和尊重的人对食物的渴求可能最为强烈。

若所有的需求都得不到满足，生理需求就会占据主导地位，其他需求则会消失或退居幕后。这时人的意识中充斥着饥饿感，所以我们将机体状态简单地描述为"饥饿的"是合理的。身体所有机能都去解决饥饿感，能力的组织分配也完全取决于这一目的。感受和效应、智力、记忆、习惯现在都可以被简单地定义为解决饥饿的工具，于此无益的能力则暂时休眠或隐匿。在这一极端情形下，写诗的冲动、买车的欲望、对美国史的兴趣以及对新鞋子的渴望通通都被抛于脑后，变得无关紧要。在极度饥饿的人眼中，除了食物再无其他。他梦里梦到的是食物，回忆里记起的是食物，反复琢磨的是食物，想要的也是食物。在组织喂食、饮酒或性行为这些活动时，还有些决定性因素通常与这些生理需求难分彼此，更加不易察觉，但现在却被完全忽略，所以我们此时（仅限于当前）探讨纯粹的饥饿需求和饥饿行为，只有缓解饥饿这一绝对目标。

人体被某种需求支配时，还表现出另外一个特点：人对未来的看法也会发生变化。长期忍受极度饥饿的人会把乌托邦简单地理解为食物充足的地方。他们往往认为，只要自己余生都可果腹，那就非常幸福，也再无他求了。生活本身的意义就在于吃，其他的都不重要。自由、爱、群体感、尊重、人生信条都被当作无用的奢侈品而弃之不顾，因为这些无法填饱肚子。此时我们可以说，这类人只为面包活着。

我们承认，这种情况的确存在，但并不普遍。几乎可以肯定，这种紧急情况在正常运转的和平社会里极其罕见。这一常理之所以会被人忽略，大致有两种原因：其一，大量关于动机的实验都以老鼠为对象，但除生理需求外，老鼠很少有其他动机，这样人们就容易以老鼠的特征来类推人类。其二，人们往往意识不到，文化本身就是适应性工具，其功能之一就是减少生理性危急事件。在多数国家，人们处在长期极度饥饿的状态很罕见，当今美国也是如此。一般美国公民说"我饿了"，他们感受到的是食欲而不是饥饿。经受那种生死攸关的饥饿的情况是极其偶然的，可能一生中仅有几次。

显然，机体长期处于极度饥渴状态容易掩盖人类更高层次的动机，使我们对人类的能力和本质产生偏见。如果把突发事件当作典型，以人类生理极度贫乏时的行为来衡量人类动机，那必然会对很多事物视而不见。的确，人有了面包就能生存，但这只是在没有面包的时候。如果面包充足,长期不愁吃喝时,人的欲望会产生哪些变化呢?

一旦如此,其他更高级的需求便会立即产生并取代生理需求,主导人体。同理,当这些更高级的需求也得到了满足,新的更高一级的需求又会产生,依次类推。这就是我们所说的,人类的基本需求是一个层次分明的等级系统。

这句话暗含一层深意:在动机理论中,满足和贫乏变得一样重要,它使得身体摆脱了较为基础的生理需求的支配,从而树立起其他社会性目标。生理需求及其他局部目标一旦长期得到满足,便不再是人类活动的决定性因素或组织者。它们目前只潜伏在体内,一旦受到干扰,便会再次出现并支配人体。需求得到满足后就不再是需求,尚未满足的需求才能支配人体,左右人类行为。如果食欲得到了满足,那它对于个人行为而言便无足轻重了。

有一种假说(后文将充分讨论)在某种程度上恰好补充了这一论述。该假说认为,如果人的某种需求总能得到满足,未来再度出现此种需求时,人才能从容以对。而且,与未曾经历过贫乏的人相比,体验过贫乏的人对当前的满足感会有不同反应。

安全需求

如果个体的生理需求得到了满足,继而就会产生一系列新的需求,我们大致将其归结为安全需求(寻找安全、稳定、依赖、保护;远离恐惧、焦虑和混乱;对体系、秩序、法律、限制的渴求;保护者的实力等)。所有关于生理需求的表述都适用于安全需求,不过程度较低。人类机体同样可能完全被安全需求支配。这时安全需求负责全面组织个人行为,充分调动人体各项机能,此刻我们可以合理地将人类机体称为安全寻求机制。感受器、效应器、智力和其他能力也可以成为安全寻求的主要工具。与饥饿的人一样,我们发现主要目标不仅深刻影响一个人当前的世界观和思想体系,也会影响他未来的价值观和生活态度。在安全和保护面前,几乎所有事情都显得微不足道,就连生理需求一旦得到满足便也无足轻重了。身处其中,尤其是长期处于极度的安全需求中,人就只剩下安全需求这一个目标了。

本章主要关注的是成年人的需求,但观察更简单明了的婴幼儿的需求,可以使我们更有效地了解他们的安全需求。婴儿面对威胁或危险,反应往往更为强烈,因为他们从不压抑这种反应,而成年人却学会了想方设法不表现出来。因此,即便成年人真感到了安全威胁,他们也不会表露出来。婴儿一旦受到威胁,比如当婴儿受到惊扰或突然跌倒,或因噪声、闪光和其他异常的感官刺激而受到惊吓,或受到粗暴对待、完全失去母亲的怀抱,或得不到母亲足够的怀抱,婴儿便会有激烈反应。①

我们可以看到,婴儿对各种身体不适的反应更加直接。有时,这些身体不适似乎会有直接危险,使儿童没有安全感。比如,呕吐、绞痛或其他剧痛似乎能让孩子用不同的方式看待整个世界。可以假定,在这种痛苦时刻,儿童眼中的世界突然从阳光明媚变成了暗无天日,这种情况下任何事情都有可能发生,以前稳定的事物也变得不稳定了。因此,因饮食不良而生病的孩子可能会连续一到两天焦虑恐惧,睡觉做噩梦,也会产生以前从未有过的需求:保护和安慰。近来关于手术对儿童心理影响的研究充分证实了这一点(270)。

儿童的安全需求还表现为他们偏爱某种稳定的惯例或节奏。儿童似乎需要一个可预测、合法又秩序井然的世界。例如,父母的偏颇、不公或言行不一都会使孩子焦虑不安。与其说这种焦虑不安是因遭遇不公或其带来的痛苦所致,还不如说是因为这种行为使得世界看起来不可靠、不安全或不可预测。在一个清晰确定的框架中,孩子更能够茁壮成长,不管是现在还是将来,这个框架内都有一些程序、常规和一些值得信赖的东西。儿童心理学家、教师和心理治

---

① 随着孩子长大,他们掌握的知识越来越多,对周围日渐熟悉,运动神经也逐渐完善,这一切使能对他们造成危险的情况越来越少、越来越容易处理。纵观人的一生,可以说人们需要受教育的一个重要原因就是通过学习知识可以消除一些显见的危险,比如因为我对雷电现象有所了解,所以不怕打雷。

疗师发现，孩子们需要也更喜欢有限度的宽容，而不是无限的宽容。也许这样表达更加准确：儿童需要一个有组织、有条理的世界，而不是杂乱无章的世界。

父母的中心地位以及正常的家庭构成都是不容置疑的。家庭内部的争吵、人身攻击、分居、离婚或家人去世一般是最可怕的。同样，父母突然发怒或威胁要惩罚、对其进行漫骂、言辞严厉、行为粗暴或实质的体罚有时会使孩子惊恐万分，我们认为这绝非仅仅皮肉之苦所致。诚然，对某些孩子而言，这种恐惧可能出于害怕失去父母的爱，然而对于被遗弃的孩子来说，他们依附于缺乏爱心的父母似乎纯粹是为了得到安全和保护，而不是期望得到爱。

面对全新的、陌生的、无法应对的刺激或情况，比如走失甚至与父母暂时分开，遇到陌生人、陌生环境，看到陌生又无法控制的事物，面对疾病与死亡等情景时，儿童往往会产生危险或恐惧反应。在以上情况下，孩子对父母极其依恋，这充分证实了父母除了充当食物给予者和爱给予者的角色以外，还要充当保护者的角色。[①]

根据以上以及类似观察，我们可以概括认为，我们社会中一般的儿童和成年人（表现得不及儿童明显）都偏爱一个安全、有序、可预测、有法律、有组织的世界，这个世界应是安全可靠的。在这个世界，无法预料、无从处理、混乱危险的事情都不会发生，而且无论如何总会有强大的父母和保护者为自己遮风挡雨。

儿童身上表现出的这些反应十分明显，在某种程度上证明我们社会中的儿童太缺乏安全感（或者他们成长环境很不乐观）。在和睦安宁、爱意弥漫的家庭中长大的孩子通常不会像我们所描述的那样产生反应。这类儿童反应剧烈的危险情况往往也会令成年人觉得不安全。

---

① 在关于安全的组合实验中，可以设置以下情境：在孩子面前放一个小爆竹，或进行一次皮下注射，或让母亲离开房间，或把孩子放在高高的梯子上，或让老鼠爬到他身上等。当然，我并非真的建议故意进行这一系列实验，因为这很可能对实验对象造成伤害。但是这些情况及类似情形会大量出现在儿童的日常生活中，我们是可以观测到的。

在我们的文化中，健康幸运的成年人享有极大的安全需求满足感。和平、稳定、安宁的社会通常会使成员感到安全，使他们不怕野生动物、极端气候、暴力行凶、谋杀及暴政等侵害。因此，实际上此时安全需求已不再是个人行为的有效驱动力。正如填饱了肚子的人不再感到饥饿，处境安全的人也不再觉得危险重重。如果我们想要清楚直接地观察安全需求，我们必须转向那些精神异常者，还有那些在经济方面或社会方面的失意者，或考察社会混乱、社会突变及政权崩塌这些情况。在这些极端情况下，安全需求一般都有如下表现，如人们偏爱长期且有保障的工作，渴望拥有储蓄账户以及渴求各种保险。

人们寻求安全与稳定还有一种较为普遍的表现，那就是人们一般都偏爱熟知的事物而非陌生的事物（309），或说偏爱已知事物而非未知事物。同样，人们倾向于求助宗教和世俗哲学，将宇宙和人类组织成连贯的、有意义的理想整体，这在某种程度上也是安全需求所致。在此，我们也可以把一般科学与哲学的产生发展部分归因于安全需求（我们稍后还会看到，科学、哲学或宗教的发展以及其他动机）。

否则，只有在一些真正紧急的情况下，安全需求才会成为活跃的机体资源主要调配者，例如，战争、疾病、自然灾害、犯罪高发、社会混乱、神经衰弱、脑损伤、权威崩塌以及长期的恶劣处境。

在我们的社会中，有些患有神经症的成年人在很多方面表现得像身处险境的儿童，也渴求安全感，只是他们的安全需求的表现方式稍有不同。成年人往往对世界上未知的心理危险反应明显，并认为这个世界充满敌意、不可抵挡又极具威胁性。这类人的一举一动都让人觉得他们仿佛大祸临头，日常表现仿佛是在应对危急情况。他们表达安全需求的方式较为特殊，通常表现为寻求一位保护人或者一个值得依赖的强者，可能是元首一级的人物。

我们可以把患有神经症的人描述成保留孩童思想的成年人。也就是说，他们的行为举止像是真的害怕被打屁股，害怕母亲的责备，害怕被父母遗弃，或者害怕有人抢自己的食物。他们年少时对危险世界的恐惧和威胁反应仿佛潜藏了起来，在成长和学习过程中未曾被触发,而现在任何一些令孩童感到危险的刺激都能将其激发出来。[①]霍尼(197)就"基本焦虑"曾有过详细探讨。

在神经症中,对安全感需求最明显的是强迫症。强迫症患者疯狂地想要使世界秩序化、稳定化,以确保不会出现无从控制、意外或不熟悉的危险。他们用各式礼节、规则或准则武装自己,这样每个偶发事件都有解决办法,也不会发生新的意外。这些表现很像戈尔茨坦描述的脑损伤病例。患者设法避免一切陌生事物,将他们的一方天地塑造成有条不紊又值得依赖的世界,以此来保持心理平衡。他们竭力将这个世界规划得不存在任何意外危险。如果确实发生了一些意外,又非个人过错所致,他们就惊恐万分,仿佛这会酿成巨大的危险。健康人身上不甚明显的偏好,比如对熟悉事物的偏好,在极端的异常情况下却变得生死攸关、不可或缺。一般的神经症患者都丧失或者缺乏健康人对新奇或未知事物的兴趣。

当社会法律、秩序和权威真正受到威胁时,社会的安全需求就会变得非常迫切。混乱或无政府主义带来的威胁使大多数人的需求从更高级的需求退回到更迫切的安全需求。一种常见的、几乎意料之中的结果是,人会更容易接受独裁或军事统治。所有人,包括健康人,往往都是一样。因为他们在应对危险时,倾向于退化到现实的安全需求层次上,为自我保护做好准备。但这似乎更适用于那些缺乏安全感的人。对权威、合法性以及法律的象征的威胁,尤其会使这些人感到不安。

归属感和爱的需求

倘若生理需求和安全需求皆得到充分满足,那么就会出现对爱、情感和归属感的需求,并且将会以此形成新的中心,重复上述过程。这个时候人会空前敏锐地意识到,自己孑然一身,缺少朋友、情人、妻子和孩子的陪伴。因此,他会渴望同大众建立情感联系。换言之,

---

① 并非所有神经症患者都缺乏安全感。不缺乏安全感的人也可能患神经症,这主要是因为他们的感情和尊重需求未被满足。

他渴望在群体或家庭中占有一席之地，并且会竭尽全力地去实现这一目标。他只想拥有这样的一席之地，除此之外，别无他想。他甚至可能会忘记，过去自己饥肠辘辘的时候，也曾对爱嗤之以鼻，认为它虚假、多余、无足轻重。如今，他强烈地感受到孤独寂寞、遭人排斥、被人抛弃、没有朋友和无所寄托带来的痛苦。

尽管对归属感的需求是小说、诗歌、戏剧，以及较为新颖的社会学文献的共同主题，但是我们对其掌握的科学信息还是少之又少。从上述资料中，我们可以大体得知，居无定所、漫无目标、工业化造成的过度流动，漂泊无根、鄙视自身血统、出身或种群，初来乍到以及举目无亲这些情况都会对孩子造成毁灭性的影响。我们还低估了一些所谓"极其重要的群体"，如邻里、宗族、友人、阶级、团队、熟悉的同事等。我很乐意给大家推荐一本书，该书以尖锐的笔触和坚定的信念（196）对此进行了阐述，它可以帮助我们深刻了解人类习惯于成群结伙的动物倾向。或许，阿德里（Ardrey）的《必守领域》（14）也有助于大家认识这一倾向。该书的坦率和胆识使我受益颇深，因为书中反复强调了我素来不以为意的内容，促使我开始认真思考这一问题。或许，该书的读者也会有同样的感受。

我相信，训练团、其他个人成长小组和共识社群之所以剧增，一定程度上是因为人们需要相互联系，渴望亲密感和归属感，以便克服普遍存在的疏离、孤独、陌生和寂寞等情感。然而，由于人口的流动性加强，传统群体瓦解、家庭代沟出现、城市化稳步发展、乡村人情消失，美国式友谊随之表面化，上述情感进一步恶化。令我印象深刻的是，一些青年反叛群体，尽管我无法得知其数量或反叛程度，但我看到，他们当中的个体因为受到了群体感的激励，渴望与他人建立联系，渴望真正做到团结一致去面对共同敌人，面对任何促使他们友好团结的外部威胁。同样的情况也发生在士兵群体中，他们因共同的外部危险而形成一种罕见的兄弟情义和亲密关系，并可能因此一生休戚与共。任何良好的社会，若想继续存在并健康发展，就必须满足人的这一需求。

在社会适应不良和更严重的病理案例中，最常见的症状就是上述的需求受阻。对爱与情感及其在性方面的可能表现，人们的态度通常是充满矛盾的，并且通常设置了很多条条框框加以限制。实际上，所有从事精神病理学的理论家都强调，阻挠对爱的需求是造成适应不良的基本原因。因此，很多临床试验都对这一需求进行了研究。我们对爱的需求的认识或许仅次于生理需求。萨蒂（442）曾对我们的"温柔禁忌"做过精彩分析。

必须强调一点，爱并不等同于性。性可以作为一种纯粹的生理需求来加以研究。通常性行为是由多重因素共同决定的，也就是说，它不仅取决于性需求，还取决于其他需求，其中最主要的就是爱和情感需求。需要注意的是，爱的需求包括付出爱和收获爱。

自尊需求

我们社会中的所有人（少数病态者除外）都需要或渴望一种稳定的、无可置辩的、通常是较高的自我评价、自我尊重和对他人的尊敬。这些需求可以分为两类：第一类，对力量、成就、胜任、能力和竞争力、面对世界的自信、独立和自由的需求；①第二类，我们可以称为对名誉或威望（指来自他人的尊敬或敬重）、地位、声望和荣誉、影响、认可度、关注度、重要性、尊严或赞赏的需求。这些需求的重要性引起了阿尔弗雷德·阿德勒及其拥护者的重视，但却受到了弗洛伊德的忽视。然而今天，精神分析学家和临床心理学家对这些需求的核心地位有了越来越普遍的认识。

自尊需求得到满足会使人拥有自信、价值、力量、才干和能力，会使人意识到自己在这个世界上的作用和重要性。反之，自尊需求

---

① 我们无法得知这种特殊渴望是否具有普遍性。关键在于，那些被奴役和统治的人是否一定会感到不满而奋起反抗，这一问题在当今变得尤为重要。我们可以根据广为人知的临床数据得出这样的假设：如果一个人懂得了自由的真正意义（不以牺牲安全和保障为代价，而是以充分的安全和保障为前提），那么，这样的人绝不甘心、也不会轻易允许自己的自由被剥夺。但是，我们无法确定这一情况同样适用于那些生而为奴的人。对该问题的讨论请查阅参考文献145）。

受挫会使人感到自卑、软弱和无助。这些情感还会造成轻微沮丧，引发其他补偿倾向或神经质倾向。通过研究严重创伤精神症（222），我们可以很容易地认识到基本自信的必要性以及缺乏自信所带来的无助感。①

根据神学家对傲慢的讨论、弗洛姆对人类的虚假自我认识的探讨、罗氏对人类自我的研究，艾恩·兰德等散文家（388）以及其他资料，我们越来越认识到：不以真正的工作能力为根据，而试图从他人的看法中获得自尊是非常危险的。因此，最稳定、最健康的自尊来自从他人那里应得的尊重，而非取决于外在虚名或无谓的追捧。即使在这种情况下，区分以下两种能力和成就仍然是有益处的，一种是实际能力以及凭借纯粹的意志力、决心和责任心取得的成就，另一种是通过内在本质、个人素质、人生命运中自然获得的能力和成就，或者如霍尼所言，是真正的自我，而不是理想化的伪自我。

自我实现的需求

即使这些需求全都得到满足，我们仍然可以预见，新的不满、不安情绪很快会出现，除非个体能发挥一己之长。如果要最终做到自得其所，那么音乐家必须作曲，艺术家必须作画，诗人必须作诗。人必须成为力所能及的人。人必须忠于自己的本性。我们将这种需求称为自我实现的需求（详情请参考第十一章）。

"自我实现"这一术语最早由库尔特·戈尔茨坦提出。在本书（160）中，该术语的意义更加具体和局限。自我实现的需求指的是人对自我实现的渴望，换言之，它指的是实现自己潜能的倾向。这种倾向表现为人越来越具有个人特质，成为自己能够企及的那种人。

当然，满足这些需求的具体形式因人而异。有的人渴望成为理想的母亲，有的人渴望拥有卓越的运动能力，而有的人则渴望拥有绘画

---

① 关于一般自尊的讨论以及各种调查报告，详情可以参考麦克莱兰及其合作者的文献（326，327，328）以及（473）。

天赋或发明才能。①在自我实现的具体形式上，个体之间的差异最大。

通常只有生理、安全、爱和尊重需求得到了满足，才会出现自我实现这样奢侈的需求。

满足基本需求的先决条件

满足基本需求有一些直接的先决条件，破坏这些条件无异于直接危害基本需求本身。这些条件包括言论自由，在不损害他人利益的前提下的行事自由，调查和寻求信息的自由，自我辩护的自由以及捍卫群体内部的公平正义与诚信有序的自由。这些都属于满足基本需求的先决条件。阻挠这些自由会引发威胁或应急反应。这些条件自身并非目的所在，但是它们同那些显然以自身为唯一目的的基本需求密切相关，所以这些条件也几乎可以等同于目的。我们之所以捍卫这些条件，是因为倘若没有这些先决条件，那么基本需求将无法满足，或者说，至少是不易满足的。

如果我们能牢记，作为适应性工具的认知能力（感知、智力、学习）除了其他功能外，还具有满足基本需求的功能，那么很显然，任何危害认知能力、任何剥夺或阻碍自由运用认知能力的行为都必然会直接威胁到基本需求本身。这一表述回答了一些普遍问题，如好奇心，对知识、真理和理性的探索，揭开宇宙奥秘的永恒渴望。保密、审查、欺诈、通信阻塞对所有的基本需求构成了威胁。

因此，我们必须引入另一种假说，必须探讨与基本需求的接近程度。因为我们已经指出，有意识需求（局部目标）不同程度地接近基本需求，所以具有不同程度的重要性。该论述可能也适用于各

---

① 显然，创造性行为（比如绘画）同其他行为一样，是由多种因素共同决定的。对于天生具有创造力的人来说，不论他们满意与否、开心与否、是饥是饱，都会表现出这种创造性行为。此外，创造性行为显然能获得回报，有助于自我提升，或能带来纯经济效益。我的印象是（来自非正式实验），仅凭观察，便可以区分出基本得到满足的人和基本未得到满足的人所创造出来的艺术和智力作品。无论如何，我们必须以动态的方式，对外在行为本身与其各种动机或目的进行区分。

种行为。如果行为直接满足了基本需求，那么它就具有了心理学上的重要性。从动态心理学的角度来看，如果行为无法直接促进基本需求的满足，或者促进的程度越有限，则该行为越不重要。类似的论述也同样适用于各种防御机制和应对机制。有些机制直接保护或满足了基本需求，而另一些机制和基本需求并无直接或明显关联。实际上，如果我们愿意，可以将这些机制分为更基本的防御机制和次基本的防御机制，并且可以断言，破坏基本防御机制比破坏次基本防御机制更具有威胁性（需要牢记的是，这一论断仅建立在它们同基本需求的关系之上）。

对认识和理解的渴望

我们对认知冲动、认知冲动动力学及病理学知之甚少。其主要原因在于，它们在临床研究中并不重要，在传统药物疗法（旨在消除疾病）主导的临床试验中也无足轻重。这种认知疾病的症状缺少典型神经症中那种疯狂、刺激和神秘感。认知心理症表现轻微，不易察觉，很容易被忽视，或常被视为正常，因为它并不急需治疗。因此，在心理疗法和心理动力学的伟大创立者如弗洛伊德、阿德勒、荣格等人的著作中，我们找不到任何关于该主题的内容。

在我所熟知的重要精神分析学家里，只有席尔德在著述中用动态方法探讨过好奇心和理解力。[①]在众多的理论心理学家中，墨菲、韦特海默和阿施（19，142，466）都曾讨论过这一问题。到目前为止，我们只是附带提及认知需求。获取知识和使宇宙系统化，在某种程度上被视为在世界中获得基本安全的手段，或者对于智者来说，是自我实现的表现形式。除此之外，研究自由和表达自由作为满足基本需求的先决条件也有过一些探讨。虽然这些表述起到了一

---

① "然而，人类对世界、行为和实验兴致勃勃。当他们勇敢地踏入这个世界时，感到了极大的满足。他们不认为现实是对生存的威胁。在这世界上，机体，尤其是人类，拥有一种真正的安全感。威胁只有在特殊情况下和被剥夺时才会产生。但即便如此，人类也会将不适和危险视为过渡期，认为它们最终会引领人类在这个世界上找到一种新的安全和保障。"（412，第220页）

定作用，但是它们仍然无法准确地回答这些问题，也无法解释好奇心、学习、哲学思维和实验等的动机。它们充其量只是回答了部分问题。

关于获取知识，除了上述的消极决定因素（焦虑、恐惧）外，我们根据合理的依据，假设还存在积极冲动，用来满足人们对知识的好奇心，激励人们去认识、解释和理解知识（295）。

在高等动物身上很容易发现类似于人类的好奇心。猴子会把东西撕碎，把手指插进洞里。它们会在不同情境中进行探索，不包括饥饿、恐惧、性和舒适等情况。哈洛的实验（174）运用一种可接受的实验方法已经充分证明了这一点。

即使面对最危险的情况，甚至是危及生命时，人类也都在寻求真相，并对此作出解释。诸如此类的事例在人类历史上不胜枚举，伽利略式的科学家也一直层出不穷。

对心理健康者的研究表明，心理健康者的基本特征是他们会被神秘未知、混乱无序和无法解释的东西所吸引。这些特点本身似乎就是吸引力所在。这些领域本身就引人入胜。相较之下，他们对妇孺皆知的东西则缺乏兴趣。

从精神病理学继续推论或许是可行的。强迫性神经症（和一般神经过敏）的研究、戈尔茨坦对脑损伤士兵的研究、迈尔的老鼠实验（285）都表明（从临床观察的角度），人偏执、迫切地依赖熟悉的事物，而对陌生、混乱、意外和野性的事物则充满了恐惧。另一方面，有些现象则可能会推翻上述论断，其中包括蓄意的离经叛道、长期的反权威、狂放不羁的行为以及惊世骇俗的渴望等。所有这些症状可能出现在神经症患者身上，也可能出现在反文化同化的人身上。

这可能涉及第十章中提到的持续解毒作用。至少从外在行为来看，这是对恐怖、未知、神秘事物的迷恋。

当认知需求受阻时，可能会产生真正的精神病理效应（295，314）。以下的临床印象说明了这一点。

我曾见过几则病例。通过这些病例，我发现那些工作单调、生活乏味的智者身上经常会出现病理学症状（兴味索然、对生活失去热情、自我厌恶、身体机能普遍下降、智力衰退和品位下降等）。①在我所掌握的一则病例中，恰当的认知疗法（恢复半工半读、找一份对智力要求更高的工作、培养洞察力）的确消除了上述症状。

我见过不少女性，她们聪明、成功但无所事事，逐渐表现出智力匮乏的症状。有些人听从了我的建议，投身到值得努力的事业中去，这些人大多有所改善甚至痊愈。因此，认知需求的真实性给我留下了深刻印象。在某些国家，人们获取新闻、信息和真相的渠道受阻，官方说法和显而易见的事实相去甚远。在这些国家中，至少有一部分人开始变得愤世嫉俗，他们不再相信任何价值观，甚至怀疑那些不言而喻的事物，严重破坏了普通的人际关系，他们灰心绝望，丧失斗志。而有些人反应似乎更加消极，他们变得迟钝、顺从，丧失了自我能力和主动性，几乎与世隔绝。

对认识和理解的需求一般在幼年后期和儿童期显现出来，甚至可能比成年期表现得更加强烈。此外，无论如何定义学习，这种需求似乎都不是学习的结果，而是成熟的自然产物。孩子无须被教导如何拥有好奇心。相反，他们可能会在体制化过程中丧失好奇心，例如戈德法布（158）。

最后，满足认知冲动会带来主观上的满足感，并使人获得终极体验。人们重视结果和学习过程等，相对忽视了洞察力和理解力。但不可否认的是，对每个人来说，洞察力都属于人生中光明、快乐、动人的方面，甚至可能是一生中的亮点。

对障碍的克服、需求受阻造成的病变、普遍（跨物种、跨文化）病变、从未消失的（尽管不大）持续压力、满足需求的必要性（作为实现人类潜力充分发展的先决条件）、人早期的自发出现，这些情况都表明了基本的认知需求。

然而这种假设尚有欠缺。在我们对此有所认识之后，一方面，我们的探索需要更加具体深入，另一方面，我们也需要广泛涉猎宇

---

① 这种综合症状和里博（396）以及后来的迈尔森（349）所称的"快感缺乏"极其相似，但是，他们将后者归结于其他病因。

宙哲学、神学等领域。如果我们所了解到的事实是孤立的或原子式的，那么它们就会不可避免地被理论化：不是被条分缕析，就是被分门别类，或两者兼而有之。有人将这个过程称为寻找意义的过程。那么我们便可以假定有这么一种渴望：渴望了解，渴望系统化，渴望组织、分析，渴望寻找关系和意义，渴望构建一种价值体系。

一旦这些"渴望"成为讨论的对象，我们就会发现它们也形成了一个小体系。在该体系中，对了解的渴望要优先于对理解的渴望。我们之前探讨过的优势等级制度的所有特征似乎也同样适用于这个小体系。

我们必须防止出现以下倾向，即不假思索地将这些欲望同我们上面讨论的基本需求割裂开来，也就是说，将认知需求和意动需求绝对地二分。了解和理解的需求本身属于意动需求，即都具有尽力而为的特点，并且同我们上面论及的基本需求一样，皆属于人格需求。此外，众所周知，这两大体系联系密切，而非泾渭分明。接下来，我们也将继续谈到，两者相互协作，而非彼此对抗。本节的进一步讨论见参考文献（295，314）。

审美需求

比起其他需求，我们对审美需求的了解少之又少，但历史学家、人文学家和美学家却一再证实，这个令科学家感到不快的领域是我们绝对不能回避的。我曾以经过筛选的个体为研究对象，以临床—人格心理学为理论基础去探究审美需求。经过不懈研究，我至少能确定一点，对一部分人而言，审美的确是一种基本需求。因为丑陋让他们表现出某种病态，而周围美丽的事物却能治愈心灵。他们对"美"如饥似渴，并且只有"美"能够满足他们（314）。我们在身心健康的儿童身上几乎都能看到这一现象。我们对美的冲动可以一直追溯到洞穴人时代，并且在每一种文化、每一个时代中都能找到有关这种冲动的佐证。

审美需求与意动需求及认知需求高度重叠，因此不可能将它们完全区分开来。也就是说，我们对秩序、对称性、闭合性、完成行为、系统性以及结构性的需求可以一律归入认知需求、意动需求或者审美需求，甚至也可以归类为神经质需求。于我而言，审美需求应成为格式塔心理学家与动态心理学家共同研究的领域。比如，当人产生强烈的意识冲动，想把墙上歪歪斜斜的画挂正的时候，这是什么心理含义呢？

基本需求的其他特点

基本需求层次的固化程度

到目前为止，我们似乎把需求层次看作一个固化的等级体系，但事实是，它并不像我们说的那样僵化。的确，我们研究过的大多数对象其基本需求似乎都是按照我们先前说明的顺序进行排列，但也有不少例外情况。

1. 对有些人而言，自尊比爱更重要。在基本需求的等级体系中，这种次序的颠倒最为常见，主要是因为这样一种观念：受人爱戴的人往往自身是强者，他们充满自信、积极进取、让旁人心生敬畏。因此，缺乏并渴望爱的人会竭力表现出锐意进取、信心百倍的样子。但从本质上来说，他们追求高度自尊的行为表现与其说是为了自尊，不如说是为了达到目的而采取的手段。也就是说，他们寻求自我肯定的目的是获得爱，而不是获得自尊。

2. 还有些人生来就具有创造性，他们的创造驱动力比其他对立的决定因素（counter-determinant）更为重要。而他们的创造力可能并非满足基本需求后的自我实现，而恰恰是克服了基本需求匮乏后的自我实现。

3. 还有些人的志向可能会被永久地扼杀或压制。也就是说，那些难以实现的理想可能丧失，甚至永远消失。如此一来，那些勉强度日的人（如长期失业的人）只要能果腹，余生就心满意足了。

4. 所谓的病态人格再次证明了爱的需求的永久丧失。根据现有的权威资料，这些人刚出生的时候就渴望爱，长期受挫后，便永久丧失了给予爱和接受爱的欲望和能力（就像动物在刚出生后，如果不能及时锻炼吮吸和啄食反应，就会永远丧失这种能力）。

5. 当一种需求长期得到满足后，这种需求就会被人们轻视，这也是导致需求次序颠倒的另一个原因。那些从未经历过长期饥饿的人，常常会低估饥饿的影响，将食物看得无关紧要。如果他们受高级需求的支配，这种高级需求的重要性就会压倒一切。这样一来，他们很可能为了高级需求的满足而忍受低级需求的匮乏，事实也确实如此。因此，我们可以预测，如果更为基本的需求长期得不到满足，人们对两者会进行重新权衡。这样人们会有意识地认识到，他们之前轻易放弃的优势需求确实在需求层次中占据更优势的地位。例如，一个宁愿放弃工作也要保全自尊的人，在饥肠辘辘中度过了六个月后，即便自损尊严，也要找回那份工作。

6. 对需求次序的颠倒还有一种片面的解释：我们探讨需求的优势层次时，只着眼于个人意识到的需求和欲望，而非行为层面的需求和欲望。观察行为本身可能给我们造成错误印象。我们的主张是，当两种需求都得不到满足的时候，人们会优先满足更为基本的需求，但这不一定是心之所向。因此我们需要再次强调，除了需求和欲望，还有很多其他决定性因素影响我们的行为。

7. 需求层次体系有一些例外情况，其中最重要的可能是涉及理想以及高尚的社会标准、价值观一类的需求。以此为价值的人通常会成为殉道者，他们会为了特定的理想或价值舍弃一切。我们至少可以基于这一概念（假设）来理解他们，即早期获得的满足感提升了他们的挫折承受力。也就是说，一生中（尤其是早年）基本需求一直得以满足的人，其品格之健全，身心之强大，力量之罕见，足以承受当前或未来所要面临的需求受挫。他们品性坚毅，不随波逐流，能泰然应对争议和反对，也愿意以极大的个人代价去捍卫真理。只有那些热爱他人并且深受爱戴，与很多人保持着深厚友谊的人才能勇敢地面对仇恨、排斥和迫害。

全面地探讨承受挫折的能力，还需要考虑这一事实，那就是一定程度的纯粹习惯。比如那些长期习惯了忍饥挨饿的人，可能更容易承受食物的匮乏。长期的缺乏培养出这种习惯性适应的能力，早期的需求满足则培养承受挫折的能力，这两种倾向应如何平衡还有待进一步研究。目前我们不妨假定，这二者都是协同作用的，因为它们并不相互矛盾。说起挫折承受力增强这一现象，可能最为重要的满足感来自人生之初。也就是说，如果人早年就被养育得身心强大、自信满满，在今后面临任何威胁的时候也能一样保持这种品性。

相对满足的程度

到目前为止，我们的理论讨论可能会造成这么一种印象，那就是这五种需求似乎是先后继起的：一种需求得到满足后，另一种需求便应运而生。这种说法可能会造成一种误解，即只有一种需求得到百分之百的满足后，另一种需求才会出现。事实上，对社会中的大多数正常人而言，基本需求都只得到部分满足，同时部分需求得不到满足。因此，要想更加真实地描述需求层次，我们应当相应降低优势需求的满足百分比。在此为了便于论述，我任意假定一组数据。例如，一般人也许只需满足85%的生理需求、70%的安全需求、50%的爱的需求、40%的自尊需求和10%的自我实现的需求。

优势需求得到满足后会出现新的需求，但这种出现并非突发、跳跃式的，而是从无到有、循序渐进的。比如，如果优势需求A只满足了10%，那么需求B可能还很遥远。但如果需求A满足了25%，那么需求B就会出现5%，要是需求A满足了75%，那需求B可能会出现50%，以此类推。

无意识需求

需求不一定是有意识的，也不一定是无意识的，但就普通人而言，需求总体上是无意识的。而大量证据表明，无意识动机至关重要，这一点我们已无须验证。我们所说的基本需求通常是无意识的——当然，如果方法得当、技术熟练，也可以使基本需求从无意识变为有意识。

文化的特殊性和需求的普遍性

特定需求在不同文化中表现为不同的形式，基本需求的分类要尽量考虑到这种差异性背后的相对普遍性。毫无疑问，某一特定文化中的个体产生的有意识动机和另一文化中个体的有意识的动机是大相径庭的。然而，人类学家的共同经验告诉我们，不同社会中的人比我们首次接触时的印象更具共性。随着了解的深入，我们能找到更多的共同点。这时我们意识到，最惊人的差异并非本质差异，而是外在的差异，比如发型与着装风格上的差异、饮食口味上的差异等。我们对基本需求的分类也试图解释文化差异性背后的统一性，但我们并不主张，这种统一性在所有文化中都是绝对的、普遍的。唯一可以断定的是，跟外在的差异相比，需求的统一性相对更绝对、更普遍和更基本，并且也更接近人类共性。跟外在的欲望或行为相比，基本需求是更普遍的人类本性。

行为的诸多动机

这些动机绝不是某种行为的唯一或单一的决定因素。比如那些看似是生理性驱动的行为，如进食、性愉悦等，就是如此。临床心理学家早就发现，任何行为都可能是多种动机表达的渠道。换句话说，多数行为都是多重动机驱动的结果。在动机的决定因素中，任何行为都不是由单一需求决定的，而是由多种或所有基本需求共同决定的。由单一动机决定的往往比较少见。就像进食，一部分原因是出于果腹，还有部分原因是为了满足并缓解其他需求。一个人做爱也不单纯是为了发泄性欲，也是为了证明自己的阳刚之气，为了征服他人，展示力量，并获得更多的基本情感。为说明问题，我可以指出，通过分析个体的某一单一行为并从中发现生理需求、安全需求、爱的需求、自尊需求以及自我实现需求，这在理论上是完全可能的。这与特质心理学中某一相当浅薄的分支形成鲜明的对比，这一学派认为，单个特质或动机就可以解释某一行为，比如某种攻击性行为仅可以追溯到某种进攻性特质。

行为的多种决定因素

并非所有行为都是由基本需求决定的，甚至可以说，并非所有行为都暗含动机。除动机以外，还有很多决定因素，比如另一类举足轻重的决定因素是所谓的外场（external filed）环境。至少从理论上来说，行为完全可以由外场环境决定，甚至可以由某一特定的、孤立的外部刺激所决定，就像联想或条件反射一样。假设听到"桌子"这个刺激词，我马上会想到记忆中的桌子或椅子形象，这种反应肯定与基本需求无关。

其次，我们可以再度提请对"与基本需求的相关程度"或"动机的程度"这些概念的关注。有些行为动机性很强，有些却很弱，还有些甚至根本没有任何动机（但一切行为都是由某种因素决定的）。

还有一个比较重要的观点是表达性行为与应对性行为（功利性努力与目的性追求）之间有着根本性的区别。表达性行为不会刻意去做什么，它只是一种人格的反映。就像愚笨之人行愚蠢之事，并非有意或刻意为之，也不是出于某种动机，而仅仅是因为他生性如此。我用男低音而不是男高音或女高音说话也是一样的道理。身心健康的孩子在不经意间做出的动作、独居但快乐的人面带笑容、健康之人轻快的步伐和挺拔的身姿，这些都是表达性行为，且不带任何的功利性。同时，一个人的行为举止，无论有无动机，几乎都是表达性的（8，486）。

那么我们也许会问，是否所有的行为都是对性格结构的反映和表达呢？答案是否定的。死记硬背、习以为常、机械性或传统性的行为可能是表达性的，也可能不是。大多数受到刺激后的行为也是如此。

最后需要强调的是，表达性行为和目的性行为并不相互排斥。一般的行为通常是两者兼具。有关这一点的讨论，可详见第十章。

"以动物为中心"及"以人类为中心"

需求理论始于人类，而非那些低等的和更简单的动物。关于动物的很多发现都被证实仅适用于动物，而不适用于人类。因此我们没有任何理由去通过研究动物来研究人类动机。哲学家、逻辑学家以及各个领域的科学家早已多次揭露过这种隐藏在简单性的一般性谬论背后的逻辑,或者更准确地说是反逻辑。就像研究地质学、心理学或生理学不需要先研究数学一样,我们研究人类也不需要先去研究动物。

动机和病理学

如先前所述,日常生活中有意识的动机,可基于与基本需求的相关程度来判定相对重要或不重要。对冰激凌的渴望实际上可能是对爱的渴望的间接表达。如果确实如此,那么这种渴望就成了极为重要的动机。但如果吃冰激凌只是为了过过嘴瘾或满足不经意间唤起的食欲,那么相对来说这种渴望就无足轻重。日常生活中,有意识的欲望应该被视为一种症状,它们是基本需求的表面指示器。但如果只是从表面上去看待这些表层欲望,我们会发现自己陷入无法解决的混乱状态,因为这只治标而不治本。

无关紧要的欲望得不到满足并不会引发心理疾病,但至关重要的需求得不到满足却会导致心理疾病。因此,任何精神病理学必须以合理的动机理论为基础。冲突或挫败感不一定会诱发心理疾病,但倘若它威胁或阻挠基本需求或那些与基本需求密切相关的部分需求时,便会引发心理疾病。

需求满足的作用

前文已多次指出,我们的需求往往是在更多的优势需求得到满足后才逐渐显现。因此,满足感在动机理论中扮演着重要的角色。但除此以外还需说明一点,需求一旦得到满足,便不再发挥积极的决定或组织作用。

这意味着基本需求得到满足的人不会再需要额外的自尊、爱和安全等。如果说他仍有这些需求,那就是在故弄玄虚,就相当于说酒足饭饱的人还饥肠辘辘、满满的瓶子还是空无一物。如果我们关注的是当下的动机,而不是过去、将来或可能存在的动机,那么那些已经被满足的需求便不再是动机。因此,出于实际考虑,我们必须将被满足的需求看作不存在或已经消失的动机。我们之所以有必要强调这一点，是因为据我所知，所有的动机理论要么对这一点避而不谈，要么相互矛盾。一个完全健康、正常且幸运的人，除了某些转瞬即逝的危险时刻，一般不应该有性、食物、安全、爱、声望或自尊的需求。如果说有，那我们就必须认定，所有的人都有病理反应，如巴宾斯基（Babinski）征。因为只有人的神经系统遭受破坏时，这些病理反应才会出现。

正是基于这样的考虑，我提出一个大胆的假设：一个基本需求受阻的人，其人格应该是病态的，或至少不如心理健全之人。这就好比我们将缺乏维生素或矿物质的人称为病人。谁能断定维生素比爱更重要呢？既然我们都知道爱的匮乏会诱发心理疾病，那么谁又能说，跟医生诊断并治疗糙皮病和坏血病比起来，我们引发的价值讨论不科学、不合逻辑呢？如果可以的话，我会简单明了地说，对于身心健康之人而言，其内在驱动力是充分发展并实现自身潜能的需求。倘若一个人具有长期、活跃的其他基本需求，那他就是一个不健康的人。就好比他的身体突然严重缺盐或缺钙而罹患疾病一样。①

假如这个观点看似有些不同寻常或自相矛盾，我可以向读者保证，这只是我们切换角度去看待人类深层次动机时出现的诸多矛盾之一。当我们问一个人想要什么时，实际上我们在探究人性之本。

功能自主原则

戈登·威拉德·奥尔波特（6，7）曾阐明并概括了这一原则：为实现目的而采取的手段可能会成为终极的满足，它们只是自然延续了最初的目的而已。也就是说，手段本身可能会成为人类的需求。这提示我们，学习和改变对于动机生活而言具有重大作用。面对一个日益复杂的世界，这成为统摄一切的主导原则。这两种心理学原

---

① 如果在这一意义上使用"病态"一词，我们还需要正视人与社会的关系。对"病态"一词比较清楚的定义是：那些因外界因素导致的基本需求受阻之人被我们称为具有病态人格，而这种个体的病态最终要归咎于社会的病态。由此，一个良好的社会应当是满足人民一切基本需求、鼓励人类最高目标的社会。

则并不矛盾，它们相辅相成。按照目前的原则来看，某些需求是否真的是基本需求有待进一步研究。

总之，我们已经看到，高级的基本需求得到长期的满足之后，便不再依赖于强大的先决条件，也无关乎自身的满足。也就是说，相比一般人而言，早年受人疼爱的成年人不太会需要安全感、归属感和关爱。在心理学中，我更倾向于认为，性格结构是功能自主性的最好证明。只有那些内心强大、身心健康且自主性强的人才最有可能承受爱的匮乏和冷遇。而且，在我们社会中，这种力量和康健一般是早年安全、爱、归属感和自尊的需求长期得到满足后产生的良好结果。也就是说，这些人已经在这些方面实现了功能自主，即他们已经永远超越了那些曾经塑造了他们的需求满足。

第五章　基本需求的满足在心理学中的角色

　　上一章阐述了研究人类动机的途径，本章将探讨这些途径的一些理论推论，以纠正和平衡当前学界片面强调挫折和病态的偏颇。

　　我们已经知道，人类的动机生活是以基本需求的轻重主次或效力高低为原则进行组织的。激发这种组织方式主要基于以下动力学原则：一旦健康人的强烈需求得到满足，较弱的需求便会产生。生理需求未被满足时，它会支配整个机体，迫使全部机体能力发挥最大作用，满足生理需求。而生理需求得到相对满足后，便会处于潜伏状态，更高层次的需求就会出现，并支配和组织人的人格。此时，人就不再受生理需求的困扰（比如饥饿），而是被更高层次的安全需求所困扰。这一原则同样适用于需求层次结构中的其他需求，比如爱、自尊和自我实现。

　　在个别情况下，更高层次的需求很有可能不是在低层次需求满足之后才出现的，而是在被迫或自愿剥夺、放弃或压抑低层次基本需求和满足之后（禁欲、升华、放弃的积极效果、惩罚、迫害、孤立）产生的。我们对此类现象的频率和性质知之甚少。不管怎样，这些现象与本书的论点并不矛盾，因为本书并不认为，只有满足需求才是力量或其他心理欲望的唯一来源。

　　满足理论显然是一种特殊的、局限的或片面的理论，不能独立存在或独立生效。如果要实现自身的效能，满足理论必须跟以下理论之一相整合：①挫折理论；②学习理论；③神经症理论；④心理健康理论；⑤价值观理论；⑥纪律、意志、责任等理论。本章试图追溯其中的一种理论线索，探索行为的心理决定因素、个人生活和性格结构的复杂网络。这里做不到面面俱到，我们不妨自由假设：除了基本需求的满足之外，还有其他决定因素；基本需求的满足可能是必要条件，但肯定不是充分条件；需求的满足和剥夺可能各有利弊；基本需求的满足与神经症需求的满足有重大差异。

满足需求的一般结果

任何需求一旦得到满足，最基本的结果是这种需求会处于隐匿状态，一种更高层次的新需求会出现。①这一基本后果会产生一系列次要的附带现象（epiphenomena），比如：

不再依赖或者忽视原有的满足物和目标对象，转而依赖此前一直忽视、从不需要或者只是偶尔需要的满足物和目标。从原有满足物转向新的满足物会引发一系列附带后果，人的兴趣因此发生了变化。也就是说，某些现象忽然前所未有地引人入胜，而原有的现象则变得索然无味，甚至令人厌恶。这意味着人的价值观发生了改变。一般而言会出现以下倾向：①高估能满足最强烈需求的满足物；②低估能满足次强需求的满足物（以及这些需求的强度）；③低估甚至忽视已经满足了某一需求的满足物（以及这些需求的强度）。作为一种附带现象，这种价值观的转变会导致根本世界观的重构，包括对未来、乌托邦、天堂和地狱、美好生活以及理想实现的看法，正大致向可预测的方向发展。

总而言之，我们往往认为已经拥有的幸福是理所当然的，尤其是当我们不必为之努力拼搏的时候。食物、安全、爱、欣赏、自由，这些东西一直都有、从不缺乏，也从来没人渴望过，因此往往被忽视，甚至被贬低、嘲笑或毁掉。当然，这种忽视幸福的现象不切实际，因此可以被认为是一种病态。多数情况下，这种心态很容易治愈。只要体验适度的剥夺或匮乏即可，例如痛苦、饥饿、贫穷、孤

---

① 所有这些论述仅适用于基本需求。

独、抛弃、不公等。

在我看来,这种"满足后健忘"和"满足后贬低"的现象一直不受重视,但具有重大的潜在意义和力量。进一步的阐述可以参考笔者的《优心态管理》(291)中"论低级不满、高级不满和超级不满"这一章节,F.赫茨伯格(193)的著作以及科林·威尔逊的"圣·尼奥特边际"(St. Neot Margin)概念(481,483)。

除此之外,我们无法理解这种令人困惑的现象:(经济上的和心理上的)优越既可以使人性发展到更高的层次,也可能造成报刊上频频出现的病态价值观。很久以前,阿德勒在他的著作(2,3,13)中谈到"养尊处优",也许我们应该用这个术语来区分致病的满足和健康、必要的满足。

随着价值观的改变,认知能力也随之改变。注意力、感知、学习、记忆、遗忘、思考,所有这些都在发生大致可以预测的变化,因为机体有了新的兴趣和价值。

这些兴趣、满足物和需求不仅有所不同,而且在某种程度上层次更高(见第七章)。当安全需求得到满足时,机体就转而去寻求爱、独立、尊重、自尊等。把机体从更低级、更物质、更自私的需求的束缚中解放出来,最简单的方法就是满足它们(当然,还有其他方法)。

任何需求的满足,只要是一种真正的满足,即满足了基本需求而非神经质需求或伪需求,就有助于性格的形成(见下文)。此外,任何真正需求的满足都有助于性格的改善、强化和健康发展。也就是说,任何基本需求(我们独立探讨的需求)的满足,都会使人更加健康、更远离神经质。毫无疑问,正是在这种意义上,库尔特·戈尔茨坦认为,任何具体需求的满足,从长远来看,都是向自我实现迈进了一步。

除了这些一般的结果,具体需求的满足还带来具体的结果。例如,在其他条件不变的情况下,安全需求的满足会带来一种主观上的安全感,即更安稳的睡眠、危险感的消失、更大的勇气等。

学习和基本需求的满足

如果研究需求满足的效果,首先会发现,纯粹联想学习(associative learning)的作用被鼓吹者过度夸大,已经引起学界的日益不满。

一般来说,需求满足现象,比如饱食之后食欲减退,有了安全保障后防御的频率和方式的变化等,表现为两个方面:体验(或重复、使用、实践)多了,满足感会消失;回报(或满足、赞扬、强化)多了,满足感会消失。此外,本章末表格中所列的满足现象不仅推翻了联想法则(尽管需求的满足是在适应过程中发生的变化),而且也不以任何主要方式涉及任意联想。因此,如果学习的定义仅仅强调刺激与反应之间关系的变化,那肯定是不够的。

满足需求的任务几乎完全依赖于满足物本身的恰到好处。长远来看,基本需求的满足不可能是心血来潮的临时选择。对于渴望爱情的人来说,只有真正、永恒的爱情才能满足他,那就是情投意合的真爱。而对于欲火中烧、食不果腹的人来说,只有性、食物或水才能最终解决问题。这是韦特海默(465)、科勒(238)和其他近代的格式塔心理学家,如阿施、阿恩海姆、卡托纳等人所强调的一种内在恰当性(intrinsic appropriateness),是所有心理学领域的一个中心概念。任意混搭或偶然组合是行不通的,满足物的任何暗示、标志或者关联物同样不起作用(350),只有满足物本身才能满足需求。我们必须与墨菲讨论定向疏导(canalization),而不是纯粹联想。

批判联想的行为主义学习理论,关键是要反对它对机体目的(意图、目标)那种完全想当然的态度。它仅仅关注要达到模棱两可的目的所运用的手段。与此相反,本文提出的基本需求理论正是关于机体的目的和最终价值的理论。这些目的本身对机体是有价值的。因此,为了达到这些目的,机体会不惜代价,甚至去学习那些莫名其妙、无关宏旨、愚不可及的烦琐步骤,因为实验员可能认为,只有通过这些步骤才能达到目标。当然,这些路数是可有可无的,当它们无法实现内在的满足(或内在的强化)时,就会被抛弃(消灭)。

由此看来，第七章第 95—101 页上所列的行为变化和主观变化，联想学习法则是无法解释的。实际上，这些变化有可能只发挥次要的作用。如果母亲经常亲孩子，亲吻的冲动就会消失，孩子就不再渴望亲吻（268）。当代大多数描写个性、特征、态度和品位的作家，都认为这些变化是根据联想学习法则而习得的一套习惯，但现在似乎要重新考虑并纠正这种观点。

即使在合理获得顿悟（insight）和理解力（格式塔式学习）的过程中，也不能认为性格特征是完全习得的。这种整体性的格式塔式学习强调对外部世界内在结构的理性认知，但局限性很大，部分是因为它对精神分析的发现反应平淡。我们需要与人自身的意动和情感过程加强联系，而联想学习和格式塔式学习对此无能为力。〔不过，参考库尔特·勒温（274）的著作无疑有助于解决这个问题。〕

在此我不打算详细讨论，我只是尝试提出一种所谓的"性格学习"或"内在学习"，它以性格结构而不是行为的变化为中心。其主要组成部分包括：①独特的（非重复的）和深刻的个人经历的教育效果；②重复性经验造成的情感变化（309）；③需求的满足—受挫经验带来的意动变化；④某一类早期经验所导致的一般态度、期待甚至世界观的变化（266）；⑤由机体对经验的选择性同化的变化决定，等等。

以上考虑说明，学习的概念和性格形成之间有更紧密的关联。笔者认为，将典型的学习定义为个人发展、性格结构的变化，即趋向于自我实现和自我超越，终将给心理学家带来丰硕的成果（308，315，317）。

需求满足与性格形成

某些先验的考虑将需求满足与某些（甚至许多）性格特征的发展硬性联系起来。这种学说不过是从逻辑上反对挫折和精神病理学之间业已形成的关系。

如果承认挫折决定了敌对，也就承认了挫折的对立面（即基本需求的满足）先天决定了敌对的对立面（友好）。这两点在精神分析的发现中都有明显暗示。虽然缺乏明确的理论表述，但心理治疗实践实际上认可了我们的假设，因为它在治疗中强调暗中安抚、支持、放任、认同、接纳，也就是最终满足患者对安全、爱、保护、尊重、价值等的深层需求。这一点尤其适用于孩子们。他们渴望爱、独立、安全等，所以干脆直接用替代疗法或满足疗法治疗即可，即给予他们爱、独立或安全（安慰疗法）。但该种疗法也有局限，详见参考文献1。

遗憾的是，相关实验资料很少。但是现有资料给人的印象却非常深刻，比如利维的实验（264—269）。这些实验的一般模式是取一组刚出生的动物，例如幼犬，让它们的一种需求，例如吮吸需求，要么得到满足，要么部分受挫。

这类实验研究过小鸡的啄食需求、婴儿的吮吸需求，以及其他各种动物的活动需求。在所有这些案例中，人们发现，一种被充分满足了的需求会经历一个典型过程，然后根据其性质，要么完全消失（例如吮吸），要么在之后的生活中保持一种适当的最低层次（例如活动）。那些需求未被满足的动物则出现了各种半病态现象，其中与我们的研究最为相关的是，该需求在应该消失的时间之后仍持续存在，其次是该需求的活跃性大大增加。

童年需求的满足与成年后性格的形成有着密切的关系，利维关于爱的研究尤其证实了这一点（263，268）。很明显，那些心理健康的成年人，他们的许多特征都得益于童年时期爱的需求得到了满足。例如，能允许爱人的独立、能忍受爱的缺失、能在爱他人的同时保持自我独立，等等。

为了从理论上尽量清楚地表达这种对立，我来打个比方：如果母亲非常疼孩子（通过奖励、强化、絮叨等），那么这孩子在以后的生活中对爱的需求的强度会降低，比如不太愿意亲吻，不会过于依恋母亲等。如果要教会孩子多方面寻觅感情并持续渴望爱，最好的方法就是在一定程度上剥夺对他的爱（268）。这是功能自主原则的另一个例证，它促使奥尔波特对当代学习理论提出了质疑。

每个心理学教师在谈起儿童的需求满足或自由选择实验时，都认为性格特质是习得的。"如果孩子每次从梦中醒来你就把他抱起来，那他会不会学着装哭（因为哭会获得回报），就为了让你抱他？""如果你放任孩子吃东西，那他会不会被宠坏？""如果你特别注意孩子的怪相，那他会不会为了引你注意而学着作怪？""如果你让孩子随心所欲，他会不会一发不可收？"这些问题不能仅靠学习理论来回答，还必须借鉴满足理论和功能自主理论才能得到充分的解释。若要获得更多的资料，请参见动态儿童心理学和精神病学的一般文献，特别是有关宽松教育（permissive regime）的文献，例如参考文献296。

还有一类资料来自需求满足的直观临床效应，能说明需求满足和性格形成之间的关系。任何与患者直接打交道的人都可以获得这种资料，而且可以肯定，几乎每一次治疗接触中都能得到。

要让我们相信这一点，最简单的方法就是从最强烈的需求开始，逐一考察满足基本需求的直接和即时效果。在我们的文化中，我们并不认为吃饱喝足等生理需求属于性格特征，当然在其他文化中我们可能会这样认为。但即使在这样的生理需求水平上，我们的论点也遇到一些边缘案例的挑战。当然，如果我们可以研究休息和睡眠的需要，那么我们也可以研究满足的挫败及其影响（缺觉、疲劳、精力不济、迟钝，甚至懈怠、冷漠等），以及需求满足（敏锐、活力、热情等）。这就是简单的需求满足带来的直接后果，如果它们还算不上是性格特征，至少对研究人格的学者来说是有一定意义的。对性的需求也是如此，虽然我们对此还不太习惯。例如，性痴迷以及与之相对的性满足范畴，我们至今还没有合适的词汇来描述。

无论如何，谈到安全需求时，我们有更多的根据。忧虑、害怕、担心、焦虑、紧张、不安，以及神经过敏都是安全需求受挫的结果。同一类型的临床观察清楚地显示了安全需求被满足的效果（还是没有恰当的术语来描述），例如气定神闲、信心十足、坚定不移、镇定自若等。不管我们怎么形容，有安全感的人和做间谍的人，在性格上肯定是有区别的。

其他的基本情感需求，如归属感、爱、尊重和自尊，也是如此。满足了这些需求，就会出现重感情、有自尊、有自信、有安全感等特征。

从需求满足对性格的这些直接影响再引申一步，就是善良、慷慨、无私、高尚（与卑鄙相反）、沉着、冷静、幸福、满足等一般特征。这些似乎是直接影响引起的后果，是一般需求满足（即普遍提高精神生活条件，是过剩、充足、优越状态）的副产品。

很明显，无论是狭义的还是广义的学习，都对这些以及其他性格特征的形成起着重要的作用。由于现有资料有限，我们无法推断学习是否能对性格的形成发挥更大的作用，而且学界通常认为这毫无价值。然而，强调肯定还是否定，后果会大相径庭，所以我们至少必须意识到这个问题。性格教育是否能在课堂上进行？书籍、讲座、教义问答和规劝是不是最好的性格教育方式？讲道和主日学校是否能培养出性格健全的人？或者更确切地说，美好的生活是否能培养出健全的人？爱、温暖、友谊、尊重、善待是否对孩子后来的性格结构影响更大？这些替代方案都是根据不同的性格形成理论和教育理论提出的。

满足健康的概念

假设在一个危险的丛林里有甲、乙、丙、丁、戊五个人。甲的四周危机重重，靠着偶然觅得的食物艰难地挨过了几个星期。乙的情况好一些，能活下来，还有一把步枪和一个可以开关的隐蔽洞穴。与乙相比，丙又多了两个伙伴。至于丁，除了食物、枪支、同伴和洞穴之外，他还有一个肝胆相照的朋友。同处一片丛林的戊除了拥有上述条件，还是自己那群人中德高望重的领导者。为简洁起见，我们依次把这些人称作生存需求满足者、安全需求满足者、归属需求满足者、爱的需求满足者和尊重需求满足者。

不同的称呼不仅说明越来越多的基本需求得到满足，同时也体现了不断提高的心理健康水平。[①]显而易见，在其他条件不变的情况下，和有安全感、有归属感，但却遭排斥、缺乏爱的人相比，一个安全、归属和爱的需求都得到满足的人更健康（根据任何合理的定义）。如果这个人还能赢得尊重和赏识，并因此培养了自尊心，那他将更加健康，也会更充分地实现自我，成为一个更加全面的人。

这样看来，基本需求的满足程度和心理健康程度似乎是呈正相关的。我们能否更进一步确定这种关联的限度，即基本需求的完全满足就等同于理想的健康？满足理论至少意味着有这种可能（见315）。当然，这一问题的答案还有待研究，但仅仅是简单陈述这样的假设，都足以让我们将视线转向被忽略的事实，重新探索业已存在、却又悬而未决的问题。

比如，我们必须承认，还有许多其他通往健康的途径。我们为孩子选择人生道路的时候，理应思考一下这个问题：获得健康的方式有多少？有多少是通过静心寡欲、自我节制、自我约束，历尽苦难才成大器的？或者说，人生中的"满足型健康"和"挫折型健康"各占几分？

同时，这一理论也使我们不得不面对自私自利这一难题。韦特海默及其门徒在提出这一问题时，倾向于将所有的需求看作利己的、自我中心的。诚然，戈尔茨坦和本书都以极度个人主义的方式界定自我实现这一最终需求。但关于健康人的实证研究则表明，自我实现者一方面特立独行、适度利己，另一方面也心怀怜悯、大公无私，本书第十一章会有详细论述。

[①] 进一步讲，这种需求满足程度的递增序列也可以作为人格分类的依据。这种转变表现为个人成熟、成长、趋于自我实现的步骤或阶段，贯穿个体的整个生命周期，这也为发展理论提供了一个图式，大致相当于弗洛伊德和埃里克森的发展系统（123，141）。

态度、兴趣、品位和价值观

有几个实例展示了兴趣如何取决于需求的满足和受挫。更多内容可参见迈尔的著述（284）。如果深入研究这一问题，最终必然会涉及道德、价值以及伦理，而不仅局限于探讨礼节、礼仪、传统以及其他风俗习惯。当前的主流观点认为，态度、品位、兴趣和各种价值观是对当地文化进行联想学习的结果，似乎完全是外部环境力量作用的结果，除此之外并无决定因素。但我们注意到，机体需求满足的效果和内在需要同样在起作用。

人格的分类

如果我们将不同层次的基本情感需求的满足看作线性的连续体，那就可以以此作为人格划分的有效（虽然不尽完美）工具。如果大多数人都有相似的生物性需求，那么每个人都可以就需求满足的程度和他人进行比较。这是一种整体性或有机性原则，因为它将完整的个体按照单一连续体进行划分，而不是将人的某些部分或某些方面按照互不相关的连续体进行划分。

厌倦与兴趣

说到底，厌倦无非是过度满足。至此，我们又可以发现一些尚未解决和尚未察觉的问题。为什么反复接触同一幅画、同一位女士、同一曲音乐会使人心生倦怠，而同样频繁地接触另一幅画、另一位女士、另一曲音乐却让人兴致盎然、乐此不疲呢？

幸福、快乐、满足、欢欣、狂喜

需求的满足对积极情绪的产生发挥了什么作用呢？长期以来，情绪学者仅仅研究需求挫折对情感的影响（259）。

社会效果

以下内容列举了需求满足产生积极社会影响的多种方式。我们提出如下观点继续探讨：个人基本需求的满足（所有条件相同的情况会变得闲适、懒散、松弛、懈怠，生活会慢下来，开始享受阳光、装饰房间、收拾瓶瓶罐罐、消遣娱乐，日子久了会变得无所事事，生活毫无目的，学习也是偶尔为之，失去了目标。总而言之，机体处于（相对的）无动机状态。需求的满足催生了无动机的行为（更多论述见第十四章）。

满足引起的病态

近年来随着物质（低级需求）生活的富足，与此相关的病症应运而生，表现为空虚无聊、自私自利、自以为是、"理所当然"的优越感、低级幼稚病以及寡情绝义。显然，物质生活或低级需求生活无法带来长久的满足。

现在我们又面临一种新的心理富足症。这种病症归结为患者受到无微不至的呵护和照料，受到忘我地爱慕、崇敬、欣赏和关注，占据舞台的中心，拥有死忠的追随者，能做到心想事成、尽如人意，人们甚至会为他抛弃自我、牺牲自我。

确实，我们对这些新现象所知甚少，更没有任何科学的认识。我们只知道一些强烈的质疑、无处不在的临床印象以及儿童心理学家和教育工作者不断强化的一种观点：对儿童来说，仅仅满足其基本需求是不够的，还要让他们去认识坚强与坚韧，体验挫折、约束与极限。换句话说，我们在界定基本需求的满足时最好谨慎一些，否则一不小心就会越过"红线"，对孩子极端溺爱、完全放任、过度保护、一味迎合。家长在爱护和尊重孩子的同时，一定要守住自己作为父母和成年人所应得的那份爱与尊重。儿童当然是人，但经验不足，他们肯定在很多事情上都缺乏认识，在有些事情上肯定认识有偏差。

由满足引起的病症还可能表现为"超越性病理状态"（metapathology），就是指价值缺失、意义缺失以及缺乏成就感。很多人文主义和存在主义心理学家尽管尚无充足的证据，但他们相信，即便

3. 归属感、集体参与感、对集体目标和胜利的认同感、被接纳认可的感觉，即为家的感觉

4. 爱与被爱的感觉、值得爱的感觉、爱的认同感

5. 自立、自尊、自重、信心、相信自己；有能力、有成就、有才干、有成绩、有自我力量、值得尊重、有声望、有领导力、有独立性

6. 自我价值的实现、自我需求的满足、自我目标的实现，个人的资源和潜能得到全面的发展，以及随之而来的成长、成熟、健康、自主的感觉

7. 好奇心的满足、学问的增长、见识的积累

8. 理解力得到满足，更本质的满足，越来越宏观、越来越宽泛、越来越接近统一、全面的哲学或宗教，对联系和关系的理解与日俱增，有敬畏感，坚守价值

9. 美的需求得到满足，刺激、感官冲击、陶醉、对称感、分寸感、妥帖感、完美无瑕

10. 高级需求的出现

11. 暂时或长期依赖或独立于多种满足物，对低级需求和低级满足物越来越疏离和厌弃

12. 憎恶和渴望

13. 厌倦和兴趣

14. 价值观的提升、品位的改善、选择的优化

15. 愉悦、兴奋、快乐、喜悦、开心、满足、平静、安宁、欢愉等情感频频产生、愈发强烈；情感生活更加丰富，更加积极向上

16. 欣喜若狂、巅峰体验、极度亢奋、兴高采烈、神秘体验等现象愈加频繁

17. 抱负的高低变化

18. 挫折程度的变化

19. 越来越趋向超越性动机（314）和存在价值（293）

没有失去判断力），更深的手足之情，更重的兄弟之义，对他人更真诚地尊重

10. 更多的勇气，更少的恐惧

11. 心理健康和各种"副产品"，远离神经症、精神变态人格以及精神病

12. 更深刻的民主（畅所欲言，大胆地向值得尊敬的人表示诚挚的敬意）

13. 放松，不再紧张

14. 更加诚实、真挚和直率，脱掉伪善，卸去虚假

15. 意志更强大，更具责任感

四、人际关系

1. 更好的国民、邻居、父母、朋友、爱人

2. 政治、经济、宗教和教育方面的成长与开放

3. 尊重女性、儿童、员工以及少数派和弱势群体

4. 更民主，不专制

5. 更少的无端的敌意，更多的善意，更多地关注别人，更善于认同别人

6. 交友、恋爱、择业时有更好的品位，对人有更好的判断；可以做出更理性的选择

7. 更和善，更漂亮，更有吸引力

8. 更好的心理治疗师

五、其他现象

1. 对天堂、地狱、乌托邦、美好生活、成功与失败等的认知的改变

2. 拥有更高层次的价值观，迈向高级的"精神生活"

3. 所有表情达意的行为都发生了改变，比如微笑、大笑、面部神态、举止、走路、书写等，变得更有表现力，不再是敷衍的"社交行为"

第六章　基本需求的类本能性质

重新审视本能理论

为什么要重新审视本能理论

前几章概述的基本需求理论暗示，甚至要求我们重新审视本能理论，一方面是因为我们需要区分基本需求和非基本需求、健康需求和非健康需求，以及自然需求和非自然需求；另一方面，我们也应当适时考察并解决这一本能理论和其他本能理论中不可避免的问题（353，160），如本能理论意味着摒弃文化相对论、价值既定论以及适当缩小联想性工具学习的范围等问题。

此外，大量的理论、临床及实验研究都提出了同一要求：有必要重新评估或以某种方式重建本能理论。这些研究纷纷质疑，当前心理学家、社会学家以及人类学家片面强调了人类的可塑性、灵活性、适应性及人类的学习能力。人类似乎比现代心理学所理解的更加独立自主。

1. 坎农的内稳态概念（78），弗洛伊德的死亡本能（138）等。
2. 食欲、自由选择或自助餐厅实验（492，491）。
3. 利维的本能—满足实验（264—269）以及在母性过度保护和情感饥渴方面的研究。
4. 严格的如厕训练和匆忙断奶的负面影响的多种心理研究发现。
5. 大量实验观察发现，许多教育工作者、幼教人员和应用儿童心理学家采用自我选择方式与儿童接触。
6. 罗杰斯疗法所依据的概念体系。

够重视，或许是因为其错误太过明显。本能理论承认以下事实：人类是自我驱动者，人类本性及外部环境共同决定了人的行为，人类本性决定了人行动的结果、目标和价值，一般来说，在良好条件下，人类只要想其所需（对自身有益之物）即可保持健康。所有人共同形成单一的生物物种，唯有具备目的与动机，人类行为才有意义。总而言之，在完全自为的情况下，机体通常表现出一定生理效能，或称为智慧，这需要进一步阐述。

本能理论的误区

我们认为，本能理论家的很多错误根深蒂固，理应摒弃，但这些错误并不是本质上的，也是可以避免的。而且，本能论者及本能论批判者都犯过不少这样的错误。

最为明显的是语义错误和逻辑错误。本能论者会即兴地生造术语，用来解释他们无法理解或不明缘由的行为，这理应受到指责。当然，如果有心理准备，我们就无须提出假设，无须混淆名称与事实，也无须提出站不住脚的三段论。如今，我们对语义学已经有所了解了。

现在我们对多民族学、社会学和遗传学有了更多了解，因而能够避免纯粹的种族中心主义、阶级中心主义和社会达尔文主义，而这些都曾经困扰过早期的本能论者。

我们也必须认识到，当时本能论者关于人种学的天真假设遭到学界普遍的强烈抵制，结果走向了另一误区，即文化相对论。在过去的二十年里，文化相对论影响深远、广为接受，现在却受到广泛的批判（148）。当然，步本能论者的后尘、探寻超越文化的物种特征，现在又重新获得了尊敬。我们必须（也能够）避免种族中心主义和极端文化相对论。例如，与基本需求（目的）相比，工具性行为显然与地方文化因素有着更密切的关系。

在20世纪二三十年代，伯纳德、华生及郭任远等多数反本能论者认为，人类本能无法用一套具体的刺激—反应术语来描述，并据此对本能理论进行批判。归根结底，他们是在指责诸多本能不符合简单的行为主义理论。事实的确如此。然而，这种声音如今却没能引起动所以人能做所有人类可以做的事。人类这一身份，正由遗传决定。

这种毫无根据的二分法导致了一定的混淆，任何行为只要还有后天习得的痕迹，就容易被断定为非本能行为，而任何行为若是表现出遗传因素的影响，人们就倾向于称之为本能行为。正因为人类多数甚至所有的欲望、能力或情感一般都表现出先天遗传和后天习得两种特征，所以这一争论永远无休无止。

本能论者与非本能论者都走了极端，我们不必如此，这个问题本可避免。

本能论者将动物本能当作范例，这也导致了很多问题，如未能探索人类独有的本能。从低等动物身上，他们获得了这样一条最具误导性的"公理"——本能是强有力的、不可改变、难以控制又无法压抑的。这一"公理"可能适用于鲑鱼、青蛙或旅鼠，但并不适用于人类。

如果我们认为，基本需求有明显的遗传基础，但却只用肉眼寻找本能行为，并认为只有丝毫不受环境影响、并超越任何环境力量的才是本能，那我们极有可能会犯错。为什么不会有类似本能但极易被压抑或控制的需求呢？为什么不会有极易被习惯、忠告、文化压力及荣辱观等掩饰、改变或压制的需求呢？（例如，爱的需求似乎就是这样）也就是说，为什么不会有弱本能呢？

文化主义者批判本能理论的动力可能主要来自本能论者的这一错误认识：本能坚不可摧。任何人种学家的经验认识都足以反驳这一假设，因此这种批判也是合情合理的。如果我们当时适度尊重文化性及生物性（笔者现在就这样认为），再进一步，如果我们当时认为文化力量大于类本能需求（笔者现在正是这样做的），那下述主张便是顺理成章的：我们应当保护不易察觉的微弱类本能需求（笔者现在正是这样主张的），这样它们才有可能在文化的强势压制下得以存活，而不是反其道而行之。这些同样的类本能需求可能很强烈，比如一直持续存在，要求获得满足，一旦受挫人体就会呈现严重病态。即使这样，我们也仍需保护类本能需求不至于被强势的文化所同化，等等。

我们可以用一种悖论来阐释上述观点。在我看来，揭示疗法（uncovering therapy）、顿悟疗法及深度疗法（实际上包括除催眠疗法神学家将原始冲动称为原罪或魔鬼，弗洛伊德称之为本我，哲学家、经济学家及教育家对其的叫法也各不相同。达尔文对此观点非常认同，但他只观察到动物世界的竞争，完全忽略了同样普遍的共生现象，而在克鲁波特金看来，这却是显而易见的。

这种世界观的一种体现就是把人类看作豺狼、暴虎、猪、秃鹫或是毒蛇，而不是鹿、大象、狗或黑猩猩这类更好，至少是更温和的动物。这种看法不妨称为对人类内在动物性的负面解读。应当明确的是，如果我们必须通过动物来推理人类，最好选择类人猿这种与人最接近的动物。总体来说，这些动物都友好和善、讨人喜欢，与人类有许多共同的美好品质，因此动物的邪恶本性这一看法不符合比较心理学（306）。

我们必须注意，遗传性状稳定不变的假设还存在另一种可能：即使一种性状最初是由基因遗传决定，它仍然可能发生改变，甚至极易改变和控制（如果我们有幸可以发现的话）。即使假设癌症具有很强的遗传性，我们也没必要阻止人们寻找治疗方法。可以先验地推断，智力明显受遗传因素影响，但也可通过后天教育和心理治疗加以开发。

本能论者没有考虑到本能的变化情况，而我们必须给予足够的重视。认知和理解的需求显然只有在智性生物中才表现得极其强烈，心智低下的人实际上没有这种需求，至少求知需求尚不完善。利维（263）指出，女性的母性冲动也因人而异，有的女性甚至不存在这一冲动。多数人缺少音乐、计算、绘画（411）等方面的天分，因此艺术才情很可能是由遗传决定的。

类本能冲动会完全消失，而动物本能不会有这样明显的变化。例如，有病态人格之人不具备爱与被爱的能力。就我们所知，这通常是一种永久性缺失。也就说，已知的心理治疗法都无法治愈病态人格。关于奥地利村庄失业情况的研究（119）为我们提供了更早的例子，这些例子表明，长期失业会严重消磨人的意志，进而使某些需求彻底消失。即使外部状况得到了改善，也无法再唤起这些需求了。贝特森和米德（34）对巴厘岛人的看法也是较为中肯的。按照类本能需求才有望得到满足。最新研究摒弃了单一连续体，要求采用两个连续体。按照这一研究方法，帕斯托（372）提出的遗传—命运关联说不具有内在联系。即使在科学问题上，开放—保守连续体也要为社会主义—资本主义和民主—专制这两对连续体让路。现在可能还有环保主义—专制主义—社会主义或者环保主义—民主—社会主义或环保主义—民主—资本主义等连续体。

无论如何，认为本能与社会之间、个人利益与社会利益之间本质上存在对立关系是一种倒果为因的循环论证。主要原因是，在病态的社会和病人身上，这种对立关系可能的确存在。当然本尼迪克特（40，291，312）却证明，事实未必尽然。而在美好社会中，至少在她描述的那种社会中，这种对立不可能存在。在优越的社会条件下，个人利益和社会利益是相辅相成的，并不对立。这种二元对立之所以存在，仅仅是因为恶劣社会条件下不幸的个人对个人利益与社会利益自然会产生错误认识。

跟多数其他动机理论一样，本能理论还有另一缺陷：它没有意识到在强度不等的层级体系中，各种冲动之间存在动态关联。如果认为冲动彼此独立，那许多问题仍然得不到解决，还会制造出许多似是而非的问题。比如动机本质上的整体性和统一性会遭到忽视，继而产生了罗列动机这种不可收拾的问题。另外，价值原则和选择原则也会缺失，而按照这一原则，我们本可以确定需求的等级和重要性。迄今为止，分解动机生活最严重的后果便是为本能敞开了通往涅槃、死亡、沉寂、自我平衡、自足及平静的大门。因为如果孤立地看待需求，那么某一需求唯一能做的便是迫使人们满足它，而这也意味着这一需求终会消失。

这忽略了一个显而易见的事实，任何需求得到满足后，在它归于沉寂之际，以往处于幕后的微弱需求会再次走向前台，表达自身要求。需求永远存在，一种需求的满足意味着新的需求的发现。

一些人不仅对本能进行负面解读，还认为精神失常者、神经质者、罪犯、低能者或亡命徒身上的这种本能表现得最明显。这一认识源于以下信条：良知、理性与道德不过是后天形成的外衣，与隐藏于外衣下的本质完全不同。外表于内心恰似镣铐之于罪犯。正是因为这一错误认识，文明及其机构，包括学校、教堂、法庭及法律，都被描述为抑制罪恶本能的力量。

该错误极为严重，造成了诸多悲剧，其历史重要性堪比君权神授、宗教的唯一合法性、否认进化论或地球是平的等信念。有些观念会使人产生不必要的自我怀疑或相互怀疑，有些观念则对人类潜能抱有不切实际的悲观主义态度，而上述观念对战争的爆发、种族对抗负有部分责任。

奇怪的是，时至今日，这种错误的人性理论仍然受到本能论者和反本能论者的推崇。那些期待人类拥有更加美好未来的人、乐观主义者、人文主义者、一神论者、自由主义者、激进分子和乐观人士通常满怀恐惧地反对本能理论，因为他们过度曲解了本能理论，认为本能理论似乎要将全人类打入无理性、战争、分裂与对抗的丛林世界。

本能论者同样误解了本能理论，但他们不愿与无可避免的命运抗争，通常只是无奈地耸耸肩，轻描淡写地放弃了乐观主义。当然，也有些人迫不及待地舍弃了本能理论。

这使我们联想起酗酒行为，有的人酗酒成性，有的人则是情非得已，但最终结果往往大同小异。这就解释了为什么弗洛伊德会和希特勒在某些问题上达成一致，以及为什么桑代克和麦克杜格尔这样的杰出人物仅凭邪恶动物本能的逻辑，就足以得出汉密尔顿主义和反民主的结论。

类本能需求并无害处，甚至是中性的或有益的。认识到这一点，很多伪命题都能自行解决。

举例来说，教育孩子将会发生彻底变化，甚至无须厉声呵斥。接受合理的动物需求有助于我们满足儿童的需求，而不是挫伤他们的需求。

在我们的文化中，只要孩子仍有正常需求，尚未完全被文化所同化，即正常、健康的动物本性尚未被完全剥夺，他们就会千方百计地用尽孩子气的手段，"迫不及待地渴望安全、自主，渴望别人的赞赏和爱等"。然而，久经世故的成人往往对此见怪不怪，"他只是在装"或者"他只是想引起注意"，并就此把这些孩子排除在成人之外。也就是说，这种判断一般被理解为一种禁令，即禁止满足孩子的需求，不关注他，不赞赏他，也不为他鼓掌喝彩。

然而，如果我们能意识到，这种恳求他人的接纳、爱和赞赏的行为与抱怨饥渴、寒冷或痛苦的行为并无差别，并能将这种恳求视为合理的需求或权利，我们自然而然会满足孩子的需求，而不是使其受挫。这种做法只有一个结果，那就是父母和孩子都更开心，更加欣赏和喜爱彼此。

不要误以为这是潜移默化的纵容和溺爱。最低程度的文化适应仍然是必要的，如训练、纪律、养成某一文化中必要的习惯、为未来做好准备、了解他人的需求等，但这种训练只限于满足孩子的基本需求即可，不宜放大为特殊问题。此外，适度的满足并不意味着要纵容孩子的神经质、上瘾、习惯、亲昵、痴迷以及其他非类本能需求行为。最后，我们必须牢记，挫折、悲剧和不幸偶尔也会产生理想的效果。

作为类本能的基本需求

根据上述考虑，我们假设基本需求所发挥的决定作用在某种意义或程度上是根本的、遗传性的。然而，由于所需的检测技术尚未出现，所以目前无法直接证实该假设。其他形式的分析，如行为分析、家庭分析、社会分析、人种分析等，通常对于推翻遗传假说更为有效，而不是支持该假说。只有简单明确的情况除外，但我们的假设绝非简单明确。

接下来的几页以及第298本参考文献中呈现了目前能收集到的全部认同类本能假说的相关资料和理论研究。

支持提出类本能假说的主要依据是原有解释已经失效。环境主义理论和行为主义理论几乎完全以联想学习为基础，认为它是一好百好的基本解释工具。在两者的共同作用下,本能理论被淘汰出局。

总之,公平来讲,该心理学方法无法解决一些动态的问题,例如,价值观、目的、基本需求、基本需求的满足和受挫以及由此产生的后果,如健康问题、心理病理学、心理疗法。

我们无须通过详细的论据来证实这一结论。但只要稍加观察不难发现,临床心理学家、精神病学家、精神分析学家、社会工作者和所有其他临床医生几乎从不采用行为主义理论。他们不会在没有充分的理论基础的前提下,就自以为是地随意构建起一种普遍实用的体系。他们往往是实干家,而非理论家。需要注意的是,临床医生使用的理论属于简单粗糙的动态理论,本能在其中发挥着基础性的作用,例如弗洛伊德的修正理论。

一般来说,非临床心理学家一致认为,只有饥饿、口渴等心理冲动属于类本能。在此基础上,只要再借助条件过程,就可以假设所有的高级需求都是衍生或习得的。

也就是说,我们之所以爱父母或许是因为他们抚养我们长大成人,并在其他方面满足了我们的需求。根据该理论,爱是成功的买卖或实物贸易的副产品,又或者如广告人所说,爱即客户满意的代名词。

但据作者所知,尚无实验证明上述假设适用于爱的需求、安全需求、归属感需求、尊敬需求和理解需求等。这只是人们不假思索的假定而已。而该假设之所以现在仍有市场,唯一的原因就是它实际上从未得到认真的检验。

当然,条件作用的相关资料无法支持这样的假说,相反,这些需求表现得更接近条件作用所依赖的无条件反应,而不是次级条件反应(secondary conditioned responses)。在完全依赖"内在强化"的操作条件作用(operant conditioning)下,这些已知的类本能被简单地视为理所当然,这被笼统地称为学习理论。

事实上,即使在常见的可观察的层面上,这一理论也遇到了诸多困难。为什么母亲热衷于奖励孩子,她能够得到什么回报?怀孕带来的烦恼和分娩的痛苦是否值得?如果这种关系本质上是一种补偿，那么她为什么要做如此得不偿失的事情呢？除此之外，为什么临床医生一致认为，婴儿不仅需要食物、温暖、妥善的照顾之类，还需要爱，仿佛爱超越了这些补偿。爱难道只是可有可无的吗？孩子更爱哪样的母亲，是有能力但没有爱心的母亲，还是无能（或贫苦）但富有爱心的母亲？

很多其他令人困扰的问题也随之浮现。究竟何为生理上的满足？我们必须承认，满足属于生理愉悦，因为我们讨论的理论旨在证明，其他所有愉悦都以生理愉悦为基础。但是满足安全需求，如被温柔地拥抱和对待、没有摔倒、不受惊吓等也属于生理愉悦吗？为什么低语、微笑、关注、亲吻和拥抱等行为会令孩子感到高兴？付出、满足、抚养、牺牲等行为对于母亲来说又意味着何种满足呢？

越来越多的证据表明，满足的方式同满足本身一样有效（令人满意）。那么，这对满足的概念又意味着什么呢？按时按点地喂养能否满足饥饿需求，除此之外还有什么能满足饥饿需求？溺爱纵容能满足何种需求？尊重儿童的需求满足了何种需求？按照孩子的需要断奶和如厕训练又满足了何种需求？为什么失去自理能力的儿童，无论他们得到了多么妥善的照料，即无论生理上得到了多大的满足，往往都会发生精神机能障碍（158）？如果渴望爱归根到底相当于寻求食物，那食物为什么无法平息对爱的渴求呢？

墨菲的定向疏导概念（350）可以很好地解释这一点。他指出，可以在无条件刺激和其他刺激之间建立任意联想，因为其他任意刺激本身只是一种信号，自身并非满足物。当人面对饥饿等生理需求时，满足物的信号不起作用，只有满足物本身才能解决问题。唯有食物可以缓解饥饿。在相对稳定的环境下，信号学习便会出现，并且发挥其作用，比如吃饭铃。但是，定向疏导是一种更为重要的学习，它不仅仅是联想性的。换言之，定向疏导研究的是哪些是适合的满足物，哪些不是，以及哪种满足物最令人满意，或者由于其他原因而更受青睐。

与我们的探讨密切相关的是，作者认为，爱的需求、尊敬需求、理解需求和其他类似需求可以通过定向疏导，即通过本质上恰到好处的满足物获得满足,而非任意联想。而一旦形成了任意联想,就会产生神经症和神经症需求,例如恋物癖。

威斯康星州灵长类动物实验室的哈洛及其同事进行了各种重要的实验(175—178)。在一项著名的实验中,人们将小猴从其母亲身边夺走,同时给它们提供一个带有喂奶功能的金属玩偶和一个不具有喂奶功能的毛绒玩偶。实验结果发现,虽然小猴可以从金属玩偶处得到食物,但它们最终还是选择了柔软且适于拥抱的毛绒玩偶作为"母亲",拒绝了"金属玩偶"。虽然这些失去了母亲的小猴得到了精心喂养,但是它们长大后在各方面都表现得极不正常,包括完全丧失了母性"本能"。很显然,即使是对于猴子来说,仅有吃住也是远远不够的。

本能的普通生物学标准对我们用处不大,一方面是因为我们缺乏资料,另一方面也是因为目前我们对这些标准仍然高度怀疑〔可参考豪厄尔斯极富挑战性的论文(201,202),他在文献中指出了解决这一难题的新的可能性〕。

如上所述,早期本能理论家犯了一个严重的错误,他们过度强调了人类与动物世界的共性,同时又忽略了人类与其他物种之间的显著差异。现在,我们可以清楚地从他们的著述中感受到这种明确的倾向:他们想以统一的动物行为来定义、列举各种本能,以此来掩盖某一动物的某种本能。因此,凡是人类特有、而其他动物没有的冲动被认为是非本能的。当然,事实证明,人类和其他所有动物拥有的冲动或需求,例如进食、呼吸都属于本能,无须进一步证明。但这并不能否认某些类本能冲动可能是人类独有的,或者像爱的冲动一样是人和动物界的黑猩猩共有的。信鸽、鲑鱼、猫等动物都有其独特的本能,那为什么人类就不能拥有自己独特的本能呢?

人们普遍接受的理论是,随着人类的进化,本能逐渐退化,转而依赖学习、思考和交流能力所带来的适应性。如果我们按照低等动物来定义的话,本能是由内在的预设冲动、感知意愿、工具性行为和技能以及目标对象(如果我们能找到观察的方法,甚至还可能伴随着情感)组成的复合物,那么这一理论似乎可以成立。根据这一定义,我们在白鼠身上发现了性本能、母性本能、进食本能以及其他本能。猴子同样有母性本能，但它们进食本能发生了变异，同时它们失去了性本能，仅保留了一种类似于本能的冲动。所以猴子必须学习选择自己的性伴侣，并学习如何有效地交配（304）。然而，人类丧失了以上所有（或某一）本能。尽管如此，人类依然保留了微弱的性冲动、进食冲动，甚至是母性冲动（263），但必须学习工具性行为、技能、选择性知觉和目标对象（主要通过定向疏导）。人类丧失了本能，只保留了本能的残余。

本能的文化标准（"反应是否独立于文化？"）至关重要，但遗憾的是，相关资料至今仍模棱两可。作者认为，这些资料如果没有印证我们提出的理论，至少跟我们的理论并不矛盾。但必须承认，研究相同资料的其他人很可能会得出相反的结论。

作者的田野调查较为局限，只同印第安人短暂地相处了一段时间，而且该问题有待于民族学家而不是心理学家的未来发现，所以在此我们不再进一步探讨。

上面已经提到，我们为什么在本质上把基本需求等同于类本能。所有临床医生一致认为，基本需求受挫都有基因—精神症的性质。但这不包括神经症需求、习惯、成瘾、亲昵、工具性或手段需求，只包括了在特殊意义上的行为—实现需求、感官刺激需求和天赋—能力—表达需求。（至少在具体操作和实用的层面上，各种需求是可以区分的，而出于各种理论和应用的需要，也应当对这些需求加以区分。）

如果社会创造并向人们灌输了价值观，那么为什么只有部分价值观受挫时会造成基因神经症，而其他的价值观受挫则没有呢？我们学会一日三餐，学会说谢谢和使用叉子、汤匙、桌子和椅子；我们被要求白天穿着衣服和鞋子，夜晚上床入睡；我们吃牛羊肉但不吃狗肉和猫肉；我们为了地位而竞争，渴望金钱……这些根深蒂固的习惯受挫，可能不但不会造成伤害，有时甚至还会带来积极效果。在某些情况下，比如乘坐独木舟或参加露营时，我们才认识到，这些习惯本质上都是外在的，完全可以尽数抛弃而释然于心，因为这些绝不是出于爱、安全或尊重的需求。

因此，基本需求显然具有特殊的心理和生理地位。它们与其他需求不同，必须得到满足，否则我们就会生病。

基本需求得到满足可以使机体保持健康良好、令人满意的状态，并且有助于自我实现。此处的满意和良好具有生物学意义，而不具备先验意义，可以允许再进行操作性定义。这些令人满意的结果都是健康机体自主选择的，也是健康机体在允许自主选择的情况下努力的结果。

在满足基本需求的章节中已经简要介绍过这些心理和生理结果，在此不再赘述。但要指出，这一标准并无任何艰涩或不科学的地方。该标准可以用于实验，甚至设计，只要我们记得，这个问题相当于为汽车选择正确的燃油。因为总有一种燃油更合适，选对了，汽车便能更好地行驶。临床发现，当给予人安全、爱和尊重时，机体便能更好地发挥作用，即它们的感觉更加敏锐，能够更充分地发挥聪明才智，更频繁地思考并得出正确结论，更有效地消化食物，并且对疾病更有抵抗力等。

基本需求必须得到满足，这一点使基本需求同其他需求满足区别开来。机体出于本能，划定了满足物的大致范围，并且不认可这些满足物的替代品。比如习惯性需求的满足物，甚至是众多神经症需求的满足物。这种必须满足的特征同样说明，需求和满足物之间的联系并非任意，两者最终通过定向疏导的方式相关联（350）。

心理疗法的效果对我们的研究目标意义重大。在作者看来，所有主要心理疗法都自认为恰到好处地促进、刺激并且强化了我们所谓的基本需求和类本能需求，同时弱化或完全消除了所谓的神经症需求。

这一事实非常重要，尤其是对于那些宣称"使患者成为内心的自己"的疗法，例如罗杰斯、荣格和霍尼等人的心理疗法。因为这意味着人格本身具有某种内在本质，它不是由治疗师重新创造的，而只是由治疗师释放出来，然后自由地成长、发展。如果获得洞察力和放松压制会使某一反应消失，那么就有理由认为，这一反应是外在的，而不是内在的。反之，如果洞察力强化了某一反应，我们便可以认为这一反应是内在的。同样，霍尼（143）推断，如果释放压力之后，病人变得更有爱心或更友善，那么这不也正说明人性的基础是爱而非敌意吗？

原则上讲，动机理论、自我实现理论、价值观理论、学习理论、一般认知理论、人际关系理论、文化适应和去文化适应理论等方面的资料犹如一座金矿。但遗憾的是，关于治疗变化的意义的资料仍然阙如。

迄今为止，关于自我实现者的临床和理论研究明确表明，基本需求具有特殊地位。健康生活取决于基本需求的满足，而非其他（见第十一章）。此外，正如类本能假说所倡导的那样，自我实现者倾向于认可冲动，而非拒绝或者压抑冲动。但整体而言，我们必须承认，就像治疗效果研究一样，此类研究仍然有待完成。

人类学的田野调查者率先对文化相对主义表示不满，他们认为文化相对主义意味着人与人之间的差异比实际上更加深刻、更加不可调和。作者从田野考察中得到的第一个也是最重要的经验是，印第安人首先是人，是个人，是人类，然后才是北美印第安乌足族人。尽管差异确实存在，但与共性相比，这些差异似乎有些表面化。不仅是印第安人，研究中提及的所有其他人种似乎都同样有自尊心，想讨人喜欢，渴望尊敬和地位，避免焦虑。此外，在我们文化中可以观察到的本质区别在世界各地同样可以见到，比如在智力、力量、活跃或沉闷、冷静或情绪化等方面的差异。

即使有差异，也是异中有同，依然能找到差异之中的普遍性。这些差异往往不难理解，因为任何人在同样的情况下都会做出同样反应，比如沮丧、焦虑、丧亲、胜利和濒死时的反应。

可以肯定的是，这些感觉无法量化，很难科学地进行阐释。但结合上下文的论述和假说，重新思考文化和人格之间的关系，进而强调机体内部力量的决定性作用，至少对于相对健康的人来说似乎卓有成效。这些论述和假说包括类本能的基本需求的微弱呼声，自我实现者异乎寻常的独立自主以及他们对文化适应的抵制，还有健康概念和调整概念的辨析等。

如果一个人真是特殊材料制成的,有可能他确实安然无恙,也不会立即出现明显的病理症状。但众所周知,精神异常必然出现,只是症状或显或隐,时间可早可晚。以普通成人的神经症为例来说明人对机体本质(尽管微弱)需求最早的强烈反应,也大致准确。

人为保持完整自我和内在天性而抵制文化适应,这是心理学和社会科学的一个重要研究领域,或者理应成为心理学和社会科学的一个重要研究领域。

从中还生发出另一悖论,初听起来像是颠三倒四的胡言乱语。大多数人认为,教育、文明、理性、宗教、法律、政府是压抑和抑制本能的主要力量。但如果本能对文明的恐惧大于文明对本能的恐惧,如果这一说法成立,那么事情可能正好相反(如果我们仍然希望培养出更加优秀的人,创造更加美好的社会):或许教育、法律、宗教应该具有一种功能,来捍卫、促进和鼓励机体对安全、爱、自尊和自我实现等类本能需求的表达与满足。

这一观点有助于解决和超越诸多古老的哲学矛盾,比如生物学和文化的矛盾、先天和习得的矛盾、主观和客观的矛盾、特殊和普遍的矛盾等。这是因为自我揭示、自我发现的心理疗法和个人成长、自我反省等方法都可以发现人的目标、生物特性、动物性和物种性,即人的本质。

各个学派的大部分心理治疗师都认为,他们深入神经症的过程就是在揭示或释放出更本质、更真实的人格,也就是说,深入地触及核心或中枢人格。这一人格一直存在,只是被表面的病态覆盖、隐藏和抑制了而已。霍尼关于虚假自我走进真实自我的言论(199)明确阐述了这一点。关于自我实现的论述同样强调,要让人做真正的自己,即使这种真实自我尚未显露。对自我身份的追寻其实也大同小异,其他如"成为真实的自己",成为"功能完善"或"完整的人",成为个性化或真正的自我(166)等,都是如此。

讨论至此,核心任务显然是要从生物学、性情和本质上去认识某一特定物种中的一员。各种精神分析法皆致力于此,帮助人了解自己的需求、冲动、情感、快乐和痛苦。但这是一种个人内在的生物性现象学，是人的动物性和物种性现象学，是通过切身体验进行探索的生物学，亦称为主观生物学、内省生物学、体验生物学等。

这意味着对人类的物种特殊性这一客观事物的主观探索。它相当于个人对一般性和普遍性的探索，是个人的非个人或超个人（甚至超人类）的探索。总而言之，可以从主观和客观两个角度，通过"内省"和科学家更常用的外部观察法来研究类本能。生物学不仅是一门客观科学，也是一门主观科学。

如果可以把阿奇博尔德·麦克利什的诗歌稍加解释，那么我想说：

人并不意味着什么：
人就是他自己。

第七章　高级需求和低级需求

高级需求与低级需求的差异

本章将论证"高级需求"和"低级需求"之间存在心理层面和操作层面上的差异。这是为了证明机体本身具有不同的价值层次，科学观察者只需如实报告这种价值，无须创造价值。我们有必要论证这一显而易见的事实，因为很多人依旧认为，所谓的"价值"不过是作者将自身品位、偏好、直觉以及其他有待求证或不切实际的假设任意强加在数据之上的。本章的后半部分将会展示部分论证结果。

心理学将价值观排除在外，这不仅会削弱心理学的作用，阻碍其全面发展，还会使人类陷入超自然主义、伦理相对论或虚无主义。但如果能证明机体本身能在强弱、高低之间进行选择，那我们就不能再认为，不同的善具有同等价值，那样的话人们根本无法抉择，也失去了区别善恶的天然标准。本书第四章对这一选择原则已有论述。基本需求按照相对强度的高低形成了清晰的层次结构。也就是说，安全需求强于关爱需求，因为在两种需求都得不到满足的情况下，安全需求占据支配地位，这可以通过多种方式证明。就此而言，生理需求（同样按照一定的等级排列）强于安全需求，安全需求强于关爱需求，关爱需求强于自尊需求，自尊需求又强于那些我们称为"自我实现"的特殊需求。

这是一种选择或优先的顺序，但同时也是按照本章下述的各个方面由低到高的排列顺序。

高级需求出现较晚，是生物进化的结果。我们和所有生物一样都需要食物，或许也像高等类人猿一样需要关爱，但自我实现的需求却是人类独有的。越是高级的需求，越是为人类所独有。

高级需求出现在个体发育的后期。人一出生就表现出生理需求，并且很有可能在襁褓时期就有安全需求，比如刚出生的婴儿容易受到惊吓，如果他们的成长环境一切都井然有序、值得信赖，他们更容易健康成长。婴儿在出生几个月后才会初次表现出对人的选择性依恋。随着孩子年龄的增长，我们也能逐渐地看到，除了对安全和父母关爱的需求以外，他们还渴求自主、独立、成就、尊重和赞赏。至于自我实现的需求，像莫扎特这样的天才都要等到三四岁才出现！

需求层次越高，越是无关乎单纯的机体生存，满足感持续的时间就越长，这一需求也就更容易永久消失。高级需求不太会支配、组织和调动机体的自主反应和其他能力，因此人对安全的需求比对尊重的需求更为强烈和迫切。剥夺高级需求跟剥夺低级需求不同，不会引发过激的抵触心理和应急反应。因为和食物与安全相比，尊重只是可有可无的奢侈品。

需求水平越高，意味着生物效能更高、睡眠和胃口更佳、疾病更少、寿命更长等。身心医学专家多次证实，焦虑、恐惧、爱的缺失、无支配权等会诱发一系列的生理以及心理疾病。高级需求的满足不仅具有生存价值，同时也有发展价值。

从主观上来说，高级需求没那么迫切。因为相比于低级需求，高级需求往往不易察觉，并且因为暗示、模仿、错误的信念和不良习惯等更容易与其他需求混淆。因此，能够分辨自身需求（比如知道自己真正想要什么）是了不起的心理成就。对高级需求来说尤其如此。

高级需求的满足会产生更理想的主观效果，如幸福感更强，内心更平静、更充实。而安全需求的满足充其量就是让人感到释然和轻松，但无论如何都无法使人感到爱的满足才能带来的巅峰体验和欣喜若狂，也不会带给你内心的平静、深刻的认识和高尚的人格。

追求高级需求并获得满足代表着一种普遍的健康趋势，这种趋势能使我们远离病态心理。本书第五章对此已有论述。

高级需求需要更多先决条件。只有压倒一切的低级需求先行得到满足人才会产生高级需求就足以说明这一点。人若要意识到关爱需求，首先需要满足更多的其他需求，而安全需求则不然。进一步说，在需求的高级层次上，人的生活更为复杂。相比于关爱需求，对地位和尊重的需求会涉及更多的人、更大的范围、更长的过程、更多的阶段性目标、更烦琐的从属性步骤和准备工作。关爱需求和安全需求相比也是如此。

高级需求的实现需要更好的外部环境。要使人们互相关爱，一个好的外部环境（如家庭、经济、政治和教育等）必不可少。自我实现也同样需要良好的外部环境。

满足了低级和高级需求的人往往认为更高的需求更有价值。他们为了满足高级需求通常会做出更大牺牲，甚至宁愿承受低级需求得不到满足的匮乏感。比如他们更容易适应苦行僧生活，为了自我实现而放弃名利。而且他们一致认为，自尊是比衣食无忧更高级、更有价值的主观体验。

需求层次越高，爱的认同范围就越广，也就是说，认同爱的人更多，认同爱的平均水平也更高。原则上，我们将爱的认同定义为"两人或两人以上的需求融为一个单一的需求层次结构"。彼此相爱的双方会一视同仁地看待各自的需求。事实上，他们认为对方的需求就是自己的需求。

高级需求的追求与满足能产生理想的公众效益和社会效益。从某种程度来说，越高级的需求越无私。饥饿是一种高度自我中心的需求，而唯一能满足这种需求的方式就是满足自己。而寻求关爱和尊重就必须涉及他人，而且经常要成人之美。基本需求得到满足的人自然会去寻求关爱和尊重（而不仅仅是食物和安全），在这一过程中，他们会培养忠诚、友爱、公民意识等品质，使他们更好地扮演父母、丈夫或妻子、教师和人民公仆等角色。

高级需求的满足比低级需求的满足更接近自我实现。如果人们认可自我实现理论，这正是自我实现理论的一个重要区别。别的姑且不论，这首先意味着在寻求高级满足的人身上，我们能发现自我实现者的诸多品质。

高级需求的追求和满足会导致更为强烈、更名副其实的个人主义。这似乎与先前的观点相悖，即需求水平越高的人，越容易认同爱，也就是社会化程度越高。但不管是否合乎逻辑，这都是符合经验的事实。事实上，寻求自我实现的人不仅最热爱全人类，同时个人特质也发展得最为充分。这完全印证了弗洛姆的观点，即自爱（或者更准确地说是自尊）与爱人是相互协同而不是相互对立的。此外，弗洛姆对个性、自发性和机械性的探讨也相当中肯（145）。

需求水平越高，心理治疗越容易、越有效，而对那些需求水平低的人而言，心理治疗的效果微乎其微，因为再有效的心理治疗也解决不了饥饿问题。

低级需求比高级需求更局部，更具体可感，更有限。饥饿和干渴是比爱更显而易见的躯体需求，爱跟尊重的关系也可以依此类推。另外，低级需求的满足比高级需求的满足更具体可感，也更易于观察。不仅如此，在某种意义上，低级需求的满足更有限，因为我们只需少量的满足物就能填补需求。就好比一个人再饿，也就只能吃这么多，而爱、尊重以及认知需求的满足却是无限的。

区分需求层次的意义

有观点认为：高级需求和低级需求具有不同性质；高级需求和低级需求是人与生俱来的天性（两者没有区别，也并不对立），必定会给心理学和哲学理论带来颠覆性的变革。大多数文明，连同它们的政治、教育、宗教等理论，都建立在与这种信念对立的观点之上。总之，他们认为人性的生物本能只局限于食物、性之类的生理需求，而对真理、爱和美产生的高级冲动在本质上不同于这些动物性需求。人们还认为，这些高级需求是相互对立、相互排斥的，会为了占据支配地位而不停斗争。按照这一观点，整个文化及其机制都被看作高级需求对低级需求的抵制。因此文化必然是一种抑制因素或阻挠因素，最好的文化也不过是差强人意的社会必需品。

高级需求就像食物需求一样，是一种生物本能。这一认识会造成一系列影响，仅列举几点如下：

1. 很可能最重要的一点是认识到认知和意动的二分法是错误的，必须予以纠正。因为对知识、理解、人生哲学、理论参照系、价值体系等的需求本身就是意动的，是我们原始性和动物性的一部分（我们是特殊动物）。

经过文化、现实以及各种可能性的调适，我们的需求已经不完全是盲目的。由此可知，认知在需求的发展中扮演着重要角色。约翰·杜威认为，何为需求、是否存在需求，这都取决于人对现实以及满足需求的可能性或不可能性的认知。

如果意动在本质上就是认知，而认知在本质上也是意动，那么认知和意动的二分法毫无用处，我们必须将其抛弃。当然，作为病理学的标志，这种二分法还值得保留。

2. 现在必须重新审视很多古老的哲学问题。这些问题中有一部分可能被视作伪命题，因为它们建立在对人类动机的误解之上，这包括自私和无私的截然二分。比如我们出于爱的本能冲动，看到自己的孩子大快朵颐时，比自己大吃大嚼能获得更多"自私的"个人幸福感。那么我们应该如何定义自私呢？又如何将自私与无私区分开来？如果对真理的需求和对食物的需求一样是动物本能，那么为真理不惜生命的人真的就比为衣食链而走险的人更无私吗？

如果从食物、性、真理、美、爱和尊重的满足中能获得同样的动物快感和个人的自我愉悦，那么享乐主义理论显然需要重建和修正。这意味着，在低级需求的快感降低的时候，高级需求的快感依然存在。

显然，浪漫主义和古典主义的对立、酒神与太阳神之间的二分必须加以修正。这种对立的某些形式建立在动物性的低级需求与非动物性或反动物性的高级需求的二分法之上，而这种二分法同样是不合理的。与此同时，理性与非理性的概念、理性与冲动以及理性生活与本能生活之间的对立也必须进行大幅度修正。

3. 仔细考察人类动机生活会使伦理哲学家受益匪浅。倘若我们最高尚的冲动不是马缰绳，而是奔腾的骏马；倘若动物性的低级需求与高级需求具有同样性质，那二者之间的明显对立如何维持？我们又怎么能继续相信，它们的来源是不同的？

此外，高尚美好的冲动之所以产生并日益增强是因为更为首要、迫切的动物性需求得以满足。如果对这一点有清晰且充分的认识，我们就应该少谈自我克制、禁忌、纪律，多谈顺其自然、自我选择和需求满足。责任的召唤与享乐的诱惑之间似乎并不存在我们想象的那种尖锐对立。在生活（即存在）的最高层次，责任本身就是一种快乐，人们热爱工作，工作与度假之间没有明显的区别。

4. 正如鲁思·本尼迪克特（40，291，312）所言，我们的文化概念以及人与文化的关系必须朝着"协同作用"的方向转变。文化可以满足基本需求，而不是抑制需求（314，315）。而且，文化不仅是为满足人性需求而创造的，更是由人性需求塑造而成的。因此，我们需要重新审视文化—个体之间的二分对立。也就是说，我们不应该一味地强调它们之间的对抗，而要更多地关注它们之间可能的协作和协同作用。

5. 人性中最美好的冲动显然是内在固有的，而不是偶然的、相对的，认识到这一点对价值理论具有重大意义。一方面，这意味着通过逻辑去推断价值或者试图借助权威和启示去寻找价值，既无必要，也不可取。显然，我们要做就是观察和研究。另一方面，人性本身就已经回答了以下问题：我们如何才能成为善良和幸福的人，如何才能有所成就？一旦价值被剥夺，机体便发生病变，而只要实现了价值，机体便茁壮成长。机体正是这样告诉我们它需要什么（以及它看重什么）。

6. 对这些基本需求的研究表明，尽管它们在很大程度上属于本能，但从很多方面来说，还是不同于我们所熟悉的低等动物的本能。而在所有的差异中最重要且最意外的发现是，基本需求虽然是一种本能，但却比较微弱，这与"本能是强大的、不受欢迎的、不可改变的"传统观点相矛盾。而具备冲动意识，认识到我们真正渴望和需要的是爱、尊重、知识、价值观和自我实现等，这本身就是一项难能可贵的心理成就。不仅如此，需求的层次越高，它们就越脆弱，越容易被改变并受到抑制。最后要说的一点是，需求并非坏事，相反，它可以是好事，也可能不好不坏。用一个悖论来总结，那就是人性中的残余本能脆弱不堪，因此我们必须加以保护，使它们不受文化、教育、学习等的干扰——总的来说，就是不受外部环境的影响。

7. 我们也必须重新理解心理治疗（以及教育、培养良好品格）的目标。对很多人来说，上述过程是为了培养人抑制和把控一系列内在冲动的能力，而且一直打着纪律、控制、抑制的幌子。

但如果心理治疗的目标就是打破控制和压抑，那么新的关键词就应该是顺其自然、释放、遵循自然、自我接受、冲动意识、满足需求、自我选择等。一旦内在冲动被视作值得肯定的而不是令人不齿的，我们就会想释放它们，让它们得以充分表达，而不是一味压抑、克制它们。

8. 假如本能是脆弱的，并且高级需求在本质上也属于本能；假如文化比本能冲动更为强大；又假如人的基本需求实际上是善的，那么通过培养本能倾向来改善人类本性的同时，也会促进社会进步。事实上，改善文化环境的意义就是为人类的自我实现提供良好契机。

9. 高级需求的生活有时候会相对独立于低级需求的满足（必要时甚至会独立于高级需求的满足），认识到这一点后，或许我们就能解决长久困扰神学家的古老难题。他们一直认为有必要调和肉体与灵魂、天使与魔鬼——人类机体中的高尚与卑劣，但一直未能找到满意的答案。现在看来，高级需求的功能自主似乎能部分回答这一问题，因为虽然高级需求由低级需求发展而来，但一旦发展成熟，便相对独立于低级需求（5）。

10. 除了达尔文提出的"生存价值"以外，我们还可以提出"发展价值"。这种"发展价值"不仅有助于我们更好地生存，也有助于我们发展优选的、选择的、对机体有益的健全人格，实现个人潜质，追求内心的平静和快乐，感受高峰体验，走向超越（317），并获得对现实更精确、更全面的认知等。这样，当我们谴责贫穷、战争、专制、暴政的罪恶时，我们的理由就不仅仅是它们危及生存权了，我们还可以有更正当的理由，那就是它们降低了我们的生活质量，玷污了人格，摧残了我们的意识和智慧。

第八章　心理病原和威胁理论

前面我们介绍的动机概念包含一些重要启示,有助于我们理解心理疾病的起源以及挫折、冲突和威胁的本质。

实际上,所有为了解释心理疾病的起源和发展而提出的理论,都高度依赖于挫折和冲突这两个概念。现在我们就来解释这两个概念。有些挫折的确会产生病态,有些则不然。冲突也是如此。后面我们会发现,只有求助于基本需求理论才能解开这个谜。

剥夺、挫折和威胁

讨论挫折的时候,人们常犯的错误就是习惯将人割裂开。也就是说,人们仍然倾向于说口腹之欲或胃口受挫,或者说某一需求受挫。我们必须记住,只有完整的人才会受到挫折,而不是人的某一部分。

明确了这一点,剥夺和人格威胁之间的重大区别就很明显了。挫折一般是指得不到所渴望的东西,或者妨碍愿望的实现,或者干扰需求的满足。这种定义未能考虑普通剥夺和威胁性剥夺的差异:普通剥夺对机体来说并不重要(因为它容易被替代,且很少产生严重后果);而威胁性剥夺则会威胁到个人的生活目标、防御体系、自尊、自我实现,也就是说,这种剥夺会威胁个人的基本需求。我们认为,只有威胁性剥夺才会产生一般性挫折所导致的诸多后果(通常是不良后果)。

目标对象对个人来说可能有两种含义。首先，它有其本质意义，其次，它也可能有一个次要的、象征性价值。被剥夺一个很想要的冰激凌蛋筒，对一个孩子来说，可能只是失去了一个冰激凌蛋筒而已；而对另一个孩子来说，他失去的不仅仅是感官上的满足，可能还有母亲的爱，因为母亲拒绝给他买蛋筒。对第二个孩子来说，冰激凌蛋筒不仅有其本质价值，可能还是心理价值的载体。对于健全的人来说，被剥夺冰激凌蛋筒本身可能无关紧要，甚至是否算得上是"挫折"都是个问号，因为"挫折"主要描述了其他更具威胁性的剥夺。只有当一个代表着爱、声望、尊重或其他基本需求的目标对象被剥夺时，才会产生一般被认为是"挫折"的不良影响。

在特定的动物群体中和特定的情况下，可以清晰地展现任一物体的这种双重意义。比如有研究证实，当两只猴子处于一种支配—从属关系时，一块食物既是充饥物，也是支配地位的象征。在这种情况下，如果从属者试图拿起食物，那它会立即被支配者攻击。然而，如果它消除了食物的象征性价值，那么支配者就会允许它食用这块食物。从属者很容易就能做到这一点，只要它接近食物时做出巴结的样子即可，这就好像在说，"我只是要这食物来充饥，并不想挑战你的统治地位，我很乐意服从你的支配。"同样，我们也有两种不同的方式面对朋友的批评。通常，一般人听到批评后会感觉受到了攻击和威胁（这很正常，因为通常情况下批评就是一种攻击），因而会恼羞成怒。但如果他确信这种批评并不是攻击或拒绝，那么他不仅会听取批评，甚至可能会心怀感激。因此，如果他已经有充分的证据证明他的朋友爱他、尊重他，那么这些批评就只是批评而已，并不代表攻击或威胁（304，313）。

忽视这一区别在精神病学界引发了很多不必要的混乱。有这样一个反复出现的问题：性剥夺是否会导致挫败的部分或全部后果，如攻击性、心灵升华等？现在我们知道，在很多案例中，独居不会造成精神病理学后果；而在很多其他案例中，独居则有诸多不良影响。是什么因素决定了不同的结果呢？对非神经症患者的临床研究给出了明确的答案：只有当个体认为性剥夺代表着异性的抛弃、自卑、缺乏价值、缺乏尊重、孤立，或其他基本需求受阻时，它才会具有严格意义上的致病性。而如果个体没有这种感受，就能相对轻松地忍受性剥夺。〔当然，可能会存在罗森茨威格（408）所说的需求持续反应，这些反应虽然令人烦恼，但不一定是病态的。〕

童年时期不可避免的剥夺通常也被认为是挫折。断奶、排泄控制、学习走路，事实上每个新阶段的调整都是通过强迫孩子来实现的。纯粹的剥夺和对个性的威胁之间是有区别的，在此我们需要谨慎对待。观察那些完全信赖于父母的疼爱和尊重的孩子，你会惊讶地发现，他们有时可以轻松忍受剥夺、训诫和惩罚。如果这些剥夺不会威胁到孩子的基本个性、主要生活目标或需求，那么这些剥夺就不会对他产生挫折影响。

由此可知，威胁性挫折更接近于其他的威胁情形，而不仅是单纯的剥夺。人们也经常发现，挫折的典型影响往往是其他威胁造成的，这些威胁包括精神创伤、冲突、皮质损伤、危重疾病、现实的人身威胁、死亡的迫近、屈辱或巨大的痛苦。

由此可以推导出最终假设。也许用一个单独的概念描述挫折，不如用两个概念描述它更为准确：对非基本需求的剥夺；对个性的威胁，即对基本需求或基本需求的各种应对系统的威胁。剥夺远不及挫折所隐含的一般含义那么丰富，而威胁的含义则丰富得多。剥夺不会致病，而威胁则是精神疾病的致病因素。

冲突和威胁

我们可以像之前剖析挫折概念一样，用威胁这一概念来剖析冲突概念。下面我们来讨论冲突的类型。

自由选择

自由选择是最简单的冲突形式。每个人的日常生活中都充斥着无数这样的选择。我认为，这种选择和下面要讨论的几种选择有如下区别。纯粹的选择是从达到同一目标的两种途径中二选一，而这个目标对机体来说无关紧要。人们对这种选择的心理反应是非病态的。事实上，在大多数这种情况下人们主观上根本没有感觉到冲突。

从达到同一（重要的、基本的）目标的两种途径中二择其一

在这种情况下，目标本身对机体来说是重要的，但是达到目标的方法有两种，而且目标本身并无危险。当然，目标是否重要取决于个体，对这个人重要的东西可能对另一个人并不重要。比如一位女士要去参加一个聚会，她可能会犹豫到底要穿哪双鞋、哪件衣服，因为这个聚会对她来说很重要，她希望在聚会上给人留下好印象。在这种情况下，一旦做出决定，明显的冲突感就会消失。然而，如果这位女士不是在两件衣服之间做选择，而是在两位未来的丈夫人选之间做选择，那么这种冲突可能就会异常激烈。这让我们再次想起罗森茨威格对需求持续效应和自我防御效应的区分。

威胁性冲突

这类冲突与前两类冲突在本质上是不同的。这种情形仍然需要做出选择，但现在要在两个不同的目标之间二选其一，而这两个目标同样至关重要。在这种情况下，做出选择通常不会解决冲突，因为这个决定意味着放弃，而放弃的东西几乎和选择的东西一样不可或缺。放弃必要目标或需求的满足具有威胁性，即使完成了选择，威胁的后果也仍然存在。总而言之，这种选择最终只会导致某种基本需求的长期受阻，这具有致病性。

灾难性冲突

最好称灾难性冲突为纯粹威胁，因为这种情况下没有第二种选择或更多选择。所有选择都会产生同样的灾难性或威胁性后果，而唯一的可能选择也仍然是灾难性威胁。只有拓展"冲突"一词的意义，才能把这种情况称为"冲突情形"。以下例子可以很容易说明这一点。比如：一个人要在几分钟内被执行死刑；一只动物被迫做出明知对自己不利的决定,这一决定会使它失去逃脱、攻击或者采取其他替代行为的机会,就像许多动物神经症实验那样(285)。

冲突和威胁

从心理病理学的角度来分析冲突和威胁,我们肯定会得出跟挫折分析相同的结论。一般来说,存在两种类型的冲突情境或冲突反应:一种是非威胁性的,一种是威胁性的。不具威胁性的冲突并不重要,因为它们通常不具有致病性;而威胁性的冲突很重要,因为它们往往是致病的。①同样,精神症状与其说是冲突感引发的,不如说是威胁或威胁性冲突引发的,因为有很多冲突并不会导致精神症状。实际上,有些冲突反而强化了机体。

接下来,我们可以对心理病原这一综合领域的概念进行重新分类。我们可以先讨论剥夺,然后再讨论选择,并把它们都看作具有非致病性。这意味着对心理病理学的学生来说,它们并非重要概念。唯一重要的概念既不是冲突,也不是挫折,而是两者的致病特征,即机体基本需求和自我实现的受挫威胁或实际受挫。

威胁的本质

但在此有必要指出,威胁概念还包括一些现象,既不属于普通意义上的冲突,也不属于普通意义上的挫折。某些严重疾病可能会导致心理疾患。频繁发作的心脏病会使患者时刻如惊弓之鸟。幼年的疾病或住院经历不仅造成对孩子的剥夺,也会带来直接威胁。

根据盖尔布、戈尔茨坦、舍雷尔及其他人的研究,脑损伤会给病人带来普遍的精神威胁。要最终了解这些病人,唯一的方法就是假设他们受到了威胁。可能所有的器质性精神病患者基本上都会感

---

① 威胁并不总是具有致病性。应对威胁,既有神经症或精神疾病的方法,也有健康的方法。而且,明显的威胁性情形可能会对某一个体产生心理上的威胁感,也可能不会。一次轰炸对生命本身的威胁,可能还不如嘲笑、冷落、朋友的背叛、孩子的疾病,或陌生人在某地所遭受的不公不义那样具有威胁性。此外,威胁也可能起到强化机体的作用。

受到威胁。只有从两个角度才能理解这些患者的症状：第一，功能损害或任何功能丧失对机体产生的直接影响（丧失影响）；第二，个人对这些威胁性丧失的动态反应（威胁影响）。

在卡迪纳关于创伤性神经症的专论中（222），我们发现，可以把根本的、极为严重的创伤一并归入既非冲突也非挫折的威胁影响之内。①根据卡迪纳的说法，这些创伤性神经症是生命最基本的执行功能——走路、说话、进食等受到根本威胁所产生的后果。我们可以这样解释他的论点：

经历过重大事故的人可能会得出这样的结论：他不是自己命运的主人，死亡总是近在眼前。面对如此强大而又充满威胁的世界，有些人似乎对自己的能力失去了信心，包括最简单的能力。其他较轻微的创伤当然不具有同等威胁性。我想补充一点，这种反应通常出现在某一类人身上，这类人具有某种特别的性格结构，使他们更容易受到威胁。

各种原因导致的濒死可能（但不一定）也会使我们倍感威胁，因为此时我们可能会失去基本的自信。当我们不能掌控事态发展时，当这个世界使我们难以承受时，当我们无法主宰自己的命运时，当我们无法控制这个世界和我们自己时，我们当然会感受到威胁。其他"我们对此无能为力"的情况有时也会让人感受到威胁。或许剧痛也应该归入这一类，我们对它的确是无能为力。

或许可以拓展"威胁"这一概念，使其囊括那些通常不属于该范畴的现象。比如突然的强烈刺激、突然坠落、失足、任何无法解释或陌生的事物、秩序被打破等。对孩子来说，这些现象具有威胁性，而不仅仅只波及情绪。

当然，我们还必须探讨威胁最核心的方面，即对基本需求的直接剥夺或阻碍或妨害——羞辱、拒绝、孤立、名誉扫地、力量丧失——这些都是直接具有威胁性的。另外，才能的误用或荒废也直

---

① 必须再次指出，创伤性情形跟精神创伤的感觉并不是一回事。也就是说，创伤性情形可能会造成精神上的威胁，但也不一定非得如此。如果处理得当，它可能反而会有教育和强化精神的意义。

接威胁人的自我实现。最后，对高度成熟的人来说，妨害超越性需求或存在价值（293，314）可能具有威胁性。

总而言之，我们一般可以感知到的威胁可以概括为：可能或实际上妨害了基本需求和超越性需求（包括自我实现）或两者的前提条件，威胁到生命本身，威胁到机体的完整性，威胁到机体的一体化，威胁到机体对外部世界的基本掌控，以及危及终极价值观。

无论我们如何定义威胁，有一个方面是我们绝对不能忽视的。一个终极的威胁定义，无论可能还包括什么，一定要涉及机体的基本目标、价值或需求。反之，这意味着任何精神病理学必须直接建立在动机理论之上。

一般动力学以及各种具体的实证结果都表明，有必要对威胁进行个别定义。也就是说，如果我们要最终界定一种情形或威胁，不仅要考虑整个物种的基本需求，还要考虑面对具体问题的个体。挫折和冲突的一般定义都仅仅反映外部环境，而没有反映机体对这些外部环境的内在反应或感知。在这方面，最执迷不悟的包括一些所谓的动物神经症学者。

我们如何得知机体将某一情形视为威胁呢？对于人类来说，能够描述完整人格的任何技术都能轻而易举地对此做出判断，比如精神分析技术。这一技术让我们了解到人需要什么、缺少什么以及害怕什么。但对于动物来说，情况就比较复杂，因为这里涉及循环定义。当动物表现出受到威胁的样子时，我们就知道这一情境具有威胁性。也就是说，情境是根据反应来定义的，而反应又是根据情境来定义的。循环定义通常不被人看好，但我们必须知道，随着普遍的动力心理学的发展，所谓循环定义必然会日益受到认同。但无论如何，对实际的实验室研究来说，循环定义并非无法逾越的障碍。

从动态理论中还可以得出最后一点：我们必须始终将威胁感本身视为其他反应的动力刺激。如果我们无法同时了解到这种威胁感会导致什么，会促使个体做什么，机体会如何应对威胁，那么我们对任何机体的威胁描述都是不完整的。当然，在神经症理论中，既理解威胁感的本质，又理解机体对威胁感的反应，是绝对必要的。

动物研究中的威胁概念

一项关于动物行为干扰的研究分析[①]表明，威胁通常是就外部或情境而言，而不是动态的。认为外部的实验设置或情境保持恒定，就可以实现心理情境的控制，这是一个由来已久的误解（参见25年前的情感实验）。当然，归根结底，对心理学来说，重要的只有机体感知到的、做出反应的或受到影响的情境。这一事实以及机体的独特性，不仅要从口头上加以认识，而且要认识到它们对实验设置和实验结论的影响。例如巴甫洛夫（373）指出，动物的基本生理气质肯定属于某种类型，否则外部冲突情境不会导致内在冲突。当然，我们感兴趣的不是冲突情境，而是机体的冲突感受。我们还必须认识到，有独特经历的个体动物对给定的外部情境会产生不同的个体反应。甘特的研究和利德尔及其合作者的研究就证明了这一点。通过对白鼠的研究，我们已经发现，在某些情况下，机体的某种特质对于我们判断在相同的外部情境下机体是否会崩溃至关重要。不同的物种利用不同的资源来感知和应对外部情境，并确定会不会受到外部情境的威胁。当然，在许多实验中，冲突和挫折的概念使用得很不严格。而且，由于忽视了威胁的个体化特征，不同动物对同一情境的反应的某些差异似乎无法解释。

有一种表述比研究文献中常用的说法更合适，那就是舍雷尔提出的"让动物做它做不到的事"。这一概念之所以更合适是因为其涵盖了所有已知的动物研究，但我们应该阐明它的部分含义。例如夺走对动物很重要的东西可能是具有致病性的，就像强迫它做一些做不到的事情一样。对人类来说，除了上述因素外，还必须包括某些疾病的威胁性以及对机体整体性的某些损害。此外，我们应该明确地认识到性格的因素，因为性格决定了动物在面临各种情境时的反应方式。当我们让动物做一些无能为力的事情时，它可能会以一种

[①] 显然，本章所介绍的概念非常普遍，因而适用于很多类型的实验研究。选择的样本可以通过当前的一些研究得到强化，如对压抑、遗忘、未完成任务的坚持研究以及更直接的冲突和挫折研究，等等。

非病态的方式做出反应，比如满不在乎，或是无动于衷，或者直接拒绝感知该情境。也许，在舍雷尔的论点中加入强烈动机的说法，就可以在一定程度上形成这一比较鲜明的特点。"当机体面临它无法解决或应对但又非常想解决或必须解决的任务或情况时，就会发生病理反应。"当然，这一理论仍有不足之处，因为它没有涵盖前面提到的一些现象。但是该理论也有一定优势，因为对于实验目的而言，这是一个相当实际的威胁理论。

还有一点，由于没有区分动物的非威胁性选择情境和威胁性选择情境，以及非威胁性挫折和威胁性挫折，所以动物的行为看起来会不一致。如果动物在迷宫的冲突情境中到了选择关头，它怎么会不频繁地崩溃呢？如果24小时不进食会让老鼠感到沮丧，那老鼠怎么会不崩溃呢？所以，修改措辞或更新认识显然是必要的。还有个例子忽视了这种区别，就无法区分动物是选择有所放弃，还是选择什么都不放弃，也就是目标不变、不受威胁，但有两条或更多途径达到同一个确定的目标。如果动物又饿又渴，必须选择是进食还是喝水，而它不能两者兼得，那么它更有可能感受到威胁。

总而言之，我们定义情境或刺激的时候不能只着眼于情境或刺激本身，还必须考虑实验对象（动物或人）的介入，根据特定实验对象的心理意义来动态地定义情境或刺激。

生命历程中的威胁

一般来说，健康的成年人比普通或神经质的成年人较少受到外部威胁。我们必须再次牢记，尽管这种成年后的健康是因为童年时期没有经历过威胁或成功克服了威胁，但随着时间的流逝，健康的成年人对威胁已经变得有了抵抗力。也就是说，对于一个坚定、自信的人来说，他几乎不可能受到威胁。一生都被人深爱的人会觉得自己值得爱，而且的确可爱，对于这样的人来说，别人不再爱他并不是什么大的威胁。这里必须再一次援引功能自主原则。

威胁抑制自我实现

可以像戈尔茨坦那样,将大多数具体的威胁归入"抑制或通过威胁去抑制最终的自我实现"这一范畴。强调对未来及当下的损害产生了许多重大影响。例如,按照弗洛姆的颠覆性认识所讲,"人文主义"意识意味着偏离了成长道路或自我实现。这一表述凸显了相对主义,从而暴露出弗洛伊德的超我概念的不足。

我们还应该注意到,将"威胁"等同于"成长抑制",可能会造成这样一种情况:一种情境目前主观上不具有威胁性,但将来会具有威胁性或成长抑制性。孩子现在可能希望得到满足,因为满足让他高兴、让他安静、让他感激等,但这种满足可能会阻碍他的成长。父母对孩子百依百顺,把孩子娇惯成精神病患者,就是明证。

疾病一元论

把心理病原等同于最终的不良发展会引发另一个一元论的问题。这相当于说明大多数,甚至所有疾病都是单一原因造成的,即心理病原似乎是单一的,而不是多元的。那么不同的症状又从何而来呢?也可能不仅发病机理是单一的,心理病理也是单一的。也可能我们现在所说的医学模型上的不同疾病,实际上是一种更深层次的一般性疾病的表面的特殊反应,就像霍尼所说的那样(197)。我的"安全—不安全"测试(294)就建立在这样一个基本假设之上。并且迄今为止,它似乎相当成功地筛选出有一般性心理疾病的人,而不是癔症、疑病症或焦虑症这类特殊心理疾病患者。

在此,我唯一的目的是要表明,一些重要的问题和假设是由这一精神病发病机理理论所导致的,所以我不打算进一步探讨这些假设,只要强调这些假设有统一和简化的可能性即可。

第九章　破坏性是类本能的吗

从表面上看，基本需求（动机、冲动、驱力）并非大奸大恶。人需要食物、安全、归属感、爱、社会认同、自我认同和自我实现也无可厚非。相反，大多数文化中的大多数人都认为这些需求尽管形形色色、不一而足，但都是情理之中，也是值得称道的愿望。从最科学的角度来说，这些需求是中性的，而不是邪恶的。此类表述不仅适用于我们知道的人类特有的大多数或者全部的能力（抽象概括能力、合乎语法的语言表达能力、哲学思辨能力，等等），也适用于个体素质差异（主动型或被动型、健壮型或瘦长型、精力充沛型或精力匮乏型，等等）。至于追求卓越、真、美、合法性和简约性等的超越性需求（314），不论是我们的文化，还是我们熟悉的众多其他文化，实际上都不会把它们说成本质上是坏的、奸邪的、罪恶的。

因此，人性和人类物种属性本身是无法解释"恶"的，因为它无处不在、遍布世界、贯穿古今、植根于个人的品性。的确，大量的事实一再证明，在所谓的"恶"出现的过程中，身体的疾病和人格的缺陷、无知和愚蠢、不成熟以及积弊丛生的社会和制度都在推波助澜。至于它们在多大程度上成为"恶"的始作俑者，我们所知不详，未敢妄言。同样，消除"恶"离不开保健和医疗，知识和智慧，年龄的增长和心理的成熟，健全高效的政治、经济和其他社会制度和体系。但它们能在多大程度上消除"恶"呢？这些举措可以保证"药到病除"吗？可以肯定的是，我们现有的知识足以推翻这一论调，即"从生理学和基本面上讲，人性的本质主要是奸邪、罪恶、歹毒、暴虐、残忍或凶狠的"。不过我们也不敢完全摒弃人性中

"恶"的类本能倾向。有一点很清楚，那就是我们对此知之甚少，无法确定，而且也确实存在一些"性本恶"的事实证据。还有一点也同样清楚，无论如何，人性善恶都不难洞察，这些问题也可以放在广义的人文科学的框架下进行探讨（292，376）。

本章尝试用经验主义的方法来探讨所谓善恶这一关键问题。我们并不打算得出定论，在此只想提醒大家：即便我们无法提供终极的明确答案，但对破坏性的认识仍然是有所推进的。

动物数据

首先，在某些动物身上确实可以观察到类似本能的攻击性，当然不是所有的动物，甚至只有很少的动物才有这种攻击性，但它确实存在。有些动物显然是为了杀戮而杀戮，似乎生性嗜血，没来由地喜好攻击。狐狸进了鸡窝，不管自己吃不吃得下都必定会大开杀戒，就像尽人皆知的猫喜欢玩弄老鼠一样。牡鹿和其他雄性有蹄动物一样，在发情期会伺机闹事，有时为了打架甚至不惜抛弃自己的配偶。许多动物，包括一些高等动物，在步入老龄时会更加狂暴，向来温顺的动物也会无缘无故地发起攻击。对很多动物而言，杀戮不单单是为了食物。

有人曾用小白鼠做了一项著名的研究，结果表明，老鼠的野性、攻击性和凶猛性是可以培养的，就像人们可以在它们身上培养解剖学特征一样。对老鼠这一物种来说，残暴的倾向可能是原发的、遗传的，并在很大程度上决定了生物的行为，其他物种可能亦是如此。一般实验都发现，与温顺驯服的老鼠相比，野蛮凶猛的老鼠的肾上腺要大得多，这进一步证实了上述情况。当然，遗传学家也可以反其道而行之，把原本性情残暴的其他动物驯化得温顺乖巧。根据这一系列例证和研究发现，我们可以更进一步接受最简单的一种解释，即某一具体行为来源于一种特定的动机，并且在这一具体行为背后还存在一种遗传驱力。

但一旦仔细分析，会发现动物身上其他许多看似明显的原发性残暴行为其实并不完全是表面上那样。动物同人类一样，可能随时随地因各种原因而产生攻击性。"地盘意识"（territoriality，14）便是其中一项决定因素，我们可以用在地上筑巢的鸟儿做进一步说明。这些鸟会挑选一块区域作为专属繁殖基地，其他鸟一旦进入它们的地盘必定会受到攻击。不过，它们只攻击这些"入侵者"，不会伤及无辜。有些动物生性好斗，会把"枪口"对准其他所有动物，就算对不属于本族群的同类也不会手下留情。吼猴就是一个典型的例子。它们结群而居，面对试图加入的外来吼猴，大家必定群起而攻之，将其喝退。不过，如果这只吼猴越挫越勇，在这场拉锯战中撑得够久，那它最终便能如愿以偿地加入队伍，转而对付其他试图闯入的"外人"。

对更高等动物的研究发现，攻击行为跟支配权的关系更加密切。由于研究内容过于复杂，在此我们无法详细引证，但有一点可以明确：这种支配权和由此引发的攻击性，对动物来说确实有功能价值或者生存价值。动物在整个支配阶层中的地位在一定程度上取决于攻击是否成功，而它在整个族群中的地位反之又决定了它能否获得足够的食物、能否拥有一个配偶、其他生物性需求能否得到满足等。实际上，只有在需要捍卫自己的支配地位或者颠覆现有支配体系时，这些动物才会表现得残忍和暴虐。至于这种说法是否适用于所有的物种，目前尚不能确定。不过我确实在想，地盘意识、攻击陌生动物的现象、强势守护雌性动物的现象、攻击赢弱动物的现象以及其他经常被理解为本能攻击和本能残暴的现象，其起因往往都是为了支配权，而不是无事生非，也就是说，这种攻击行为可能只是目的性行为，而非终极目的本身。

对类人猿的研究发现，攻击行为的原发性降低，而派生性、反应性和功能性增强，是类人猿对整体动机、社会力量和直接情境等决定因素所做的更正常合理的反应。如果进一步研究黑猩猩这种最接近人类的动物，会发现它们身上绝对没有为攻击而攻击的迹象或行为。这些动物自小就十分可爱、懂得合作、温顺友好，所以某些黑猩猩群体无论何种原因都不会采取任何形式的暴力攻击行为，大猩猩也是如此。

在此我可以说，我们必须始终对由动物到人的全部推论持怀疑态度。但为了便于讨论，假如我们接受上述观点，用与人类亲缘关系最近的动物为例进行推论时，那我们一定会发现，动物的性情和种种行为往往与人们预想的相反。如果人类仍保留了某种动物特性，那这种特性多半来自类人猿，而类人猿是极具合作精神的，并不好斗。

这一误解是典型的伪科学思维，我们最好称之为不合理的动物中心主义。这种错误通常是这样一步一步形成的：首先，人们会建构一种理论，或者树立一种偏见，然后从整个动物进化图谱中选择最能说明这种理论或偏见的动物。其次，必须对不符合条件的动物行为视而不见。比如，如果一个人的目标是证实本能的破坏性，那他必定想方设法地将狼选作研究对象，而将兔子弃之不顾。再次，明知只有自下而上地对整个物种系统进行研究才能得到清楚的发展脉络，不能仅仅选择某些个人喜欢的物种，但仍然佯装不知。例如，沿着物种阶梯往上，口味变得愈发重要，而果腹的需求自然就下降了（302）。而且，多样化会越来越明显；从受精到成年的时间也越来越长，当然也有例外。更重要的是，反射、激素和本能等决定因素渐渐变得无关紧要，智力、学习和社会等决定因素反倒后来者居上。

总的来说，这些动物数据可以概括为：第一，由动物到人的推论自始至终都是一项复杂棘手的任务，需格外慎重；第二，在某些物种身上可能存在原发性和遗传性的破坏行为或暴力倾向，但这些物种可能没有人想象的那么多，而另一些动物则丝毫没有这种行为倾向；第三，如果我们对动物的某些具体攻击行为进行分析的话，便会发现这些行为往往是对各种决定因素的继发性的派生反应，而不仅仅是攻击性本能的表现；第四，越是高等的动物，与人类的亲缘关系越近，原发性的攻击本能就越微弱。到了类人猿这一物种层级，几乎根本不存在原发性的攻击行为；第五，猿类无疑是人类的近亲，研究发现，它们身上几乎完全没有原发性的恶意攻击的现象，相反，和睦友善、互助合作甚至利他主义的行为不胜枚举。最后一个重要的观点与我们"事出必有因"的假设有关。现在，动物行为研究人员普遍认为，多数食肉动物捕杀猎物都仅仅是为了获得食物，并非暴虐使然，就像我们吃牛排是为了饱腹，并不是为了杀生。总而言之，任何宣称人的动物性驱使他无端施暴或肆意破坏的进化论观点都是站不住脚的，都应该被摒弃。

儿童数据

对儿童的观察、实验研究和调查有时就像一种著名的人格投射方法（projective method）——"罗夏墨迹测验"（Rorschach ink blot test）一样，可以折射出成年人的敌意。我们听到过太多关于儿童生性自私、天生爱破坏的言论，大量论文也充斥着这一论调，却很少有文章探讨他们的合作精神、善良友爱、同情心等。更有甚者，后者本来就凤毛麟角，却还常常遭到忽略。心理学家和心理分析学家常常把婴儿想象成一个小恶魔，带着与生俱来的原罪，对世界充满仇恨。显然，这种主观臆想是不正确的。我必须承认，这一领域中的科学材料还十分匮乏，不尽如人意。我的论断也仅仅基于个别出色的研究成果（尤其是洛伊丝·墨菲的研究）、儿童的同情心（352）、我个人与儿童打交道的经验以及一些理论思考（301）。不过在我看来，虽然证据有限，却也足以质疑以下论断，即儿童都是充满强烈破坏性、攻击性和敌意的小动物，必须用纪律和惩罚进行约束才能让他们心生善意。

实验结果和日常观察似乎都表明，通常情况下，正常的孩子会像大家所说的那样，怀有原始的敌意、自私和破坏性心理。但有些时候，甚至很多时候，他们也有与生俱来的慷慨、无私和合作精神。至于这两类行为哪种更常出现则主要取决于儿童自身的需求满足程度。如果一个孩子没有安全感，其安全需求、爱的需求、归属需求和自尊需求统统得不到满足，甚至受到威胁，那他便更多地表现出自私、仇恨、攻击性和破坏性。如果得到父母的疼爱和尊重，儿童的破坏性应该会少很多,并且在我看来,现有的证据也充分证实了这一点。也就是说,儿童的敌意往往是一种反应性、工具性或防御性的举措,并非本能的行为。

如果我们观察年龄为一岁(或者稍大一点)、备受呵护的健康婴儿,我们看不到任何可称为邪恶、原罪、施虐、恶意、以伤害为乐、破坏性、无端敌意或者蓄意施暴的事情。恰恰相反,长时间细致入微的观察会带来完全不同的发现。事实上,自我实现者身上存在的每一种人格特征,每一种可爱的、令人钦佩、令人羡慕的品质——当然,知识、经验和智慧除外——都可以在这样的婴儿身上找到。人们之所以如此喜爱和渴望婴儿,其中一个原因就在于:在一两岁的儿童身上,看不到丝毫所谓的邪恶、仇恨或恶意。

我十分怀疑,普通儿童身上的破坏性行为是一种简单的破坏性驱力的直接表现。表面上的破坏性行为都可以逐一从动力学角度仔细进行分析。在孩子眼中,把闹钟拆得七零八落并不是在搞破坏,而是要打开它一探究竟。如果非要套用某种原发性的驱动力来解释这种行为,那么用好奇心来解释比用破坏性解释更加合理。忧心忡忡的母亲眼中的许多破坏性行为,实际上不仅体现了儿童的好奇心,还反映了儿童的活力和表现力,这其实是孩子们在实践他日益纯熟的能力和技巧,有时甚至是在进行创造;孩子把父亲精心整理的笔记剪成漂亮的小纸片就属于这种情况。有人认为,儿童会纯粹因为喜欢恶作剧而故意搞破坏,对此我表示怀疑。病理学案例,比如癫痫病和脑炎后遗症,就是例外。但即使是在这些所谓的病例中,目前也无法肯定他们的破坏性会不会是反应性的,会不会是对某种威胁的反应。

手足之争是一种令人费解的特殊情况。一个两岁大的儿童可能会对自己刚出生的弟弟做出危险的攻击行为。这种敌意会表现得十分天真和率直。对此比较合理的一种解释是,两岁的孩子尚不能接受自己的母亲同时爱两个孩子。他攻击弟弟只是为了保住妈妈的爱,并非单纯地想伤害别人。

另一个特殊案例是精神病态人格,精神病态人格的人的攻击行为往往看似没有动机，似乎就是为了攻击而攻击。鲁思·本尼迪克特（40）曾经首次阐述了一种原则，来解释为何安定的社会也会爆发战争这一问题，在此我想运用这一原则来阐释病态人格。她解释道，有安全感的健康人不会攻击或仇视自己的人类兄弟，也就是他们认同的同类。但如果对方在他们眼中根本算不上人，这些善良友爱的健康人便可以坦然地除掉对方，就像蹑死一只讨厌的虫子或者烹羊宰牛一样，毫无负罪感。

为了更好地理解精神病患者的行为，我们可以假定这些人与他人没有爱的认同，因此可能若无其事地伤害别人，甚至杀害别人，不喜不悲，就像杀死有害动物一样从容淡定。一些儿童的残忍反应大抵也是因为缺乏这种认同，也就是说，儿童还不够成熟，尚不能处理人际关系。

最后，我觉得还涉及极其重要的语义问题。一言以蔽之，攻击性、敌意和破坏性都是成年人的用语。也就是说，这些用语对于成年人和儿童有着不同的意义，不能不加修饰或重新界定就直接照搬到儿童世界。

例如，一到两岁的孩子可以在同一个地方玩耍，而且能够做到互不干扰（73）。即使真出现了自私或攻击性行为，与十岁儿童之间的人际互动也有本质的不同，可能是因为他们还没有"他人"的意识。小孩子从别人手里抢玩具就像是从一个严实的箱子里拽东西，而不像成人的自私性攻击。

同样，吃奶吃得正带劲的婴儿发现嘴里的奶嘴被抽走开始号啕大哭；两岁的儿童总是欺负新出生的弟弟；三岁的儿童在被母亲惩罚他时还手打妈妈；五岁的孩子气鼓鼓地大叫"你赶紧去死吧"……在这些情况下，我们不能把儿童当作成年人对待，也不能拿成年人的标准来评判他们的反应。

从动力学角度分析的话，在儿童的参照系里大多数这类行为都属于反应性的。也就是说，这些行为极有可能是出于失望、遭到拒绝、孤独、害怕失宠、害怕失去保护等心理，换言之，就是源于基本需求得不到满足的挫败感，或者是这种挫败感带来的威胁，而不是出自天生的仇恨和恶意。至于这种反应论能否解释所有的破坏性行为，而不仅仅是大多数的破坏性行为，我们掌握的知识——更确切地说是我们知识上的匮乏，使我们还无法得出最终的论断。

人类学数据

我们可以诉诸民族学，对各种比较数据做拓展性研究。我可以毫不犹豫地说，任何感兴趣的读者粗粗浏览一下，便可以发现在现存的各种早期文化中，敌意、攻击行为或破坏性行为的占比各有高低，从 0% 到 100% 不等。在阿拉佩什人这样温和、友善、没有攻击性的族群里，要大费周章才能找得出一个愿意张罗仪式的有魄力的人；也有像楚科奇人和多布人一样比较冲动、易怒的人，处于另一极端，他们心中仿佛有深仇大恨，这样一群脾气火爆的人没有因为自相残杀而消失，也算是奇迹。当然，这些行为都是肉眼看到的表象。我们也在好奇，这些行为背后还有哪些肉眼看不到的无意识冲动。

我对一个叫"黑脚人"（Blackfoot Indians）的印第安部落有过直接的了解[①]，虽然所知不多，但也足以让我认同这样一个基本事实：不同文化中破坏性行为和攻击性行为的频率很大程度上是由文化本身决定的。这个部落的人口一直保持在八百人左右，据我了解，在过去的 15 年中，这里仅仅发生过 5 次暴力事件。在搜寻记录时，我运用了我所掌握的所有人类学和精神病学方法，结果发现，与我们这个庞大的社会相比，黑脚人内部的敌对行为几乎可以忽略不计。[②]族人生性友善，对人毫无恶意；家长里短就是新闻，而从来没有背后诋毁、尔虞我诈；魔法、巫术和宗教几乎都在为整个部落的利益服务，或者抱着治病救人的目的，而不是为了搞破坏、挑衅和报复。

[①] 在此感谢社会科学研究理事会对本次实地考察提供资金支持。

[②] 这些表述主要适用于 1939 年观察的年龄较大、文化程度较低的研究对象。从那之后，文化有了翻天覆地的变化。

调研期间，他们从来没有对我表现出丝毫恶意或仇视。他们也几乎不会体罚孩子，所以对那些粗暴对待自己孩子和同胞的白人，他们往往嗤之以鼻。即使喝醉了，他们也表现得相对温和。在酒精的刺激下，老一辈的黑脚人往往变得更加活泼、外向，待人更加有礼，而不是借着酒劲寻衅滋事。如果有例外，那就是百分百的例外。但他们毫不怯懦。黑脚人是一群骄傲、强壮、正直、自尊的印第安人。他们更愿意相信，攻击行为是错误的、可悲的、疯狂的。

毫无疑问，人类不需要像美国社会或者世界其他地方的普通人一样好斗或者具有破坏性。从人类学的证据来看，人类之所以具有破坏性、充满恶意或者行为残忍，很有可能是基本需求受到阻挠或威胁而产生的继发性和反应性的结果。

一些理论思考

正如我们所看到的，人们普遍认为，破坏性或攻击性属于继发性或派生性行为，而非原发性的动机。也就是说，敌对行为或破坏性行为背后实际上总有一定的原因，它是对另一事态的回应，是反应性的后果而非原发性的起因。与此相悖的一种观点认为，破坏性行为完全是或部分是某种破坏性本能的直接的和原始的产物。

在所有这类讨论中，最重要的一点就是区分动机和行为。行为是多种力量共同作用的结果，内部动机只是其中一种。简单来说，任何有关行为决定的理论都必须研究至少以下几种决定性因素：性格结构；文化压力；即时情景或情境。换句话说，在对行为的主要决定因素进行研究时，内部动机研究仅仅是三个主要研究领域中的一环。综上所述，我的问题可以重新表述为：首先，破坏性行为是如何决定的？其次，破坏性行为的唯一决定因素是某种遗传的、先决的、特定的动机吗？若仅在先验的基础上，这些问题立刻就能自行解答。就动机本身而论，即使所有可能的动机都无法决定攻击行为和破坏性行为的发生，更不用说某种单一本能了。整体文化是必须考虑的，同时行为发生的即时情景或情境也绝不能忽略。

这个问题还可以换一种方式来表述。事实一再证明，人的破坏性行为有诸多缘由，任何单一冲动的论调都是可笑的。接下来用几个例子来说明这一点。

在扫清前进道路上的障碍时，人不经意间就可能产生一些破坏性行为。孩子一心想要拿到远处的玩具时，往往意识不到他踩到了其他玩具（233）。

破坏性行为也可能跟基本威胁相伴而生。因此，任何阻碍基本需求的威胁，任何破坏防御或应对系统的威胁，任何影响一般生活的威胁，都可能导致焦虑—敌对反应，也就是敌对性、攻击性或者破坏性行为。归根结底，这些都属于防御性行为，是反击行为而非蓄意攻击。

对缺乏安全感的人来说，机体遭遇的任何损害、任何机能退化的迹象都有可能激起类似于威胁的感觉，进而可能引发破坏性行为。比如，在脑部受损的情况下，病人会变得歇斯底里，不顾一切地想用各种方法来捍卫自己的自尊。

引发攻击行为的一个原因被习惯性地忽略，或者往往被表述得含混不清，这便是独裁主义（303）的人生观。假如一个人真的要在丛林中生活，并且在这里其他所有的动物只有两类，一类是可以吃掉他的，另一类是他可以吃掉的。在这种情况下，进攻自然成了合情合理的明智之举了。独裁主义者肯定会潜意识地将这个世界看作一片丛林。本着"主动出击就是最好的防御"这一原则，他们无故滋事、肆意破坏，简直匪夷所思。直到大家认识到，这一切只是先发制人的攻击，整个反应过程才能得到理解。防御性的敌对还有很多其他众所周知的方式。

施虐—受虐反应的动力机制已经得到了十分详尽的分析，而且大家普遍认为，貌似简单的攻击行为背后实际上潜藏着复杂的动力因素。相比之下，将一切归结于假定的敌对性本能的观点就显得过于简单化。同理，人对权力的极度渴望背后也一定隐藏着某种强烈而又迫切的动因。霍尼等人的分析清楚地表明，在这个领域中，没有必要诉诸本能解释（198，448）。第二次世界大战给我们的教训是，在同一场战争中，乌合之众的残暴袭击和义愤填膺者的防御具有完全不同的心理。

类似的例子不胜枚举。这几个例子意在说明，破坏性行为通常是一种症状，一种由多种因素引起的行为。如果真要了解行为背后的动力机制，必须清晰地意识到以下事实：有些行为尽管起因不同，但实际表现可能是一样的。动力心理学家不是一台相机或没有感情的留声机，他不仅想知道发生了什么事情，而且对前因后果也饶有兴致。

临床经验

心理治疗研究中记录的一般经验是：暴力、愤怒、仇恨、破坏欲、复仇冲动等倾向和属性实际上每个人都有，而且普遍存在，只是时而明显，时而隐秘。任何资心理深治疗师听到类似"我从不记恨"的言论都不会当真。在他们看来，说这话的人只是压抑或抑制了仇恨。无论哪个心理治疗师都知道，每个人都有仇恨情绪。

但心理治疗的一般经验表明，自由畅谈暴力冲动（不必付诸行动）往往会有宣泄作用，能够降低冲动的频率，并消除其中神经质的、不切实际的成分。成功治疗（或者健康成长、成熟）的一般结果与自我实现的表现并无二致：①比起普通人，他们经历的敌意、仇恨、暴力、恶意和破坏性攻击要少得多；②他们并非不再愤怒和攻击，只是化怒火为义愤、自我肯定以及对欺凌的抵抗和对不公的愤懑，也就是从挑衅式进攻变为防御性出击；③人越是健康似乎就越能把握自己的愤怒情绪和攻击行为，因而也能够更加发自内心地表达情绪。暴力有两个对立面，而不是只有一个对立面。暴力的对立面可以是减少暴力，即控制暴力，还可以是消除暴力。或者说，可以二分为健康暴力和不健康暴力。

这些"数据"仍然未能解决我们的问题。弗洛伊德及其信徒认为,暴力是本能行为,而弗洛姆、霍尼和其他信奉新弗洛伊德学说的学者则认为,暴力绝非出自本能。了解一下这两种观点一定大有裨益。

内分泌学、遗传学等方面的数据

如果想获得关于暴力成因的所有已知信息,还必须充分挖掘内分泌学家积累的数据。一般来讲,这种情况在低等动物身上相对简单一些。毫无疑问,性激素、肾上腺激素以及垂体激素对攻击性、支配性、被动性和野性都有无可辩驳的决定作用。不过由于所有的内分泌腺都是相互作用的,所以相关数据十分复杂,需要一定的专业知识才能理清。对于人类来说更是如此,因为人类的相关数据更加复杂。有证据表明,雄性激素与本人的自我肯定、打斗意愿和打斗能力有关。同时数据显示,不同的个体会分泌不同比例的肾上腺素和非肾上腺素,这些化学物质的分泌量和比例与个体偏好打斗或胆小怕事有关系。心理学和内分泌学的跨学科研究必定会给我们带来更多的启发。

当然,遗传学、染色体和基因的数据显然与暴力问题有着十分特殊的关联。例如最近有人发现,具有双重男性染色体(双重男性遗传基因)的男性往往无法控制自己的暴躁情绪。这一发现也让纯粹的环境决定论不攻自破。在最和平的社会中、在最完善的社会和经济条件下,一些人仅仅因为自己(本身)的遗传基因成为暴徒。这一发现也让大家再度关注一个争论已久却莫衷一是的问题:男性,尤其是青春期的男性,是否有暴力需求呢?他是否具有跟某物或某人对抗、冲突的需求呢?有证据表明,事实可能确实如此,不仅成年人是这样,就连婴儿也是如此。至于这种暴力需求在多大程度上取决于内在因素,仍然有待于研究人员今后的研究。

历史学、社会学、管理学、语义学、病理学、政治学、神话学、心理药理学以及许多其他学科也都可以提供大量的数据。但是我们不需要更多的材料就足以证明以下观点：本章开篇提到的问题属于经验问题，因此我们完全可以相信这些问题将在今后的研究中得到解答。由于此项研究涉及各个领域的数据，所以跨领域的团队合作不仅顺理成章，甚至势在必行。无论如何，这种随机抽样数据足以让我们学会摒弃那种极端的、非黑即白的两极分化论，误将某一行为全部归因于本能、遗传和生物的命运，或者全部诉诸环境因素、社会力量和后天习得。遗传论和环境论的争论早该落下帷幕，但至今仍未终结。显然，破坏性的决定因素是多元的。即使现在，在这些决定因素中，我们也必须将文化、学习和环境考虑在内。同样，某些生物因素也很可能发挥了必不可少的作用，虽然我们还不十分清楚具体为何。人的基本需求注定会不时受到阻碍，而人类独特的构成决定了需求满足受挫后往往会出现暴力、愤怒、复仇的情绪。正因如此，我们至少必须承认，不可避免的暴力倾向乃是人的本质之一。

最后，我们既不需要推崇严格的本能决定论，也不需要选择绝对的文化至上论。本章阐述的观点早已超越了这种二分法，同时也证明二分法并非金科玉律。遗传和生物方面的其他因素既不能独步天下，也并非一无是处，这是一个程度问题，关系到是多是少。绝大多数证据表明，人身上确实存在着生物和遗传方面的决定因素，但对大多数人来说，它们的影响微乎其微，后天习得的文化影响轻而易举就可以将其掩盖。它们不仅微不足道，而且还是割裂、零散的，并不是低等动物身上那种完整、纯粹的本能。人类虽然没有完整的本能，但似乎确实拥有残存本能、"类本能"需求以及内在的才能和潜力。此外，临床的和人格学的经验通常表明，这些微弱的类本能倾向是美好、可取、健康的，而不是邪恶或病态的。我们不仅能够而且理应尽力守护这种类本能的存在，这实际上也是任何健全文化的主要功能。

第十章　行为的表达成分

G.奥尔波特、沃纳、阿恩海姆和W.沃尔夫等人的著作已阐明，表达性行为（非工具性）成分与应对性行为（工具性、适应性、功能性、目的性）之间是有区别的，但若是将其运用为价值心理学的根据，则仍需进一步探索。①

当代心理学过于讲求实效，放弃了许多理应给予高度关注的领域。众所周知，它专注于实际结果、技术和方法，在美、艺术、娱乐、游戏、奇迹、敬畏、快乐、爱、幸福及其他"无用的"反应和终极体验等方面则乏善可陈。因此，对于画家、音乐家、诗人、小说家、人道主义者、鉴赏家、价值论者、神学家或有享乐目的及其他目的的人来说，现代心理学聊胜于无，甚至百无一用。这实则是在谴责心理学对现代人贡献甚微，现代人最亟须的是自然主义或人文主义目的或价值体系。

探索并应用表达性行为和应对性行为间的区别，亦即"无用"行为与"有用"行为间的区别，有助于心理学朝这些有价值的方向拓展。本章则率先挑战并质疑这一通行看法，即所有行为都有动机（这将于第十四章阐述）。更确切地说，本章将讨论表达性行为与应对性行为之间的区别，并运用这一区别研究心理病理学问题。

---

①　在此，我们必须谨慎小心，避免非此即彼的两分法。多数行为既是表达性也是应对性的，如走路既有目的又展示出风格。我们并不希望像奥尔波特与弗农（8）那样，从理论上排除纯粹表达性行为存在的可能性，如漫步而非走路、脸红、举止优雅、姿态不良、吹口哨、儿童的欢声笑语、非交流性的私人艺术活动及纯粹的自我实现等。

1.根据定义，应对是含有目的与动机的，而表达一般是无动机的。

2.应对更多取决于外部环境与文化因素，表达却主要由机体状态决定。由此可见，表达和深层性格结构有着更为密切的关系。所谓的投射测验可以更确切地称为"表达测验"。

3.应对往往由后天习得，而表达通常并非后天习得，而是由机体自由表达，不受抑制。

4.应对较易管控（克制、压抑、阻止、文化适应），而表达易于失控，甚至有时无法控制。

5.应对以改变环境为目的，往往也确实会引起环境的变化；表达则没有任何目的，它对环境的任何改变皆是无意之举。

6.应对是典型的手段行为，目的是满足需求或减少威胁；而表达则以自身为目的。

7.典型的应对是有意识的（尽管它可能变得无意识），而典型的表达则往往是无意识的。

8.应对需要付出努力，而在多数情况下，表达则是信手拈来、毫不费力的。当然，艺术表达较为特殊，居于两种情况之间，因为人只有经过后天学习才能发自内心地自我表达（如果他足够成功的话）。

应对与表达

应对性行为的决定性因素包括内驱力、需求、终极目标、短期目的与具体指标。这种行为是为完成某项任务，比如步行去某地、购买食物、寄信、安置书架或干活挣钱。"应对"（296）一词本身便意味着试图解决问题，或至少是处理问题。因此，它实则与自身以外的事物存在联系，并不是独立存在的。应对性行为可能是与直接需求或基本需求有联系，同样，应对性行为也与手段和目的、挫折行为反应及终极目标行为存在联系。

迄今为止，心理学家所探讨的表达性行为虽然取决于外部因素，但通常不具备任何动机。（也就是说，表达性行为取决于诸多因素，但不一定包括需求的满足）它仅仅是折射、反映或表达机体的某种状态。实际上，表达性行为往往是机体这种状态的一部分，比如智力残疾儿童的行为，健康人的微笑与矫健的步伐，友善慈爱者的和蔼神态，美貌女子的绰约风姿，失意人的颓废姿势、低沉音调及绝望神情，还有书写、行走、举止、微笑和跳舞的风格等。这些表达都是非目的性行为，没有任何目标，也并非为满足需求而产生[1]，而是一些附带现象。

尽管以上说法在某种程度上是正确的，但有动机的自我表达（乍一看似乎自相矛盾）也提出了一个特殊问题。一个圆滑老练的人也试图变得真心诚意、风度优雅、平易近人甚至是胸无城府。经历过心理分析和处于最高动机水平的人都深谙这一点。

实际上，这是他们最根本的、唯一的问题。对于健康儿童而言，自我接纳和自发性属于唾手可得的成就，但对于自我质疑、自我提升的成年人来说却最难，对于患过或仍然患有精神疾病的成年人而言更是难上加难。对某些人来说，这的确是个不可能达成的目标，如患有某些神经症的个体就是演员，他们没有一般意义上的自我，只是一系列供挑选的角色而已。

我们可以举两个例子（一个较为简单，一个较复杂）来证明有动机的自发性概念、道家的"顺其自然"概念所包含的（明显的）矛盾，就像证明紧张肌肉或括约肌的矛盾。至少对业余舞者来说，最理想的舞蹈方式莫过于自发地、流畅地随着音乐节拍和舞伴自然流露的意愿起舞。优秀的舞者能够顺其自然，使自己成为一件完全被音乐控制的乐器，任由音乐在自己身上自由流泻。他无欲无求，可以一直处于这种真正的、有价值的被动状态，一直跳到精疲力竭的那一刻。这种被动的自发性和任意放纵能够给生活带来无上的快

---

[1] 这与动机理论的某一特定说法无关。例如它也适用于纯享乐主义，因此我们可以重新表述为：应对性行为是对赞扬或责备、嘉奖或惩罚做出回应，而表达性行为只要还是名副其实的，通常并非如此。

感,像是任凭海边浪花拍打自己的身体,或是享受别人对自己的悉心照料、给自己按摩理发,又或者接受他人的爱意与关怀,或是像母亲那样,任孩子吸吮、在自己身上爬来爬去。但很少有人能跳到这种境地。多数人会刻意努力、会受人指点、自我控制、目标明确,也会仔细捕捉音乐的节奏,有意识地选择舞蹈动作,然后合上拍子。无论是从旁观者还是从本人的角度来看,他们都不算高超的舞者,因为唯有超越刻意的努力,成为自发的舞者,他们才能享受到忘我舞蹈的那种美妙体验,做到无拘无束,放飞自我。

许多舞者无须训练便舞艺精湛。教育也有助益,但必须是一种不同的教育。这种教育重在培养人的自发性,不仅教人热切地放纵,还教人像道家一样安之若素、顺其自然、不做评判、不加干预,尽量不刻意为之。为了达到这样的目的,人必须"学习",以摆脱拘谨感、自我意识、意志、控制、文化适应和尊严带来的束缚。("无名之朴,夫亦将无欲。不欲以静,天下将自定。"——老子)

通过考察自我实现的本质,我们发现了更棘手的问题。动机水平一旦处于自我实现的高度,人们的行为与创造便具有高度自发性、本真性、开放性、自我表露性及不事雕琢的特点,因而极具表达性——按照阿斯拉尼的说法,我们称之为"自如状态"(Easy State)。此外,这些行为的动机发生了重大变化,与一般的安全、爱或尊重的需求大不相同,因此不宜不加区别地称之为需求。(我建议将自我实现者的动机称为"超越性需求"。)

如果对爱的渴求可以称为需求,那自我实现的驱动力就不该叫需求,而应该换个名称,因为两者具有很多不同的特征。与我们当前研究直接相关的一个主要区别是,爱与尊重等可被视为机体缺乏且必需的外在特质。就此而言,自我实现不算一种缺乏或匮乏,它不是机体为维持健康而需要的某些外在事物,比如大树对水的渴求。自我实现是机体内在的发展,或准确来说,是机体自身的成长。人类需要从社会环境中得到安全、爱、尊重,正如大树需要环境中的养分、阳光和水。不管是人类还是大树,这都是他们真正成长的起点。树皆需要阳光,人皆需要爱,一旦这些基本必需品得到了满足，树和人都会以独特的方式成长发展，用这些普遍的必需品为自己的目的服务。总之，发展是由内而外，而非由外而内，但矛盾的是，发展的最高动机却是无动机和自为状态（nonstriving），即纯粹的表达性行为。也可以说，自我实现是发展驱动型，而非匮乏驱动型。它是"第二次纯真"，是一种明智的天真，也是一种"自如状态"（295，314，315）。

人可以首先解决较次要的前提问题——动机问题，由此走向自我实现。这样，人才会有意识、有目的地力求实现自发性。因此，人类一旦发展到最高水平，应对性和表达性的区别如同其他的心理学二分法，都将被消解和超越，努力成为通向非努力的道路。

内部与外部决定因素

与表达性行为相比，应对性行为本质上更取决于外部决定因素。应对性行为是对紧急情况、问题或需求做出功能性反应，其解决办法或满足物来自物质世界和（或）文化世界。归根结底，如我们所见，应对性行为试图以外部满足来弥补内部匮乏。

与应对性行为相比，表达性行为更受性格因素的影响（如下）。我们可以说，应对性行为本质上是性格与非精神世界之间的互动，两者相互适应、相互影响；而表达性行为实质上是性格结构的附带现象或副产品。在应对性行为中，物质世界的法则与内心性格的规律同时运作；而在表达性行为中，主要是心理规律或性格规律在发挥作用。写实派艺术与非写实派艺术的对比就足以说明这一点。

下面是几个推论。①可以肯定的是，如果想要了解人的性格结构，最好去研究其表达性行为而非应对性行为。现如今，这一点已得到大量投射（表达）测验的验证。②有关心理学的定义及心理学的最佳研究方法的争论由来已久，很明显，应对性行为是调整性的、有目的、有动机的，不是唯一的一种行为。③我们对两种行为的区分可能会对心理学与其他科学之间的联系产生影响。原则上，研究自然世界有助于我们理解应对性行为，但无助于我们认识表达性行为。表达性行为似乎属于纯心理学内容，有自身的规律与法则，因此最好直接采用心理学方法进行研究，无须借助物理和自然科学。

与学习的联系

理想的应对性行为本质上是后天习得的，而理想的表达性行为本质上则是与生俱来的。感到绝望、看上去气色好、愚笨、无知或火冒三丈都不需要学习，但是做书架、骑自行车或穿衣服通常要经过学习。在成就测验及罗夏墨迹测验中，反应行为的决定因素都显示了这一区别。没有奖赏的话，应对性行为会逐渐消失，但在没有奖励或强化的情况下，表达性行为仍然会持续下去。前者受满足感驱动，后者则并非如此。

控制的可能性

内部与外部因素决定作用的不同还体现在两者对有意识控制和无意识控制（抑制、克制、压抑）的敏感程度不同。自发的表达性行为很难用任何方式进行管控、改变、隐藏。事实上，控制和表达在定义上便是相互冲突的。甚至上述有动机的自我表达也是如此，因为自发的表达性行为正是不断努力学习摆脱控制的最终结果。

对书写、舞蹈、唱歌、讲话及情绪反应的方式进行控制，最多只能维持很短时间。对个人反应的监督与批评也难以为继。因为疲惫、精力分散、目标改变或注意力等原因，这种控制迟早会无果而终，更深层、更无意识、更自觉及更性格化的决定因素会继续发挥作用（6）。表达并不是完全自愿的。应对与表达的另一区别在于，表达性行为是自然天成的，而原则上应对性行为需要付出精力。（再次强调，艺术家是特例。）

在此有必要提醒大家，这一问题有个常见的错误，那就是认为自发性与表达性一好百好，而所有的控制都一无是处。事实并非如此。的确，在多数情况下，跟自我控制相比，自我表达感觉更佳，乐趣更多，更发自内心，更加顺应自然。就此而言，不管对于人自身还是对于其人际关系而言，表达性行为都是值得称道的。朱拉德（217）在其例证中也持相同观点。然而，除了应对外界所需以外，自我控制或抑制还有一些其他含义也非常积极健康。控制并不一定意味着阻止人们满足自身基本需求。我将提到的"理性控制"与需求满足就不存在矛盾,"理性控制"运用各种方式增加人类满足感,如适当的延迟(如在性生活中)、优雅动作(如跳舞或游泳)、审美情趣(如对待美食与饮品)、独特风格(如在十四行诗中)、仪式化、神圣化、崇高化以及尽力而为。

需要再次强调的是,健康的人并不仅仅具有表达力。只要想表达,他们一定能表达出来,能够放飞自我。在必要的时候,他们也一定有能力抛开一切控制、抑制以及防御。同样,他们也一定能控制自己,能够暂时放下享乐,做到彬彬有礼,不伤害他人,保持缄默,还能抑制冲动。健康的人一定既能体验酒神的陶醉狂欢,也能感受太阳神的理性庄重;既能严守斯多葛派的禁欲主义,又能徜徉于伊壁鸠鲁式的享乐境界;既能表达自我,又能应对自如;既会克制,又能放纵;既能表露自我,又能隐藏自我;既能恣意寻乐,又能舍弃欢娱;既能关注当下,又能放眼未来。健康人或自我实现者实质上是多面手,比普通人具备更多才能。他们积累了更多的反应方式,并不断求索充分的人性化。也就是说,他们具备所有的人类才智。

对环境的作用

应对性行为本意在于改变世界,多多少少也取得了一些成效。而表达性行为对环境却没有任何影响。假如表达性行为真的产生了影响,那也是无意为之,并非事先策划,也没有任何目的或意图可言。

拿一个正在交谈的人为例。交谈带有一定目的,比如推销员努力兜售自己的产品,那交谈就始终围绕着这一目的,而且大家都心知肚明。但其交谈风格可能不知不觉表现出敌意、偏见或傲慢,他可能因此失去这份订单。所以,行为的表达性成分会对环境产生影响,但要知道,这些影响可能是事与愿违的。实际上他并非有意表现出傲慢或敌对之意,甚至根本没意识到自己会给人带来那种印象。就算行为的表达性成分真的对环境产生了影响,这种影响也仍然是无目的、非动机的附带现象。

手段和目的

应对性行为具有工具性，是达到某种目的的手段。也就是说，任何手段—目的行为（上述主动放弃应对的例子除外）都一定是应对性行为。

另一方面，各种表达性行为要么与手段或目的全然无关，如书写风格；要么与目的本身非常接近，如唱歌、闲逛、绘画、即兴演奏钢琴等。[①]第十四章将详细探讨这一点。

应对与意识

最纯粹的表达是无意识的，或者至少是部分无意识的。我们通常觉察不到自己走路、站立、微笑或大笑的方式。的确，电影、留声机唱片、漫画或模仿可以使我们意识到这些。但这些自我表达往往都是例外情况，至少不具有典型性。有意识的表达性行为，如挑选衣服、家具、发型都可被视为特殊情况或两可情况。但应对性行为却始终贯穿着意识的作用，无意识的应对性行为属于异常情况。

释放与宣泄、未竟行为、保密

有一种特殊行为本质上虽是表达性的，但对机体也有一定实用价值，有时甚至能实现预期的价值。利维所说的释放行为便属于这一类。与利维这个较为专业的例子（271）相比，咒骂或类似的私下泄愤的例子可能更为贴切。咒骂反映了机体的状态，无疑是表达性的。虽然这种行为在某些意义上具有满足作用，但它并非为满足

---

① 在我们过于实用主义的文化中，工具性态度甚至优先于终极体验：爱（这是应有之义）；运动（有益于消化吸收）；教育（提高报酬）；唱歌（利于胸腔发育）；爱好（放松可改善睡眠质量）；好天气（……办事方便）；阅读（需要紧跟形势）；疼爱（你不想让孩子患神经症吧？）；友善（做好事不求回报……）；科学（国防力量！）；艺术（……确实改善了美国广告业）；行善（……否则，他们就会偷钱）。

某一基本需求而产生，因此也不是一般意义上的应对性行为。相反，它似乎也能引起机体自身状态的改变，而这改变也只是副产品而已。

所有这些释放行为都可被看作维持机体舒适状态，即缓解机体紧张状态的手段，比如完成未竟的动作；通过痛快淋漓的一次性表达来排遣积蓄已久的敌意、焦虑、兴奋、愉悦、狂喜或其他由紧张引发的情绪；让健康机体从事一些自己喜欢的单纯的活动。自我披露（217）与保密似乎也是如此。

根据布鲁尔和弗洛伊德最初的定义，宣泄实质上很可能是一种更复杂的释放行为。就像所有受阻行为一样，宣泄也是受阻行为或未竟行为的一种自由（在特殊意义上，也是令人满足的）表达，而且似乎迫不及待地需要表达。简单的忏悔和泄密也是如此。如果我们对此有足够的了解，可能会发现，全面的精神分析符合我们所说的诸多释放或行为完成现象。

有些连续行为是对威胁的应对性反应，而有些只是完成未完成动作的倾向或一系列性质单纯、不带情感色彩的行为，我们最好将这两种情况区分开。前者涉及对基本需求、部分需求和（或）神经症需求的威胁或满足，因此应当归入动机理论范畴。后者可能是观念运动现象（ideomotor phenomena），与血糖水平、肾上腺素分泌、自律神经唤起以及反射倾向等神经和生理因素密切相关。因此，要了解一个兴奋不已、上蹿下跳的小男孩，我们最好援引生理状态的运动表达原理（principle of motor expression），而不是考虑其动机。当然，装模作样、扭曲本性必然承受巨大压力。坚持自然、本真，才会令人轻松适意、怡然自得。同样，也应该坚持襟怀坦白、逍遥自在、胸无城府。

重复现象、失败的持续应对、解毒作用

有些重复现象需要进行特别解释，比如创伤神经症导致的重复性噩梦、缺乏安全感的儿童（或成人）的噩梦、儿童对恐怖事物的

长期沉迷、痉挛、礼仪和其他象征性行为、分离性行为（dissociative acts）、神经过敏性"发泄"（acting out）等[①]。由于这些现象的存在，弗洛伊德认为，有必要对自己最基本的部分理论进行修正。这些现象的重要性可见一斑。最近的几位学者，例如费尼切尔（129）、库比（245）和卡萨宁（223）已就该问题提出了可能的解决方案。他们认为，这些行为是为了解决一个几乎无解的问题而反复努力的结果。这些努力有时是成功的，但大多以失败告终。这就好比一个被打倒在地但又孤注一掷的绝望斗士，他一次次地爬起来，却一次次地被打倒。总之，这是机体为攻克问题而持续进行的几乎毫无希望的尝试。因此，我们认为，必须把这些行为视为应对性行为，或者至少是尝试性应对行为。就此而言，这些行为有别于简单的坚持、宣泄或释放等，因为后者仅仅是为了完成尚未完成的任务，解决尚未解决的问题。

如果孩子听了太多狼的故事，那么在某些情况下，比如戏剧、对话、提问、编造故事和绘画的时候，他会倾向于再次提及这个故事。人们或许会认为，这孩子是在对该问题进行排毒或脱敏。之所以会有这样的认识，是因为重复意味着温习、释放、宣泄，意味着解决问题、不再做出应激反应、逐渐建立起防御机制、尝试掌握各种技术并将成功的技巧付诸实践等。

我们或许认为，随着制造强迫性的起因的消失，这种强迫性重复也会随之消失。但是，我们又该如何解释那些并未消失的重复现象呢？这似乎只能说明，解决问题所付出的努力并未奏效。

显然，缺乏安全感的人很难心平气和地接受失败。即使是徒劳无益，他也必定会一次次地尝试。在此，我们可以回顾奥西安基娜（367）和蔡格尼克（493）的实验，他们研究了人面对未完成的任务，

[①] 在此我们只限于探讨象征性行为，要抵制诱惑，避免进入一般象征性问题的讨论，因为这一问题更加引人注意且密切相关。至于梦境，很显然除了此处提及的几种之外，还有应对性为主的梦境（例如简单的愿望实现）以及表达性为主的梦境（例如缺乏安全感的梦境和投射性梦境）。从理论上来讲，投射测试或表达测试可以运用后一种梦境对性格结构进行诊断。

即未解决的问题时坚持不懈的重复行为。最近的研究表明，只有当人格核心受到威胁，即失败意味着失去安全感、自尊、声望等，才会出现坚持不懈的重复倾向。根据这些实验，在我们的表述中加入类似的限定条件似乎也合情合理。当人格的基本需求受到威胁，机体无法成功解决问题时，永久性重复，即失败的应对性行为，就有可能出现。

相对表达性行为和相对应对性坚持行为的区别不仅跨越了单一的行为类别，而且充实了每个新划分的子类。我们已经意识到，一般来说，"表达性坚持行为"或"简单的行为完成"这一类别中不仅包括释放和宣泄，而且很可能包括运动焦灼（motor restlessness）、愉悦或不愉悦的兴奋表达以及一般的意识运动性倾向。"重复应对性行为"这一类别中同样有可能（或有成效）包括以下现象：无法释怀的羞辱或羞耻感、无意识的嫉妒或羡慕、对自卑感的持续补偿以及其他试图摆脱威胁的无用功。我们甚至建议，如果对概念进行适当的修正，那么对神经症本身也可以作如是观。

当然，我们有必要提醒自己，鉴别诊断的任务尚未完成，换言之，某人反复做的特定的梦是表达性的还是应对性的，又或者是两者兼而有之呢？更多例证请参考以下默里（353）的列举。[①]

神经症的定义

现在普遍认为，典型神经症不论是作为整体还是作为单一的神经症症状都属于典型的应对机制。弗洛伊德最伟大的贡献之一便是

[①] 无意识需求通常会表现为梦境、幻觉、情感爆发、即兴行为、口误和笔误、心不在焉的手势、笑声、可接受（有意识）需求的无数伪装形式、强制力、理性化的情感、设想（错觉、妄想和信念）、所有症状（尤其是歇斯底里转化症状），以及儿童的游戏、退化现象、洋娃娃游戏、编故事（主题理解测验）、手画画、人物画和幻想作品。将来我们可能还会在上述列表中加入仪式、礼仪、民间故事以及其他相关内容。

揭示了这些现象具有功能、短期目标和长远目的，并且取得了各种效果（主要成果）。

然而，虽然很多症状确实被称为神经症，但这些症状并不是真正的应对性、功能性或目的性行为，而是表达性行为。不过，更有成效、更容易理解的做法是只将那些功能性或应对性为主的行为视为神经症。表达性为主的行为不应被称作神经症，而应当冠以其他名称（见下文）。

有一个非常简单的测试，至少在理论上非常简单，这一测试可用来区分真正的神经症症状，即功能性、目的性或应对性症状和表达性为主的症状。如果神经症的症状确实具有某种功能，对病人确实有作用，我们肯定能假设具有该症状的病人会有所好转。如果有可能消除真正的神经症症状，那么理论上来讲，病人必然会在某方面受损，也就是在某种程度上会陷入焦虑或受到困扰。用个恰当的比喻，这就好比拆掉房子赖以矗立的基石。如果房子确实建立在基石之上，那么拆掉基石是非常危险的，即使该基石早已风化或脆弱不堪，即使它不如其他石头坚固。①

另一方面，如果症状不具有真正的功能性，也不发挥重要作用，消除症状就不会造成伤害，反而对病人有利。针对症状治疗的常见责难之一正是以此为依据，即假设旁人认为无用的症状，实际上却在病人的精神系统中发挥重要作用。因此，治疗师没有真正了解症状的重要作用之前，不应随意干扰和破坏。

上述观点说明，尽管人们公认症状治疗会危及真正的神经症症状，但它对纯粹的表达性症状并无危害。纯粹的表达性症状可能会被消除，但不会有后遗症，还对病人有利。这意味着症状治疗发挥

---

① 梅基尔为我们提供了一个很好的例子。一位女士身患癔症性麻痹症，并且对自己的病情知情。几天之后，她完全陷入昏迷，但麻痹症状却消失了。住院期间，她一直处于昏迷状态，麻痹症也没有复发，但随后她患了癔症性失明症（私下交流）。近来，"行为治疗师"出乎意料地成功消除了癔症性麻痹症状，并且不留后遗症。或许，症状的替代并不像精神分析学家预期的那样频繁出现。

了更加重要的作用,这跟目前精神分析学家的见解有所不同(463,487)。一些催眠治疗师和行为治疗师坚持认为,症状治疗的弊端实属夸大其词。

这也有助于我们意识到,神经症通常被简单化了。任何神经症患者都可能同时出现表达性症状和应对性症状。区分这两种症状就相当于区分前因后果,是很重要的。因此,神经症患者的无助感通常会引起各种反应,而患者正是通过这些反应克服这种无助感,或至少尝试去适应这种无助感。这些反应确实具有功能性,但是无助感本身则主要是表达性的,它对患者来说有害无益。这绝非患者所愿。对患者来说,这种无助感是一个基本或既定的事实,对此他只能被动应对,别无他法。

灾难性崩溃、绝望

有时,机体为防御所付出的全部努力都会付诸东流。有可能是因为外部施加的压力过大,或者机体的防御能力太差。

戈尔茨坦对脑损伤患者的深刻分析(160)首次证明,应对性反应尽管微弱,但和灾难性崩溃之间还是有区别的。灾难性崩溃由无法应对或应对无效引发。

灾难性崩溃所引发的行为可以在恐惧症患者身上观察到。有这种行为的患者因遭受巨大创伤(222),深陷那种恐怖的境况之中(260)。或许在所谓的神经症老鼠(285)身上,更容易观察到歇斯底里的疯狂行为。当然,这些动物并未患有严格意义上的神经症,因为神经症是一种有组织的反应,而这些动物的行为却是完全无组织的。

除此之外,灾难性崩溃的另一特征是不具有功能性或目的性,换言之,它是表达性而非应对性的。因此,它不应被称为神经质行为,而最好用某一特殊术语来描述,例如灾难性崩溃、行为紊乱、诱导性行为障碍等。还有一种解释可参考克利的研究文献(233)。

这一类表达理应与神经质的应对区别开来。还有一例能说明问题。人类和猴子在遭受了一连串的失望、剥夺和创伤之后，有时会表现出深深的绝望和失望（304）。这种人干脆放弃了努力，主要是因为他们认为努力没有意义。如果一个人心无所愿，那么他便没有奋斗目标。例如，我们可能会把典型的精神分裂症患者的冷漠理解为绝望或沮丧的表达，也就是说，理解为放弃应对，而不是应对的某种具体方式。当然，冷漠作为一种症状可以同紧张型神经症患者的暴力行为或偏执型精神分裂症患者的妄想区分开来。后者这些症状似乎是真正的应对性反应，这表明，偏执型和紧张型精神分裂症患者仍然在奋斗，并且依然抱有希望。无论是在理论上还是现实中，我们都应该期待他们的病情好转。

从具有自杀倾向者、濒死者的身上以及轻症病患的反应中可以观察到类似差别，其结果也类似。同样，对他们来说，直接放弃应对也会严重影响病人的病情发展。

身心症状

我们区分的概念对身心医学领域应该大有帮助。在该领域，弗洛伊德过于简单化的决定论造成了很大危害。他错误地将"无意识动机"等同于"决定作用"，仿佛除了"无意识动机"，行为再没有其他的决定因素了。也就是说，他认为所有的遗忘、口误和笔误仅仅由无意识动机所决定。只要有人指出，遗忘可能具有其他决定因素，就会被弗洛伊德贴上非决定论者的标签。直到今天，很多精神分析学家开口闭口都只谈无意识动机。在神经症领域，这一立场仍然站得住脚，因为几乎所有的神经症症状确实都有无意识动机（当然，也有其他的决定因素）。

在身心医学领域，这一观点造成了很大混乱，因为很多生理性为主的反应都不具备目标或功能，也不会受到有意识或无意识动机的影响。高血压、便秘和胃溃疡等反应往往是复杂的心理和生理过程链的副产品或附带现象。无论如何,没有人一开始就希望得溃疡、高血压或冠心病(暂且不考虑次生利益的问题)。人们的愿望——向外界隐藏消极倾向、压抑攻击倾向或实现某种理想自我——也许只有以身体为代价才能实现,当然这一代价往往出人意料,并且也绝非人所愿。换句话说,这些症状跟一般神经症症状有所不同,通常无法获得初始利益。

邓巴的事故倾向性病例(114)中的骨折现象便是很好的例子。人们粗心大意、轻举妄动、敷衍了事以及得过且过的行为增加了骨折的风险。但骨折只是他们因为性格导致的容易受到伤害,并不是其目标,不具有任何功能,也没有任何益处。

我们必须承认,上述这种躯体症状有可能会成为神经症的初始利益(尽管可能性不大)。既然如此,最好根据这些症状本身来进行归类,称之为"转换症",或者更笼统地称为"神经症症状"。如果躯体症状不意成为身体代价或神经症过程的附带现象,那么最好将其另行归类,比如称为生理神经症(physioneuroses),或者像我们所建议的那样,称为表达性躯体症状。神经症过程的副产品不应与神经症过程本身相混淆。

在结束该议题之前,我们可以探讨一下最明显的表达性症状。这些症状表现为非常普通的机体状态,如抑郁、健康、活动、冷漠等的一部分,或实际上就是如此。一旦人身患抑郁,整个人就会陷入抑郁状态。那么他的便秘显然就不是应对性症状,而是表达性症状(尽管很明显,其他病人的便秘可能属于应对性症状,比如孩子拒绝排便,可能无意识中流露出他对母亲的厌烦情绪)。因冷漠而丧失了胃口或表达欲望,在身体健康的情况下保持良好的肌张力或者情感上缺乏安全感的人常常坐立不安等情况也具有表达性。

桑塔格的论文(433)可以证明,身心障碍可能有多种不同的解释。论文汇报了一位患有严重毁容性痤疮的女士的病例。痤疮的初次发作以及三次复发都与严重的情绪压力和性问题上的内心冲突有关。皮肤病三次复发的时间不迟不早,恰好阻止了女士进行性接触。因此,痤疮的发作可能无意识中表明了女士想要避免性行为的愿望,或许,正如桑塔格所认识到的那样,这是她对自己的不当行为的自我惩罚。换句话说,这可能是一个有目的的过程。但是内心证据无法证明这一点,桑塔格本人也承认,整件事情或许只是一系列的巧合。

当然,这也可能是普遍机体紊乱的一种表现,机体紊乱现象包括冲突、压力和焦虑。也就是说,这可能是一种表达性症状。桑塔格的这篇论文有些非比寻常。因为他清楚地意识到这类病例的基本难点,即痤疮既可以解释为表达性症状,也可以解释为应对性症状,各种可能的解释都存在。大多数学者掌握的资料没有桑塔格多,但仍根据有限的资料从不同的路径得出了积极的结论。也就是说,在某些情况下,他们确信痤疮属于神经症症状,而在其他情况下,他们同样确信痤疮不属于神经症症状。

在此有必要提醒大家,将目的性归结为可能的巧合需要慎重。为说明这一点,我能想到的最好方法就是援引下述病例。遗憾的是,我未能追踪到该病例的来源。病例的对象是一名接受精神分析治疗的已婚男性患者,因与情妇发生秘密的性关系而倍感内疚。病例显示,患者每次私会情妇之后都会出现严重的皮疹,而其他时间则并无症状。根据身心医学的现状,很多执业医生会认为这是一种神经症反应,是自我惩罚的应对性行为。然而检测结果提供了最终的解释,没有任何深奥之处:原来,患者情妇的床上有臭虫。

作为表达的自由联想

同样的区别可以用来进一步阐明自由联想的过程。如果我们能清楚地意识到自由联想是一种表达性现象,而不是目的性、应对性现象,我们就能更好地理解为什么自由联想可以有所作为了。

如果我们认为,精神分析理论的庞大体系及其所有衍生理论和实践几乎完全取决于自由联想的这一运用,但却乏人问津,这实在匪夷所思。关于该主题的研究文献寥寥无几,对该主题的猜想也是少之又少。如果自由联想培养或促进了宣泄和顿悟,那么我们不得不承认，目前我们确实无法参透其原因。

我们可以研究一下投影测试，如罗夏墨迹测验，因为这样我们可以很容易地检验一个众所周知的表达性病例。病人口述的认知主要体现了他看待世界的方式，而不是目的性或功能性的解决问题的尝试。由于这种情况是非结构化的，因此这些表达允许我们对基本的性格结构进行推论。也就是说，病人的认知完全取决于性格结构，而跟外部现实对特定解决方案的要求毫不相干。这些认知证明了表达性而非应对性。

我认为，自由联想之所以具有积极的意义和作用，原因和罗夏墨迹测验如出一辙。此外，和罗夏墨迹测验一样，自由联想在非结构化情况下效果最佳。外部现实要求机体自身服从于形势需要，按照生理法则而非心理法则生活，但如果我们认为自由联想主要是摆脱外部现实的目的性要求，那么我们就会明白为什么适应过程必须面向具体任务了。有利于完成任务的解决方式因此备受关注。任务的要求就是组织原则，根据该原则，机体的各种能力按照最有效的顺序进行排列，以便解决外部问题。

这就是我们所说的结构化情况，在该情况下，情况本身的逻辑要求做出反应，并明确指向反应。非结构化的情况大不相同。外部世界的重要性被故意淡化，因为它并不指向某些答案，而是指向要求明确的其他答案。我们可以认为，罗夏板块（Rorschach plates）是非结构化的，因为某一答案跟其他答案一样简单。当然，从这个意义上来说，它们和几何问题完全相反，因为几何问题都是结构化的。问题的答案只可能有一个，不受人的感觉、期待等因素影响。

自由联想跟罗夏墨迹测验一样，甚至有过之而无不及。因为自由联想不仅摒弃了任务取向和应对性行为，而且不用板块，也不设定任何任务。如果病人最终掌握了自由联想，能在百无禁忌和毫无现实逻辑的情况下，按照指令来表达自己的意识，那么这些自由联想最终必然能反映出病人的性格结构。随着现实的限定越来越少，适应现实的要求越来越容易被忽略，这种情况会有增无减。于是，病人的反应变成了一种由内而外的辐射现象，而不再是对外界的刺激做出反应。

构成性格结构的需求、挫折和态度几乎完全决定了病人在自由联想中表达的内容。梦境也是如此。我们认为，梦境同样表达了性格结构，因为在梦境中，现实和结构的决定作用不如在罗夏墨迹测验中那般重要。痉挛、紧张的习惯、弗洛伊德式口误和健忘更具有功能性，但又并非完全如此，因为它们也具有表达性。

此外，这些表达方式还有一种作用，就是让我们更加清楚地认识性格结构。任务取向、问题的解决、应对方式和目的性探索都属于适应过程中的表面性格。真正的性格结构更加超脱现实，更依赖于自身法则而不是生理或逻辑法则。弗洛伊德的自我属于表面性格，它更加直接地面对现实，为了取得成功，它必须由自身的（现实的）法则来决定。

从原则上讲，要理解性格结构就要尽可能地消除现实和逻辑的决定性力量。为此我们需要宁静室、心理分析诊察台、放松的氛围，也需要精神分析学家和病人抛开他们作为文化代表的全部责任。当病人学会运用语言来表达而不是应对时，自由联想的所有积极效果可能都会随之产生。

当然，我们面临着一个特殊的理论问题，即蓄意和自愿的表达性行为或许会反过来影响到性格结构本身。比如我经常发现，对于经过适度筛选的受试者来说，让他们假装勇敢、深情或愤怒，结果可能会弄假成真，使他们真变得勇敢、深情或愤怒。这种治疗实验选择的受试者天性勇敢，但这种性格却受到压抑。在这种情况下，有意志的表现就能改变人的性格。

最后要说的一点是，艺术是独特人格的一种极致表达形式。同所有发明和机器一样，所有的科学事实或理论都是由人提出的。然而，只有塞尚才能画出塞尚的作品。唯有艺术家是无可替代的。就此而言，所有的科学实验都是由这个世界决定的，并不是一种原创的艺术。

第十一章 自我实现者：心理健康研究

个人序言

本章所要汇报的这项研究在很多方面都非同寻常。它不是按照常规的研究来设计的，也不是一项社会性研究，而是一项个人研究。我受个人的好奇心驱动，为各种个人道德、伦理和科学问题寻求答案。我只想说服自己，获得教益，而不是向别人去证明什么。

但出乎意料的是，这些研究结果对我极富启发性，其研究的价值令人无比振奋。因此，尽管这些研究在方法上存在诸多缺陷，但与他人分享研究结果是理所应当的。

此外，我认为心理健康问题亟待解决，因此任何有关的建议和数据，哪怕有争议，也是有很大的探索价值。从理论上来讲，这类研究难度很大——它涉及用自己的标准来提升自己——如果我们要等待传统意义上的可靠数据，那我们只能遥遥无期地等下去。唯一可取的做法就是拿出不怕犯错的魄力，全身心地投入进去，尽力而为，希望能从错误中吸取足够的教训，并最终纠正错误。否则，目前对这一问题就只能视若无睹了。所以，无论这份报告有没有用，我在汇报时首先要对那些坚持传统信度、效度以及抽样的同行表示由衷的歉意。

研究对象和研究方法

研究对象是从我的熟人、朋友，以及一些公众人士和历史人物中抽取的。此外，第一项针对年轻人的研究从三千名大学生中进行筛选，但只选出一名大学生可直接作为研究对象，还有一二十名或许将来可作为（"发展良好的"）研究对象。

我只能得出这样的结论：在我们的社会中，我在相对年长的研究对象身上发现的那种自我实现，或许不可能出现在正在成长的年轻人身上。

同样，我与 E. 拉斯金博士和 D. 弗里德曼合作，开始寻找一组相对健康的大学生。我们随机决定在大学生中选出最健康的 1% 的人。这项研究在时间允许的情况下持续了两年之久，但就在即将完成之前被迫中断。即便如此，它对临床诊断还是很有启发的。

我们也希望小说家或剧作家所塑造的人物能有助于说明问题，但我没找到一个适用于我们的文化和时代的人物（这一发现本身就值得深思）。

选择或淘汰研究对象是以第一个临床定义为标准的，这包括正反两个标准。按照反面的标准，研究对象必须没有神经症、精神变态人格、精神疾病或明显的类似倾向。身心疾病可能需要更进一步的甄别和筛选。在条件允许的情况下会使用罗夏墨迹测验。但结果证明，罗夏墨迹测验能有效揭示隐藏的心理疾病，但不一定能筛选出健康的人。选择研究对象的正面标准是自我实现（SA）的积极表现，但这些综合性表征仍然难以精确描述。为便于讨论，自我实现可以被粗略地描述为天资、能力、潜质等的充分运用和发挥。自我实现的人似乎处在实现自我的过程当中，并尽其所能做到最好，这让我们想起尼采的忠告："成为你自己！"自我实现的人已经达到或正在达到他们所能企及的高度（148、160、347、308）。他们的潜能可能是特有的，也可能是人类共有的。

正面标准还意味无论过去还是现在，研究对象对安全、归属感、爱、尊重他人和自尊的基本需求得到了满足，也意味着他们对知识和理解的认知需要得到了满足，包括在少数情况下克服了这些需求。这就是说，所有自我实现的人都感到安然无恙、无忧无虑，感到被接受、被人爱并富有爱心，感到受人尊重并的确得到了他人的尊重。

而且他们已经找到了自己的哲学、宗教或者价值的归属。至于这种基本需求的满足是自我实现的充分条件还是仅仅是一个必要前提，仍有待商榷。

一般来说，常用的选择技术是迭代法（iteration）。这种方法以前用于研究自尊和安全感的人格症候群，在附录 B 中对此也有所描述。简单来说，这种技术是从个人或文化的非专业的信仰状态入手，对该症候群现有的各种用法和定义进行整理比较，然后依然按照实际用法（可称为词典编纂法）更慎重地重新定义，但需排除通俗定义中常见的逻辑和事实矛盾。

按照经过修正的通俗定义筛选出第一批研究对象，包括一组高质量的和一组低质量的对象。我们尽可能细致地对这些对象进行临床研究，并在此实证研究的基础上，根据现有的材料，对初步修正过的通俗定义再次进行修正。这样就得出了第一个临床定义。按照这一新的定义，我们对最初的研究对象进行重新筛选，保留了一些人，淘汰了一些人，同时增补了一些新成员。随后再对第二层次的对象进行临床研究，可能的情况下还要进行实验和统计。这就需要对第一个临床定义再度进行修改、纠正和补充。进而再根据这一新的定义选择新的研究对象，如此循环往复。这样，一个原本模糊、不科学的通俗概念就会变得越来越精确，越来越具有可操作性，也就越来越科学。

当然，一些外在的、理论的和实际的考虑会干扰这一螺旋上升的自我修正过程。例如，在这项研究的早期，由于通俗定义不切实际，根本没有人符合条件。我们不能因为一个小缺点、错误或愚蠢就排除一个可能的研究对象。换言之，我们不能以完美作为选择的标准，因为根本不存在所谓完美的研究对象。

另一个类似的难题是，任何情况下都不可能得到临床要求的那种全面而又令人满意的资料。备选的研究对象在被告知研究的目的后，就会变得不自然、呆板，或者干脆拒绝合作。因此，从实验一开始，对较为年长的研究对象只能进行间接研究，甚至只能暗中研究，对较为年轻的研究对象才可能进行直接研究。

由于研究对象中有不便公开真实姓名的人，因此这种研究无法满足一般科学研究的两个迫切要求：一是研究的可重复性，二是用来定论的资料的公开性和可获取性。这些困难在一定程度上可以通过两种办法加以克服：一是把公众和历史人物纳入研究对象，二是将可以公开身份的年轻人和儿童纳入研究范围。

研究对象可分为以下几类：

案例：7名相当确定和2名很有可能的当代人（访谈）。

2名相当确定的历史人物（晚年的林肯和托马斯·杰斐逊）。

7名很有可能的公众人物和历史人物（爱因斯坦、埃莉诺·罗斯福、简·亚当斯、威廉·詹姆斯、史怀泽、阿道司·赫胥黎和斯宾诺莎）。

欠缺案例：5名在某些方面略显不足，但仍可用于研究的当代人。

潜在或可能的案例：

其他人建议研究或已研究过的案例：G.W.卡弗、尤金·V.德布斯、托马斯·埃金斯、弗里茨·克莱斯勒、歌德、帕布罗·卡萨尔斯、马丁·布伯、达尼洛·多尔奇、亚瑟·E.摩根、约翰·济慈、大卫·希尔伯特、亚瑟·韦利、铃木大拙、阿德莱·史蒂芬森、肖洛姆·阿莱赫姆、罗伯特·布朗宁、拉尔夫·沃尔多·爱默生、弗雷德里克·道格拉斯、约瑟夫·熊彼特、鲍勃·本奇力、艾达·塔贝尔、哈里特·塔布曼、乔治·华盛顿、卡尔·孟辛格、约瑟夫·海顿、卡米耶·毕沙罗、爱德华·比布林、乔治·威廉·拉塞尔、皮埃尔·雷诺阿、亨利·沃兹沃斯·朗费罗、彼得·克鲁泡特金、约翰·阿尔特吉尔德、托马斯·莫尔、爱德华·贝拉米、本杰明·富兰克林、约翰·缪尔、沃尔特·惠特曼[1]。

---

[1] 参见（58，第97页），（68，第264—276页）以及徐斯洛的自我实现POI测验的手册和参考书目（425，426）。

数据的搜集和展示

这里的材料与其说是常规收集的具体、分散的事实，不如说是长期形成的一种全局或整体的印象，就像我们对朋友和熟人的印象一样。在某一特设情境之下，向年长的研究对象有针对性地提问或测验，这几乎不可能做到（而对较为年轻的研究对象来说，这不仅可行而且已经做到了）。与他们接触得靠运气，在可能的情况下，也会通过他们的亲友了解情况。

不仅如此，还因为研究对象的数量太少，而且许多研究对象的材料不完整，任何定量描述都是不可能的。我们只能提供一个综合印象，它们的价值姑且不论。

为了进一步的临床研究和实验研究，我们对这些综合印象进行整体分析，得出自我实现者最重要和最有用的整体特征如下：

更有效地感知现实，并更好地适应现实

这种能力的第一种外在表现形式是一种非同寻常的能力，即能辨别他人的虚伪和不真诚，而且一般都能正确、有效地判断。在一项针对大学生的非正式实验中，我们发现了一个明显的趋势：跟那些缺乏安全感的学生相比，更具安全感（更健康）的学生能够更准确地判断他们的教授，即在 S-I 测验中的得分更高（294）。

随着研究的进展，可以逐渐明显地观察到，这种判断能力扩展到生活的其他领域——实际上是所有的研究领域。在艺术方面、在智力方面、在科学方面、在政治和公共事务方面，自我实现者作为一个群体，似乎能够更迅速、更精准地洞察隐藏的或混乱的现实。因此，一项非正式的调查表明，他们对未来的预测，无论基于什么样的事实，往往是准确的，因为他们的预测不大受愿望、欲望、焦虑、恐惧或与生俱来的乐观或悲观倾向的影响。

起初,这种能力被称为"出色的鉴赏力"或"出色的判断力",其含义是相对的,而不是绝对的。但因为多种原因(下面将详细介绍),有一点越来越清楚了:更恰当地讲,这种能力可称为对某种真实存在(是现实而非观点)的感知(而非鉴赏)能力。我希望,这一结论或假设终有一日能被实验所证实。

如果确实如此,那么无论怎样强调这一结论的重要性都不为过。英国精神分析学家莫尼·凯尔(338)认为,神经症患者不仅相对无能,而且绝对无能。原因很简单,他们对现实世界的感知没有健康人那么准确、有效。他们不是情感上的病态,而是认知有误!如果健康是对现实的正确感知,神经症是对现实的错误感知,那么在这一领域,事实命题和价值命题就合二为一了。在原则上,价值命题应该是经得起经验证实的,而不仅仅是品位或引导的问题。凡是深入思考过这个问题的人都会清楚地认识到,研究到这里,我们可能为一种真正的价值科学奠定部分基础,也终将为真正的伦理科学、社会关系科学、政治科学、宗教科学等奠定部分基础。

适应不良,甚至是严重的神经症很有可能会干扰人的感知能力,从而影响我们对光、周围事物或气味的敏感程度。但很有可能,只有在纯生理以外的感知领域内,如定势反应实验(279)中才能证实这种影响。依此推论,最近的不少实验应能说明,跟病人相比,健康人的心愿、欲望、偏见对感知的影响要小得多。这一系列的初步思考能支持这样的假设,即对现实的这种敏锐感知造就了一种卓越的能力,包括推理能力、感知真相的能力、得出结论的能力、逻辑思维能力和一般情况下高效的认知能力。

对现实的敏锐感知能力中,有一方面特别突出,并富有启发性,这会留到本书第十三章详细讨论。我们发现,跟大多数普通人相比,自我实现者更容易从一般、抽象和类型化的东西中发现新颖、具体和独特的东西。所以,他们更多地生活在真实的自然世界中,而不是生活在一个由人为的定义、抽象概念、期望、信念和定见构成的圈子中,而多数人都以为后者就是整个世界。因此,自我实现者更容易感知真实的存在,而不是他们的愿望、希望、恐惧、焦虑,以及他们自己的或他们所属文化圈的理论和信仰等。赫伯特·里德恰如其分地将这种能力称为"天真的眼光"。

人与未知世界的关系架起了学院派和临床心理学之间的另一座桥梁,其研究前景似乎大有可期待。我们健康的研究对象不受未知事物的威胁,也不惧怕未知事物。就此而言,他们与普通人大不相同。他们接受并适应未知事物,同已知事物相比,他们甚至更容易为未知事物所吸引。他们不仅能够容忍,甚至喜欢那种模棱两可和结构混乱、层次不清的事物(135)。爱因斯坦曾说过一句相当具有代表性的话:"我们所能体验的极致的美都是神秘的,它是一切艺术和科学的源泉。"

诚然,这些健康人是知识分子,他们大部分从事科研工作,因此,这里的主要决定因素也许是智力。但我们都知道,许多高智商的科学家都有谨小慎微、因循守旧、焦虑不安或其他性格缺陷。他们一味埋头研究那些已知事物,致力于完善、反复重组和梳理已知事物,却没有把时间和精力用来发现新事物上,而这才是他们应该做的。

对健康人来说,未知事物并不可怕,所以他们不会劳神费力地去降妖捉鬼,飞快地跑过坟地,或者以其他方式使自己免受想象中的危险侵害。他们对未知事物既不会置若罔闻,也不否认、逃避,或者强不知以为知。他们也不会贸然将未知事物分门别类、简单二分或给它们贴标签。他们不固守熟悉的事物,对真理的追求也不会表现为对确定性、安全感、明确性和秩序的过分需求,就像我们在戈尔茨坦的脑损伤或强迫性神经症中看到的夸张病例一样。根据实际情况的需要,自我实现者可以在杂乱、无序、散漫、混乱、含糊、可疑、不肯定、不明朗或者不精确的状态中感到惬意(在某些情况下,这正是科学、艺术或日常生活的理想状态)。

因此,怀疑、犹豫、举棋不定,以及由此引起的迟迟未决,这对大多数人来说是一种折磨,但对某些人来说却是一种充满快感和刺激的挑战,是生活中的高潮,而不是低谷。

接受（自我、他人、自然）

自我实现者有许多个人品质一望而知，貌似毫无共性、互不相关。但我们最终认识到，这些品质根源于或体现为一种基本的共同心态，即相对而言，自我实现者没有那种极度的负罪感、羞耻心以及极端或严重的焦虑感。这与神经症患者形成了鲜明的对比。神经症患者几乎可以毫无例外地被描述为极具负罪感和（或）羞耻心和（或）焦虑感。我们眼中的正常人，也会对很多事情感到不必要的内疚或羞愧，在很多情况下感到不必要的焦虑。但这些健康研究对象却可以接受自己以及自己的本性，从不懊恼或抱怨，甚至不去多想这个问题。

他们能以斯多葛式的态度接受自己的本性，接受自己的所有缺点，接受自己与完美人性的所有差距，而不会为此真正感到不安。如果说这是自满，那是不准确的。我们只能说，他们能够毫不怀疑地接受大自然的特性，也同样能毫不怀疑地接受人性的脆弱、过失、缺点以及邪恶。水是湿的、岩石是硬的、树是绿的，这些他们都能欣然接受，从无抱怨。孩子们通常睁大眼睛，不带批判、没有要求、天真无邪地面对世界，他们仅仅关注和观察事实，既不争论也不强求，自我实现者也倾向于以这样的方式看待自己和他人的人性。当然，这不等同于东方的出世观念，但是出世观念也可以在我们的研究对象中观察到，尤其是在他们面对疾病和死亡的时候。

可以看到，这相当于以另一种方式重新表述我们的上述观点，即自我实现者能更加透彻地洞察现实。他们看到的是原原本本的人性，而不是期待中的人性；他们看到的是眼前千真万确的现实，而不是经各色镜片扭曲、塑造或渲染过的现实（46）。

接受的第一层次最浅显，这就是所谓动物层次的接受。那些自我实现者往往是标准"动物"，他们胃口大好，享受生活，从不感到懊悔、羞耻或歉意。他们似乎永远食欲旺盛、睡眠安稳，能酣畅淋漓地享受性生活以及其他类似的生理冲动。他们不仅能够接受自己的低层次，也能接受自己的其他各个层次，如爱、安全感、归属感、荣誉、自尊等。在他们看来，所有这一切都值得拥有，他们会毫无疑问地接受，这仅仅因为自我实现者倾向于接受天造地设的自然，而不会有丝毫的质疑。普通人特别是神经症患者常有的反感和厌恶，如挑食、厌恶身体排泄物以及身体机能等，在自我实现者中相对少见。

与自我接受以及接受他人密切相关的是：健康人对他人不过度设防，不给自己涂保护色或伪装；他们厌恶他人身上的虚伪造作。伪善、狡诈、虚假、作势、装门面、玩花样、以庸俗的手法哗众取宠，这些在他们身上异常罕见。即使自身有一些缺点他们也活得很快乐。到他们晚年，人们发现，这些缺点根本不能说是缺点，只是一些无关好坏的个人特点。

这并不意味着他们绝对没有内疚感、羞耻心、悲伤、焦虑和防备心理，而是指他们很少出现那种不必要的或神经质的（因为不现实）愧疚感等。一般的生物过程，如性欲、排尿、怀孕、月经、衰老等，是现实的一部分，所以必须接受。因此，健康女性没必要因为自己的女性身份或女性生理过程而防备或感到不安。

但也有些缺点，健康人确实为之感到内疚（或羞愧、焦虑、悲伤、懊悔）：①可以改掉的毛病，如懒惰、轻率、乱发脾气、言语伤害他人；②偶尔出现的不健康心理，如偏见、猜忌、嫉妒；③虽然不属于性格的一部分，但可能是非常顽固的习惯，或人们所认同的种族、文化或群体的共同缺点。一般情况可能是这样：健康人对现实与理想之间的差距感到遗憾（2，148，199）。

自发性、简明、自然

比较而言，自我实现者的所作所为更加发自内心，远比他们的精神生活、思想和冲动等更加率性和随心。他们的行为简简单单、自然而然，很少刻意强求什么。这种自发性并不一定意味着他们一贯打破常规。假如我们认真统计一下自我实现者的非常规行为，得到的数据应该不高。因为他们不是打破外在的常规，而是打破内在的本质的常规。自我实现者的冲动、思想以及意识反常得出奇，而且都是出自本心、顺其自然的。显然，他认识到，他所生活的这个世界还不能理解或接受反常行为。因为不愿伤害他人或因琐事与人争执，他会通情达理地耸耸肩，尽可能从容优雅地应对约定俗成的繁文缛节。我见到过这样的人，他们当众接受了某一荣誉，私下里却对它冷嘲热讽甚至嗤之以鼻，但他们不会小题大做，伤害他人的美意。

由此可见，常规就像是随意披在肩上的斗篷，轻轻松松就可以搁到一边。正因如此，自我实现者很少会被常规缚住手脚，妨碍他做自认为重要或基本的事情。而只有在做这些事情的时候，自我实现者离经叛道的天性才得以充分表现。但他们不会像放荡不羁的艺术家或反权威人士那样，在烦琐细节上小题大做，反对一些无关紧要的规定，仿佛那是天下大事一般。

当自我实现者全神贯注于自己感兴趣的相关话题时，也会表现出同样的态度。每到这时，他会举重若轻地抛开平时恪守的所有行为准则，就好像他的中规中矩、按部就班都是刻意为之的。

自我实现者跟那些不拘泥或不屑于常规行为的人相处时，这种外在的习惯行为会被欣然抛诸脑后。对行为的这种相对控制一般被视为一种负担，但因为自我实现者喜欢和这些人打交道，所以认为这会使自己更自由、更自然和更随性，而不用大费周章地故作姿态了。

从中可以得出这样的结果或推论：自我实现者具有相对独立的个人道德准则，这些道德准则并不遵从常规。不假思索的观察者有时可能会认为他们不道德，因为必要时他们不仅能打破常规，甚至还会违反法律。但事实恰恰相反，这些人最有道德，尽管他们的道德标准未必和周围的人相同。这一观察使我们确信，普通人的一般道德行为主要是常规化的行为，而不是真正的道德行为，比如基于公认原则的行为（一般被认为是正确的原则）。

由于背离了一般常规，而且不融于社会生活中无处不在的伪善、欺骗和矛盾，自我实现者有时会觉得自己像流落在异国他乡，而有时他们做起事来的确如此。

不应该对自我实现者刻画这样一种形象：他们试图掩盖真实的自己。有时，他们厌倦了繁文缛节和盲目短浅，一时兴起也会放任自流。例如，他们可能会试图教导别人，或者试图保护他人免受伤害或不公平待遇，又或者他们会发现自己情绪高涨、心情愉悦甚至欣喜若狂，要压制这种情绪简直就是不道德的行为。我注意到，这时他们不会因为会给他人造成这种印象而感到焦虑、内疚或羞愧。他们声称，自己之所以按常规方式行事，只是因为本来没什么大不了的事，或者是因为他们知道，如果不按照常规行事，会有人受到伤害或感到难堪。

他们能够轻松自如地走进现实，像动物或孩童那样善于接受，而且发自内心，这都意味着他们在更高层次上意识到了自己的冲动、欲望、观点和主观反应（148，388，392）。对这种能力的临床研究无疑证实了弗洛姆（145）的观点，即完全适应环境的普通人丝毫没注意到自己是什么样的人、想要什么、自己的观点是什么。

正是这些调查结果最终让我们发现了自我实现者同普通人之间最深刻的差异，即跟普通人相比，自我实现者的动机活动不仅在量上截然不同，在质上也大相径庭。或许我们应该为自我实现者建立一种截然不同的动机心理学，如研究超越性动机或成长性动机，而非匮乏性动机。或许把正在生活和准备生活区分开是大有裨益的。也许普通的动机概念只适用于非自我实现者，但我们的研究对象不是在进行一般意义上的为生活打拼，而是个人全方面的发展。他们想十全十美，使个人风格更加充分地得以施展。普通人的动机是为满足自身生活所欠缺的基本需求而奋斗，而自我实现者的基本生活需求事实上已经得到了满足，但他们仍然会产生各种冲动。他们坚持工作、不断尝试、雄心勃勃，但意义已非同寻常。对于他们来说，动机就是一个人的个性成长、个性表达、成熟和发展。简言之，就是自我实现。同普通人相比，这些自我实现者更有人性吗？他们是否更能揭示人类物种的原始天性呢？他们是否更接近类型学意义上的人类呢？应该以什么为样本来判定一个生物物种是残缺变形、未完全发育的样本，还是过度驯化、训练有素的圈养样本呢？

问题中心主义

我们的研究对象通常都非常关注自身之外的问题。按照当前的术语，这叫作问题中心主义，而非自我中心主义。一般来说，他们认为自身不存在问题，他们也不会过于关注自己，这跟缺乏安全感的人常有的内省很不一样。这些自我实现者通常有着人生的使命、有待完成的特定任务和自身之外的一些问题，这些都消耗了他们大量的精力。

这一任务未必是他们喜欢的或自己选择的，他们可能认为这都是责任、义务或天职。正因如此，我们认为这是他们"必须完成的任务"，而不是"想完成的任务"。一般来说，这些任务都是非个人的或无私的，涉及人类的利益、整个民族的利益，或者家庭中某些人的利益。

绝大多数情况下，我们的研究对象通常关注的是我们称为哲学或伦理学的基本议题和永恒问题。他们通常生活在最广泛的参照系中。他们似乎永远不会因为太靠近树木而忽视整片森林。他们赖以思考问题的价值框架无所不包、普遍适用、着眼于整个世界，而不是狭隘的、局部的、暂时的。总之，不管这些人多么平凡，都是某种意义上的哲学家。

当然，这种态度对日常生活的各个领域有诸多影响。例如，最初研究的主要表征（博大、不狭隘、不琐碎和不短浅）就可以纳入这种更宽宏的态度之下。这些自我实现者超越琐碎，具有开阔的胸怀和远见，生活在最广泛的参照系中，持有颠扑不破的观点。这一系列形象对于整个社会，对于人际交往都具有重大意义。面对迫在眉睫的诸多问题，这种态度代表了超脱物外的宁静心态，排除了焦虑感。这样不仅他们自己，连同他们周围的人也都能举重若轻地驾驭生活了。

超然的品质、隐私需求

的确,我所有的研究对象可以做到在独处的同时,既不伤害自己,也不会感到不适。而且,几乎所有研究对象都比常人更喜欢独处和隐居。

他们通常可以超越纷争,处乱不惊,泰然自若。他们很容易做到超凡出尘,淡定从容。因此面对个人不幸时,他们便不会像普通人一样反应激烈。即使在非正式的环境和情形下,他们似乎也能保持自己的尊严。这可能是因为他们倾向于坚持自己的定见,而非依赖于他人的感受或看法。这种矜持可能会转化成严苛和冷漠。

这种超然的品质可能和其他品质有关。首先,可以认为我的研究对象比常人更加客观(就"客观"的全部意义而言)。我们已经看到,他们更以问题为中心而非以自我为中心。即使问题涉及他们自身以及他们的愿望、动机、期待或抱负,他们也还是以问题为中心。因此,跟普通人相比,他们更善于集中精力。精力高度集中会产生一些"副作用",比如会忘记或忽视外部环境。例如,他们能够睡得很香,胃口也不受影响,能够谈笑风生地面对某一时期的问题、困扰和责任。

跟大多数人进行社会交往时,超然的品质会带来一定的麻烦和问题。普通人很容易把这种品质理解为冷漠、势利、无情、不友好,甚至敌意。相比之下,普通的友谊关系更具有依附性,更渴望得到肯定、称赞、支持、善意,更具有排他性。而自我实现者通常并不需要他人。但因为他人的需要和挂念通常体现了友谊的真诚,所以自我实现者具有的超然的品质显然不会轻易为普通人所接受。

自主的另一种含义是自我决定、自我管理、积极、负责、自律、有主见,而非任人摆布、受人支配,是做强者而非弱者。我的研究对象自己下决心,自己做决定,做自己的主人公,为自己的命运负责。这是一种微妙的品质,难以用语言描述,但却极为重要。多数人都不是自己做决定,而是由推销员、广告商、父母、宣传人员、电视、报纸等代劳。我一直认为这是理所当然的正常现象,但是自我实现者使我认识到，这是一种病入膏肓、反常且软弱的表现。这种人是任人摆布的棋子，而非自我决定、自我行动的人。所以，这种人容易感到无助、软弱，任人支配；他们是强者的猎物，是软弱的哀号者，而非独立自主、为自己负责之人。对民主政治和经济来说，这种责任缺失毫无疑问是具有灾难性的。民主社会必须要有自我行动者、自我决定者、自我选择者，他们自己做决定，做自己的主人，拥有自由的意志。

从阿施（20）和麦克莱兰（326—328）所做的大量实验中可以推测，在不同的环境中，自我决定者占总人口的5%—30%。而在我的研究对象中，100%的自我实现者都是自我行动者。

尽管可能会让许多神学家、哲学家和科学家感到不安，但我必须声明：相比普通人，自我实现者更有"自由意志"，更少被人"决定"。不管"自由意志"和"宿命论"在实际应用中是如何定义的，在本项调查中，这两个名词都是经验事实。而且它们都是程度上的概念，允许有量的变化，并非绝对。

自主性、文化独立性与环境独立性、意志、活性剂

在某种程度上，自我实现者的特征之一与我们已经描述过的内容重合，那就是他们相对独立于自然环境和社会环境。既然自我实现者是由成长性动机而非匮乏性动机推动的，那么他们主要需求的满足就不依赖于现实世界，也不依赖于他人、文化或达到目的的各种手段。总之，他们是不依赖于外在满足的。他们的独立成长和持续成长依赖于自身的潜能和潜在的资质。就像树需要阳光、水分和养料一样，大多数人也需要爱、安全，以及其他基本需求的满足，而这些满足只能来自外界。但是，一旦获得了这些外在的满足物，一旦这些内在的需求得到了外在的满足，人类就开始思考个体发展的问题了。例如，自我实现的问题。

独立于环境意味着在面临重重打击、剥夺、挫折等情况下仍保

持相对稳定。在可能使他人生命受到威胁的情况下，这些人也能够保持相对冷静。他们也被称为"自制的人"。

受匮乏性动机驱动的人必须有其他人的陪伴，因为他们的主要需求（爱、安全感、尊重、威望、归属感）大部分只能来自他人。但实际上，受成长性动机驱动的人反而可能会受到他人的阻碍和羁绊。对于他们来说，满足感和美好生活的决定因素是个人内在的，而非社会的。他们已经变得足够强大，他人的赞美，乃至爱慕，都不会影响到他们。他人给予的荣誉、地位、奖励、名声、威望和爱，一定没有自我发展和内心成长来的重要（209，360，388，403）。我们必须记住，要达到不为爱和尊重所动的境界，有个办法就是过去曾经得到过足够的、同等的爱和尊重。这是我们所知道的最好的办法，当然可能不是唯一的办法。

持久敏锐的鉴赏力

自我实现者有一种奇妙的反复鉴赏能力，每次都能以一种崭新、纯净的眼光，怀着敬畏、愉悦、好奇甚至狂喜去感悟生命原始的善，不管这种体验对别人来说多么平淡无奇——这就是威尔逊所说的"新奇感"（483）。因此，对他来说，每次日落都跟初次日落一样美丽；即使看过百万朵花，每朵花仍美得令人窒息；即使见过一千个婴儿，每个婴儿仍跟第一个婴儿一样的不可思议；结婚三十年，他仍然坚信他的婚姻是幸运的；妻子六十岁时，他仍为她的美丽而惊叹，一如四十年前。对自我实现者来说，即使是例行的日常工作，每时每刻也都激动人心、精彩无限、令人心醉神迷。这种强烈的感觉并不会一直持续，只是偶尔出现，但一般都出现在最意料不到的时刻。他可能有过十次渡河的经历，但第十一次渡河时，第一次渡河时的强烈感觉还会重现，即当时他的反应和激动的心情（115）。

我们的研究对象在选择美的事物方面存在一些差别。有的选择大自然，有的选择孩子，还有几个研究对象认为，动听的音乐是最美的。尽管存在这种差别，但可以认为：自我实现者得到的喜悦、鼓舞和力量都来自基本的生活体验。例如，他们中没有人会因为去夜总会，或者赚了很多钱，又或者在派对上玩得很开心而获得喜悦、鼓舞和力量。

还有一种特殊的体验。对于我的几个研究对象来说，性快感，尤其是性高潮，提供的并不仅仅是一时的快乐，而是一些人能从音乐或大自然中获得的基本的强化和复苏的力量。关于这一点，我将在"神秘体验"一节中进一步阐述。

这种主观体验之所以如此强烈和丰富，很可能因为这是它与新鲜具体的事物（本质上是我们上面讨论的现实）密切相关的一个方面。也许我们所说的平淡体验正是把丰富的具体感知标签化和范畴化的结果，因为事实证明，这种范畴或标签没有优势、毫无用处、不具有威胁性或不以别种方式影响到自身（46）。

我也开始相信，对幸福习以为常虽然无可厚非，但却是人类罪恶、悲剧和苦难最主要的起因之一。对于那些我们认为理所当然的东西，我们往往低估了它们的价值。因此，我们太容易因小失大，以至于懊悔不已。不幸的是，往往在父母、伴侣或朋友去世以后，我们才懂得爱和赞赏他们。身体健康、人身自由和经济福利方面也是如此。只有在失去它们之后，我们才真正认识到它们的价值。

赫茨伯格对工业"卫生"因素的研究（193），威尔逊对圣·尼奥特"边际"的观察（481，483），我对"低级牢骚、高级牢骚和超级牢骚"的研究（291）都表明，如果我们能够像自我实现者一样珍惜我们的幸福，对好运气时时心怀感恩，生活将会得到极大的改善。

神秘体验、高峰体验

对于我们的研究对象来说（尽管并非全部的研究对象），威廉·詹姆斯（212）详细描述的那些所谓神秘体验的主观表达，是一种相当普遍的体验。前一节描述的那种强烈情感有时变得极其强烈、混乱和普遍，可称为神秘体验。我之所以对这一课题感兴趣，是因为我的几个研究对象。他们用简单、含糊的措辞描述了他们的性高潮。后来我想起来，很多作家都用同样的措辞来描述他们所谓的神秘体验。有这样一些感受基本相同：无垠的地平线在眼前延伸，更加强大同时又更加无助，极度的狂喜、惊异和敬畏，迷失在时空之中，最后，坚信将有什么十分重要且有价值的事情发生了。因为这种体验，研究对象在日常生活中也有某种程度的改变和提升。

虽然早在千年以前，人们就已经把这些体验跟神学体验或超自然体验相联系了，但是把它们区分开来还是非常重要的。因为这种体验是一种自然的体验，属于科学的范围，我称之为高峰体验。

从我们的研究对象身上可知，这种体验的强度可以降低。神学作品一般认为，神秘体验和其他体验之间存在着绝对的、本质的区别。一旦把神秘体验从超自然的参照物中剥离出来，作为一种自然现象进行研究，就有可能对神秘体验从强到弱进行连续的量化研究。于是我们发现，许多人，甚至可能是大多数人，都有过温和的神秘体验。而且在人们与爱人相处时，温和的神秘体验更容易出现，甚至可能每天都会发生。

显然，强烈的神秘体验或高峰体验极大地强化了其他迷失自我与超越自我的体验，例如本尼迪克特（40）所说的以问题为中心、注意力高度集中、献身精神，还有强烈的感官体验，以及对音乐和艺术极度、忘我的享受等。①

自 1935 年这项研究初步启动（现在仍在进行中），至今我已经认识到应该更加重视"高峰型"和"非高峰型"之间的区别。这种区别很可能只是程度或数量上的差别，但却非常重要。这种区别的影响在（315）中有十分详细的阐述。如果我必须简单地总结一下，我会说，到目前为止，那些非高峰型的自我实现者似乎更讲究务实高效，是这个世界上如鱼得水的中间变体。高峰型的自我实现者也生

---

① 对高峰体验的进一步研究请见参考文献 252、293、295、310、315。

活在世界上，只是他们生活在艺术、象征和超越的境界中；生活在神秘的、个人的、非制度化的宗教之中；生活在终极体验中。我预测，这将成为一个性格学上至关重要的"阶级差异"，特别是对于社会生活来说至关重要，因为"健康的"非高峰型的自我实现者很可能成为社会环境的改革者、政治家、社会工作者、改良者、战士；而超越性高峰型的自我实现者更可能在诗歌、音乐、哲学和宗教方面做出成绩。

人类亲情

这个词是阿尔弗雷德·阿德勒（2）发明的，是唯一能够贴切描述自我实现者对人类情感的词。总的来说，自我实现者对人类有一种深刻的认同、同情和喜爱，尽管偶尔会有愤怒、烦躁或厌恶。正因如此，他们真切地期望帮助人类，就好像天下都是一家人。一个人对自己的兄弟总的来说是有感情的，虽然兄弟们有时愚蠢、软弱，甚至有时候卑鄙，但他们仍然比陌生人更容易得到原谅。

如果人不具备长期形成的开阔眼界，那么他很难体会到对人类的这种认同感。自我实现者毕竟在思想、冲动、行为和情感上与普通人有很大的不同。归根到底，在某些基本方面，他就像一个身处异乡的外国人，不管人们有多喜欢他，很少有人真正了解他。他常常为普通人的缺点感到悲哀、恼火甚至愤怒。通常情况下，这些缺点只是让他烦心而已，有时还会发展成痛苦的悲剧。尽管有时他与这些人之间有天壤之别，但他依旧会在潜意识中感受到与他们之间固有的血缘关系。他必须宽容对待这些人，至少他知道，很多事他都能比他们做得更好，能看到他们看不到的。大多数人看不到的隐蔽事实，对他来说却显而易见。这就是阿德勒所说的"老大哥态度"。

人际关系

自我实现者的人际关系比其他成年人更深厚（尽管跟儿童相比不一定如此）。他们超出了一般人的想象，能够更好地融入他人，更懂得爱，更具有认同感，并且更善于消除自我与外界的界限。然而，这些人际关系有一些不同寻常的特征。首先，我观察到，交往的对方可能比一般人更健康，更容易接近自我实现，且通常是高度的自我实现。考虑到这类人在总人数中所占比例很小，因此选择的标准是很高的。

这和其他一些现象都意味着自我实现者仅仅与极少数人有这种特别深厚的关系。他们的朋友圈很小，他们深爱的人少之又少。部分原因是，自我实现者的交际风格决定了他在短期内很难与他人深交。忠诚仗义不是一蹴而就的。一个研究对象是这么说的：我没有时间去交很多朋友。也就是说，如果要交真正的朋友，那没有人可以交很多这样的朋友。在我的小组中，唯一的例外是一位特别擅长社交的女性。她的人生使命好像就是与她的家人、家人的家人以及她的朋友和朋友的朋友建立亲密、温暖、美好的关系。这也许是因为，她是个没受过教育的女人，没有正式的工作或职业。这种排他性的忠诚可以而且确实与普遍的人类温情、仁爱、友善（如上所述）相得益彰。这些人与人为善，或至少对所有人都有耐心。他们对孩子尤其温柔，并且很容易被孩子们感动。他们热爱或者说同情所有人类，爱得真心实意，爱得不同寻常。

这种爱并不意味着不分是非。事实上，他们能实事求是地严厉批评那些虚与委蛇、自命不凡、自吹自擂的人。但与这些人直接交往时，他们不会时刻流露出自己对这些人的鄙视。有这样一种解释："毕竟，大多数人原本可以有所成就，但结果却落得一事无成。他们愚不可及、一错再错，以至于感到极为痛苦，但仍不明白为何他们的意图是好的，却落得如此下场。这些人生输家通常为此付出了代价，痛苦不已。他们应该得到怜悯，而不是受到批判。"

或许用最简单的话说，自我实现者之所以对他们怀有敌对心理，一方面是认为他们活该如此，另一方面也是为了他们或者大家好。按照弗洛姆的说法，自我实现者的敌意不是天性如此，而只是一种临时反应，或者具体情况下才会产生的。

我所掌握的资料显示，所有的研究对象都有另一个值得一提的共同点，即他们至少吸引了一批仰慕者、朋友，甚至信徒或崇拜者。自我实现者个人与其崇拜者之间的关系往往是单方面的。崇拜者往往要求自我实现者付出更多。而且，由于这些崇拜者常有出格举动，他们死心塌地的崇拜往往令自我实现者感到相当尴尬、痛苦，甚至厌恶。通常情况下，当不得不跟他们打交道时，我们的研究对象会尽力表现得亲和友善，但一般都会尽量委婉地回避他们。

民主的性格结构

我所有的研究对象都可以说是真正意义上的民主人士，无一例外。我这番话的依据是之前对独裁主义（303）和民主性格结构的分析。这种分析过于复杂，在这里就不再赘述，我只在有限的篇幅内描述这种行为的某些方面。这些人拥有民主人士身上所有的显著特点。他们可以并且确实做到了与任何个性相投的人友好相处，无论其阶级、教育程度、政治地位、种族或肤色如何。事实上，这些差异对普通人来非常明显和重要，但他们对这些似乎都浑然不觉。

他们不仅具有这种明显的民主素养，而且具有深刻的民主意识。比如，不管一个普通人有什么特点，只要他们觉得该人擅长某一点，他们都会向他学习。在这种学习关系中，他们不会拿腔作势，也不会高高在上或者摆老资格。甚至可以说，我的研究对象都具有那种可称为谦逊的品质。他们很清楚地认识到，可学的知识和别人已经掌握的知识太多，相比之下，自己知道的实在太少。正因如此，在那些值得学习或技高一等的人面前，他们才有可能放下架子，表现出发自内心的尊重，甚至是谦逊。他们真诚地尊重技艺高超的木匠，同样，他们也会尊重任何技艺精湛的能工巧匠。

这种民主意识与不加区别的识人不明不是一回事，我们必须仔细区分。自我实现者本身是精英，所选择的朋友也是精英，但这指的是性格、能力和天赋等方面，而不是出身、种族、血统、家族、家庭、年龄、名望或权力等方面。

自我实现者往往有一种极为深刻而模糊的倾向，即适度尊重任何一个作为"人"的人，这一点让人难以企及。即使面对恶棍无赖，我们的研究对象似乎也不愿越过底线，去贬损和侮辱他们。但这与他们强烈的是非观念并不矛盾，他们更有可能与恶人恶行进行正面斗争。他们表达自己的义愤，远不像普通人那样含糊其词或畏首畏尾。

手段与目的、善与恶的区分

我发现，在实际生活中，我所有的研究对象都有能力分辨是非。不管他们能否把事情表达清楚，他们在处理日常生活中的道德问题时，很少像普通人那样表现出混乱、困惑、动摇或矛盾。可以说：这些人有强烈的道德感，他们有明确的道德标准，行事光明正大，从不蝇营狗苟。更不用说，他们的是非善恶观念通常不囿于常规。

大卫·利维博士曾提出一种说法，来描述我所讲的这种品质。他指出，几个世纪以前，这些人都被描述为追随上帝之人或者是虔敬之人。有人说他们相信上帝，但却把上帝描述成一个形而上的概念，而不是人的形象。如果仅从社会行为的角度来定义宗教，那么这些人都是有信仰的，包括无神论者。但如果我们从更保守的角度来强调宗教的超自然因素和正统体制（这种用法当然更常见），那我们的答案肯定会大相径庭，因为他们当中几乎无人信仰宗教。

自我实现者的表现大多数时候都给人一种印象，似乎手段和目的是可以明确区分的。一般来说，他们关注的是目的，而不是手段，因为手段明显取决于目的。然而，这样讲有点过于简单化。因为有很多行为和经历，普通人都认为是达到目的的手段，而我们的研究对象往往认为是目的，这使得情况更为复杂。自我实现者更倾向于以一种纯粹的方式去欣赏"做"的过程本身。他们为到达了某一步而开心，也会同样开心地享受"达至"这一过程本身的乐趣。有时，他们可能把最乏味的日常活动变成一种令人愉快的游戏、舞蹈或表演。韦特海默曾指出，大多数孩子都有十足的创造力，他们能够把僵化的程序、机械呆板的过程按照某种特定的规律或节奏，转化为一种妙趣横生的有组织的游戏。比如在他的一次实验中，将书从一排书架搬到另一排书架上去。

哲学的、善意的幽默感

我很早就发现，自我实现者的幽默感不同于常人，这在我所有的研究对象身上都十分普遍，因而很容易发现。一般人认为好笑的，他们并不觉得好笑。因此，他们不会因那些恶意的幽默（通过伤害别人来取笑）、体现优越感的幽默（嘲笑他人的弱点）或不道德的幽默（乱伦、猥亵、恶俗的）而发笑。他们一致认为，幽默主要涉及哲学，而不是别的什么。这种幽默可以称为真正意义的幽默，因为它主要是在嘲笑整个人类的愚不可及、忘乎所以或狂妄自大。这种幽默可以是自嘲，但绝不表现为受虐狂式或小丑式的哗众取宠。林肯的幽默就是典型。也许是因为林肯从来没开玩笑伤害过别人，也许是因为他讲的多数笑话都大有深意，而不流于逗乐，像寓言故事一样，它们似乎是寓教于乐的。

单从量上看，我的研究对象可能不如一般人幽默。他们很少采用双关语、诙谐、妙语、巧辩或戏谑这些常见的幽默，他们的幽默往往富有思想及哲理，常常令人会心一笑，而非捧腹大乐；他们的幽默往往应时应景、独出心裁、不落俗套，因而难以复制。一般人习惯了笑林故事中的喷饭类幽默，所以会觉得我的研究对象有点一本正经，这也不足为奇。

自我实现者的幽默题材广泛：人类的处境、骄傲、严肃、忙碌、奔波、野心、奋斗、计划……他们都认为有趣、幽默，甚至滑稽。我在一个充满动感气息的艺术空间里才真正理解了这种幽默态度。那里的作品以一种幽默诙谐的方式展现着人类漫无目的的喧嚣、奔波、混乱、匆忙和劳碌。这种幽默态度也会影响到专职工作。在某种意义上，专职工作也像一场游戏，固然需要认真对待，但有时又不妨等闲视之。

创造性

所有的研究或观察对象都具备这一特征，无一例外。每个自我实现者都以这样或那样的方式表现出独特的创造力或原创性。参考本章后面的讨论可以更充分地理解这些特征。自我实现者的创造性不同于莫扎特式的天赋异禀类的创造性。我们不妨承认这一事实，我们实际上无法理解所谓天才表现出的能力。我们只能说，他们似乎有一种天赋的特殊动力和能力，这种动力和能力可能与人格的其他部分关系不大，而且从所有证据来看，这种能力似乎是与生俱来的。这种天赋我们姑且不论，因为它跟心理健康或基本需求的满足没有关系。自我实现者的创造性跟孩子与生俱来的那种纯真、普遍的创造性似乎很像。它似乎更像是人基本的天性，一种与生俱来的潜能。大多数人在文化适应的过程中失去了这种能力，但有少数人似乎一直用这种新奇、天真、直率的眼光来看待生活。即使他们像大多数人一样，失去了这种能力，但仍会在以后的生活中重拾它。桑塔亚纳很贴切地称之为"二度纯真"。

在我们的研究对象身上，这种创造性往往表现得平淡无奇，并非通常所见的著书立说或艺术创作。似乎作为健全人格的一种体现，这种独特的创造性已经投射到这个世界，已经表现在他们所从事的任何活动中。就此而言，一个鞋匠、木匠或职员同样可以表现出创造力。无论做任何事情，都可以本着那种与生俱来的态度和精神。我们甚至可以像孩子那样，以创造性的眼光来观察世界。

我们在这里单独讨论这种创造性，但这并不意味着它与其他特性是可以相互分离的。我们探讨创造性时，实际上仍在描写上述的那种更鲜活、更深刻和更有效的感知能力，只不过换了个角度，即从结果的角度进行描写。自我实现者似乎更容易看到事物的真相和本质。正因如此，在能力有限的人看来，他们更具有创造力。

此外，正如我们所见，这些人往往无拘无束，放浪不羁。简言之，他们不太被文化所同化。换成一种正面表达，他们更随心所欲，更加自然本真。这会造成这样一种结果：在别人看来，他们更具创造力。如果我们根据对儿童的研究，假设所有人曾经都有过这种自然天性，并且内心深处可能依然保留着这种天性，但除了这种根深蒂固的天性，人们还受制于一种强大的外在力量，那么人类的自然天性必然时时受到压抑，以致得不到充分的表达。如果没有这种令人窒息的力量，我们或许可以认为，每个人都会表现出这种特殊的创造性（10，307）。

对文化适应的抵抗、对一切文化的超越

如果说适应就是单纯的文化认可和文化认同，那么自我实现者适应得并不理想。尽管他们通过各种方式融入文化，但他们几乎空前一致地抵制文化适应（295），并在内心深处与他们所处的文化保持距离，这一点发人深省。由于现有的文化和人格研究很少提及对文化形塑作用的抵制，而且里斯曼（398）明确指出过：拯救残存文化对美国社会来说极其重要。因此我们提供的资料虽然有限，也是有价值的。

总的来说，这些健康的人与不健康的文化之间有着错综复杂的关系。至少可以从中梳理出以下几点：

1. 自我实现者在着装、语言、饮食及行为的选择上完全符合我们的文化习俗，但他们并不是真正的正统型，当然也不是时尚型或新潮型。

他们表达出这样的内在态度：风俗习惯通常无关紧要，任何一套

交通规则都不相上下,虽然社会风俗会使生活更顺利,但实际上并不重要,也不必小题大做。从中我们再次看到,自我实现者有一种普遍倾向,即他们认为无关紧要、无法改变的大多数现状,他们都能接受。由于鞋子、发型的选择或聚会上的礼貌、举止都不是他们关注的主要问题,所以他们对此往往不以为然。毕竟这些都不是道德问题。

他们虽然宽容地接受了无伤大雅的习俗,但并不由衷地认可,这说明他们遵从俗流时往往相当随意和草率,常常为了贪图简便而敷衍了事。但当屈从于习俗变得耗时费力,当表面的约定俗成暴露出习俗本身的肤浅时,他们便像扔斗篷一样轻易地抛弃习俗。

2. 自我实现者中鲜有人称得上是反权威人士,能和青春期或激进派相提并论。尽管他们经常对社会不公感到愤愤不平,但不会表现出主动的狂躁情绪,不会一时或长期对文化表示不满,也并不急于短期内改变文化。有一位研究对象年轻时是个狂热的反叛分子,他曾组织了一个工会,这种行为在当时非常危险,后来他对此感到厌恶与绝望,最终选择了放弃。他对于社会变革(这一文化以及这一时代)的缓慢感到无可奈何,最终投身于教育事业。其余的自我实现者都冷静地长期关心文化的进步。在我看来,这意味着他们接受了社会文化的渐变性,也意味着社会变革无疑是值得期待和完全必要的。

这绝不意味着他们缺乏斗争精神。当急剧的变革发生时(当他们发现有可能发生急剧变革时),这些人会展现出决心与勇气。虽然他们算不上一般的激进派,但我认为他们很容易转向激进。首先,他们是一群知识分子(别忘了是谁选择了他们),其中大多数人已经找到了自己的使命,并且认为自己所做的事对社会进步具有重大意义。其次,他们都很现实,似乎不会去做毫无意义的巨大牺牲。只有形势严峻、事关重大时,他们才可能抛下本职,投身于激进的社会活动,比如德国和法国的反纳粹地下活动。我觉得他们并非反对斗争,而是反对无效的斗争。

讨论中还经常提及另一点,那就是享受生活、寻欢作乐的诱惑。对多数自我实现者来说,这跟艰苦卓绝的长期反抗是不沾边的。此外,他们认为后者牺牲过大而回报甚微。他们多数人年轻时都有过斗争的经历,都曾经满腔热忱,但后来大都认识到,对急剧变革持乐观态度是毫无根据的。作为一个群体,他们致力于以一种宽容、冷静而又温和的方式从内部潜移默化地改良文化,而不是全盘否定、从外部抗争文化。

3. 与文化保持内在距离并不一定是有意识的,但几乎所有的研究对象都表现出这样的特征。特别是在探讨整体美国文化时,在对不同文化进行对比时,他们似乎常常与自身文化很疏离,仿佛不属于这一文化。他们对自身文化往往爱恨交加、情绪纠结,这表明他们已经按照自己的标准扬弃了美国文化,做到了去粗取精、去伪存真。总而言之,他们对文化进行权衡、评判与鉴赏,然后再进行取舍。

这一态度显然与一般人对文化的被动屈从大相径庭。在许多关于集权主义人格的研究中,具有民族中心主义思想的研究对象身上都表现出这种对文化形塑作用的屈从。这一态度并非全盘否定我们差强人意的文化。当然,差强人意是指与其他实际存在的文化相比,而非与幻想中的理想天国相比(比如襟章上写的:瞬间涅槃)。

自我实现者对文化的疏离也表现为上述的离群索居。跟普通人相比,他们并不那么需要和依赖熟悉、习惯的事物。

4. 由于种种原因,他们称得上是有自主性的人,比如他们只听从自己的个性原则而不受社会规则的束缚。就此而言,他们不仅仅或不单纯是美国人。比起普通人,他们更属于广义上的人类。如果说他们已经超越了美国文化,那么从字面上容易引起误会。因为他们的言行举止毕竟都是美国做派,性格也是美国人性格。

如果将他们与过度社会化、过度机械化的人或是民族中心主义者相比,我们不妨这样假设:这些人不单单是某个亚文化群体,他们还没有被文化所同化,还没有失去锋芒和棱角,也还没有完全定型。当然这有个度的问题,他们构成了一个连续体,从对文化的相对接受逐渐过渡到对文化的相对疏离。

如果这一假设站得住脚,我们至少可以据此再提出一个假设:与自身文化越疏离,自我实现者的民族性格就越模糊,而且跟发展有限的人相比，自我实现者之间具有更多共性。

总之，有个问题长期困扰着我们：有缺陷的文化有可能造就健康的人吗？实验结果回答了这一问题：美国文化有可能造就相对健康的人。这些人灵活地糅合了内在的自主性与对外界的包容性，正因如此，他们才得以生存。当然，前提是文化能够容忍他们对文化有保留的认同态度。

当然这并非理想的健康状态。显然，我们尚不完美的社会会制约和压抑我们的研究对象。所以他们不得不保留一些自己的秘密，不得不压抑他们的自发性，也不得不制约自己的某些潜能。由于在我们的文化中（或许在任何文化中）达到健康程度的人少之又少，这些人会因为健康而孤独，而这会进一步妨碍他们自发性的表达和潜能的实现。①

自我实现者的不完美

作家常犯的错误，是把好人过度美化，让他们好得太夸张，以至于普通人都不愿做这样的好人。人们对完美的渴望和对自身缺点的内疚，都投射在他人身上，对他人的要求比对自身的要求要严格得多。因此，在人们看来，教师和牧师都是些无趣之人，既无世俗欲望也没有缺点。我认为大多数作家在尝试描绘好人（健康人）时，总是将他们塑造成自大狂，或是任人摆布的提线木偶，或是不切实际的完美典范的虚幻反映，而没有把这些身体强健、精神饱满的个体原原本本地表现出来。我们在研究对象身上也发现了许多普通人的小缺点。他们也会犯糊涂，也有大手大脚、粗枝大叶的毛病。他们可能固执死板、惹人讨厌。他们也不可避免地有着浅薄的虚荣心和自豪感，偏爱自己的作品、家庭、朋友以及孩子。他们偶尔也会情绪失控。

---

① 十分感谢塔玛拉·登博博士在这个问题上对我的帮助。

我们的研究对象偶尔会表现得极端残忍。我们必须记住，他们都个性强悍。在必要时，他们会表现得冷酷无情。一旦发现自己长期信任的人不诚实，他可以立即斩钉截铁地断绝这段友谊，而不会感到丝毫痛苦。有位女士嫁给了自己不太爱的人，她在决定离婚时没有表现出丝毫犹豫，甚至还有点无情。面对亲人的逝去，他们中的一些人也能很快从伤痛中走出来，以至于显得薄情寡义。

这些人不仅坚强，而且不为他人的意见所左右。在一次聚会上，有位女士被介绍给他人时，对方的一些繁文缛节让她大为恼火，于是故意通过出格言行来冒犯对方。有人可能会说，因为恼火这样做也无可厚非，但结果是，被她冒犯的人不仅恨她，对聚会的主人也视同仇敌。虽然我们的研究对象想要和这些人一刀两断，但聚会的男女主人并没有这个意思。

我们可以再举一个例子，说明我们的研究对象如何专注于社交以外的世界。当他们全神贯注或沉醉于自己的兴趣爱好时，当他们高度专注于某些现象或问题时，他们可能对其他事情心不在焉，失去幽默感，忘掉所有的一般社交礼节。这时他们根本无心聊天、聚会或是进行类似的活动，而且表现得非常明显。他们的言行可能会让他人感到难过、生气、受到冒犯或伤害。与文化的相对疏离造成的其他不良（至少从他人的角度来看）后果已如上述。

就连他们的善良也会让他们犯错，比如出于同情而与某人结婚；在与神经症患者、讨厌鬼以及倒霉蛋相处时走得太近，事后又感到后悔；在面对无赖时忍气吞声；过度施舍，从而无意间让社会上的不劳而获者变得更加多。

最后，前文已经指出，这些人也会感到内疚、焦虑、悲伤、自责，内心也会产生矛盾和冲突。这些现象并非源于神经症，但今天的大多数人（甚至大多数心理学家）却忽视这一事实，往往只根据上述表征就把这些人归为不健康一类。

我认为这只说明：金无足赤，人无完人。事实上，这世上有好人，极好的人甚至伟人。这世上也有创造者、先知、贤者、圣人以及影响世界、推动世界的人。尽管这样的人凤毛麟角、万中无一，但显然点燃了我们内心对人类未来的希望。然而,这些人有时也会表现得乏味、恼人、易怒、暴躁、自私、消沉。为避免对人性的幻灭,我们必须首先放弃对人性的幻想。

价值和自我实现

自我实现者达观地接受自我、接受人性、接受大部分社会生活、接受自然和现实世界,这自然为他的价值体系奠定了坚实基础。他日常生活中进行个人价值判断的绝大部分都基于这种接受的价值观。无论是赞成还是反对、是抵制还是提倡、是喜欢还是厌恶,往往都可以理解为这种接受态度的外在表现。

自我实现者的内在动力自然(毫无例外地)为他们提供了这种价值基础(所以至少就这一点来看,充分发展的人性可能是普遍的、跨文化的),同样的内在动力还提供了其他决定性因素。这些因素包括:①他们与现实极其和谐的关系;②他们的亲情;③他们基本上处于一种满足状态,以及随之而来的富余和充裕感;④他们对目的与手段的与众不同的区分,等等。(见上文)

对世界的接受态度及其实践产生的最重要的影响之一是:生活中的很多矛盾冲突以及两难抉择要么减少,要么消失。显然,所谓的"道德"问题无非是不接受或不满足引起的偶然结果。在反传统的接受氛围中,很多问题都显得牵强附会,并逐渐淡化。与其说是问题得到了解决,不如说是人们明白了,真正的问题根本不存在,而只是一些心理病态的人制造出来的,例如:打牌、跳舞、穿短裙、(在哪些教堂里)戴帽子、(在哪些教堂里)不戴帽子、喝酒、只吃哪种肉或是只在哪些日子吃哪种肉。对于自我实现者而言,这些琐事微不足道。不仅如此,他们在一些更重要的事情上,例如两性关系,对身体构造、身体机能以及死亡本身的态度也开始变得淡然。

对这一发现的深入探索使我相信,被视为道德、伦理和价值观的许多东西可能只是一般人普遍心理疾病的副产品。一般人不得不在诸多矛盾、挫折和威胁中做出选择（这些选择表现了他们的价值观），而对于自我实现者，这些矛盾、挫折和威胁就好比关于跳舞的争论，本来就不存在或者已经得到了解决。对他们而言，两性之间看似不可调和的斗争根本不是斗争，而是愉快的合作，成人与儿童之间利益的冲突其实也没那么剧烈。性别与年龄之间的差别如此，其他的差异也是如此，包括先天的差异、阶级的差异、政治的差异、不同角色间的差异、宗教差异等。众所周知，这些差异是滋生焦虑、恐惧、敌意、攻击、防备和嫉妒的温床。但现在看来，这也不是绝对的，因为我们的研究对象极少对差异表现出此类的不良反应，他们更倾向于享受差异而非惧怕差异。

师生关系就是一个明显的例子，我们的研究对象中，教学工作者的行为方式十分理智、冷静，他们对师生关系的理解异于常人。他们认为师生之间是愉快的合作而非意志、权威、尊严等的冲突。他们放下师长的身段，用平易亲和的态度对待学生，因为"高高在上"的老师很容易甚至不可避免地会被冒犯，而平易亲和的态度则永远不会受到挑战。他们不会装成无所不知、无所不能的样子，也不搞吓唬威胁的权威主义。他们不认为学生之间、师生之间是竞争关系，也不会摆教授的架子，他们始终表现得像普普通通的木匠、管道工人一样。这种行为方式创造了这样的课堂氛围：没有怀疑，没有戒心，也没有提防、敌对和焦虑。同样，在婚姻关系、家庭关系以及其他人际关系中，当威胁程度降低时，对威胁的反应往往也会相应消失。

在原则和价值观上，绝望的人和心理健康的人至少在几个方面有所不同。他们对物质世界、社会世界和自己的心理世界的感知（理解）有着重大的差异，他们对这种感知（理解）的组织和有效利用在某种程度依赖于个人的价值体系。对于基本需要得不到满足的人来说，这个世界危机四伏，弱肉强食，周遭环境中只存在两种人，支配他的人，被他支配的人。就像丛林生物一样，他们的价值体系必然受到低级需要的支配和组织，尤其是生理需求和安全需要。基本需要得到满足的人则不同，他们把这些需要及满足看成是理所当然，并全身心地去追求更高层次的满足。这就是说，他们的价值体系不尽相同，事实上这种不同也是必然的。

在自我实现者的价值体系中，最高价值往往独具特色，它是个人独特性格结构的体现。从定义上说，这无可辩驳，因为自我实现就是个体自我的实现，不存在两个完全相同的自我。世上只有一个雷诺阿，一个勃拉姆斯，一个斯宾诺莎。我们已经看到，我们的研究对象有很多共同之处，但同时更个性化，更与众不同，不像普通的对照组那样难分彼此。也就是说，他们既十分相似又卓尔不群。在迄今所描述过的各色人等中，他们的个性化程度最高，同时其社会化程度也更加彻底，对人类的认同也更加深刻。他们更具有人类共性，同时也更具有个人特性。

自我实现者对二分法的消解

研究至此，我们终于可以归纳和强调一个重要的理论结论。在本章及其他章节，我曾多次断定，只有心理不够健康的人才具有非此即彼、相互对立或一分为二的思维。在健康人看来，一分为二的问题已经得到了解决，非此即彼的问题不复存在，许多过去认为是内在对立的东西已经相互结合为一个统一整体。见（82）。

例如，在健康人身上已经看不到心与脑、理性与本能、认知与意动之间由来已久的对立，它们之间的关系由对抗转为协同，它们之间的冲突也消失了，因为它们表达的是同一个意思，指向的是同一个结论。总而言之，在这些人身上，欲望与理性实现了最佳结合。圣奥古斯丁说"挚爱上帝，为所欲为"，这句话可以恰当地解释为"做健康人，随心所欲"。

健康人身上并不存在自私和无私之间非此即彼的差别，因为从原则上说，每一个行为既是自私的也是无私的（312）。我们的研究对象既有高尚的精神生活，也喜欢无拘无束，享受感官之乐，所以他们把性生活视为通往精神与"宗教"的渠道。当责任成为享受，工作等同于消遣时,当道德高尚的人履行职责的同时也在享受人生,而且确实能如愿以偿的时候,职责与享乐、工作与消遣便不再相互对立了。如果一个人极具社会归属感的同时又极具个性,如果他成熟而又不失天真,如果他恪守道德的同时充斥着动物性的欲望,继续保留这些对立概念还有什么意义?

同样的结论也适用于以下这些对立概念:仁慈与狠心、具体与抽象、接受与反抗、自我与社会、适应与不适应、疏远他人与认同他人、严肃与幽默、酒神与太阳神、内向与外向、认真与随意、庄重与活泼、循规蹈矩与标新立异、神秘与现实、主动与被动、阳刚与阴柔、肉欲与爱情、性爱与圣爱等。对自我实现者来说,本我、自我和超我彼此协调,不会相互冲突,也不会有根本上的利害分歧,而神经症患者则不然。他们的认知、意动和情感结合成一个统一的机体,以一种非理性的方式相互影响。高级需要与低级需要并非彼此对立,而是相互一致的,成百上千的重要哲学难题都有着两种以上的解答,又或者根本没有解答,这的确是矛盾的。假如两性之间的冲突在成熟的人眼里根本不算冲突,而不过是成长不良或成长受阻的表现,那谁还愿意二选一呢?谁还会心知肚明地选择心理疾病呢?当我们发现真正健康的女人既有好的一面,也有坏的一面,还有必要在好女人与坏女人之间做出选择吗?就好像好坏是相互排斥的?

在这一点上,健康人与普通人之间的巨大差别不仅在于消解二分法的程度有差异,更在于是否消解了二分法。这种差别在其他方面也有体现。因此产生了两种完全不同的心理学。我们越来越清楚地认识到,对残疾、发育不良、不成熟、不健康的人进行研究会产生缺陷心理学和缺陷哲学。而对自我实现者进行研究必将为一门更具普遍意义的心理科学奠定基础。

第十二章　自我实现者的爱情

令人惊讶的是，对"爱情"这一话题，经验科学所能提供的知识少得可怜。尤为奇怪的是，这一话题本属于心理学家的职责，但他们却对这一话题闭口不谈。或许这又是那些学院派的"罪状"之一，即他们只喜欢做一些力所能及的事情，而不是那些应该做的事情。就像我认识的那位笨手笨脚的厨房帮工，他有一天把酒店里所有的罐头都打开了，只因为开罐头是他的拿手好戏。

我必须承认，当我自己承担这一课题时，我更能理解这一点了。在任何文化传统中，"爱"都是一个极其棘手的话题，而在科学传统中，这一研究更是难上加难。我们好像正处于一个前无古人、后无来者的前沿领域，因为用正统心理学的传统方法研究这一问题收效甚微。〔事实上，正因为这种不足，才有必要用新的方法来研究"爱"以及其他人类特有的反应，这种研究会引领科学哲学向另一个方向迈进（292，376）。〕

我们的职责是很明确的。我们必须理解爱，我们必须有能力讲授爱、创造爱、预测爱，否则，世界就会在敌意和怀疑中迷失。这一目标至关重要，此处提供的数据虽然不够严谨，但也是有价值的。在前面一章，我们已经介绍过这些研究、研究对象和一些主要发现。目前我们面临的具体问题是：自我实现者能教给我们哪些关于爱和性的知识呢？

两性之爱的初步描述

首先，我们要谈谈性爱那些广为人知的特点，然后再进入自我实现者的具体研究结果。

关于爱情的基本描述要么是主观的，要么是现象性的，而绝非客观的或行为性的。对于一个没有爱情经历的人，任何描述或言辞都无法向他表达出爱的全部内涵。一般的描述无非是卿卿我我、柔情蜜意，以及从中体验到的极大享受、快感、满足、兴高采烈，甚至欣喜若狂（如果爱情进展顺利）。坠入爱河时，你只想接近热恋之人，跟他更亲密地接触、搂搂抱抱，想得到他。你还会把他理想化，比如觉得他美丽善良、魅力无穷。总之，看着他、有了他，你就幸福快乐；少了他，你就痛苦烦恼。你心里只有他一个，忘记了其他人的存在，对世界的感知变得偏狭，忽略了很多其他事情。就仿佛你的爱人真是人间极品，吸引了你的全部身心。因为跟爱人相处快乐无比，所以人更愿意与所爱之人共处，包括在工作中，在玩乐时，在审美和智力追求中。人总想与爱人分享幸福时刻，所以有这样一种说法：世界因你而更加美好。

当然，爱人对我们有一种特别的性刺激。在某些特殊情况下，这种刺激会直接表现为性唤起。爱人似乎有一种他人无法企及的特殊能力，那就是引起伴侣某种程度的生殖器勃起或体内液体分泌，激起对方特定的、有意识的性欲，而且这一过程中经常伴随着性冲动的强烈感受。但是，这种性冲动并不是爱情所必需，因为无法性交的老年人一样有爱情。

这种亲密接触的欲望不仅体现在生理上，也体现在心理上。情侣之间特有的一些隐私最能显示出这种亲密。此外，我发现热恋之中的情侣会创造出一种特有的、别人不理解的秘密语言，某些与性有关的隐秘词语，某些特别的技巧或姿势。

爱最典型的表现是慷慨大度，想要给予对方、取悦对方，为爱人做点什么或者给爱人送点礼物等，从中体验到一种特殊的快乐。①

---

① 自我实现的爱，或称之为 B 型爱，更像是一种自我的无私奉献。这种

常见的还有那种想要完全了解对方的欲望。想要获得一种心理上的亲密无间，想要知道对方的所有。共享秘密所带来的快乐是人之常情。也许这是人格融合的子例证之一，人格融合的问题我们后面探讨。

一个常见的例子可以证明这种为爱人慷慨付出的倾向。比如人们常常幻想自己为爱人做出了巨大的牺牲（这当然也包括不同的爱，比如朋友之间、兄弟之间、父母和孩子之间的爱）。我有一点疑问至少得提一下，在调查过程中我发现，祖父母表现出对他人最纯粹的爱，我们称之为 B 型爱。

自我实现者在爱情中不设心防

西奥多·里克（393，第171页）曾说过，爱的特征之一是恋人之间相处时没有焦虑感。这一点在健康的恋人之间表现得尤其明显。毫无疑问，恋人之间更加坦率真诚，毫不设防，没有身段，也不再刻意。随着关系的推进，恋人之间会更加亲密、坦诚，也会更加自如地表达自我，当然这种极致的爱是不可多得的。调查显示，跟爱人共处时，人才会成为真正的自己，才会感到自然。"我终于可以放松了"。这种坦诚包括在爱人面前可以充分暴露自己的不完美、弱势，以及生理和心理上的缺陷。

在健康的恋爱关系中，人不再刻意表现出最好的一面。比如不隐藏因年龄导致的身体各方面机能的衰退，也不隐藏假牙、束身衣

（接上页）爱毫无保留，全部付出，不计代价，没有算计。不像某些受过大学教育的女性说的："不要轻言放弃""不要太容易被追到手""要让他看不透你的心""他不能摸透我的心思""我让他一直猜""不要把自己交出去得太快，或者把自己完全交出去""如果我太爱他，那么他会凌驾于我之上""在爱情中一方必须比另一方爱得更深，无论是谁爱得更深，他都是爱情中的弱者""你得让他有点儿危机感"。

等。他们不刻意保持距离、神秘感或者魅力。恋人之间很少有保留或隐私。毫无疑问，这种完全不设防的态度和那些关于爱情的民间智慧正相矛盾，跟某些精神分析学家的理论也大相径庭。比如，里克就认为，真正的朋友跟甜蜜的恋人相互矛盾，是无法合二为一的，但我的实验数据和我的印象却恰恰相反。

我的数据也推翻了另一个由来已久的说法，即两性之间是根本对立的。神经质患者和社会普通民众往往认为两性是对立的，他们对异性持怀疑态度，倾向于认同自己的性别，共同对抗异性，乃至用"异"来称呼另一性别。但自我实现者绝无这种想法，至少在我整理过的调查资料中不曾有过。

还有一项研究结果同样否定了性和爱的民间智慧以及一些理论家的深刻解说。有确切的证据证明，随着时间的推移，自我实现者的爱情生活及性满足都有显著提升。显然，是彼此的熟悉，而不是新鲜感，使纯粹的感官和生理满足得到了升华。当然，性伴侣的新鲜感无疑对很多人都很刺激，但我们的数据证明，如果认为所有人都如此则并不明智，特别是对自我实现者而言，情况并非如此。

我们可以把自我实现者的爱概括如下，健康的爱在某种程度上是不设防的，换言之，就是更坦率、更诚实。健康的爱使双方能坦诚相见，加深了解，深爱对方。当然，这意味着如果亲密无间、由内而外地了解了对方，他就会爱上对方原原本本的样子。但如果对方人品不好，深入了解非但不会让你更喜欢他，只会让你更讨厌他。这让我想起我以前的一项研究结果，研究的内容是熟悉程度对绘画的影响。我发现，优秀的画作会让人越看越喜欢，越看越欣赏。而劣质画作则会让人越看越讨厌。但要确定评判画作优劣的客观标准比登天还难，所以我决定不发表我的发现。但如果允许我保留一定的主观看法，我会说，一个人越优秀，对他了解越深入，人们就会越喜爱他。反之亦然。

我的研究对象表示，健康的恋爱关系带给人最大的满足之一，就是人们可以最大限度地发自内心、顺其自然、卸下心防、有安全感。在这样的关系中，人们不必小心谨慎，不必刻意隐藏，不必想方设法给对方留下好印象，不必感到紧张，不必察言观色，不必压抑克制。我的研究对象说，在健康的爱情生活中，他们可以做自己，而不会觉得对方对他们有任何要求和期待。他们毫无遮拦地袒露出自己赤裸裸的心理（和生理），而仍然会感觉对方深爱着自己、需要自己，仍然有安全感。

罗杰斯对此有过详细描述（401a，第159页）。"关于'被爱'一词，其最深也是最广为接受的含义，就是被深刻理解和完全接受。当我们爱上别人时，我们跟他在一起就有安全感。我们知道他会如何对待我们以及跟我们有关的一切，只有这时我们才可能爱上他。因此，如果有人对我有敌意，如果我发现他对我除了敌意就是敌意，我肯定会采取一种防备态度。"

门宁格（335a，第22页）则描述了另一种相反的情况，"爱最大的障碍不是自己不被欣赏，而是缺乏安全感，每个人多多少少都有这种感觉，唯恐别人识破自己的伪装，即传统或者文化强加给我们的伪装。正因为这种心理，我们拒绝跟人走得太近，而仅仅维持一种表面上的友谊。也正因为这种心理，我们看不起别人，无法欣赏别人，除非对方也欣赏自己。"事实上，我们的研究对象更加喜怒随心，更不需要维系彼此之间的常规礼节。这一事实进一步说明了这一点。

爱与被爱的能力

我的研究对象曾经被人爱过，曾经爱过人，现在仍然被人爱或者仍然爱着人。几乎所有（并不是所有）资料完整的研究对象都能说明这样的结论（其他数据不变的条件下）：拥有爱的人拥有健康的心理，而缺乏爱的人则缺乏健康的心理。即便禁欲主义是可能的，即便挫折感确实对人有益，基本需要的满足仍然更有可能造就健康的人。不论是需要爱还是爱别人，都是如此。〔精神病态人格说明了其他的一些必要条件，利维（264）所举的那些精神病患的例子更是证明了这一点。〕

对于正在爱和被爱的自我实现者来说也是如此。出于某种原因，我们最好说：自我实现者有能力去爱，也有能力被爱（虽然这句话听起来像是前后重复，但实际上并不重复）。这都是临床观察到的事实，是众所周知的，可以轻易地被证实。

门宁格（335a）曾一针见血地指出，人们确实希望彼此相爱，但是他们并不知道如何相爱。对于自我实现者而言并非如此。他们至少知道如何去爱，并且他们可以爱得如此自由轻松、自然而然，不会在矛盾、威胁和压抑中受伤。

但我的研究对象使用"爱"这个词时总是格外慎重。他们仅用"爱"来描述少数人，而不是多数人。他们倾向于仔细区分伉俪之情、喜爱之情、友爱之情、仁慈之情和手足之情。在他们看来，"爱"这个词描述的是一种强烈的感情，而并非平淡或超脱的爱。

自我实现的爱中的性

自我实现者的性生活与众不同，性质复杂，可以教给我们很多东西。性并不简单，其中有许多脉络彼此交织。我不能说我掌握了很多数据，因为这种信息涉及隐私，一般很难获得。但就我所知，他们的性生活总体上是很有特点的，据此我们可以对性以及爱的本质进行既积极又消极的断想。

可以确定的是，对健康人来说，性和爱不仅可能、并且经常是完美结合的。尽管性和爱是彼此独立的概念，而且把两者相互混淆也毫无意义（393，442），但有必要指出，在健康人的生活中，性和爱更有可能彼此融合。可以说，在我们研究对象的生活中，性和爱事实上很难相互区分。我们不能像某些人那样，绝对地认为没有爱情基础而能享受性快感的人都是病态的，但我们当然可以逐步证实这一结论。自我实现者整体上不会为了性而性，或者满足于无爱的性。我不确定我的实验数据是否能支撑这一观点，即自我实现者们宁可没有性生活，也不要无爱之性。但有一点我相当确定，大量实例可以证明，至少在实验过程中，面对无爱之性，自我实现者们通常选择放弃或者拒绝。①

第十一章还公布了另一个发现，自我实现者的性快感是最强烈的，能达到巅峰状态。如果爱是对于完美融合的渴望，那么自我实现者们所描绘的那种性高潮正是这种完美融合的体现。我收集的报告中所描述的那些体验的确达到了极高的强烈程度，因此我觉得应当作为神秘体验记录下来。除了"开阔无垠、美得失真、美得太短暂"等描述，性体验的描述中还提到了一种感觉——仿佛有一种无法控制的力量使自己神魂颠倒。完美强烈的性体验和其他感觉错综复杂地交织在一起，导致了一些似是而非的结论，我想在此进行探讨。

与普通人相比，自我实现者的性生活既重要也不重要。相比性这种深刻甚至神秘的体验，自我实现者更能忍受没有性的爱。这不是悖论或者矛盾，它符合动力动机理论。对爱更高层次的需求使得较低层次的需求、挫折和满足变得不那么重要和关键，也就更容易被忽视了。但当这些需求得到满足时，他们更能全身心地享受这种满足。

自我实现者对待性的态度和他们对待美食的态度具有可比性。自我实现者在大饱口福的同时，并不认为美食是人生不可或缺的一部分。在享用美食的时候，自我实现者可以全神贯注地大快朵颐，但吃饭在他们的日常生活中只居于次要地位。自我实现者并非真正"需要"性，只是人生快事即在眼前，他们又何乐而不为呢？

同样，乌托邦哲学、天堂、美好生活、价值观与道德观哲学也不强调美食的重要地位。食物是基本的、理所当然的，以食物为基础可以形成更高层次的东西。自我实现者都承认，没有较低层次的事物作基石，就无法建立较高层次的东西。但一旦低层次的需要得

---

① "尽管本质上差异很大，性冲动和爱却是相互依存、互相补充的。对一个完全成熟的、完美的人来说，爱与性冲动能够完美地合二为一。这是所有情爱心理学的基础。如果有人仅有能力体验纯粹的感官之性，那么他会被贴上性行为失常（不成熟或者有其他缺陷）的标签"。（Schwarz, Oswald. *The Psychology of Sex*, New York: Penguin Books, 1951, p.21.）

到满足,他们就不再留意也不再关注这些需求。

他们对于性的态度似乎也是这样。正像我前面提到的,自我实现者可以全身心地享受性,比普通人来得更加酣畅淋漓,尽管在他们的人生哲学中性并不占据中心地位。性是一种应得的享受,是理所当然的、基本的,像水和食物一样必不可少,因此满足这些需求是天经地义的。我认为,这一态度能够解释自我实现者身上体现的矛盾,即与普通人相比,自我实现者一方面性体验更强烈,但同时在他们整个人生参照系中性并不占重要地位。

应该强调的是,他们对于性的复杂态度造成了这样一种结果:性高潮可能会带来神秘体验,但有时也有可能会被忽略不计。这就是说,自我实现者的性可能会十分强烈或者十分平淡。这与那种浪漫的观点相冲突,即爱是一种甜蜜的惊喜,是心醉神迷,是神秘体验。确实,爱可能是一种微妙而非强烈的快感,是轻松愉快的赏心乐事,而不是严肃深刻的一本正经,或是不好不坏的责任。自我实现者并不总是过着极致的生活,他们平常不愠不火,能轻松温和地适时享受性,体验性带来的刺激、愉悦、趣味、享受和满足,而不是通过性去探究人类狂喜的巅峰。在研究对象感到疲惫时更是如此,这时他们可能会进行比较轻松愉悦的性行为。

自我实现者的爱表现出自我实现的一般特点。比如特点之一是自我实现者的爱建立在合理接受自我和他人的基础上。很多他人无法接受的事实,自我实现者都可以接受。比如,尽管与普通人相比,自我实现者更不容易被婚外情所诱惑,但是他们却比普通人更加诚实地承认别人对自己有性吸引力。在我的印象里,自我实现者和异性之间的关系更简单。他们偶尔会被其他异性吸引,但是与普通人相比,他们更能抵御这种诱惑。与普通人相比,他们对于性的描述更加自由随性,更加不受常规约束。总而言之,就是接受生活中的事实,因为随着情感的升温和升华,爱情生活幸福美满,在婚姻之外寻求心理或生理的补偿似乎就没有必要了。这个有趣的例子说明对性的接受和性行为本身并不相关。人们越容易接受性生活,似乎就越倾向于坚持一夫一妻制。

还有个例子。有个女人和丈夫长期分居，我从她那里得到的信息表明，她有过所谓的滥交行为。她不仅对自己的风流韵事直言不讳，而且言之凿凿地表明自己很乐于此道。这个女人55岁，能把自己那些风花雪月娓娓道来，并坦承自己享受性。她在谈论性生活时，没有丝毫内疚或焦虑，也并不觉得自己有任何过错。显然，赞同一夫一妻制并不等同于追求贞洁或拒绝性生活，而仅仅是指爱情生活越美满，就越没有必要对妻子或丈夫以外的其他人产生性冲动。

当然，自我实现者之所以更能享受性爱也是以对性的接受为主要前提的。我在健康人的爱情观中还发现了一个特征，他们并不严格区分两性的角色和人格。也就是说，无论是在性、爱情或其他方面，他们都不认为女性是被动的、男性是主动的。这些人对自己的性别有明确认识，并不介意自己具有某些异性的文化特征。特别值得注意的是，他们既可以主动地爱恋他人，也可以被动地被人依恋，这一点在性行为和性交中表现得最为明显。亲吻对方和接受亲吻，主动表达或安静接受……这些统统不分男女。有报告表明，在不同情况下，自我实现者无论主动还是被动都一样享受性。拘泥于主动性交或被动性交被认为是一种缺陷。因为对自我实现者来说，两者都能各臻其妙。

这很有可能因为他们对自己的男性阳刚之气或女性阴柔之美颇具信心，所以我还有这样一种强烈的印象：健康男性更容易被女性所具有的智慧、力量和能力所吸引，而不像那些缺乏性别认同感的男性，将女性身上的这些特质视为威胁。

这是另外一个例子，能说明自我实现如何成功消除了一般的男女对立，而这种对立其实是心理不健康所致。

这与达西（103）的论点相一致，即性爱和基督之爱本质上是不同的，但在最优秀的人身上，两者却融为一体。他谈到了两种爱，要么是男性化的，要么是女性化的；要么是主动的，要么是被动的；要么是自我中心的，要么是谦卑顺从的。诚然，一般大众身上的这些特征都相互冲突，处于对立的两极，但在健康人身上，情况并非如此。健康人身上的这种男女对立已经消失，个体变得既主动又被动，既自私又无私，既具有男子气概又具有女子之美，既以自我为中心又谦卑顺从。达西认为这种情况虽然极为罕见，但的确存在。

根据有限的资料，我们仍然可以自信地提出一个否定的论断：弗洛伊德学说一般认为爱来自性，或者将爱与性混同起来，这是一个严重的错误。当然，许多不假思索的人也这么认为，但只有弗洛伊德可被视为西方文明中最具影响力的倡导者。实际上弗洛伊德在著作中多次明确表示，他有时对这个问题的看法迥然不同。例如他有一次谈到，孩子对母亲的感情源于自我保护的本能，即一种类似于对养育之恩的感激之情"它（感情）从幼年就开始了，是在自我保护本能的基础上形成的"（139，第204页）。有一次，他把这种感情解释为反应的形成（139，第252页）。还有一次，他认为这体现了精神上的性冲动（139，第259页）。在希契曼的报告中（195，第2—3页），他认为所有的爱都是婴儿对母亲的爱的复制。"……孩子吮吸母亲的乳房，是一切爱的典范。这实际上是一次重新发现。"

总的来说，在弗洛伊德提出的各种理论中，最广为接受的是：柔情蜜意是目标抑制型性行为。[①]直白地说，弗洛伊德认为这是一种变相和伪装的性行为。当我们被禁止发生性交行为时，当我们需要性交但自己又不敢承认时，妥协的结果就是卿卿我我的甜蜜爱情。反之，当我们面对脉脉柔情时，我们只能依照弗洛伊德理论，将其视为目标抑制型性行为。从这一前提必然导致另一结论：如果性欲从来没有受到抑制，如果人人都可以自由交合，那么柔情蜜意就不会存在。根据弗洛伊德的观点，乱伦禁忌和性压抑是产生爱的根源。其他观点见参考文献27和213。

弗洛伊德学派探讨的另一种爱是生殖器之爱，通常只强调生殖

---

① 弗洛伊德在《文明及其不满》中表示："这些人不以对方的意志为转移，从被人爱转而爱对方，实现了主要价值的转化。他们平等地爱所有人，而不是某一个体，以此来补偿自己失去的爱。他们放弃了性的目标，将本能转化为带有抑制目的的冲动，以避免生殖器之爱带来的不确定性和失望。这一过程在他们身上引发的状态——一种不可改变的、一贯的温柔态度——在表面上与翻云覆雨的生殖器之爱并没有多少相似之处，虽然这种爱正是从生殖器之爱中衍生出来的。"（第22页）

器，与爱无关。例如，它通常被定义为一种强大的力量，依靠这种力量，就能产生积极性高潮。当然，还有些为数不多的论述更加复杂。在我所能找到的传统弗洛伊德学说中，迈克尔·巴林特和爱德华·希契曼（195）的论述是最精彩的。

柔情在生殖器之爱中扮演了何种角色仍然是一个谜，因为性交行为显然没有抑制性目标（它本身就是性目标）。弗洛伊德只字未提目标满足型性行为。如果生殖器之爱含有柔情的成分，那么除了目标抑制外，性交中还应该存在其他原因，一种与性无涉的动机。萨蒂的分析（442）非常有效地揭示了这一立场的不足之处。里克（393）、弗洛姆（145，148）、德福雷斯特（106）等修正主义弗洛伊德学派也是如此。早在1908年，阿德勒（13）就断言，人类对爱的需求并非来源于性。

关怀、责任、需求汇合

美好爱情的一个重要表现就是所谓的需求认同，或者说，两个人不同层次的基本需求汇合为一个单一体系。汇合的结果是，双方对彼此的需求都能够感同身受、心领神会。个体的自我有所丰富，囊括了两个人。为了某种心理需求，这两人在某种程度上合而为一，变成了一个个体、一个人、一个自我。

可能最早是阿尔弗雷德·阿德勒（2，13）正式提出了这一原则，后来埃里克·弗洛姆（148，第129—130页）对此有过精当论述。在他的《人各为己》一书中，爱被定义为：

> 就爱的"对象"和自我之间的关系而言，爱在原则上是不可分割的。真正的爱代表了能产性，意味着呵护、尊重、责任和理解。它不是一种被人依恋的"情感"，而是为爱人的成长和幸福而积极奋斗，根植于人的爱的能力。

施利克（413a，第186页）对此也有一番见解：

> 社会冲动是指人的这样一种倾向：认为某人是否快乐本身就是愉快或不愉快的经历（仅仅是对另一种生物的感知，对他存在的感知，通过社会冲动就可以产生愉悦的感觉）。这些倾向产生的自然结果是，快乐的承载者将他人的快乐状态作为自己行为的目的。一旦实现了这些目的，他就会享受此中乐趣，因为不但他自己的想法，而且他人脸上真实的快乐也使他愉悦。

这种需求认同常见的表现方式是承担责任、关怀他人、呵护他人。深情的丈夫能够对妻子的快乐感同身受。慈爱的母亲宁愿自己咳嗽，也不忍听到自己的孩子咳嗽，她愿意为孩子承受一切病痛，毕竟病在儿身，痛在母心。幸福和不幸的婚姻对疾病的反应截然不同就是一个很好的例子。对一对恩爱夫妻来说，疾病意味着同病相怜，而不只是其中一方的不幸，他们会自觉地承担同等的责任。在和睦的家庭中，最原始的共产主义不仅表现在共享食物或金钱上，也表现在这方面。只有大病当头才能看到需求认同原则最纯粹的例证——按劳分配变成按需分配。这里唯一需要修正的是，另一半的需求就是爱人的需求。

如果双方情深意笃，体弱多病的一方就能把护理和保护自己的任务全权交付给自己的另一半，就像孩子在父母的臂弯里自然而然地安然睡去。如果双方不太和睦，疾病会使他们的关系变得紧张。对那些大男人来说，男子气概就意味着身强力壮，病怏怏是一场灾难。如果男女双方都用选美比赛的方式来定义女性魅力，体弱多病会使女人魅力不再，这对两人来说都是悲剧。而我们健康人则几乎完全不受这一错误认识的影响。

如果我们记得，人类归根结底是相互隔绝、相互封闭的，每个人都活在他自己的狭小贝壳中，如果我们也认同，人们归根结底永远无法像了解自己一样真正了解他人，那么每个团体和个人之间的交往都是"两个孤独者的相互保护、相互触碰和相互问候"(里尔克)。就我们所知,要弥合两个独立个体之间不可逾越的鸿沟,健康的爱情是最行之有效的方式。

历来关于爱情以及利他主义、爱国主义等的著述中,自我超越已是老生常谈了。安格亚尔在他的著作中(12)对这一倾向进行了很内行的绝妙分析。在这本书中,他讨论了他称为协同倾向的各种实例,并将其与自主倾向、独立倾向、个体化倾向等进行了对比。安格亚尔提出,这种超越自我界限的倾向理应在系统心理学中占有一席之地。越来越多的临床和历史证据表明,他所言不虚。此外,这种超越自我界限的需求完全可能成为类似我们对维生素和矿物质的需求。也就是说,如果这种需求得不到满足,那么人就会出现这样或那样的病态。应该说,最令人满意和最彻底的自我超越就是健康的爱情。〔参考文献(182,314)〕

健康爱情中的幸福快乐

上面提到,埃里克·弗洛姆和阿尔弗雷德·阿德勒关于爱的观念都强调生产性、呵护和责任。这是千真万确的,但奇怪的是,弗洛姆、阿德勒和其他学者虽然持同一论调,却忽略了健康爱情的其中一个方面,而这一方面在我的研究对象中表现得非常明显,那就是爱能使人兴致高涨、精神焕发、幸福快乐。自我实现者无一例外地享受属于自己的爱和性。在性爱这场游戏中,欢乐的笑声和酣畅的性交一样寻常。弗洛姆和其他严肃的思想家把理想爱情描述成一种任务或负担,而不是游戏或赏心乐事。弗洛姆(148,第110页)说:"爱是与他人和自己建立联系的方式。它意味着责任、关怀、尊重和了解,以及对他人成长和发展的期待。爱情表达了在相互独立的前提下两个人之间的亲密关系。"不得不承认,这听起来像是一种协定或伙伴关系,而不是一种自发的幸福快乐。男女彼此吸引不是为了全人类的福祉,也不是为了繁衍后代,更不是为了人类未来的发展。尽管健康人的爱和性常常达到欢喜的巅峰，但更类似于儿童和小狗的玩耍嬉戏：刺激兴奋、乐在其中。爱并不像弗洛姆所暗示的那样，主要是一种付出；恰恰相反，爱是人生一大乐事。我们将会在下文详细论述。

接受他人的个体性，尊重他人

凡是认真探讨过理想爱情或健康爱情的作者都强调对个体的肯定，对对方成长的热切期盼以及对个性和独特人格的尊重。对自我实现者的观察有力地证明了这一点。自我实现者不同于常人，他们有一种异乎寻常的能力，会为伴侣所取得的成就欢欣鼓舞，而不会感觉到威胁。他们对伴侣的尊重简单真诚、发人深省。奥福斯特利特（366a，第103页）说得很好："爱一个人意味着肯定对方，而非占有对方。爱意味着心甘情愿地成全对方独特的个性。"

弗洛姆对这一主题的阐述也让人印象深刻（145，第261页）："爱的首要因素就是这种自发性的特征，爱不是自我分化为他人，而是自发地肯定他人，是在保持自我个性的前提下，跟他人的完美结合。"有个尊重他人的例子令人印象深刻，那就是男人对妻子的成就感到由衷的骄傲，即使妻子使自己相形见绌。另一个例子则是没有嫉妒心理。

这种尊重表现在很多方面，有些情况下与爱情本身是有区别的。爱和尊重彼此独立，虽然两者经常被相提并论。即使是自我实现者也可能只有尊重但没有爱情。我并不十分确定人们是否可以爱一个人却不尊重他，或许有这种可能。爱情的很多特点常常被视为是尊重的体现。

对他人的尊重意味着认可他是一个独立的存在，是一个独立自主的个体。自我实现者并不会随意地玩弄他人、控制他人或忽视他人的愿望。自我实现者不仅这样对待成人，也这样对待孩子。与我们文化中的其他人不同，他可以做到真正尊重孩子。

两性之间的尊重关系有一点非常耐人寻味，那就是人们经常反过来解读它，比如被解读为缺乏尊重。举个例子，正如我们看到的，许多所谓的尊重女性的行为实际上起源于历史上对女性的歧视，今天的很多行为也可能无意识地表现出对女性的极度歧视。这种文化习惯包括女性进入房间时，男性会起身站立，帮女性挪椅子、拿外套，进门时让女性先进，把最好的东西让给女性，所有事情都让女性首先挑选。所有这些做法都意味着一个历史的、动态的观点，即女性是脆弱的，她们无法照顾自己。因为所有这些行为都有保护的意味，是对弱者的保护。一般来说，自尊心强的女性对于这类尊重很敏感。她们很明白，这些行为可能恰恰意味着缺乏尊重。总而言之，自我实现的男性倾向于真正尊重和欣赏女性，把她们看作伴侣、同等地位的人、朋友、完整的人，而不是物种的一分子。因此，自我实现者对女性表现得更从容、随性，而缺乏传统意义上的礼貌。我曾见过他们因此惹来麻烦，也见过自我实现的男性因为不"尊重"女性而受到指责。

爱是终极体验、欣赏、惊艳、敬畏

爱情大有好处，这一事实并不意味着人们是受这些利益驱动才去爱，或者人们坠入爱河是为了获得这些好处。健康人的爱更像是一种发自内心的欣赏，如同观赏一幅美丽的画作时体验到的触动和震撼，那种油然而生的赞赏和愉悦。心理学文献连篇累牍地探讨爱情的回馈和目标以及爱情需求的强化与满足，但对所谓"终极体验"（与我们所说的"手段体验"相反）或是对于美的敬畏（这种敬畏是美的回馈）却着墨不多。

多数情况下，我的研究对象所体验到的欣赏和爱情正是如此：不要求任何回报，也不带有任何目的。他们通过极其个性化的方式（6），按照诺思罗普所说的"东方视角"（361），体验过具体而充实的纯粹爱情。

欣赏没有任何目的，也不会获得任何回报，毫无功利性。欣赏更被动而非主动,更接近于道家提倡的安之若素。深受震撼的欣赏者并不刻意改变这段爱情经历,反之,这段经历会改变他。他用天真的眼光看待和观察这个世界,像个孩童,对一切不带定见,无可无不可。他在甜蜜的爱情中顺其自然地享受快乐,并不会主动追求什么。这种经历类似于积极被动(eager passivity),即任由自己随缘沉浮,只为其中的美妙享受。更准确地说,这种经历类似于客观的兴趣,类似于怀着敬畏之心、毫无预期地欣赏渐渐变化的落日。我们对日落是无能为力的。就此而言,我们没有把自己的感情投射其中,或者像罗夏墨迹测验中那样,尝试去影响它。落日并不象征或代表什么,我们不会因为欣赏落日而得到回馈或与什么发生关联。落日与食物或其他的身体需求毫无关系。我们可以欣赏一幅画,但并不想拥有它;我们可以喜欢一朵玫瑰,但并不想摘下它;我们可以疼爱漂亮的小宝宝,而并不想成为他的父母;我们可以偏爱一只鸟,但并不想囚禁它。同样,人可以欣赏和喜爱他人而并无所求。当然,敬畏和欣赏与其他将个体与个体之间联系起来的倾向是并存的。它并不是唯一的倾向,但毫无疑问是其中的倾向之一。

这一观察的意义也许在于我们可以据此驳斥许多爱情理论,这些理论都认为,人们是受到驱动去爱他人,而不是被爱本身所吸引。弗洛伊德(138)提到了目标抑制性行为,里克谈到了目标抑制力(393),还有些人表示,是我们对自身的不满迫使我们制造出一种投射幻觉,即一个不真实的(被高估的)伴侣。

有一点似乎很清楚,健康人坠入爱河如同人首次欣赏美妙音乐——他为之惊叹,为之陶醉,为之迷恋。的确如此,尽管他事先并没有沉醉美妙音乐的需求。霍尼在一篇文章中曾将健康的爱定义为爱人的本来面目,认为人本身就是目标,而不是实现目标的手段。随之而来的就是去享受,去倾慕,去快活,去品鉴和欣赏,而不是去玩弄。圣贝尔纳德说得很贴切:"爱除了自身别无目的,爱无止境;爱的结果就是爱,爱的乐趣也是爱;我爱是因为我爱,我爱是为了我可以爱。"(209)

神学著作(103)中充斥着类似的陈述。上帝之爱与人类之爱有别，因为人们一般认为，无私的敬仰和爱非人类所能及，或者非人类自然能力所及。当然，我们必须反对这一点，完全成熟的最优秀的人会展现出许多我们曾认为是超自然的能力。

我认为，在前几章所提到的那些理论框架中才能完全理解这些现象。首先，我们先思考一下：匮乏性动机和成长性动机的区别是什么（295）。我曾建议，自我实现者可以被定义为不再被基本需求所驱动的人。这些基本需求包括对安全、归属感、爱、地位和自尊的需求，因为这些需求已经得到了满足。为什么一个已经拥有爱的人依旧会陷入爱情呢？其中原因跟那些缺乏爱的人肯定有所不同，后者陷入爱情是因为他们需要爱，渴求爱，苦于得不到爱，因此想要弥补这种病态的缺陷。①

自我实现者没有需要弥补的严重缺陷，我们必须将他们视为可以自由成长、成熟、发展的人，换言之，他们可以自由地实现人类的最高本性。自我实现者所做的一切都是出于成长的目的，并且表现得自然而然，从不勉为其难。他们去爱是因为他们富有爱心。同样，他们善良、诚实、本真，因为他们天性如此，就像一个身体强壮的人，不必刻意显得强壮，就像玫瑰本来就会散发香气，就像猫咪本来就姿态优雅，就像孩子本来就天真烂漫，因为他们生来如此。跟生理成长及心理成熟一样，这种附带现象几乎没有动机。

自我实现者的爱几乎没有勉强、压力和挣扎，因此也高于普通人的爱。用哲学术语来讲，它是存在和成长的一个方面。我们可以称之为B型爱，即爱实际存在的他人。

超然与个性

自我实现者保持一定程度的个性、独立性和自主性，这似乎和上述的那种认同感和爱互不相容，初听起来像是个悖论，但这只是

---

① 见（295，第42—43页）关于B型爱与D型爱的区分。

表面现象。正如我们所看到的那样，健康人可以同时拥有超然的倾向、认同需求和真正的相濡以沫。事实上，自我实现者独立性最强、最具有利他性、最善于交往、最富有爱心。我们的文化把这些品质视为一个连续体的对立两极，这显然是错的，必须加以纠正。这些品质并行不悖，在自我实现者身上，这种非此即彼的界限消失了。

在我们的研究对象身上，我们发现了一种健康的自私，一种伟大的自尊，一种不做无谓牺牲的倾向。

自我实现者在爱情生活中不仅具备了爱他人的伟大能力，同时做到了尊重他人和自己。这说明一个事实，即我们不能像描述普通恋人那样用需要彼此来描述自我实现者。自我实现者可以和恋人亲密无间，但需要的时候也可以彼此分离而不会失魂落魄。他们不会彼此依附，也不会成为彼此的束缚和羁绊。我们能够确定，他们彼此相亲相爱，但对长期的分离或死亡能够达观地看待，也就是说能始终保持坚强。即使经历过刻骨铭心的爱情，自我实现者依然可以保持自我，并最终成为自我的主人。他们会按照自己的标准去生活，同时能够对对方情有独钟。

显然，这一发现如果被证实，我们有必要修正我们文化中对于理想或健康爱情的定义，或至少是拓展它的含义。我们约定俗成地将爱情定义为两个自我的完美融合，失去独立性，是放弃而不是强化个性。这固然不假，但此刻的事实却说明，理想或健康爱情中，个性得到强化，自我一方面和对方融合为一，另一方面仍保持独立，而且依旧强大。这两种趋势，即超越个性和磨砺、强化个性的趋势，应该被视为是并行不悖的，而不是彼此冲突的。此外，这意味着超越自我的最佳方式是拥有强大的自我个性。

健康恋人的优越品位和洞察力

自我实现者一个最显著的优势是他们优越的洞察力。与普通人相比，他们可以更有效地感知真相和事实，无论现实是有条有理的还是杂乱无章的,是个人的还是非个人的。

在爱情生活中,这种敏锐首先体现在选择爱人时具有极高的品位(或洞察力)。我的研究对象的密友、丈夫或妻子的群体比随机抽样的群体优秀得多。

当然,这并不意味着自我实现者的婚恋对象都达到了自我实现的水平。报告中发现了自我实现者的一些失误,虽然在某种程度这些失误都可以解释,但这也表明我们的研究对象并不完美,也并非无所不知。他们也有虚荣心和自己独有的缺点。比如在我研究的那些人中,至少有一个是出于同情而结婚,而不是出于平等的爱。有一位娶了比自己年龄小很多的女人,虽然他明知以后会不可避免地遇到许多问题。所以持平而论,即使自我实现者选择伴侣的品位高于一般人,但绝不是完美的。

仅这一结论就足以挑战一些普遍观念,即爱是盲目的——说得更讲究一点——恋人总是高估对方。显然,这对普通人来说是成立的,但对自我实现者来说却并非如此。而且有证据表明,热恋中的自我实现者的感知比平时更有效、更精准,毕竟情人眼里出西施。[①]人们很容易犯这个错误,因为自我实现者会爱上那些因为明显缺陷而遭人嫌弃的人。然而,这种爱并非是对缺点视而不见,而是不在乎这些明显缺点或者并不认为它们是缺点。比如与性格缺陷相比,生理缺陷和经济、教育、社会地位上的不足对自我实现者而言就无足轻重。这就导致自我实现者很容易和相貌平平的伴侣坠入爱河。在别人看来,这就是"盲目",但我们最好还是称之为优越的品位或是洞察力。

我曾在几位相对健康的年轻大学生身上观察过这种优越品位的

[①] 奥斯瓦尔德·施瓦茨著,《性心理学》,企鹅出版社,1951年。其中写道:"有一件事情再怎么强调都不为过,那就是,爱赋予相爱之人的这种奇迹般的能力在于一种力量,它引导人们去发现爱的对象,而这种爱的美德对于没有受到爱的启示的人来说是不可见的;爱的美德不是爱人之人的创造发明,他们用虚幻的价值观来迷惑被爱之人:爱不是自我欺骗。"(第100—101页)

"毫无疑问,爱里面存在着一种强烈的情感要素,但是本质上,爱是一种认知行为,它确是通往人格内在核心的唯一途径。"(第20页)

发展。年轻大学生越成熟，就越不会被以下这些特质所吸引：英俊、美貌、善舞、美胸、强壮、高大、体格好、脖颈优美。他们更多谈论这些特质：随和、善良、得体、友善、体贴。在有些情况下，他们恋人的某些特征早些年甚至为人所不齿，比如，体毛旺盛、太过肥胖、不够机灵等。有位年轻人的恋爱范围逐年缩小。一开始，只要对方达到他要求的身材条件（不要太胖或太高），他就会觉得还不错。到后来，在所有他认识的女性之中他只中意其中两位。这时所有的恋爱条件都建立在性格而不是生理基础上。

我认为，研究将表明，这意味着心理健康的改善，而不是年龄的增长。

我们的数据还推翻了另外两个常识性错误，一个是性格特征相反的人会互相吸引，另外一个是性格特征相近的人容易成婚（同质化婚姻）。事实上，自我实现者的婚姻无一例外，都表现为以下性格特征的同质化：诚实、真诚、善良和勇气。但在更表面和外在的方面，比如收入、阶级、教育、宗教、国籍、相貌等，自我实现者的婚姻远不及一般人具有同质性。对于婚姻中的差距和陌生感，自我实现者不会感到不安。事实上，他们只觉得很感兴趣。他们跟普通人不同，他们不那么需要熟悉的口音、服饰、事物、习俗和礼节。

至于异性魅力，我的研究对象对自身不具备的才艺表达出由衷的赞赏。未来伴侣的这些优点对我的研究对象而言更有魅力。

最后，我希望人们注意到一个事实，最后几页提供了一个例子，可以消解或驳斥由来已久的二分法，比如冲动和理性、心和脑。研究对象的爱人都按照认知标准和意动标准经过了科学的筛选。也就是说，经过冷静、睿智的临床计算，这些恋人在直觉、性和本能上都被自我实现者所吸引，是他们合适的恋爱对象。他们的品位符合他们的判断，两者相同而不是相左。

这让我想起索罗金（434），他试图证明真、善、美三者是积极互动的。我们的数据似乎支撑了索罗金的论述，但这仅适用于健康人。至于神经症患者，我们仍需提出慎重结论。（449）

第十三章 对个体和共性的认知

引 言

心理学家对所有的经验、行为和个体采取以下两种态度之一：一是研究任何经验和行为本身，将之视为独一无二的现象，也就是同世界上的任何其他经验、个体或行为都迥然不同；二是把经验作为典型而非独特现象来研究，比如将其视为某一类别或范畴中的典型或范例。也就是说，严格意义上讲，他并没有审视、关注、感知甚至体验某一事件。这种反应很像档案管理员，对一页档案内容的认识仅限于将其归档于甲类或乙类。不妨建议学界将这种行为称作"标签化"。对于那些不喜欢标新立异的人来说，"抽象化BW"一词可能更合适。下标字母B和W分别代表伯格森（461）[①]和怀特

[①] "即使理性承认并不知道呈现在自己眼前的事物，它也相信自己仅仅是不知道在这些由来已久的标签中，哪个标签适合这一新事物。我们应该把新事物放到哪个即将打开的抽屉里呢？我们应该给它穿哪件已经裁剪好的衣服呢？是选择这个，还是那个，又或者别的呢？"这个""那个"和"别的"通常都是已经为人所知和被人接受的事物。对于一个新生事物，我们可能要创建一种新的概念或思维方式，我们对这一想法深恶痛绝。然而，哲学史向我们展示了体系的永恒冲突，说明我们无法令人满意地把现实纳入我们现成的概念中，也说明我们有必要量体裁衣。但我们的理性不愿走向这种极端，而宁愿以傲慢且谦虚的态度，一劳永逸地宣布：理性只关照相对事物，而绝对事物不在其考察范围之内。这种初步的宣言使理性能够毫无顾忌地运用惯常的思维方法，在不触及绝对事物的前提下，对一切事物做出绝对的判断。柏拉图是第一个建立该理论的人：要想知道事实，就得找到它的概念。也就是说，要把它硬塞进一个我们信手拈来的

海（475），因为这两位思想家为我们认识危险的抽象化做出了最大贡献。①

因为对心理学基础理论的高度关注，才自然产生了这种区别。总的来说，绝大多数美国人的心理活动都是这样进行的：现实好像是一成不变的，而不是发展变化的（是状态而非过程），现实好像是离散、累加的，而不是互联、模式化的。无视现实的动态性和整体性造成了学院派心理学的诸多缺点和屡次失败。即便如此，我们还是没必要制造相互对立的二分法，或者选边站队进行论战。心理现象既稳定，又有变化；既相似，也有不同，"整体—动力学"也有可能像"原子—静态论"一样片面而又不切实际。如果本章强调一方面而忽略了另一方面的话，那是因为有必要充实内容，恢复两者之间的平衡。

本章将根据这些理论分析来探讨一些认知问题。笔者很想表达自己的部分信念：许多被认为是认知的东西实际上是认知的替代品，是瞬息万变的现实生活所必需的二手把戏，而无须承认这一事实。因为现实是动态的，而一般西方人的头脑只能勉强认识静态事物，所以我们大量的注意力、感知、学习、记忆和思维实际上只用来处理现实的静态抽象或理论建构，而非现实本身。

为防止有人误以为本章旨在反对抽象化和概念化，我必须明确表态，没有概念、概括和抽象，我们就不可能生存。但问题在于，这些概念、概括和抽象必须建立在经验的基础之上。它们必须扎根

（接上页）现成框架中去，好似我们已经对它达成了共识。但这种信念对于人类的理智来说是很自然的，因为人类理智总要决定新生事物应归为哪一类。可以说，在某种意义上，我们都是天生的柏拉图主义者。"（46，第55—56页）

① 有兴趣的读者可以参考其他心理学家，他们或多或少进行过类似区分。库尔特·勒温（274）对比过亚里士多德和伽利略的科学方法，戈登·奥尔波特（6）对性格科学采用过"具体"和"常规"的方法。最近，普通语义学家则强调经验之间的差异性而非相似性（215），所有这些论述都与本章的主题重合，并在本章撰写过程中被自由采用。下面我们也会谈到库尔特·戈尔茨坦的抽象—具体二分法（160）中所提出的几个有趣的问题。与此有关的还有伊塔德的《亚维农野孩》。

于具体现实，与具体现实相联系；它们必须具备有意义的内容，而不是仅仅几句空话、标签和抽象。本章所要论述的是病态的抽象、"抽象简化"以及抽象化的危险。

标签化注意

迄今为止，注意的概念与感知的概念完全不同。比较而言，"注意"更侧重于有选择、有准备、有组织和需要动员的行为。注意不需要都是简单的即时反应，因为注意行为不完全取决于需要关注的现实的性质。注意也是由个人机体、个人兴趣、动机、偏见和过去的经验等共同决定的，这一点已经是常识。

但更切合我们观点的是这一事实：注意这种反应是有差别的，一种是对具体事件的独特、即时的反应，另一种是按照人们头脑中已经形成的既定类别机械地贴标签。也就是说，注意可能不过是认识或发现我们自己炮制的一切——一种事前的预判。可以说，注意可能只是把过去合理化，或者只是为了努力维持现状，而不是真正地认识变化和创新。要做到这一点，只能关注那些已知的事物，或者将新生事物强行纳入现有的已知框架中。

对注意的这种程式化反应对机体的利弊都是显而易见的。很明显，如果我们仅仅要给一段经验贴上标签或分门别类，这无疑省时省力，不用再高度集中注意力。毫无疑问，贴标签比全神贯注来得轻松，而且贴标签不需要集中注意力，不需要机体调动全部资源。为了感知和理解重要问题或者新问题，集中注意力是非常必要的，但我们都知道，这也十分劳神费力，因此高度集中注意力的时候相对少见。这一结论的依据在于，公众一般偏好流行读物、精简小说、文摘期刊、千篇一律的电影和充满陈词滥调的对话。总之，他们都在回避真正的问题，或者至少极其偏爱程式化的表面化解决办法。

标签化是一种偏颇的、象征性的、形式化的反应，而不是一种彻底的反应。这使得自动化行为成为可能，即同时做多件事情，而这又意味着通过允许低级活动的反射性反应，来使得高级活动成为可能。总而言之，我们没有必要去关注或重视经验中的常见要素。因此，我们不需要把服务员、门卫、电梯员、清洁工、穿制服的上班族等看作个体的人。①

这里涉及一个悖论，因为这两种倾向都是真实的：我们不关注那些不属于既定类别的事物，即陌生的事物；正是这些异常、陌生、危险或有威胁性的事物最容易吸引我们的注意力。新奇陌生的刺激可能是危险的（例如黑暗中的响声），也可能并不危险（例如挂在窗户上的新窗帘）。我们更注意那些陌生而又危险的事物，而更容易忽视熟悉且安全的事物；那些新鲜却安全的事物得到的关注往往不多不少，否则这些事物就会转化为熟悉且安全的一类，即被贴上标签。②

有一种有趣的推断，源于这样一种奇怪的倾向：新奇而又陌生的事物要么无人问津，要么占尽风光。我们中的相当一部分人（不够健康的人）似乎只能全神贯注地应对危险经历。注意力似乎仅仅是对危险的反应，是需要紧急应对的警告。凡是不具威胁性、没有危险的事物，这些人统统视而不见，仿佛这些经验不值得关注，也不值得任何认知或情感的其他付出。对于他们来说，生活要么是遭遇危险，要么是风平浪静。

但对有些人来说，事情却并非如此，他们不光会对危险做出反应，或许因为更加有安全感和更加自信，他们对那些并不危险却刺激好玩的体验也会做出反应，甚至为此兴奋不已。有人指出，这种积极的反应，无论是温和的还是强烈的，无论是轻微的兴奋

---

① 更多的实验实例可参见巴特利特的精彩研究（33）。
② "从幼时到生命终结，最心安理得的莫过于将新事物同化于旧事物，当众所周知的系列概念面临威胁性挑战或冲击时，识破它们新奇的假面具，然后把它们当作假冒的'老朋友'打发掉。对于那些我们无法理解的事物，我们既不会感到好奇，也不会感到惊异，因为我们既没有可以定义它们的概念，也没有可以衡量它们的标准。"（211，Vol. II，第110页）

还是极度的狂喜，都同紧急反应如出一辙，是包括内脏和机体其他部位在内的自主神经系统的总动员。这些体验之间的主要差异在于：在事后反思时，一种体验使人愉快，而另一种体验则不然。这一观察使我们看到，人类不仅被动地适应世界，而且主动地享受世界，甚至还在改造世界。造成这些差异的原因正是我们广义上所说的心理健康这一因素及其变化形式。对于相对焦虑的人来说，注意力集中仅仅是一种应急机制，世界仅仅简单化地分为两类：危险的和安全的。

弗洛伊德的"自由漂浮注意"（free-floating attention）[1]这一概念很可能说明注意与标签化注意之间的这种真正差异。请注意，弗洛伊德之所以提倡被动注意而非主动注意，是因为主动注意总是将人们的各种期待强加给世界。如果现实的声音太过微弱，就会被这种期待所淹没。弗洛伊德建议我们要顺从、谦卑、被动，只关注现实传达给我们的东西，让物质的内在结构决定我们应该感知什么。这相当于承认我们必须把体验看作独一无二的，不同于世界上的任何其他事物。我们只需要努力理解体验本身，而不是发现这些体验如何适应了我们的既定理论、规划和概念。从根本上讲，这是在鼓励问题中心主义，也是在反对自我中心主义。如果我们想要理解眼前呈现的某一体验本身及其本质，我们就要尽可能地抛开自我以及自

---

[1] "因为一旦刻意将注意力集中到一定程度，人们就会开始从面前的材料中进行选择，其中某一点会在脑海中清晰地定格，而其他特征则会被忽略。在选择的过程中，人们会遵从自己对偏好的期待，然而这恰恰是需要避免的。如果人在选择过程中追随了自己内心的期望，就会产生这种危险：他将永远无法发现新生事物。而且，如果人只按照自己的偏好进行选择，那么他所能感知的事物将毫无疑问地被证伪。千万不要忘记，无论如何，人们当时所获知的事物的意义，多半在后来才会为人认可。"

"因此，我们可以看到，要求患者不带批判、不加选择地陈述全部症状，正是平均分配注意力这一原则导致的必然结果。患者遵从'精神分析的基本规则'的主要利好正在于此，如果医生不这么做，就等于放弃了这些益处。对医生来说，这些规则如下：一切有意识的努力都会受到注意力的限制，而一个人的潜意识记忆需要得到充分发挥。换用简单明了的内行说法：人只需倾听，不必费心去记任何具体事项。"（139，第324—325页）

我的经验、预想、希望和恐惧。

为有助于说明问题，不妨将科学家和艺术家研究体验的方法进行常规性（甚至程式化的）对比。假设有两种抽象：真正的科学家的抽象和真正的艺术家的抽象，那么可以认为，科学家从根本上力求对体验进行分类，将某一体验与其他体验联系起来，将这一体验定位于统一的宇宙哲学，探索这一体验与其他体验的相似之处和差异。科学家倾向于给这一体验加上名称或贴上标签，为它寻找归宿，简言之，就是将其分门别类。而艺术家，按照伯格森和克罗齐等人的说法，但凡是名副其实的艺术家，最感兴趣的都应该是自身独一无二的那部分体验。因此，他必须把这段体验看作一个独立的对象。正如每个苹果都是独一无二、与众不同的，每个模型、每棵树、每个脑袋也是如此——没有任何事物与其他事物完全相同。正如一名批评家在评论某位艺术家时说："他看到了别人视而不见的东西。"把体验分门别类或将体验归入大脑中的某一卡片目录中，他对这一套做法毫无兴趣。他的任务是发现体验的新奇之处，随后，如果他有足够的天赋，就可以定格这种体验，让那些感知麻木的人也能体验到同样的新奇。齐美尔说得好："科学家发现某些事物是因为他了解某些事物，而艺术家了解某些事物是因为发现了它。"①

还有个例子也许有助于理解这种差异。我称作艺术家的这些人与普通人至少在这样一点上截然不同。简言之，他们每一次看到日落、花朵或树木时，都同样惊喜交集，同样全神贯注，有着同样强烈的情绪反应，仿佛这是他们的初次体验。而普通人只要见证奇迹发生过五次，那么无论之后的奇迹有多神奇，他都统统不为所动了。而真正的艺术家即使走遍天涯，仍然会觉得风光处处。"他们更透彻地洞察这个世界，对他们来说，世界是历久弥新的。"

---

① 像所有刻板印象一样，这种刻板印象也是危险的。本章暗示的观点是，如果科学家更依赖直觉，更具艺术气质，更懂得欣赏和尊重鲜活的直接经验，他们将会更有作为。同样，对现实的科学研究和理解应该深化艺术家对世界的认识，使这种认识更加合理和成熟。实际上，艺术家和科学家遵从同样的指令："从整体看现实"。

标签化感知

程式化思维（Stereotyping）这个概念不仅适用于社会心理学的偏见分析，也适用于感知这一基本心理过程。感知不一定是对真实事件内在本质的认识和记载。感知通常是给经验分类、贴标签或做标记，而不是对其进行考察，因此不能被称作是真正的感知。以程式化和标签化的方式进行感知，就相当于用陈词滥调在交谈。

例如和某人初次见面时，我们很可能会对他有新鲜感，总想把他当作独特的个体来理解或感知，总觉得他不同于常人，但我们却难免给他贴标签、做标记或者给他定位。我们不是把他当作独一无二的个体，而是把他归为某一类型或给他贴上某一标签，把他看作某一概念的实例，或是某一类型的代表。比如认为他是一个中国人，而不是卢姆·王，有着和他那帮兄弟不同的梦想、抱负和担忧。又或者我们给他贴上"百万富翁""社会一员""贵妇""儿童"或"犹太人"之类的标签。[①]换言之，程式化感知的人更像档案管理员而不是摄像师。档案管理员都有一个装满文件夹的抽屉，而他的任务就是把桌子上的每一封信按照甲类、乙类或其他类别放到相应的文件夹里。

从众多例证中可知，标签化感知主要倾向于感知如下内容：

---

① "这种（廉价）小说以不同形式体现了语言的呆板僵化：小说内容、小说形式和小说批评。其中的情节、人物、行为、场景和'道德'都是相对标准化的。同样的，这些故事运用了大量标准化的词汇和语句。正因如此，这些缺乏个性的人物类型被看作女罪犯、侦探、贫穷女工、老板儿子等角色。"（215，第259页）

普通语义学家还指出，某人一旦被归入某一类型，就会被他人视为这一群体类型，而不是独特的个体。

1. 陈旧老套的而不是陌生新奇的
2. 形式化、抽象化的而非实际存在的
3. 组织化、结构化、单一性的而非混乱、无组织和模棱两可的
4. 已命名、可命名的而非未命名、无法命名的
5. 有意义的而非无意义的
6. 常规的而非反常规的
7. 意料之中的而非出乎意料的

此外,当某一事件稀奇古怪、具体可感、模棱两可、难以名状、毫无意义、有悖常规或突如其来的时候,我们往往倾向于曲解它,把它强行塑造成我们更为熟悉且更抽象、更有序的形式。我们更易于将具体事件看作某一类型的代表,而不是从事件本身出发,感知它们独一无二的特性。

罗夏墨迹测验、格式塔心理学、投射测验和艺术理论的文献中有大量实例,可以证明这种倾向。早川(99,第103页)在最后一部分引用了一个绘画教师的例子,这位教师"习惯于告诉学生,正因为他们脑海中有了一只手臂,他们画不出一只有个性的手臂。因为当他们脑海中有了一只手臂的时候,他们已经知道手臂的样子了。"沙赫特尔的书中也充满了这类引人入胜的例子(410)。

显然,如果只想把刺激对象归入一个既定的范畴,而不是真要去理解和欣赏它,那无须对它了解太多。真正的感知需要将事物看作是独一无二的,需要全面分析它,沉浸其中去理解它。比起贴标签和编目录等轻而易举的小事,这显然需要耗费更多时间。

很可能,标签化远不如即时的感知有效,主要原因已如上述,标签化的行为转瞬即可完成。在标签化感知中,只有最突出的特征才能用来确定如何反应,而这些特征很容易产生误导。因此,标签化的认知导致了误差。

这些误差意义重大,因为标签化感知使得最初的错误认识很难得到纠正。人一旦被置于某一框架中,往往倾向于安于现状,因为任何

行为一旦与现成标签下的刻板印象相矛盾，就会被视为例外情况，不会得到认真对待。比如不管因为什么原因，我们已经确信某人不老实，那么在玩牌的时候，尽管我们没抓住他的把柄，我们也会说他是"贼"，并认为他这次没耍赖是偶然的，可能是怕被抓住，也可能是懒得耍赖。一旦我们认为他确实不老实，即使我们永远抓不到证据，也无关紧要。他依然被当成"贼"，只是不敢在我们面前搞鬼而已。我们认为他的一反常态很可笑，且只是伪装而非他的本性。事实上，程式化思维或标签化感知的概念可能为这一古老的问题提供了很好的答案：人们为什么能年复一年地相信谎言，即使真相就在眼前？我知道，这种对证据的漠视用需求的压抑就可以完全解释，或者一般用动机的力量来解释。毫无疑问，这种说法也是正确的。但问题是，这是否就是全部的真理，这种说法自身是否足够充分，能否解释自身？我们的讨论表明，对证据视而不见还有其他原因。

如果我们自己也是程式化态度的受害者，就能体会到他们所承受的伤害。比如这样的说法"哦，不过是个服务员"或"又是个爱攀比的家伙"等。如果别人把我们随意跟一些和自己相去甚远的人相提并论，我们一般会觉得遭到了侮辱和贬低。威廉·詹姆斯对此表达得很透彻："在处理任何事物时，理智首先将它与其他事物一起归类。但是，凡是对我们极其重要并能唤醒我们激情的事物，对我们来说似乎都是独一无二的。如果螃蟹听到我们不费吹灰之力、心安理得地把它归为甲壳类动物，并依此对待它，它可能会像人一样愤怒：'我不是这样的'它会说，'我是我自己，只是我自己'。"（212，第10页）

学习中的标签化

习惯是尝试用以前成功的方法来解决当前的问题。这意味着：必须将当前的问题准确地定位；必须为这类问题选择最有效的解决方案。因此，分类，也就是标签化，是不可避免的。

习惯这一现象最能说明这一点,即所有的贴标签行为实际上是在试图"定格这个世界"①,这一点也适用于那些标签化注意、感知、思考、表达等。事实上,世界是一个永恒的变体,万物都在变化过程中。理论上,世界上没有任何东西是静态的(尽管因为实际需要,很多东西都是静态的)。如果我们认真思考理论,那么任何经历、事件和行为在某些方面(无论是否重要)都不同于以前发生过或将再次发生的其他经历、行为等。②

怀特海反复指出,把科学和常识的理论及哲学完全建立在这一不可避免的基本事实之上,似乎是合理的。但事实上,我们大多数人都不会这样做。尽管最尖端的科学家和哲学家早已摒弃了真空区的老观念,以及在真空区漫无目的、四处游荡的经久不衰的物质,但我们所有的不理智反应仍然是以这些口头上被抛弃的观念为基础的。尽管我们已经而且必须接受一个变化和发展的世界,但很少有人在感情上热忱地接纳它。我们仍然谨守牛顿学说(287)。

所谓标签化的反应都可以被重新定义为"努力使不断变化的运

---

① "因此,在特定的情况下,理智会本能地选择已知事物的任何类似物;它寻找类似物,目的是应用'同类相生'的原则。根据常识预见未来就是这个意思。科学能使这种能力达到最精确的程度,但并不能改变它的基本性质。和普通知识一样,科学只关注重复的方面。虽然整体事物是原创的,但科学总是设法把它条分缕析,分解为过去某元素或某方面的近似或者再现……"(46,第34—35页)。应当再次提及(见上文第一章和第二章以及附录B),现在已经出现了另一种科学哲学,另一套知识和认知的概念,其中包括整体的(以及原子)、独特的(以及重复的)、人类和个人的(以及机械的)、变化的(以及稳定的)、超越的(以及实证的)。见参考文献292、376及其参考书目。

② "没有两个事物是一模一样的,也没有任何事物是一成不变的。如果你清楚地认识到这一点,那么大可把某些事物当作是一模一样的,或把某些事物当作是一成不变的——也就是按照习惯行事。这没什么大碍,因为差异要成为差异,就必须有所不同,而有些差异有时做不到这一点。只要你意识到,差异总会有的,而你必须判断它们是不是真正的差异,这样你的习惯就值得信赖了,因为你知道适时把习惯抛在一边。没有万无一失的习惯。只有对那些具体问题具体分析、而非盲目依赖或遵从习惯的人来说,习惯才是有用的;对于缺乏判断能力的人来说,习惯往往会导致低效、愚昧和危险。"(215,第199页)

动定格、静止或终止，以便应对这个世界"，就好像只有在世界停止运动的时候，我们才能应对它。这种倾向有个例子。静态原子论数学家发明了一种天才的技巧，用一种静止的方式来处理运动和变化，即微积分。但就本章而言，心理学的例子更为贴切。有必要强调这样一点：习惯，实际上所有的复制性学习，都可证明这一倾向，即静态思维的人会将一个变化中的世界定格为暂时静止状态，因为他们无法掌控或应付一个千变万化的世界。

詹姆斯很久以前就指出，习惯是保守的机制（211）。为什么呢？一方面，任何一个习得的反应一旦产生，就会给对同一问题的其他习得反应的形成带来阻碍。还有个原因虽然同样重要却常被学习理论家忽视，那就是学习不仅是身体肌肉的反应，也是情感上的偏好。我们不仅学说英语，也在学习爱上英语和偏爱英语（309）。[①]学习并不是一个完全中立的过程。我们不能说，"如果这种反应有误，抛开它或者用正确的反应取代它是轻而易举的"，因为通过学习，我们某种程度上已经投入了自己和自己的信念。因此，如果我们想要学好法语，而唯一能教法语的老师口音却很重，那最好就不要学法语，等有了好老师的时候再学可能会更奏效。同样，我们必须反对那些轻率对待假说和理论的科学家。"即使是错误的理论也比没理论强"他们说。如

---

① 《文集学》
"自从选集家把莫尔斯、波恩、波特、布利斯和布鲁克的优美词句收进他的选集里，
后来所有的选集家们当然
都引用了布利斯、布鲁克、波特、波恩和莫尔斯。
如果某个鲁莽的选集家随心所欲，
印了你我的选集，
按照自己的判断
删去了经典的布鲁克，莫尔斯，波特，布利斯和波恩，
那些目中无人的评论家
扫过我们的诗句，会齐声叫嚷，
'这是什么选集？
竟然遗漏了波恩、布鲁克、波特、莫尔斯和布利斯！'"
——亚瑟·吉特曼（167）

果说我们上述的分析还有合理性，实际情况应该没这么简单。正如一个西班牙谚语所说："习惯一开始是蛛网，后来成为缆绳。"

当然，这些批评不适用于所有的学习，它们只适用于原子式和复制性学习，即识别和记忆孤立的特定反应。在许多心理学家的著述中，复制性学习似乎成了过去影响现在的唯一途径，或者说过去的经验教训有效解决现有问题的唯一途径。这一假设太简单，因为这个世界上真正的传承，也就是过去所产生的既不是原子式的，也不是复制性的。过去产生的最重要的影响，最具影响力的学习方式，其实是我们所谓的性格学习或内在学习（311a），即我们所有的经历对性格的影响。因此，经历不像硬币，由机体一个个获得。如果说这些经历深刻地影响了人，那意味着它彻底改变了人。因此，一些悲剧性经历会使不成熟的人变得更加成熟、更明智、更宽容、更谦虚、更善于解决成年人生活中的问题。与之对立的理论则认为，人在其他方面并无任何变化，只是在某种特殊情况下（比如母亲去世）获得了某种处理或解决特定问题的能力。这样的例子远比普通案例更重要、更实用、更典型。普通案例无非是把一个个无意义的音节盲目地拼凑起来，在我看来，不少实验除了拿这些案例与其他无意义的音节再拼凑一番，与世界上任何事情都没有关系。①

如果世界处于一个过程之中，那么每一个瞬间都是前所未有、独一无二的。从理论上讲，所有的问题也必然都是新问题。根据过

---

① "记忆，正如我们已经努力证明的，不是把过往的人或事收进抽屉里，或者记录在记录簿里的能力。不存在记录簿，不存在抽屉。确切地说，甚至不存在能力，因为能力只在它愿意或有能力工作的时候间歇性地工作，而过去的堆积则永无止歇……"

"即使我们没法清楚地知道它是什么，但我们可以模糊地感受到，我们的过去仍然跟我们如影随形。如果我们不是自出生以来，甚至包含我们出生之前（我们的性情与生俱来）所有经历的浓缩，那我们还能是什么，或者，我们的个性是什么？毫无疑问，我们过去的一小部分在思考，但我们渴望、向往和行动时，调用的却是我们全部的过去，包括我们人生之初的本性。因而，我们的过去作为一个整体，通过冲动表现出来。它以思想的形式被感知。"（46，第7—8页）

程理论，典型问题是指以前从未遇到过并且在本质上不同于其他问题的问题。因此，根据这一理论，一个问题如果与过去的问题非常相似，应该被理解为一个特例，而不是一个典型。那么诉诸过去的特殊解决方案可能既有益处，也有风险。我相信，事实的观察将证明，这在实践和理论上都是正确的。无论人坚持何种理论观点，都无法否认生活中至少部分问题是新问题，因而必须有新的解决方法，这是一个不争的事实。①

从生物学的观点来看，习惯在适应过程中起着双重作用，因为习惯是必需的，但也是危险的。习惯必然意味着某种不真实，即一个恒定不变的静态世界。与此同时，习惯又常常被视为人类最有效的适应工具之一，而这又意味着一个变化的动态世界。习惯是对某一情形的既有反应或对某一问题的现成解决方案。因为它一经形成，便产生了一定的惰性而拒绝改变。②但当情况发生变化时，我们就得随机应变或及时做好应变准备。这时习惯的存在可能会适得其反，因为习惯使我们抵制或延误对新情况做出新的必要反应。同样，巴特利特谈到，"外部环境的挑战，它的变与不变需要一定程度的变化和调整，但绝不会容忍一个全新的开始。"（33，第224页）

如果我们从另一个角度来描述这个悖论，也许有助于进一步弄清这个问题。我们可以说，在处理反复出现的情况时，为了节省时间、精力和思考才形成了习惯。如果一个问题以类似的形式一次次地出现，我们当然可以节省大量的思考，因为我们有一些习惯性的

---

① "正是因为理智总是试图重组，并在给定的基础上重组，它忽略了历史上每一刻出现的新生事物。它否认不可预见的事物。它拒绝一切创造。明确的先例产生了明确的结果，而且是先例的功能带来的可以预测的结果，这给我们的理智带来了极大的满足。我们也明白，明确的目的需要明确的手段来实现它。在这两种情况下，我们都必须处理由已知的事物组成的已知，简而言之，就是处理重复的陈旧知识。"（46，第180页）

② "受过去反应所影响的能力，通常称为'经验修正'，它总体上与需求相冲突，因为需求是在不断变化的多样化环境中产生的，必须具有适应性、灵活性和反应的多样性。这种能力一般有两种整体效果：导致亦步亦趋的行为和相对保守的系列反应"。（33，第281页）

答案,每当类似问题出现就可以自动解决。因此,习惯是对重复不变的老问题的反应。这就是为什么说习惯是一种"假设"反应——"假设世界是静止不动、一成不变的"。当然,之所以会出现这种解释,是因为部分心理学家有感于习惯作为一种调节机制的重要性,因而众口一词地强调问题的重复性。

很多情况下这都是理所应当的,因为毫无疑问,许多问题实际上是重复出现、一成不变的老问题。如果从事所谓的高级活动,比如思考、发明、创造,就会发现这些活动需要一套复杂的习惯为前提,这些习惯会自动解决日常生活中的琐碎问题,这样才可能把能量分配给所谓的更高级问题。但这里涉及一个矛盾甚至悖论。事实上,世界并非陈旧静止、重复不变的。相反,它日新月异、千变万化。我们不必争论这是否准确描述了世界的各个方面,为便于论证,我们可以假定世界有变化的一面,也有恒定不变的一面,从而避免不必要的形而上学争论。如果我们承认这一点,那么我们也必须承认,无论习惯对这个恒定不变的世界多么有用,当机体不得不应对变幻莫测的世界,不得不处理那些闻所未闻的新问题时,习惯无疑会成为一种障碍和阻力。①

习惯既有益处也有害处。毫无疑问,习惯虽有助于我们节省思考的时间和精力,但也让我们付出了不小的代价。在我们的适应过

---

① "这幅画是面对世界的人类一员。在这个世界里,只有当人学会随机应变以适应世界的无限多样性,并有办法摆脱当前环境的完全支配时,他们才能生存并成为主人。"(46,第301页)

"我们的自由就在获得认可的那一刻也制造了越来越多的习惯,如果自由无法通过不断的努力来自我更新,就会被这些习惯所扼杀:自由被自动主义所纠缠。最鲜活的思想在刻板僵化的公式化表达中变得索然无味。语言与思想背道而驰,文字将灵魂扼杀。"(46,第141页)

"习惯可以是进步的附属品,但不是进步的主要手段。我们应该从这一角度把控习惯。就其节省时间和精力而言,它是进步的一个附属品——但就此而言也谈不到进步,除非所节省的时间和精力用来明智地修正其他行为。比如你越是习惯了刮胡子,你刮胡子的时候就越能自由地考虑一些对你来说很重要的问题。这样做大有裨益——除非在考虑这些问题时,你得出的结论总是大同小异。"(215,第198页)

程中，它既是利器也是阻碍。它虽能提供解决问题的方法，但长远来看，却将我们束缚于标签化思维中，也就是说，它面对新问题时是束手无策的。尽管习惯有助于我们适应这个世界，但却限制了我们的发明能力和创造力，也就是说，它阻碍了我们按照自己的意愿更好地改造世界。最后一点，它倾向于以一种惰性的方式，来替代真正的、鲜活的注意、感知、学习和思维。①

最后还有一点可以补充：在没有一套规则（参考标准）的情况下，复制性记忆会变得十分困难。感兴趣的读者可以参考巴特利特的经典著作（33），以获得对这一结论的实验支持。沙赫特尔（410）就此有过精彩论述。我们可以补充一个同样容易验证的例子。一年夏天，笔者在一个印第安部落里进行实地调研时发现，虽然自己很喜欢某一首印第安歌曲，但怎么也想不起调。只有跟着印第安歌手唱，自己才会唱，但五分钟之后，就又忘得一干二净。音乐记忆超强的人可能会感到费解。其实原因不难理解。印第安歌曲在基本的结构和音质上都与其他歌曲大相径庭，人们在记忆时根本就没有任何参考标准。举个更加通俗易懂且十分常见的例子：一个讲英语的人一边学西班牙语，一边学像俄语这样的斯拉夫语。对他来说，学习这两门语言的难易程度

---

① "因此，上述的四个因素——惰性或不情愿、将新事物同化于旧事物、传统与成功的偏好——阻碍了我们思维的发展。在历史上，真正标新立异的激进思潮——离经叛道的思想少之又少。从古希腊时代到文艺复兴时期之前，柏拉图和亚里士多德的思想发挥了中流砥柱的作用。到了文艺复兴时期，伽利略和笛卡尔的思想又为自然科学提供了一整套基本概念，这些概念直到最近都没有什么太大修正。因而在此期间，多数情况下，思考主要是寻找一种解决问题的条理和次序，使人能够处理可以预见的情况。这两点是维持现有社会的必要基础。但光这些还不够。只有突破简单的条理和次序，才能处理预料之外的情况，也才能取得进步、获得启迪。当生命仅仅局限于确认先例时，也就意味着生命的堕落。整合经验中模糊混乱的成分，这种能力才是迈向未知世界所必需的能力。"（475，第108页）

"生活的本质就在于既定秩序的受挫和失灵。世界拒绝墨守成规带来的死气沉沉，但在拒绝的同时却把迈向新秩序作为重要体验的首要条件。我们必须解释秩序的形式和新秩序要达成的目的，以及衡量成功的标准。"（475，第119页）

是有差别的。西班牙语、法语或德语中的多数单词都是同源词,讲英语的学习者可以用它们作为参照。但由于俄语几乎完全没有这些同源词,所以学俄语就非常困难。

标签化思维

标签化思维包括以下几方面的含义:①只能发现那些程式化的问题,或者无法发现新问题,或是将新问题强行归入熟悉的老问题中;②遇到问题时只会墨守成规,用那些死记硬背的老方法和技巧来解决问题;③在问题还没出现之前就准备好了一套现成的、不容更改的解决方案。这三种倾向相叠加,几乎完全扼杀了人的创造性。①

这些倾向如此强烈地驱使着我们,以至于像伯格森这样渊博的心理学家同样受其误导。在他的定义中,智力的唯一功能似乎就是标签化,如"智力是一种将同类事物相联系,发现并制造重复现象的能力"(46,第59页)。"解释意味着将那些不可预见的新事物分解为旧的或已知的成分,并按照不同顺序重新排列。智力无法接受全新事物,也同样无法接受正在发生的现实,也就是说,在此智力又忽略了生活的一个基本方面"(46,第181页)。"我们视活人如死物,认为一切变化的现实都具备清晰固定的形式。我们只有在间断、静止、停滞的环境中才会感到自在。智力的特点就是它天生无法理解生活"(46,第182页)。但伯格森用自己的智力驳斥了这种过度概括。

---

① "……条理清晰、秩序井然使持有人能够处理预见到的情况。这些是维持既存社会情形的必要基础。然而这还不够。超越条理和秩序是处理未预见到的情况,以及持续进步、保持兴奋的必要措施。当生命被一致性的脚镣锁住的时候它就退化了。合并模糊与无序的经验元素的力量对于提升至新秩序是至关重要的。"(475,第108页)

"生命的本质在摧毁既定秩序中得以体现。宇宙拒绝绝对一致性正在削弱的影响。而在其拒绝的过程中,它朝着作为重要经历的首要必需品的新秩序前进。我们不得不对秩序形式的目标、新秩序的目标以及对成功与失败的权衡作出解释。"(475,第119页)

程式化的问题

首先,那些倾向于贴标签的人第一反应通常是回避问题或是对问题视而不见,这一点在那些强迫症患者身上表现得十分极端。他们之所以把生活的每一角落都打理得一丝不乱,是因为他们不敢面对任何突发事件。只要是没有现成答案的新问题,比如那些需要信心、勇气和安全感的问题,都会让他们感到威胁。

如果必须正视问题,那么他们首先要做的就是把问题归类,将它视为某一类原有问题的典型(因为熟悉的东西不会使人感到焦虑)。他们这样做是为了发现"在以前经历过的问题中,这一问题可以归入哪一类?"或者"这一问题最适合哪一类问题,能硬塞进去吗?"当然,只有人们察觉到问题之间的相似性以后,才会出现这一"定位"反应。我无意讨论相似性这一复杂问题,指出以下这一点足矣:对相似性的感知实际上反映了人所感知到的现实本质,未必是微不足道、完全被动的。不同的人在分类时都有自己的一套独特标准,但他们却都能成功地把经验标签化,即是明证。这类人不愿意陷入茫然境地,对于那些无法忽视的现象,他们会主动进行分类,有时甚至不惜剪裁或者扭曲这些经验。

据我所知,克鲁克香克(97)就此写过一篇最为精彩的文章,涉及医学诊断中的问题。通过这篇文章,心理学家将更好地了解精神病学家对病人分类时的严格态度。

程式化的技巧

通常来说,程式化的一大优点就是,只要能将问题成功归类,就会自动出现解决这一问题的一整套技巧,但这并非程式化的唯一原因。将问题进行定位的倾向往往有深层动机,这可以借下面这个例子进行说明:医生面对从未见过的疾病,总不如面对熟悉的疾病时那么安心,哪怕这种熟悉的疾病是某种不治之症。

如果人多次处理过同样的问题,那么当再次遇上这一问题时,某种适当的机制就会蓄势待发,时刻准备开始运转。当然,这意味着人们非常倾向于按照之前的方式来处理同样的事情。也正如我们所看到的，这种习惯性解决方法有利有弊。其优点是易于实施、省时省力、自动解决、驾轻就熟，能让我们免于焦虑。而其缺点主要在于缺乏灵活性、适应性，毫无创造性可言，也就是说，方法上的标签化会使人们误以为可以把这个不断变化的世界静态化。

卢金斯做了许多有趣的"定位"（279）反应试验，很好地证明了程式化思维对人造成的影响。

程式化的结论

程式化结论最常见的例子大概就是合理化过程。出于研究的目的，不妨对这一过程及类似过程作如下定义：事先持有某一现成的观念或现有的结论，然后通过大量的思维活动寻找证据来支持、证明这一现成结论。（"我不喜欢那家伙，我要去找个正当理由"）这种思维活动只不过是披着思考的外衣罢了。严格来说，这并不算真正的思考，因为结论已经有了，根本无须考虑问题的本质。眉头紧锁、激烈讨论、苦寻证据，所有这些都不过是故作思考姿态。甚至在思考开始之前，结论就已经注定了。有时索性连思考的假象都不要了，人们直接拥抱结论，连表面姿态都一并省掉。这比合理化过程还来得省事。

心理学家都清楚，人光凭十岁前获得的一整套现成观念来生活，也是完全可能的，哪怕这套观念从过去到未来都一成不变。这样的人的确可能智力超群，能长久从事思维活动，从世间万物中挑选出一星半点证据，来支持他那种现成观念。我们不能否认，对世界来说，这种活动偶尔也会有益处，但对心理学家来说，从字面上区分能产性、创造性思维和驾轻就熟的合理化过程显然更加合适。合理化过程会导致人们对现实世界熟视无睹，对新的证据置若罔闻，感知与记忆发生扭曲，丧失调节和应变能力。合理化过程导致的诸多弊端触目惊心。相比而言，这一过程偶然带来的利好也就显得微不足道了。

当然，我们能举出的例证不限于合理化过程。当问题刺激我们去联想，并从中寻找最适合于某一具体情况的关联时，这同样也是一种标签化。

标签化思维似乎和复制性学习之间有某种特殊的相似性与关联性。我们列出的这三种过程很容易被理解为习惯活动的特殊表现，因为其中难免涉及对过去经验的参考。解决问题的方法发生了变化，仅仅借鉴过去的经验，对新的问题进行分类，然后再加以解决。这种类型的思维相当于把之前获得的复制性习惯和记忆打乱后再重新组合。

与记忆过程相比，整体动态思维与感知过程的联系更加紧密。清楚了这一点，标签化思维与整体动态思维之间的区别也就更加明晰了（225，465）。正如韦特海默在其新作（465）中强调的，整体论的思维方式旨在发现人所面对的问题的内在本质，卡托纳（225）将其描述为"尝试在问题中感知其解决办法"。[1]在考虑每一个问题时都从这一问题的实际情况出发，就好像每一个问题都是前所未有的新问题。整体论的思维方式是为了发现问题自身的内在本质，而联想思维则是为了发现某一问题与原有问题之间的联系和相似性。[2]

---

[1] 有趣的是，我发现格式塔心理学家的看法在这一方面与许多现代哲学家相近。这些哲学家往往认为，问题的解决方法就是问题本身，例如，"一旦形成了清晰的认识，任何具体事物都可以在这一清晰的认识中定位。因此这一事物不过是已知现象的一种反复而已。就此而言，这其中包含着同一事物的反复现象。"（475，第71页）我相信逻辑实证论者也支持这一观点，或至少曾经支持过。

[2] 就实际行为而言，这一原则可以归结为一句口头禅："我不知道，让我想一想。"这就是说，每当遇到新情况时，人不会条件反射似的立即做出预定的明确反应。相反，人在说"我不知道，让我想一想"的同时会保持高度敏感，留意新情况与已知情况的任何差异，并随机应变。

"我们必须清楚地认识到，在面对新情况时，这种处理方法绝不是优柔寡断，并不是难以'决断'。相反，它意味着经过深思熟虑后再下决心，绝不操之过急。我们常常通过第一印象来评判他人，比如把对个别女司机的偏见扩大到对所有女司机，光凭道听途说或是略知一二便谴责或是支持他人。这时这种处理方法能保证我们避免错误。我们之所以犯错，是因为我们将他人仅仅视为某类中的一员，将他和某类同等视之，而不是把他看作有个性有差别的个人。正因为我们对自己的看法深信不疑，所以对他人做出了不当反应。"（212，第187—188页）

这并不意味着整体论的思维方式没有借鉴过去的经验。此前的经验当然是要利用的。关键是整体论思维与其他思维利用经验的方式完全不同。关于内在学习或"学习成为你自己"的讨论中对此已有论述（311a）。

联想思维的出现是不可避免的，这一点毫无疑问。我们主要讨论的是：到底哪种思维应成为中心思维，成为一种范例和理想模式。整体动力学者坚持认为，有意义的思维活动应该具有创造性、独特性、新颖性和突破性。思考是一种技巧，人们凭借这种技巧来创造出新的东西，这意味着思考应具有颠覆性，因为思考必然不时地和现有结论产生矛盾。一旦思考与现有认识水平相悖，就必然有违现有的习惯、记忆或所学知识。原因很简单，按其本义，思考本身就意味着挑战我们已经掌握的知识。如果我们过去学到的知识、养成的习惯还管用的话，我们便能不假思索、轻车熟路、习惯性地产生反应。也就是说，我们没有思考的必要。就此来看，思考应视为学习的对立面，而非学习的某一类型。稍微夸张地说，思考甚至几乎可以定义为一种打破陈规、无视经验的能力。

真正的创造性思维，例如人类历史上取得的伟大成就，还涉及另一个动态的方面，那就是独特的冒险精神和勇气。这样的表述也许不够恰当，但如果我们想象一下胆小的孩子和勇敢的孩子之间的差别，就会觉得这样的表述并不为过。胆小的孩子必然紧紧依偎在母亲怀里，因为母亲安全、亲切，能保护他们，而勇敢的孩子则不然，他们勇敢地离开母亲的怀抱，更加自由地远走高飞。用思维过程来进行类比的话，依偎在母亲怀里相当于抱着习惯不放，而那些大胆的思考者——这一说法显得累赘，就像说"正在思考的思想家"一样——离开了安全而又熟悉的避风港，定然能够打破思维定式，摆脱过往、习惯、期望、学识、习俗、惯例的束缚，也不会受到焦虑情绪的困扰。

许多人在形成自己的观点时，往往依靠模仿他人或是参考权威的建议，这是程式化结论的另一种类型，一般被视为健康人性中的基本倾向。但更准确地说，这种程式化结论是心理疾病的轻微症状表现，或是跟轻微的心理疾病十分类似。每当涉及重大问题时，过分焦虑、过于循规蹈矩、惰性严重的人（毫无主见、缺乏见解、自我怀疑的人）面对混乱无序的新情况，在缺乏现成参照的情况下，就会有这种反应。①

在生活的主要方面，我们大多都是这样得出结论的。当我们思考问题的时候，总会下意识地留意他人将要作何结论，我们随之也得出相同的结论。显然，这样得出的结论并不是真正意义上的见解，它没有针对问题的本质进行思考，而是将他人的程式化结论完全照搬过来。这也是因为人们相信他人胜过相信自己。

这一认识有助于我们理解为何这个国家的传统教育远远达不到目的。在此我们只想强调一点，那就是教育极少教导人们去直接观察现实。相反，教育只交给人一副制作好的眼镜，教人透过这副眼镜来观察世界的方方面面，比如应该相信什么、喜欢什么、赞同什么，什么时候该感到内疚。人的个性很少得到重视，也很少被鼓励以自己的方式看待现实，或者去打破常规、特立独行。高等教育中的程式化倾向比比皆是，任何一所大学的课表中都能找到这方面的证据。这些课程能把千变万化、难以言说和神秘莫测的现实千篇一律地分解为三个学分。更加不可思议的是，这些课都不多不少，正好十五周，而且就像橘子瓣一样，能分成相互独立、相互排斥的单元。②标签就是这样强加于现实，而非来源于现实，再没有比这更恰到好处的例子了。

所有这些都显而易见，但我们对此应采取何种措施？这就没有

---

① 关于情景动态，弗洛姆（145）发表过精彩论述。艾恩·兰德（388）的小说《源泉》(*The Fountainhead*)也探讨过这一主题。在描写这一主题的作品中，《1066往事》(*1066 and All That*, 490) 既诙谐风趣又富有教育意义。

② "科学教给人的是固定不变的东西，而非一种不断发展的知识体系。当新的事实或新的观点出现，暗示可能需要新的知识来替代旧的知识时，只有这种灵活的知识体系才能随时对其主要结构做出调整，也正因此才获得了生命与价值。"

"我乃一校之长，
凡是我不知道的，
都不是知识。"（475，第59页）

那么容易了。对标签化思维的分析表明：我们应该让学生逐渐摆脱标签化的束缚，学会关注新鲜的体验和那些特殊具体的经历。怀特海对此的论述精辟至极：

> 对于传统教育方法，我个人的批评意见是，这些方法过于关注理性分析和公式化的知识。我的意思是，我们没有注重培养学生在个别的事与各种新兴价值的充分互动中去体验个别事实的习惯，而只是一味地强调各种抽象的陈述，而这些抽象陈述恰恰忽略了多元价值的互动作用。
>
> 目前我们的教育既包括对个别抽象理论的深入学习，也包含对大量抽象概念的简单学习。我们的教育方法过于重视课本知识。学校的训练应当致力于引导学生基于事实有所感悟、有所领会，应当让学生的青春活力得到释放，让他们做自己想做的事。当然，也需要有一定的分析，但只要能说明不同领域中的不同思维方式足矣。在伊甸园中，亚当见到动物之后才给它们起了名字，而我们的传统教育制度却正好相反，孩子们叫得上动物的名字以后才见到动物。
>
> 这种专业训练只能触及教育的一面，它的重心在于培养智力的发展，其主要工具是课本。专业训练还有另一方面，它的重心应该是培养直觉，同时培养整体语境中的分析能力。它的目标是从整体出发去获得直接的感悟，尽可能避免过细的分析。现在我们迫切需要的那种普遍性，就是对多元价值的切身感悟。（475，第284—286页）

程式化和非整体性理论建构

到目前为止，人们普遍认为，理论的建构通常意味着选择和淘汰，而选择和淘汰则意味着理论必须使世界的某些方面更清晰，同时使另一些方面更模糊。大多数非整体理论的特点之一是它们由成套的规则或等级构成，但从未有人设计出一整套规则，能够无往而不利，适用于所有的现象。总有一些现象被完全忽略，有些现象不遵循任何规则，而还有一些现象似乎同时遵循多套规则。

此外，这种理论几乎总是抽象的，也就是说，它强调某一现象的某些方面更重要，或者至少更值得关注。因此，任何这样的理论，或任何其他的抽象化，都容易贬低或忽视现象的某些性质，即忽略部分事实。这种淘汰和选择的原则使得任何理论都只能提出一个片面的、带有实用主义偏见的世界观。很有可能，理论的集成也无法提出对世界所有现象的完整见解。丰富的主观体验似乎更属于对艺术和情感较为敏感的人，而非理论家和知识分子。进一步说，所谓的神秘体验可能是对具体现象的全部特征进行充分把握后，一种完美、极端的表达形式。

通过对比，以上考量应当能揭示出个别、特殊体验的另一特性，即它的非抽象性。但这跟戈尔茨坦所说的具体并不是一回事。脑损伤病人行动的时候，实际上并没有看到物体或经验的所有可感知的特征。他看到且能够看到的，只是由特定环境决定的某一特征而已，比如一瓶酒就只是一瓶酒，而不是任何别的东西，如武器、装饰品、镇纸或灭火器之类。如果我们把抽象定义为出于各种原因，选择性注意某一事件的诸多特征中的某些特征，而忽略其他特征，那么戈尔茨坦的病人实际上可以说是在进行抽象化。

因此，把经验分类和感悟经验是有差别的，同样，运用经验和享受经验也不一样，而用不同方式认知经验也是有差异的。研究神秘体验和宗教体验的学者都强调这一点，而技术心理学家则很少这么做。例如，阿道司·赫胥黎说："随着人的成长，他的知识在形式上变得更加概念化和系统化，同时知识的现实性和功利性内容也大大增加。但与此同时，他的直接理解力会退化，他的直觉能力会变得麻木乃至完全丧失，最终利弊会两相抵消。"（209，第7页）[1]

---

[1] 有关神秘主义的参考资料，请参见阿道司·赫胥黎的《永恒的哲学》（209）和威廉·詹姆斯的《宗教体验的多样性》（212）。

然而，我们与自然之间不单是欣赏与被欣赏的关系，事实上，在人与自然的各种关系中，欣赏与被欣赏的关系在生物学意义上是最为次要的，那么我们就不能因为理论和抽象概念的陷阱而对它们横加指责，从而使自己陷于愚蠢境地。理论和抽象概念意义重大，特别是从世界交流和实际操控的角度来看。如果我们有责任就此建议建言的话，我们可能应该这样奉劝学界：普通的认知过程并不是研究者军械库中唯一可用的武器，如果能记住这一点，那么以科学家为代表的知识界的认知能力会更加强大。因为除此以外还有其他方法。如果这些方法被认为是只属于艺术家的，那是因为人们还不明白，这种被忽视的认知方式使人们得以接触到的那一部分真实世界，恰恰是一味抽象化的知识分子所无缘得见的。

此外，我们应当看到，附录 B 中的整体化理论构建也是可能的。按照整体化理论，具体事物并非彼此分解和相互剥离，它们相互作用，都是作为完整的个体构成了整体的一个方面。它们存在于整体之中，是位于大背景下的一个图像，在不同的放大级别中进行观察。

语言和命名

语言主要是体验和交流常规信息——即标签化——的最佳方式。当然，它也试图定义和传达独特或具体的东西，但语言建构终极理论的目的常以失败告终。[①]它所能做的就是给独特事物命名，

---

① 具体例证可参见詹姆斯·乔伊斯的作品或当代关于诗歌的各种理论探讨。诗歌试图交流或至少表达一种大多数人"无法言说"的独特体验，是将无言的情感体验用文字表达出来。诗歌试图用既无新意也无特色的图式化标签来描述一种新颖独特的体验。面对这一艰巨任务，诗人所能做的就是用语言进行类比、修辞、生造句式等，虽然他无法运用这些手法描述出这种体验本身，但他仍然希望能唤起读者的共鸣。有时候居然也能成功！这简直是个奇迹。如果他想用独一无二的语言来表达，那么交流就会受阻，就像詹姆斯·乔伊斯和现代非写实主义艺术一样。下面要讲的是 V. 林肯于 1946 年

但毕竟无法描述或传达它,而只是给它贴个标签。要完全了解独特事物,唯一的方法就是充分体验,而且要亲自体验。一位教授和他的艺术家妻子在乡间小路上散步时发现,命名某一体验可能会让人对它失去进一步欣赏的兴趣。有一回看到一种从未见过的可爱的花,教授就打听它的名字,却被他的妻子训斥了一顿。"这个名字对你有什么用?你知道了它的名字就满足了,也就懒得去欣赏它了。"①

语言给各种各样的经验强行贴上标签,就此而言,它是现实和人类之间的屏障。总之,我们为贪图语言的便利而付出了代价。因此,在使用语言的时候,我们必须意识到它的缺点,并应当设法避免它们。②

(接上页) 9月28日发表在《纽约客》上的一个故事,这个不同寻常的故事能将这些观点表达得淋漓尽致。

"为什么我们从来都是惊慌失措的?为什么所有的书本和友人的智慧最终对我们毫无帮助?我们读过多少临终场景、多少年轻时代的爱情故事、多少婚姻的不忠、多少成功或失败的远大抱负?凡是发生在我们身上的一切,都曾经一遍遍演绎过,我们都曾经品读过千百遍,而且详细准确地记录过。在我们完全进入生活之前,已经一次又一次领略过那些凝聚着人类耐心与技巧的心灵故事,但每次事到临头,却总与书本上的描述完全不同。它何止是陌生的,它是前所未有的。面对意外茫然无助的时候,我们才意识到,别人的话里传达的信息为零。

"但我们仍然无法相信,个人生活在本质上是无法沟通的。我们也曾经历过这样的时刻,也按捺不住地想把真实的内心一吐为快,但即使我们的语言完全是发自内心的,最终的效果仍不免失真。"

① "在我所说的评价性标签化(evaluative labeling)中,这一点体现得异常清晰。这个术语是为了强调我们的一种普遍倾向,那就是根据个体和情况的名称来评价它们。毕竟有这样一种说法:我们对事物分类的方式在很大程度上决定了我们对它的反应方式。我们主要通过命名来分类。命名之后,我们对它进行评估,然后根据我们给它取的名字进行反应。在我们的文化中,我们学会了评价名称、标签或词语,完全不考虑它们的实际应用情况。"(215,第261页)

"……设想一下'空姐'和'卧铺车搬运工'这两类人员在社会地位和自尊上的差异,虽然他们从事的都是同样的服务工作。"(187)也可参见参考文献490。

② 有一种建议是,科学家要学会尊重诗人,至少要尊重伟大的诗人。科学家通常认为自己的语言是精确的,而其他语言是不精确的,但诗人的语言

如果理想的理论语言尚且如此，当语言已不再追求独特性，完全沦为浮言套语、陈词滥调、箴言警句、标语口号、老生常谈、呐喊助威和溢美之词时，情况一定会更加不堪。这时，语言已经不折不扣地堕落为一种泯灭思想、钝化感知、阻碍心智发展和钳制人类的手段。这时，语言的真正功能是"遮蔽思想，而不是交流思想"。

语言还有一个超越时空的特点，也容易造成麻烦——或者至少某些词语可能如此。在一千年间，"英格兰"这个词不会经历这个民族所经历的成长、成熟、发展或演变。然而，我们只能用类似"英格兰"这样的词来描述具体时空中发生的事件。"英格兰将永远存在"是什么意思？正如约翰逊所言："现实的手指写得比舌头所预言的快多了。语言的结构不及现实的结构灵活。就像我们听到的雷声不再响起一样，我们所说的现实也不复存在。"（215，第119页）

（接上页）如果算不上更精确，至少更真实，当然这有点似是而非。比方说，知识渊博的教授需要洋洋洒洒十页纸才能说明白的话，遇上一个有才气的诗人，可能寥寥数语就简单明了地表达出来了。下面这个故事据称是林肯·史蒂芬斯（25，第222页）写的，也能说明这一点：

"'撒旦和我，'史蒂芬斯说，'正一起走在第五大道上，突然看见一个人猛地停下来，从半空中抓起一片真理——正是从半空中——一片活生生的真理。'

"'你看到了吗？'我问撒旦，'你不担心吗？你不知道这能毁了你吗？'

"'我知道，但我不担心。我告诉你为什么。现在真理是很美且活生生的，但人会先给它起个名字，再把它编排组织起来，那时它就死了。如果人让它活着，而且体验它，它才会毁灭我。所以我不担心。'"

第十四章 无动机和无目的的反应

本章将进一步探索人的努力（作为、应对、实现、尝试、目的性）和人的实现（存在、表达、成长、自我实现）之间的区别，这一区别具有心理学价值。当然，这种区别在东方的文化和宗教中很常见。在我们的文化中，一些哲学家、神学家、美学家、神秘主义学者以及越来越多的人本主义心理学家和存在主义心理学家也曾经进行过同样的区分。

西方文化一般以犹太——基督教神学为基础。美国以清教和实用主义精神为主导，强调发奋图强的精神和严肃认真的态度，尤其强调目的性。[①]同任何其他社会制度一样，一般的科学，特别是心理

[①] "……散漫的联想、多余的意象、复杂的梦、漫无目的的探索，这些活动的动机在个人发展中所起的作用按照任何经济原则都无法解释，也看不到任何直接的用处。在我们这样机械的文化中，这些重要的活动不是被低估了，就是被忽视了……"

"一旦我们摆脱了无意识的机械主义偏见，我们就必须认识到，所谓'可有可无'的东西对人类发展的重要性不亚于经济因素。比如在人类进化过程中，美和实用发挥了同等重要的作用，但我们却无法如达尔文那样，仅仅把美解释为求偶或授精的实用手段。简而言之，我们不妨依照神话思维，把自然想象成一个陶醉在隐喻和韵律中的诗人，同时又是一个精打细算、量入为出的高效熟练的技工。无论是技工还是诗人的视角都同样是主观的，在某种程度上，两种途径各有各的用处。"（347，第35页）

戈登·奥尔波特强调，"存在"跟努力一样，都是需要付出的、积极主动的。在他积极正确的建议之下，我们不再区分"努力"与"存在"，而开始区分"努力弥补不足"与"努力实现自我"。这种纠正也有助于消除一种先入为主的印象，即"存在"、无动机的反应和无目的的活动比处理外部问题更容易、

学，也不免受到这种文化氛围的影响。作为美国文化的一分子，美国的心理学太实用主义、太清教化、太功利化。这不仅体现在它的影响和它公开宣称的宗旨上，也体现在它的研究空白和它所忽视的研究中。心理学教科书的任何章节都从未涉及寻欢作乐、沉思冥想、无所事事的行为，也从未探讨过那些毫无用处、漫无目的的活动，或者审美创作、审美体验及无动机的行为。也就是说，美国的心理学只忙于关注生活的一半内容，而忽视了另一半——或许是更重要的一半！

  从价值观上看来，这可以被视作只关心手段而不关心目的。这几乎成了所有美国心理学公开默认的哲学（包括正统的和修正主义的精神分析），完全忽略了活动本身和（于事无补）终极体验，而仅关心那些富有成效、目标明确的应对行为和改造活动，这些活动能产生实际效用。①这一实用哲学的巅峰在约翰·杜威的《评价理

（接上页）更省力。对自我实现的这种非目的性诠释有误导性，贝多芬的自我奋斗与发展的例子就能证明这一点。

  ① "每个个体的存在可以被看作满足需求、缓解紧张、保持平衡的持续斗争。""用我们的摩尔单位来表达，个人的行为总是与需求和目标有关。如果在某一特定情况下，这一单位不是最有意义或最有用的，我们必须首先重新审查我们观察的有效性，而不是这个单位是否有用。某一行为通常可能没有动机，因为我们不能确定具体所涉及的需求或目标，或者因为我们从整体环境中人为地抽象概括了部分个人行为。""目前，我们认识到，如果生物要在生存斗争中活下去，它的每一种反应都必须是有目的的，即为了适应物种的生存。""……所有的行为都有动机且表现出动机。""懒惰就像所有其他人类活动一样，同样是为目的服务的。""所有的行为都是由需求的压力引起的，也就是我们前文探讨过的各种需求。行为是机体的反应，是为了通过与环境的互动来减少这些需求。因此，所有的行为都取决于需求衍生的利益。""人类所有的行为都是为了满足需求。""所有的行为都是有动机的，所有的学习都有回报。""需求来自体验过需求的个人报告，假设所有行为都满足一些有意无意的需求，那么需求就可以从人的行为推断出来。""那么所有的行为都是以目标为导向的……"

  "个体做出的大多数举动或回应能得到立刻有效的响应，要么是回报，要么是惩罚。""一些行为引导我们立刻推断出某些动机，而另一些行为序列则相对来说至少是缺乏动机的。或许没有任何给予最简单的本能反应的

论》（108）一书中得到了最为清晰明确的表达。这一理论实际上否认了目的存在的可能性，认为目的只是手段的手段的手段……（尽管在他的其他著作中，确实承认了目的的存在）。

在临床层面，我们已经通过以下方式讨论过这种差异的各个方面：

1. 在附录 B 中可以看到，除了因果关系的连续性（特别是原子论的多样性）以外，强调整体性是必要的，以重申共存和相互依赖。正如杜威的评价理论所说，在因果关系链中，一件事导致另一件事，另一件事又导致另一件事，另一件事再导致另一件事……以此类推。这和"任何事情本身都不重要"这一理论是相辅相成的。对于成就斐然、技巧娴熟的人而言，因果论是一种相当适用，甚至必不可少的工具。但如果生活追求的是精益求精、审美体验、终极价值思考、安享人生、沉思冥想、欣赏品鉴和自我实现，那么因果论则毫无用处。

2. 第三章指出，动机论并不等于决定论。除了动机外，还有其他的决定因素，比如腺体活动这样的机体因素、年龄增长带来思想上的变化、环境和文化的因素以及心理变化，如倒摄抑制、前摄抑制或潜在学习。

虽然最初是弗洛伊德（141）混淆了这两个概念，但他的错误又被精神分析学家广泛追随，以至于现在不管发生了什么变化，如湿疹、胃溃疡、笔误、遗忘等，他们都只会教条地寻找动机。

3. 第五章提到的许多心理现象被证明是没有动机的，是需求满足的附带结果，而并非像人们通常认为的那样，是有目的、有动机、可习得的变化。这一误解影响不小，从全部或部分满足效果的列表中就能看得出来，如心理疗法、态度、兴趣、品位和价值观、幸福、文明、对自我的态度、各种性格特征以及其他心理影响。需求的满足允许出现相对缺乏动机的行为，比如"机体的需求一经满足，其自身的

（接上页）人类行为是毫无动机的。""这一原则认为，所有的行为从根本上都是由机体的生理需求所驱动的，不管这种行动的需求是本能、驱动力还是目标导向的努力……"不仅如此，这些作者一味对低级物质需求津津乐道，这使得需求理论每况愈下。

压迫感、紧张感、急迫感会立刻消失，整个人会变得闲适、懒散、松弛、懈怠，节奏慢下来，不用做什么，可以享受阳光，装饰房间、收拾瓶瓶罐罐、消遣娱乐、神游八荒、漫无目的、听之任之。"

4. 1937年关于熟悉感的影响的一项实验（309）表明，某一物体、词语或活动最初可能令人反感，但经过简单反复、不涉利害的接触，最终会使人因熟悉而产生偏爱。由于该案例中的习得行为是通过单纯的、不涉利害的反复接触实现的，所以被认定是无动机的变化，至少奖励理论家、缓解紧张理论家和强化理论家是这样认为的。

5. 第十三章为心理学各领域展示了程式化认知或标签化认知与道家认知之间的重大区别，道家认知是指对具体、异质、独特事物的开放谦虚的直接认识，是一种不受期待、希望、恐惧或焦虑所干扰的纯粹认知。大多数的认知行为似乎都是对刻板印象的草率、套路化的认识和分类。根据现成的评估规则进行的这种惰性化分类，与具体的现实感知大相径庭，因为后者能充分关注某一独特现象的多面性。只有通过这样的认知，才能充分欣赏和品味任何体验。标签化等于过早地认定结论，因为人们对未知的事物感到恐慌。就此而言，标签化是以减少焦虑和逃避焦虑为动机的。人如果能接受未知事物或近似的未知事物，那么他就能容忍未知事物的不确定性（135），因此他就没有那么强烈的感知动机。墨菲、布鲁纳、安斯巴彻、默里、桑福德、麦克莱兰、克莱因和其他许多学者发现，动机和感知之间有密切关联。而本章指出，这种联系最好被看作某种精神病症，而非健康心理。直白地讲，这种联系是生物轻微病态的症状。这种症状在自我实现者中较为少见，但在神经症患者和精神病患者中较常见，比如各种妄想和幻觉。还可以用另一种方式描述这种差异：健康人的认知是相对无动机的，而不健康的人的认知是相对有动机的。人类的潜在学习是一个无动机认知的例子，可以验证这个临床发现。

6. 我们对自我实现者的研究已经阐明，有必要将自我实现者的动机生活与普通人的动机生活区分开来。毫无疑问，自我实现者过着一种自我实现、享受价值和自我完善的生活，依赖成长性动机或者超越性动机，而不是普通人满足基本需求的匮乏性动机。因此他们就是真实自我追求自身的发展、成长、成熟，除此之外再无所求（比如某种意义上的出人头地）。除了他们自身状态以外，他们不会像常人那样去努力拼搏。匮乏性动机和成长性动机之间的区别意味着自我实现本身并不是一种由动机驱动的变化，除非我们对"动机"一词有全新的理解。自我实现、个体潜力的完全发展和实现更接近于成长和成熟，跟通过奖励来培养新习惯或者建立新关联相去甚远。也就是说，自我实现不是从外部斩获，而是内在自我的逐渐展现，而内在的自我一直就存在。自我实现的自发性，比如健康、自然等，并不是由动机驱动的，而恰恰否定了动机。

7. 最后，第十章详细讨论了行为和体验的表达性决定因素，特别是它们对心理病理学和心身医学理论的启示。我们特别强调，表达只能被认为是相对无动机的，与应对截然不同，后者既有动机，也有目的。要破除表达和应对的这种对立，只能对动机术语来一场彻底的语义和概念革命。

本章还将证明，抑郁、戈尔茨坦所说的灾难性精神崩溃、迈尔研究的挫折引起的行为以及一般的宣泄和释放也是表达性的，也就是说，是相对无动机的。人们误以为弗洛伊德式失误、抽搐和自由联想兼具表达性和动机性，但实际上它们也是无动机的。

8. 除了下面即将探讨的个别情况，行为都是手段而不是目的，也就是说，它在现实中具有成事的功能。将主观状态排除在心理学研究的合理对象以外，会不会使我们所讨论的问题变得难以解决，甚至不可能解决，这有待思考。在我看来，目的常常是主观上的满足体验。大多数工具性行为之所以具有人类价值，仅仅是因为它们给我们带来了这些主观的终极体验。如果不考虑这一事实，那么行为本身就完全失去了意义（492）。如果把行为主义看作清教徒的奋斗观和成就观在文化上的一种表现，也许就能更好地理解它。

相对无动机的反应

到目前为止，我们根据"无动机"的几种可能的定义，已经列出了几大类确定的、不同程度的无动机反应。现在我们将简要探讨其他的类似反应。我们应该注意到，这类反应在心理学中相对被忽视。对于理科生来说，这生动地说明，局限的人生观只会创造一个局限的世界。在一个仅仅是木匠的人看来，世界就是木头构成的。

艺　术

当艺术创作试图寻求交流、唤起情感、进行展示、影响他人时，它可能是相对有动机的。但艺术也可能是相对无动机的，这时它就是表达性的而非交流性的、是个人内在的而非人与人之间的。实际上，这种"表达"可能会产生不可预见的人际效应（次要收获），但这是另一回事。

我们要讨论的问题是："艺术是否真有表达的需求？"如果有的话，那么艺术表达和宣泄、释放情绪的现象，就像觅食或求爱活动一样，都是有动机的。我在前几章已经多次指出，我相信证据很快会让我们认识到，机体内唤起的任何冲动都有付诸行动的表达需求。这有点似是而非，因为事实是，任何需求或任何能力都是一种冲动，因此也都在寻求表达。我们是应该把它视为一种独立的需求或冲动呢，还是把它看作任何冲动都有的一种普遍特征？

我们在此不必做出抉择，因为我们的目的只是说明：它们统统被忽视了。它们当中任一方面的发展都将使人们意识到无动机的范畴或全部动机理论的彻底重构。

对成熟的人来说，审美体验的问题同样重要。在很多人看来，审美体验十分丰富和宝贵，因此否认或者忽视审美体验的心理学理论，不论出于何种原因，都是不值一提的。科学理应能解释全部现实，而不仅是已经失去活力的贫瘠现实。审美反应并无实际效用或目的，我们对它的动机知之甚少，但假如审美反应真有一般意义上的动机的话，以上事实只能说明我们的正统心理学有多么贫乏。

从认知的角度来看，与普通认知相比，对美的感知也可以被认为是相对无动机的。第十三章已经表明，标签化感知充其量是片面的。与其说它是对事物的所有属性进行全面考察，不如说它只是对事物进行分类，而分类的依据仅仅是那些对我们有用的、与我们相关、能满足或妨害需求的少部分属性。道家以超然的态度对某一现象进行多方面的感知（道家不权衡利害，而看重事物能否有效地带来终极体验）体现了审美感知的特点之一。①

我发现对"等待"这一概念的分析可以作为有益的起点，帮助我们思考"存在"。等待对于机体而言，意味着毫无意义地浪费时间和虚掷光阴，这是过度注重手段的人生观的副产品。等待经常是一种愚蠢、无效、奢侈的反应，因为如果仅从效率的角度考虑，急躁一般都没什么好处，不如等待；另一方面人们甚至可以免费（冒昧地说）享受、品味和欣赏体验和行为本身。旅行就是一个很好的例子。旅行可以被视为是享受终极体验，也可以仅被看作浪费时间。教育也是。普通的人际关系也能说明这一点。

这会颠覆"浪费时间"这一传统概念。对那些注重用途、目的明确、致力于满足需求的人来说，什么事也没做成，没有达到任何

---

① 大脑的功能是进行选择，它能实现那些有用的记忆，把那些无用的记忆保留在低层意识中。感知也是如此。作为行动的一种辅助，感知把我们感兴趣的部分现实完整分离出来，主要展示了我们可以如何利用事物，而非全部事物本身，感知事先就把事物分类并贴上标签，所以我们很少观察事物本身，只要知道某物属于哪一范畴就够了。但偶尔的幸运时刻，总会出现一些戛戛独造、深思慎取之人。大自然忘了使他们的感知能力服务于行动能力。他们观察事物时，能够超越他们自己，看到某一事物本身。他不仅仅抱着行动的目的来感知事物，而是为感知而感知，不为别的，只是为了体验感知本身的乐趣。他本性的某一方面，不论是他的意识还是某一感官，天生就是超脱的。可能他的某一感官是超脱的，也可能他的意识是超脱的，因此他会成为画家、雕塑家、音乐家或者诗人。在不同的艺术形式中，我们可以看到对现实更直接的呈现。正是因为艺术家不那么热衷于将感知功利化，他才能感知更多事物。(46，第162—163页）

目标，这就是"浪费时间"。当然，这一用法完全合理，但另一个用法同样合理，即不能带来终极体验，比如你最终得不到任何享受，就是在浪费时间。"你愿意浪费的时间就不算浪费的时间。""有些东西虽非必需，但却不可或缺。"

我们的文化还不能坦然地接受终极体验，像散步、划独木舟、打高尔夫等活动就能很好地说明这一点。这些活动之所以得到人们的普遍赞同，是因为它们使人们来到户外、接近自然、沐浴阳光、置身美景。从本质上讲，这样可以把本来毫无动机的终极活动和终极体验纳入一个有目标的、能带来成就感的务实性框架，以迁就西方人的价值观念。

欣赏、享受、惊异、热忱、鉴赏、终极体验

机体被动接受和欣赏的不仅是审美体验，还有许多其他体验。这种欣赏本身很难说是有动机的，如果一定要解释的话，可以认为它是动机活动的终点或目的，是需求满足的附带现象。

神秘体验、敬畏体验、喜悦体验、惊异体验和赞赏体验都属于同一类被动的审美体验，能给主体带来丰富感受。它们就像音乐一样，使机体沉浸其中。这些也都是终极体验，是目的而不是工具，丝毫不会改变外部世界。严格意义上的"悠闲"也具有这些特质（375）。

在此或许比较适合探讨这样两种终极快感：布勒的机能快感和活着本身的快感（生理快感、激情体验）。在儿童身上，这两种快感表现得格外明显。儿童会不断重复新学会的完美技能，只要发挥正常和熟练，他们就能充分享受纯粹的快乐。跳舞也是一个很好的例子。至于基本的生活享受，生病的人，比如有消化不良、恶心呕吐症状的人都可以说明，终极的生理快感（激情体验）是千真万确的，它是生存和健康的副产品，是完全自动、毫无目的、没有动机的。

风格与品位

奥尔波特（8）、沃纳（464）、韦特海默（465，467）等心理学家都把行为的风格列为表达的例子，和行为的作用、目的相对照。第十章也是这样处理的。

在此我想补充1939年发表的一些数据（305），来解释并支持这一观点。在这项研究中，我试图探索强控制型女性（自尊心强、坚强、自信、有主见）和弱控制型女性（自尊心弱、被动、害羞、易退缩）有哪些差别。我发现这两者之间差异很大，到后来只要观察她们说话走路的方式，就能判断了（这些判断也被证实了）。一个人的性格体现在他的品位、着装、社交行为等方面，也体现在明显的手段性、目的性、动机性行为中。以下略举数例。

性格强势的女人在选择食物的时候也显得强势，她们喜欢更咸、更酸、更苦、更辣以及味道更强烈的食物。比如她们喜欢味道浓烈（而不是味道温和）的奶油。她们喜欢好吃的食物，即使外观看起来很难看，比如贝类；她们喜欢新奇、罕见的食物，比如油炸蜗牛。对于卖相难看或者粗略加工的食物，她们不会太挑剔、也不会感到恶心或是大惊小怪。与弱控制型女性相比，她们对美食更敏感、更热情、更贪婪。

根据一种观相术的心物同型论（physiognomical isomorphism，464），同样的品质在其他方面也有体现。比如控制欲强的女性，语言表达也会更激烈、更强硬、更坚决；她们选择的男性伴侣也会更坚定、强壮、结实；她们对待剥削者、寄生虫和想要利用她们的人时会更加强硬、毫不相让。

艾森伯格的研究（118）从不同方面有力地支持了这些结论。比如在我的关于控制情感和自尊心的测试中（294），得分高者在与实验员见面时往往更容易迟到，对实验员更缺乏尊重，表现得更随意、更鲁莽、更有优越感，也不那么紧张、焦虑或担忧，更愿意接受别人递的烟，更加不拘礼节。

在另一项研究中（311），我们发现她们的性反应也有明显差异。

强控制型女性对待两性关系更前卫、更自由、更强硬、更坚决、更强势。参考德·马蒂诺（107）。

卡彭特一项未发表的研究（79）探讨这些高分女性和低分女性在音乐品位上的差异，其结果可以想见。高分（自尊心强的）女性更易于接受古怪、狂野、陌生的音乐，或者那种比较聒噪、缺少旋律、强而有力的音乐，而不是甜美的音乐。

梅多（335）发现，与高分者相比，在压力环境下，低分者（害羞、腼腆、不自信的女性）的智商会明显降低，因为她们不够坚强。参见（297a）麦克莱兰及其合作者关于成功需求的研究。

对我们的研究而言，这些例子的价值在于一些显而易见的事实，即这些都是无动机的选择，都以同样的方式表现出一种性格特征。正如所有莫扎特的音乐都带有强烈的莫扎特的个人色彩，或者说雷诺阿模仿德拉克洛瓦的画作，看起来更像出自雷诺阿之手，而不是德拉克洛瓦之手。

这些活动都是表达性的。同样，写作风格、主题理解测验中的描述、罗夏墨迹测验的记录或者玩偶游戏等，也都是表达性的。

游　戏

目前关于游戏疗法和游戏诊断的研究结果清晰地表明，游戏可以是应对性的，也可以是表达性的，或者两者皆有。目前看来，这一普遍结论很有可能取代过去的各种功能性、目的性、动机性的游戏理论。既然应对性—表达性的动物二分法已经普及，那我们或许有理由为动物的游戏做出更加有效、更加现实的解释。为开拓这一新的研究领域，我们需要做的只是承认这样一种可能性，即游戏可能是无用的、无动机的，是"存在"现象而不是"奋斗"现象，是目的而不是手段。同样，欢笑、嬉闹、快乐、消遣、喜悦、迷狂、快感等，也是如此。

意识形态、哲学、神学、认知

这是拒斥正统心理学工具的另一领域。之所以会出现这种状况，我认为部分原因是，自达尔文和杜威以来，我们不假思索地把一般的思维看作为了解决问题，也就是功能性的、有动机的。

我们只有少量数据能反驳这一假设，其中大部分来自更宏观的思维产物——哲学体系，因为哲学体系与个体性格结构之间的联系很容易就能建立起来（192）。一个像叔本华那样的悲观主义者会创造出悲观心理学，这不难理解。但我们已经从主题理解测验中的描述和孩童艺术品中了解到，如果认为它是完全理性化的，或者完全是自我防守性的，那就太天真了。以两种类似的表达性作品为例，比如巴赫的音乐或者鲁本斯的画。在什么情况下，这些艺术品可能是防守性的或是理性化的呢？

记忆也可能是相对无动机的，我们已经在潜在学习这一现象中清楚地看到了这一点，而所有人都在进行不同程度的潜在学习。关于这个问题的研究任务真的是无关宏旨，因为我们并不关心老鼠是否会潜在学习。但人类确实会在日常生活中进行潜在学习，这一点毋庸置疑。

安斯巴彻（13）的研究显示，缺乏安全感的人极易拥有缺乏安全感的早期记忆。我的研究发现，缺乏安全感的人极易做噩梦，这些都能说明问题。这些梦像是在直观展示人对这个世界的态度。我很难想象，我们怎么能不考虑压力，而把这些梦仅仅解释为需求的满足、奖励或者强化。

在任何情况下，我们都能毫不费力、轻而易举地感知到真相或者正确答案，而不需要苦苦追求、为之奋斗。事实上，在多数实验中，在问题解决之前有某种动机是必需的。但这只是问题没有价值或者任意性太强所致，并不能证明所有的思维都必然是有动机的。在健康人体验到的美好生活中，思维就像感知一样，是一种自发、消极的接受或产出，是机体自身和天性的、无动机的、自然快乐的表达，要让它自然产生，而不是人为地使其产生。就像花的芳香或树上的苹果，思维是天然的存在。

第十五章　心理治疗、健康与动机

　　令人惊奇的是，实验心理学家并没有把心理治疗当作未开采的金矿。成功的心理治疗可改变人们的感知、思考及学习方式。人们的动机会改变，情绪也会改变。心理治疗是我们所拥有的最好的技术，它最能凸显一个人内心深处与他表面个性的不同。人们的人际关系和对社会的态度发生了转变，他们的性格或者人格由内而外都发生了根本的变化。甚至有证据表明，他们的外貌发生了变化，身体健康状况得到了改善，等等。在某些情况下，甚至智商也提高了。然而，在大多数关于学习、感知、思考、动机、社会心理学、生理心理学等方面的书籍的索引中都没有列入"心理治疗"这一术语。

　　仅举一例。毫无疑问，研究婚姻、友谊、自由交往、阻力分析、职场成功等治疗手段的学习效果，至少可使得学习理论从中获益，更不用说研究悲剧、创伤、冲突和痛苦的益处了。

　　将心理治疗关系简单地作为社会关系或人际关系的个例进行研究，即社会心理学的分支，这会使我们发现一些同样重要但尚未解决的问题。现在，我们至少可以用三种方式来描述治疗师和患者之间的关系：专制式、民主式、自由放任式，每种方式在不同的时期都有其特殊的用处。三种关系广泛存在，比如在少年俱乐部的社交氛围、各式催眠方式、各种政治理论、母子关系（300）以及低等灵长类动物的各种群体组织中（306），都存在这三种关系。

　　对心理治疗的短期目标和长远目标进行彻底的研究必然会迅速暴露当前人格理论发展的不足，并挑战基本的正统科学观念，即价值观在科学中是没有地位的。此外，心理治疗的彻底研究还会暴露出健康、疾病、治疗和治愈等医学概念的局限性以及我们文化中可行的价值体系的缺失。人们不愿面对这个问题也不足为怪。我们还可以举出许多其他例子来证明心理治疗是普通心理学的一个重要分支。

我们可以说，心理治疗有七种主要方式：①通过表达（完成行为、释放、宣泄），利维的释放疗法就是一个例子（271）；②通过满足基本需求（给予支持、安慰、保护、爱和尊重）；③通过消除威胁（提供保护及好的社会、政治、经济条件）；④通过提高洞察力、学识和理解力；⑤通过建议或者权威；⑥通过直接攻击症状，如各种行为疗法；⑦通过积极的自我实现、个性化或成长。就人格理论更一般的目的而言，这也形成了一系列方法，促使人格发生转变，能为我们的文化所认可，并为精神病学所接受。

本书之前提出过一些治疗数据和动机理论，在此我们对追踪这两者之间的关系尤其感兴趣。我们会看到，要达到所有治疗方法的积极的终极目标，即自我实现，满足基本需求是很重要的（也许是最重要的）一步。

还需要指出的是，这些基本需求大多只能由他人来满足，因此人际关系是治疗进行的必要基础。安全感、归属感、爱和尊重等，这些基本需求以满足为基本疗法，只能从别人那里获得。

我还想说，我个人的经验几乎完全局限于较简短的治疗。那些主要从事精神分析（更深层次的）治疗的人更容易得出这样的结论：顿悟而不是需求的满足才是重要的药物。之所以如此，是因为重症患者必须首先摆脱对自我和他人的幼稚认识，并具有感知和接受个人与人际现实的能力，然后才能接受或消化基本需求的满足。

如果愿意，我们可以讨论这个问题，指出顿悟疗法（insight therapy）的目的是使人们能够接受良好的人际关系和随之而来的需求满足。我们知道，顿悟疗法之所以有效，只是因为这些动机发生了改变。但如果我们现在就能认识到，简单的短期需求满足疗法与耗时费力的长期顿悟疗法之间存在着明显区别，这对我们具有相当大的启发价值。我们将会看到，在许多非技术性的情况下，如婚姻、友谊、合作、教学等，满足需求都是可以做到的。这等于在理论上开辟了一条新路，使需求满足疗法能更广泛地拓展到各种普通人（非专业治疗）中去。目前，顿悟疗法无疑是个技术问题，因为它需要足够的专业培训。持之不懈地探索非专业治疗—专业治疗的二分法的理论价值将会证明，这一二分法具有多方面的用途。

我们不妨抛出一个大胆的见解，尽管深入的顿悟疗法涉及更多原则，但如果我们首先研究人类基本需求的满足和挫败的影响，就完全可以理解顿悟疗法。而现行的做法显然与此相反，即通过研究某种精神分析（或其他顿悟疗法）来解释短期疗法。这种方法产生的附带影响之一是，心理治疗和个人成长研究成为心理学理论中一个孤立的领域，大体上能自圆其说，并仅受本领域独有的、特殊的或内在的规律支配。本章明确反对这种论调，并坚持认为，心理治疗没有特殊规律。此前我们之所以假定其有，不仅是因为大多数专业治疗师都接受过医学培训，而没有接受过心理学培训，也因为实验心理学家完全无视心理治疗对他们自己的人性观念产生的影响，令人费解。简而言之，我们可以主张心理治疗归根到底不仅必须以科学的普遍心理学理论为基础，而且心理学理论自身必须进一步拓展，才足以担负起这一责任。因此，我们将首先处理较为简单的治疗，将顿悟的问题推迟到本章的后面部分。

心理治疗和个人成长是通过人际关系来满足需求——部分现象

综合起来，我们了解到的许多事实否定了任何纯粹的认知性心理治疗理论或任何纯粹的非人格化的心理治疗理论，但这些事实与需求满足理论和治疗与成长的人际方法相当一致。

1. 只要社会存在，心理治疗就一直存在。萨满、药师、女巫、睿智的邻家老奶奶、牧师、大师，以及后来在西方文明中出现的医生，在某些情况下能够实现我们今天所说的心理治疗。的确，宗教领袖和宗教组织不仅能治愈一些心理疾病，而且还能治疗一些人的性格障碍，这足以证明其过人之处。但他们对治疗成果的解释毫无共同点可言，乏善可陈。我们必须接受这一事实：尽管这些奇迹可以实现，但实施者并不知道为什么或如何实现。

2. 这种理论与实践之间的距离今天仍然存在。各种各样的心理治疗流派都各执一词，有时甚至剑拔弩张。在相当一段时间内，从事临床工作的心理学家会遇到不同流派的代表人物所治愈的病人。这些病人充满感恩，并成为某一理论流派的忠实拥护者。但收集这些流派的失败案例也同样容易。更让人困惑的是，我曾见过一些心理病患被内科医生甚至精神科医生治愈，而据我所知，这些医生从未接受过任何可以被称为心理治疗的培训（更不用说学校老师、牧师、护士、牙医、社会工作者等）。

诚然，我们可以从实证和科学的角度对这些不同的理论流派进行批判，并确定它们的相对疗效等级层次。我们可以预期，未来我们将收集适当的统计数据，表明某一理论训练的治愈率或成长率高于另一种理论训练，即使这两种理论训练各有成败。

但此时此刻，我们必须接受这样一个事实，即治疗结果可能在一定程度上独立于理论，或者完全与理论无关。

3. 即使在某一学派内部，比如经典的弗洛伊德精神分析学派之内，不同的分析师之间也存在很大差异，包括一般的分析能力和绝对疗效上的差异。这一点不仅众所周知，分析师们自己也普遍承认。一些出色的分析师在教学和研究方面很有建树，他们的博学多识获得行内公认，并且作为教师及培训分析师受到热捧，但往往无法治愈病人。还有一些分析师从不著书立说，也少有发现，但多数情况下都能治愈病人。当然，很明显，在理论界崭露头角和能够治愈病患有一定程度的正相关，但诸多的例外情况仍然有待解释。①

---

① 研究这一问题的一个简单方法是采访那些接受过精神分析治疗或其他治疗的人。我收集了34个人的这类数据，他们在治疗结束一年或更长时间后接受采访。其中有24位对自己的治疗经历给予了直截了当的、无条件的肯定，认为治疗毫无疑问是值得的，并且通常表达得热情洋溢。在剩下的10个人中，有两个人对他们的治疗师不满意，中途更换了新治疗师，并对

4. 历来不乏这一类的知名案例，某一学派的治疗大师虽然治疗能力突出，但大都无法将这种能力传授给学生。如果治疗能力与治疗师人格关系不大，而只和理论、内容或知识相关，那只要学生足够勤奋，他们最终应该能获得和老师同样甚至更好的治疗能力。

5. 任何类型的治疗师都有一套最为普遍的治疗经验。在第一次见到病人时，他们与病人讨论一些外部细节（如程序、时长等）。在第二次接触时，他们让病人陈述或证明病情的改善，而病患的陈述和行为让人完全无法理解。

6. 有时候，还没等治疗师发话，治疗结果就已经出现。有一次，一个女大学生就个人问题向我寻求建议。她说了一个钟头，我一言未发。一个钟头以后，她的问题圆满解决，她表示感谢我的建议，然后离开了。

7. 如果病患比较年轻，病情又不太严重的话，一般的主要生活经历就能起到真正意义上的治疗作用。据我观察，有时候在没有专业治疗师的帮助下，美满的婚姻、事业上的成功、良好的友谊、生儿育女、面对突发事件、克服困难等，都会造成性格的根本变化，有助于消除症状。事实上，良好的生活环境是最终的治疗手段之一，而技术性心理治疗的任务往往只是为个体病患提供可用的工具。

（接上页）新治疗师表示无条件的认可。四人被诊断为有精神病或有强烈的精神病倾向。其中，有一位在她的心理医生那里治疗了好几年，看不到任何好转。另一个中断了分析治疗，再没来过。第三个在治疗了一段时间后中断，并对前三个心理医生表达了强烈的不满，但对当前的治疗师表示赞同。这个十人小组的第七个人认为，治疗师的分析对他有一定好处，但他付出了太多的时间和金钱，他可以说是被治愈了，但他觉得这是在分析治疗之后通过他自己的努力实现的。第八个人是男同性恋，是被警察带到治疗师那里的，据治疗师说，他仍然没有被治愈。第九个是个精神分析学家，很久以前就接受过精神分析治疗。他说按照目前的标准，对他的分析非常糟糕，因此他认为自己没有被精神分析过。十个人中最后一个患有癫痫病，在父母的压力下被迫接受不必要的分析。

至此，我们最感兴趣的是，71%表示无保留赞同的病人所接受的精神分析治疗来自分析治疗师和非分析治疗师，这些人分散在整个心理学理论、学说和方法领域，并且几乎可以说，他们的治疗效果一样好！

8. 许多精神分析学家观察到,他们的病人在分析治疗期间和分析治疗完成后都有好转。

9. 也有报道称,治疗成功的一个标志是病患的妻子或丈夫同时得到改善。

10. 现在有一种特殊的情况,有可能最具挑战性,即绝大多数病例都是由缺乏训练或训练不足的人来治疗,或至少是由他们来处理的。我自己在这一方面的经历能最好地说明这一点。我敢肯定,成百上千的心理学和其他领域的人都有过类似经历。

大多数研究生在二三十年代所接受的心理学训练是有限的,甚至没有接受过任何训练。某个学生因为想去理解和帮助他人而进入心理学领域,但结果却发现自己陷入了某种狂热崇拜的氛围。他的大部分时间都花在感官现象、条件反射的影响、无意义音节以及白老鼠的迷宫之旅上。除此以外,他还接受实验和统计方法的训练,而这一训练在哲学上有局限性,仍不成熟。

但对普通人来说,心理学家就是心理学家,他可以解决生活中的所有重大问题。他是专业人士,应该知道人为什么会离婚,为什么会仇恨,为什么会变得精神错乱。心理学家常常不得不尽其所能地回答问题,在那些从未见过精神科医生也从未听说过精神分析学的小城镇中尤其如此。唯一能取代心理医生的是讨人喜欢的阿姨、家庭医生或牧师。所以,未经训练的心理学家要减轻他的内疚感还是有可能的,他也可以投入精力进行必要的训练。

然而,我想说的是,这些摸索和尝试常常会奏效,使得年轻的心理学家大为惊讶。他对自己的失败已经有了充分的准备,当然,失败是很常见的,但那些使他喜出望外的成功结果又该作何解释呢?

有些经历更是出人意料。在各种各样的研究过程中,我需要收集各类人格的秘密、详细的病史,我完全没有经过相关培训准备,但我检查的一些人格扭曲的病例偶尔会得到治愈,而实际上我什么也没做,只是问了一些关于人格和生活经历的问题!

偶尔也会发生这样的情况:当有学生向我寻求一般性的建议时,我会让他寻求专业的心理治疗,并解释为什么我认为这是可取的,他哪里出了问题以及心理疾病的性质，等等。在某些情况下，这就足以消除现有的症状。

业余的治疗师比专业治疗师更关注这些现象。事实上，一些精神病学家明显根本不相信这些事件的报道。但这一切都很容易得到证实，因为这种经历在心理学家和社会工作者中很常见，何况牧师、教师和医生。

如何解释这些现象？在我看来，我们只有借助动机论和人际关系理论才能理解它们。我们显然更需要强调无意识地做了什么和感知了什么，而不是有意识地说或做了什么。在所有被引用的案例中，治疗师都对病人感兴趣，关心他，试图帮助他，从而向病人证明，至少在一个人的眼中他是有价值的。由于治疗师一般都被认为是更睿智、更年长、更强壮或更健康的，患者也会感到更安全，更受保护，因此也就不那么脆弱和焦虑了。除了上述因素之外，治疗师还愿意倾听，他们和颜悦色，温柔善良，鼓励坦诚，接受和认可哪怕是罪恶的自我陈述，跟病人站在一起，等等，从而帮助患者意识到自己是讨人喜欢、得到保护和受到尊重的。如前所述，这些都是基本需求的满足。

很明显，如果我们让基本需求的满足发挥更大的作用，来补充更通用的疗法（暗示、宣泄、顿悟，以及最近的行为疗法等），就比仅用现有疗法能解释更多的现象。一些治疗现象仅这些需求的满足就可以解释——估计不太严重的病例。其他更严重的病例需要运用更复杂的治疗技术才可以得到充分解释，但如果补充基本需求的满足（伴随着良好的人际关系）这一决定因素，我们就可以更加充分地理解它们（291）。

良好的人际关系用作心理治疗

对友谊、婚姻等人际关系的所有最终分析都表明：基本需要只能通过人际关系得到满足，这些需要的满足正是我们之前说过的基本治疗药物，即给予安全、爱、归属感、价值感和自尊。

在分析人际关系的过程中，我们会不可避免地发现，我们有必要，也有可能将良好关系和不良关系区分开来。以人际关系所带来的基本需要的满足程度为基础，可以对两者进行有效区分。任何一种关系，比如友谊、婚姻、亲子关系，如果支持或增进了归属感、安全感和自尊（以及最终的自我实现），就会被（有限地）定义为心理学意义上的良好关系，否则，就会被定义为不良关系。

这些需求是森林、山川甚至爱犬都无法满足的。只有从他人那里，我们才能得到完全令人满意的尊重、保护和爱。也只有对他人，我们才能给予最大限度的尊重、保护和爱。我们发现，好朋友、好伴侣、好亲子、好师生给予彼此的恰恰是这些需求的满足。我们在各类良好人际关系中所追求的也正是这样的满足。正是这些需求的满足成为产生优秀人类的必要先决条件，反之也是所有心理治疗的最终目标（如果不是短期目标的话）。

因此，我们的定义系统所具有的普遍意义是：①从根本上讲，心理治疗设计的不是一种特殊的关系，因为它的一些特质在所有"良好"的人际关系中都有体现；[1]②如果上述说法成立，那么心理疗法的本质——良好的或不良的人际关系——必须接受更为彻底的批判。[2]

把良好的友谊（夫妻之间，亲子之间，人与人之间）作为良好人际关系的范例，稍加仔细地进行剖析，我们会发现它们甚至比上述的其他关系能够带来更多的满足。彼此的坦诚、信任、诚实、友善，除了表面价值之外，还有附加的表达性、宣泄性的价值（详见第十章）。一段健全的友谊也允许表现出一定的被动、松懈、幼稚和愚蠢，因为只有不存在任何危险，只有我们因真实的自我受到了爱和尊重，而不

---

[1] 一段美好的友谊的主要价值可能完全没有被意识到，但这并无损于它的价值。同样，一段治疗关系中这些共同的特质也可能没有被意识到，而这也不会消除它们的影响。毫无疑问，充分认识并且主动运用这些共同特质，将极大地提升其价值，这彼此并无矛盾。

[2] 如果眼下我们只考虑那些可以直接得到爱和尊重的轻症患者（我认为大多数人都是这样的），这些结论就更容易接受了。满足神经症患者需求的问题及其后果错综复杂，只能搁置再议。

是因为装模作样、故作姿态，我们才能成为真正的自己，该软弱时就软弱，无所适从时就能得到保护，想抛下成年人的责任时就变得孩子气。另外，一段真正良好的关系甚至能提高弗洛伊德所说的顿悟能力，因为好朋友或好伴侣自然会为我们的问题提供类似的分析和解释。

我们也还未详细探讨所谓良好人际关系的教育价值。我们不仅渴望平安，渴望被爱，而且渴望懂得更多知识，渴望拥有好奇心，渴望剥开每一层伪装，渴望打开每一扇门。除此之外，我们还必须考虑到我们构建世界、深入了解世界的基本哲学冲动。良好的友谊或亲子关系在这一方面应该有所作为，在良好的治疗关系中，这些需求的满足达到或者应该达到一定程度。

最后，我们不妨谈谈一个显而易见（因此被忽视）的事实：爱与被爱都是无上的快乐。①在我们的文化中，公开的情感冲动会被严厉禁止，比如性冲动和敌意冲动——也许还有更多（442）。我们只能公开表达极少数的几种情感，也许只有三种，即亲子情感、祖孙情感、婚前或婚后的恋情。我们知道，即使是这些情感也很容易变得压抑，同时掺杂着尴尬、歉疚、戒备、做戏和对支配权的争夺。

仅仅强调在治疗关系中允许，甚至鼓励公开地口头表达爱和情感冲动还远远不够。只有在这种情况下（包括各种"人格成长"小组中），爱和情感冲动才被看作理所当然、令人期待。也只有在这个时候，它们不健康的杂质才被有意识地清除掉，从而得到净化和充分利用。这类事实清楚地表明，有必要重新评估弗洛伊德关于迁移（transference）和反迁移（countertransference）的概念。这些概念源于对疾病的研究，在处理健康问题时就过于局限了。它们必须得到拓展，把健全和不健全、理性的和非理性都包括进去。

我们至少可以区分出三种不同性质的人际关系：支配—从属，平等相待，冷漠或放任。这些人际关系已经在不同领域中得到了证

---

① 我对儿童心理学研究中这种令人费解的疏忽尤其感到讶异。"孩子应该被爱"，"为了得到父母的爱，孩子必须好好听话"，等等。后面这些读起来也是一样的不容置疑，"孩子必须去爱"，"爱父母的孩子肯定是好好听话的孩子"，等等。

明（300），包括治疗师—患者关系。

治疗师可以把自己看作患者主动的、决定性的、支配一切的上司，或者他可以作为共同任务中的伙伴与患者沟通，又或者他可以将自己变成患者面前一面冷静无情的镜子，永不干涉，永不靠近，始终保持超然立场。弗洛伊德推荐的是最后一种关系，但实际上其他两种医患关系更加普遍。虽然用来形容正常人被分析的感觉时，唯一可用的正式标签就是反迁移，即非理性的、病态的。

目前，如果医患之间的关系是获得必要治疗药物的媒介——正如鱼需要通过水这一媒介找到需求目标——我们就必须考虑什么样的媒介最适合什么样的患者，而不是考虑这一媒介的性质本身。我们必须避免只选择一种媒介作为忠实的后盾，而排斥其他的媒介。优秀治疗师的疗法理应具备所有这三种媒介以及其他有待发现的媒介。

由上可知，尽管一般患者在温暖、友好、民主的伙伴关系中才能最好地成长，但对很多人来说，这并不是最好的环境，所以我们无法使之上升为一种规律。对于较为严重的慢性稳定神经症患者来说，尤其如此。

较为强势的人会将善良等同于软弱，但我们绝不允许这些人随意轻视治疗师。严格控制并明确宽容的限度，可能最终对患者是有益的。兰克学派在探讨治疗关系的局限性时已经特别强调了这一点。

还有些病人学会了把情感看作圈套和陷阱，他们会忧心忡忡、冷漠退缩。内心深处有负罪感的病人也许需要惩罚。轻举妄动、自我毁灭的病人则需要积极的指示，以防止他们对自己造成无法弥补的伤害。

但有一条规矩是必须要遵守的，那就是治疗师对医患关系应该尽可能保持清醒的认识。即便他由于性格原因，自发地倾向某种关系，也应该考虑到患者的利益，控制住自己。

在任何病例中，如果医患之间的关系恶化，不管是整体上恶化还是仅从患者的角度来说恶化了，那么所有其他心理治疗资源能产生的效果就值得怀疑了。之所以大体如此，是因为进入或终结这种医患关系从来都并非易事。一旦患者与他十分讨厌、憎恨或让他感到焦虑不安的人共处，他极易产生戒备心理和逆反情绪，往往会处心积虑地激怒治疗师。

总之，虽然建立一种良好的人际关系也许并不是目的，而是达到目的的方法，但我们必须把它看作心理治疗的必要或理想的先决条件，因为良好的人际关系通常是所有人类所需要的终极心理治疗药物的最佳媒介。

这一观点还有另外一重有趣的意义值得关注。如果心理治疗本质上是培养病人的某些特质，而这些特质他本应从其他良好的人际关系中获得，那么这就相当于认定心理疾病患者从未与他人建立过理想的人际关系。这与我们之前界定过的缺乏爱与尊重的病人并不矛盾，因为他也只能从他人那里得到爱与尊重。虽然这些定义似乎是同义重复，但每个定义都指引我们迈向不同方向，让我们了解到心理治疗的不同方面。

心理疾病的第二个定义还产生了另一个结果，那就是使大家重新认识心理治疗关系。大多数人将心理治疗看作绝望的措施、最后的求助，因为通常情况下，生病的人才会进入心理治疗关系。人们（甚至包括治疗师在内）认为，心理治疗像外科手术一样，是一种怪异、反常、病态、不幸的必需品。

当然，人们并不这样看待婚姻、友谊或伙伴等其他有益的人际关系。但至少从理论上讲，心理治疗不但跟外科手术有可比性，而且跟友谊关系也一样有可比性。如此说，心理治疗应当被视为一种令人向往的、健康的关系，甚至在某种程度以及某些方面，应当被视为人与人之间的一种理想关系。由上可知，人们理论上应该期待并积极参与心理治疗。但事实上，通常情况并非如此。当然，这一矛盾众所周知，但并不完全是因为神经症患者抱着自己的病症不放，还有一个原因是人们对心理治疗关系的根本性质有误解。不仅患者，许多治疗师对此也有误解。我发现，如果打破常规解释，按照上述方法向潜在的患者解释心理治疗关系时，他们往往会更愿意接受治疗。

将治疗定义为人际关系，还可能将治疗的某个方面描述为建立良好人际关系的技巧训练（慢性神经症患者在没有特殊帮助的情况下是无法做到这一点的），证实心理治疗的可能性，探索愉快的治疗过程和良好的治疗成效。患者有望通过训练的转化同他人建立起深厚的友谊。可以想象，患者会像绝大多数人一样，从友谊、孩子、伴侣以及同事那里得到所有必要的心理治疗药物。就此而论，治疗也可以用另一种方式来定义，即帮助患者做好准备，以建立人们所需要的良好的人际关系。在这种关系中，相对健康的人会得到他们所需要的大部分心理治疗药物。

由上可知，患者和治疗师最好应该双向选择，而且这一选择不应仅仅建立在声望、费用、技巧训练、技术等因素之上，还应建立在普通的人类好感之上。这很容易从逻辑上证明：这样做至少可以缩短治疗所需的必要时间，对患者和治疗师来说都更容易，更有可能达到理想的治愈效果，并且使整个治疗过程对双方都更有益。从这一结论可以进一步推论：在理想情况下，患者和治疗师二者的背景、智力水平、经历、价值观等应当较为接近。

现在必须明确的是，治疗师的人格或性格结构即使不是最重要的，至少也是重点考虑因素之一。他必须能够轻而易举地融入理想的良好人际关系，即心理治疗中。此外，他必须能够与各种不同的人相处，甚至要能跟所有人相处。他必须热情且富有同情心，能够尊重他人。从心理学上讲，他本质上应该是个民主人士，对所有独一无二的人都怀有基本的尊重。总之，他应该具有稳定的情绪和健康的自尊。另外，理想情况下，治疗师的生活应当不受个人问题所困扰。他应当婚姻幸福、经济宽裕、善与人交、热爱生活，通常能够过得舒畅。

最后，这一切都说明，我们不妨进一步研究这个被（心理分析学家）过早遗忘的课题：正式治疗结束后，甚至治疗过程中，治疗师和患者之间持续的社会接触。

良好的人际关系具有心理治疗作用

我们已经拓展并概括描述了心理治疗的最终目标，以及产生这些最终效果的特定药物。依照逻辑，我们接下来应致力于消除心理治疗与其他人际关系和生活事件之间的隔阂。普通人生活中的事件和关系，只要有助于实现专业心理治疗的最终目标，就可以称为心理治疗，即使它们发生在治疗师的办公室之外，也没有专业治疗师的帮助。由此可见，真正的心理治疗研究便是探究美满的婚姻、美好的友谊、优秀的父母、不错的工作、良好的教师等所带来的日常奇迹。由此可以直接推论出以下原则：一旦患者能够接受和处理好治疗关系，专业治疗应该更加注重引导他们进入这种治疗关系。

当然，作为专业人士，我们不必担心把这些重要的心理治疗工具——保护、爱和尊重他人——交到业余人士手中。这些工具确实强大，但自身并无危险。我们认为，一般爱和尊重是不会伤害他人的（为数不多的状况不佳的神经症患者除外）。可想而知，关心、爱和尊重的力量总是有益无害的。

承认了这一点，我们必然相信，不仅每个善良的人都有望成为无意识的治疗师，而且我们必须接受这一结论，即我们应该支持、鼓励、推广这一做法。至少那些业余心理治疗的基本原理可以从孩童时期就开始教起，可以教给任何人。大众心理治疗（利用公共健康与私人治疗之间对比的相似性）有一项明确的任务，那就是教授这些事实，做到广泛传播，以确保每位教师、每位父母，最好是每一个人，都有机会去理解并运用它们。人类总是喜欢向他们尊敬和喜爱的人寻求建议和帮助。心理学家和宗教人士没有理由不将这一历史现象形式化、语言化、普及化。我们应该让人们清楚地认识到，任何一个人威胁、羞辱、无故伤害、摆布或排斥他人时，他就制造出了心理疾患。同时我们也应该让人们认识到，每个心地善良、乐于助人、为人正直、作风民主、慈爱、热情的人，虽然微不足道，但同样是治愈心理疾患的一份力量。①

---

① 我认为有必要对这种笼统的说法再次提出适当的警告。如果读者没有经历过长期顽固的神经症，一定很难相信上述建议并不适用于长期顽固的神经症患者。然而所有经验丰富的治疗师都知道，长期顽固的神经症患者的确不适合业余心理治疗（1）。随着业余心理治疗越来越受到尊重，人们也逐渐认识到专业心理治疗师的必要性。后者可以被定义为：为治疗失败者重启人生的人。

心理治疗与美好社会

仿照上述的良好的人际关系，我们现在需要给美好社会下一个定义，并探讨其影响。美好社会中的成员最有可能成为健全的自我实现者。反之，这也意味着美好社会的制度安排是以扶持、鼓励、奖励的方式，保证尽可能形成良好的人际关系，同时尽可能避免不良的人际关系。从上述定义及阐述可知，美好社会等同于心理健康的社会，而不良的社会等同于心理病态的社会，这也意味着前者满足了人的基本需求，后者则使基本需求受挫，如缺乏爱、情感、保护、尊敬、信任、真相，同时充斥着过多的敌意、侮辱、恐惧、轻蔑与控制欲。

在此应强调一点，来自社会和体制的压力既有治愈能力，也有致病能力（压力使之更容易，更有利，更可能，还赋予其大小不等的各种收益）。这不是说压力必然会产生这些结果，会使这些结果不可避免。我们已经充分了解了简单社会和复杂社会中的全部人格，能够做到既尊重人性的可塑性和灵活性，又尊重特殊个体既定性格结构的顽固性，这一特性使得这些特殊个体能够抵制甚至无视社会压力（见第十一章）。人类学家似乎总能在一个残酷的社会中发现善良之人，在一个和平的世界中发现好战之人。如今我们对此已有充分的认识，不会像卢梭那样，将人类之恶归咎于社会安排，也不奢望仅靠社会改良就能让全人类变得幸福、健康与聪慧。

我们可以从不同的角度来审视我们的社会，这都有益于我们的研究目的。比如我们可以为我们的社会或其他任何社会找到一个基准，然后为其打上"十分病态""极其病态"的标签等。但对我们来说，保持致病因素与治愈因素之间的平衡更有裨益。在我们的社会中，这一平衡显然并不稳固，随时都可能发生偏向，社会控制则为了保持两者的平衡而疲于奔命。因此，我们必须对这些因素进行测量与实验。

抛开这些一般认识，参考个体心理学的观念，我们首先需要面对个体对文化的主观解读这一事实。从这个角度出发，这个社会对于神经症患者可以说是病态的，因为他们从中看到的更多是危险、威吓、攻击、自私、侮辱与冷漠。当然，我们也完全可以理解，与这些患者同住一个街道上的邻居，在面对同一文化、同一群人时，或许会认为社会是健康的。从心理学的角度来说，这些结论并非彼此矛盾，而是可以并行不悖的。由此可见，重症患者都主观地认为，自己生活在一个病态的社会里。将这一点与上述的心理治疗关系相结合，我们可以得出这样的结论：所谓的心理治疗相当于"尝试建立一个美好的微型社会"①。即使多数人都认为社会是病态的，这一说法也同样适用。

从理论上讲，心理治疗相当于在社会层面上抵制病态社会的主要压力和倾向。或者更广义地说，不管一个社会的总体健康或病态程度如何，心理治疗都意味着在个人和社会层面上与致病因素做斗争。可以说，心理治疗试图力挽狂澜，从内心着手，在最终的认识论意义上具有颠覆性和彻底性。因此，不论现在还是将来，每一位心理治疗师都应该从微观而非宏观的角度与社会上的精神性病原性因素做斗争。如果这些因素在社会中占据主导地位，那么他实际上是在与整个社会做斗争。

显而易见的是，如果心理治疗能够得到大面积推广，心理学家每年治疗的不仅仅是几十位患者而是成百万个病人，那么与我们的社会相抗争的微弱力量就会暴露在人们的视线之下。至此，社会变革也就指日可待了。首先，人际交往会发生变化，人们会变得热情好客、慷慨大方、友好和善，等等。当热情好客、慷慨大方、友好和善的人越来越多，达到一定数量时，我们便坚信，这些人会促成法律、政治、经济和社会的变革（347）。训练团体、交友小组以及多种"个人成长"小组和课程的迅速传播或许会对社会产生切实的影响。

在我看来，一个社会即使完全健康，也不可能根绝病态。致病的威胁如果不是来自他人，就是源于大自然、死亡、失意、疾病，甚至源于这样一个简单的事实——这个社会尽管使我们受益良多，

---

① 在此我们必须警惕极端的主观主义。更客观地说，病人眼中的病态社会只要制造出了神经症患者，就可以说是不良社会（对某些健康人来说也是如此）。

但同时也必然改变我们满足欲望的方式。我们须牢记：人性自身便是众恶之源，若非天性本恶，恶也会滋生于无知、愚蠢、恐惧、误解、笨拙等（见第九章）。

这种相互关系错综复杂且极易引起人们的误解。我想消除这一误解，但在此我无意详述，所以提请读者参阅有关乌托邦社会心理学研讨课上我为学生准备的论文（311b）。这篇论文着重强调经验性，即真实可得性（而非不可企及的幻想），同时还坚持论事应讲程度，而非简单二分。我的这一研讨课旨在回答以下几个问题：人性所允许的美好社会是怎样的？社会所允许的美好人性是怎样的？鉴于已知的人性的内在局限性，我们能够期待人性变得多么健康？鉴于社会的本质缺陷，我们能够奢望社会变得多么健康？

我个人的看法是，人无完人，完人甚至无法想象，但人类的进步已远超出大多数人所以为的程度。至于完美社会，在我看来是异想天开，特别是考虑到这一事实：完美的婚姻、友谊和亲子关系都近乎不切实际。如果恋人之间、挚友之间、亲子之间都难以产生纯洁的感情，那么2亿人乃至30亿人之间何以产生纯洁的感情？显然，情侣、群体和社会虽不完美，却显然可以改善，他们可以变得非常好，也可以变得非常糟糕。

此外，在改善情侣、群体和社会这方面，我感觉我们已经有了充分的了解，所以不会相信不切实际的骤然变化。要改善并持续改善某人，需要积年累月的心理治疗。即便治疗结束，改善的重头戏仍然是让病患终其一生进行自我改善。在转变、顿悟或是觉醒的瞬间，人们确实有可能短暂地实现自我，但这种情况极其罕见，不能寄予过高期待。分析师早就明白，仅靠顿悟疗法是不够的，如今还强调要通过"逐步突破"（working through）这一长期、缓慢、痛苦、反复的过程来运用顿悟疗法。通常东方的心灵导师也会持同样的观点，即改善自身需要终生努力。如今，在训练团体、初级交友小组、个人成长小组和情感教育机构等组织中，一些头脑清晰、思维缜密的组长也开始明白这一点，正在经历痛苦的转变过程，逐步放弃"大爆炸"式的自我实现理论。

当然，有关论述都是程度表述，如下所示：①大众社会越是健康，病态的人就越少，进行个体心理治疗的必要性也就越低；②大众社会越是健康，越有可能通过美好社会体验来帮助和治愈病患，对专业治疗的需求也就越低；③大众社会越是健康，简单的满足疗法就越易为病人所接受，因此心理治疗师治愈病人的难度也就越低；④大众社会越是健康，顿悟疗法的效果也就越好，因为众多良好的生活体验、人际关系等有助于治疗，同时，相比而言，战争、失业、贫困等社会病理诱发因素也都不复存在。显然，此类易于验证的命题还有很多。

我们常常听到这样一种悲观的悖论——"在制造病态的病态社会中，又如何能够保持健康或是改善健康呢？"为解决这一悖论，对个人疾病、个体治疗及社会性质之间的关系进行理论描述是很有必要的。当然，自我实现者的出现以及心理疗法的存在（其存在证明了改善心理健康的可能性）已经有力地驳斥了这一悲观论调。即便如此，从理论上提出心理治疗的可能性，再留给实证研究去验证，也是有用的。

训练与理论在现代心理治疗中的作用

随着病情加重，需求满足疗法就更加难以实施和见效。病情有可能发展到这样的程度：①患者往往不再追求或期待基本需求的满足，转而追求神经性需求的满足；②即使提供了基本需求满足物，他们也无法满足自己。因此向患者表达情感是无济于事的，因为他们对情感会感到恐惧、怀疑、误解，最后会排斥。

正是在这种情况下，专业的（顿悟）治疗不仅必不可少，而且无可替代。其他疗法统统失效，无论是暗示、宣泄、症状治疗还是需求满足，都不起作用。因此，当病情发展超过了这一程度，我们可以说是进入了另一种境地，需要一整套独特的法则。本章之前探讨的法则必须经过修正和改进才能适用。

专业疗法和非专业疗法有着重大差异。如果是在三四十年前，上述内容不需要任何补充，但如今亟须对其进行补充，因为自弗洛伊德、阿德勒等人的突破性发现开始，21世纪对于心理学的研究正将心理治疗从一种无意识的技术转变为一种有意识的应用科学。目前，有些心理治疗手段并不是所有健康人都可以掌握的，而只有那些才智过人、训练有素的人才能够掌握和运用。这些新技术都是人们创造的，而非自发的和无意识的。学习这些技巧时，人们可以在一定程度上不受治疗师性格结构的影响。

在此，我只想谈谈这些技术中最为重要、最具革命性的部分，那就是使病人顿悟，即让他意识到自身无意识的欲望、冲动、抑制和思想〔基因分析、性格分析、抗拒（resistance）分析、迁移（transference）分析〕。如果专业心理治疗师同时具备良好的人格，那么顿悟疗法会使他跟仅具备良好人格的健康人相比拥有巨大优势。

那么如何让病人产生顿悟呢？迄今为止，治疗技术十有八九离不开弗洛伊德的论述。自由联想、梦境解析、日常行为意义阐释，这些都是治疗师帮助病人产生自我顿悟的主要途径。[①]当然还有其他可能的途径，但都无关紧要。放松技术和其他许多疗法都会先引起某种形式的分离，然后再充分利用这种分离。这些疗法并不像所谓的弗洛伊德疗法那样影响广泛，虽然与现在相比，它们在那时很可能得到了更广泛的应用。

在一定范围之内，任何一个智力正常的人，只要在精神病学与心理分析学院或是临床心理学研究生院接受过适当的训练，都能够掌握这些技术。不同的人运用技术的效率的确存在个体差异，这也在我们预料之中。有些顿悟疗法的学生有着更敏锐的直觉。我们隐隐觉得，那些具备良好人格的健康人比不具备良好人格的治疗师更能有效运用这些技术。所有精神分析学院在招生时都会对学生的人

---

① 各种类型的团体疗法很大程度上以弗洛伊德理论和方法为基础，但这些疗法有望为顿悟疗法提供两种技术：a.解释教育技术、直接传授知识等；b.让患者分享相似症状，通过倾听来消除轻微的心理压抑。此处的探讨与行为疗法关系甚微。

格提出一定要求。

弗洛伊德另一个伟大的新发现是他意识到了心理治疗师自我理解的必要性。虽然心理分析学家已经承认治疗师需要这样的顿悟，但一些持不同观点的治疗师并不这样认为。这是不正确的。根据此处提出的理论可知，对治疗师来说，能够提升人格的任何力量都有助于他成为更优秀的治疗师，而精神分析或治疗师的其他深度疗法就能成全他。如果有时无法彻底治愈，至少也可以让治疗师意识到威胁所在，意识到自己内心主要的冲突和挫折。这样一来，在面对病人时，治疗师才能够排除自己内心的这些因素，并为病人纠正。只要治疗师时刻留意这些因素，他就能靠自己的理智征服它们。

如前所述，在过去，治疗师的性格结构比他的理论认识要重要得多，甚至比他所运用的意识技巧都更为关键。但随着技术疗法变得日益复杂，这一现象日渐式微。在过去的一二十年里，性格结构在优秀治疗师的整体考量中所占的比重正在慢慢降低，未来也将持续走低，而他的训练、才智、技巧和理论正变得越来越重要，直到成为压倒一切的主导因素，我们对此深具信心。我们曾称赞睿智的老太太的心理治疗技巧，原因有二：一是因为在过去只有她们懂得心理治疗；二是不论是现在还是往后，她们在我们称为非专业的心理治疗领域中都占有重要地位。然而，通过抛硬币来决定是求牧师还是看医生，这已经有悖常识、不可理喻了。优秀的专业心理治疗师已经把依赖直觉的治疗师远远甩在了后面。

我们可以预测，在不远的将来，特别是社会状况得到改善后，专业心理治疗师将不再负责满足病人需求，如替病人分忧、给予支持等，因为非专业的治疗师便能提供这些服务。但有时简单的满足疗法和宣泄疗法是无法治愈疾病的，这时只有内行掌握的专业技巧才能派上用场。

从上述理论中，我们也可以推导出完全相反的自相矛盾的结论。如果心理治疗在相对健康的人身上更容易见效，那么治疗师很可能会将专业治疗更多地用于最健康的人而非重症患者。原因情有可原：一年之内改善十人要胜过改善一人，尤其是当这十人处在关键的业余治疗岗位上时,例如教师、社会工作者、医生。这种情况已经相当普遍地发生了。经验丰富的精神分析学家和存在分析家将大部分时间都用来培训、教导和分析年轻的治疗师。如今,心理治疗师向医生、社会工作者、心理学家、护士、牧师和教师开堂授课的情况也是极为普遍的。

在结束顿悟疗法这一主题之前,我认为很有必要解决顿悟与需求满足之间隐性的二分法。纯粹的认知和理性主义的顿悟(不涉感情的冷静认识)是一回事,而机体的顿悟是另一回事。弗洛伊德学派经常谈到的彻悟是指认识到这一事实,即单靠了解自身症状,包括了解症状的起源及其在当代心理经济中的能动作用,通常并不能起到治疗作用。除此之外还应该有情感的体验、体验的真实重现、宣泄以及反应。也就是说,彻悟不应该仅仅是一种认知体验,还应是一种情感体验。

还有一种主张更加暧昧,它认为顿悟常常是一种满足需求或满足受挫的意动体验,是真切地感受到为人所爱、受人呵护或者遭人抛弃、受人鄙薄。心理分析师彼时所说的情感不如视为对于实现(realization)的反应。比如一个人在重温20岁的体验后,意识到自己的父亲是爱自己的,而之前自己对此一直深藏于心或有所误解;又或者在真实的情感体验后,他突然意识到,其实他恨自己的母亲,虽然此前一直以为自己爱她。

这种兼具认知、情感和意动的丰富体验,我们不妨称之为机体顿悟。但如果我们主要研究的是情感体验,那么我们应该不断拓宽情感体验以便容纳意动的成分。最终我们会发现,我们探讨的其实是有机的或整体论的情感等。认知体验也是如此,也会扩展到整个机体的非官能体验。到了最后一步,我们将认识到,除了研究的角度不同以外,机体顿悟、机体情感和机体意动之间并无区别,而且最早的二分法显然是这一课题研究中的极端原子论方法引起的。

自我疗法、认知疗法

在此提出的理论意味着，人们可能没有意识到自我疗法实际上具有更多的可能性，同时也具有更大的局限性。如果每个人都认识到自己缺少什么，知道自己的基本欲望是什么，大致了解自己这些基本欲望没有得到满足的症状，那么他就能有意识地尝试弥补这些缺失。我们可以公正地说，根据这一理论，大多数人可能并没有意识到自己实际上拥有更多可能的方法，来自我治愈社会上普遍存在的、大量的轻度失调。爱、安全感、归属感和他人的尊重几乎是灵丹妙药，能治愈情绪紊乱，甚至一些轻微人格障碍。如果一个人明白他理应拥有爱、尊重和自尊等，那么他就会有意识地去追寻它们。当然，我们都认可这一点：有意识地寻找比试图无意识地弥补缺失更好，更为有效。

与此同时，许多人都抱有这种希望，而且跟我们想象的不同，他们有更多可能的自我治疗方法。但在某些问题上，他们只能向专业人士寻求帮助。首先，面对严重的人格障碍或存在性神经症患者，只有彻底了解引发并加剧其患病的因素，才能有针对性地给予实质性的治疗，而不仅仅是缓解症状。在这种情况下，必须运用所有能够促进有意识顿悟的必要工具，这些工具还无法替代，目前只有受过专业训练的治疗师能用。一旦某一病例发展到严重的程度，外行和明理的老太太能起到的作用，十有八九对彻底治愈毫无用处。这是自我疗法本质上的局限性。[①]

[①] 自从这本书首次面世，霍尼（200）和法罗（127）关于自我分析的引人入胜的著作就出现了。他们的论点是：通过个人的努力可以达到专业分析所能实现的那种顿悟，但在顿悟的程度上有所不逮。大多数分析家并不否认这一点，但认为达到同样程度的顿悟是不切实际的，因为这需要病患具备非凡的动力、耐心、勇气和毅力。我相信，很多关于个人成长的著述（63，189，365，366，368，374，415，446）也是如此。他们自身的努力肯定是有帮助的，但如果没有专业人士或导师、专家、领袖等的辅助，不可能靠自身获得根本的改善。

团体疗法：个人成长小组

我们的心理疗法最终意味着更加尊重团体疗法以及训练团体等。我们已经强调过心理疗法和人格完善是一种人际关系这一事实，仅从先验的角度来看，我们理应认为，从两人一组扩展到更大的分组将大有裨益。如果我们把普通疗法理解为二人组成的理想小社会，那么团体疗法就是十人组成的理想小社会。我们有强烈动机去尝试团体疗法：既能节省金钱和时间，又能为越来越多的患者提供更广泛的心理治疗。除此之外，现在我们有经验材料表明，团体疗法和训练团体可以治疗一些个体心理疗法无能为力的病例。我们已经知道，当患者发现小组的其他成员与自己是同类人，发现自己的目标、冲突、满足、不满、潜在冲动和想法在整个社会上几乎非常普遍时，他就很容易摆脱疏离感、孤独感、愧疚感或罪恶感。这就削弱了这些潜在的冲突与冲动的心理致病效应。

实践也证实了另一治疗目标。在个体心理治疗中，患者学会与至少一个人——治疗师——建立良好的人际关系。人们希望他能把这种能力转移到他的一般社会生活中去。这一点他一般能做到，但也有时候做不到。在团体治疗中，他不仅学会了如何与至少一个人建立这种良好关系，而且实际上在治疗师的指导下，还与小组中的其他人一起实践这一能力。总之，现有的实验结果虽然在意料之中，但肯定是令人鼓舞的。

正是因为这些经验材料以及理论推论，我们应该鼓励更多团体心理疗法的研究。这不仅仅因为它引领了一种方兴未艾的专业心理治疗，还因为它无疑会教我们很多有关普通心理学的理论，甚至广义的社会理论。

训练团体基础交友小组、敏感性训练小组，以及其他现在被归入个人成长小组或情感教育研讨班、讲习班的所有小组，也都是如此。虽然治疗程序迥异，但可以认为，它们有着与所有心理治疗相同的长远目标，即自我实现、充分人性化、人类潜力和个人潜力更充分的发挥等。像任何心理疗法一样，只要管理有方，它们就能创造奇迹。当然，现在我们已经有了足够的经验，知道在管理不善的情况下，它们可能是无用的或有害的。因此还需要更多的研究。这一结论并不意外，因为对于外科医生和其他所有专业人士来说，情况也是一样。我们尚未解决这一问题：外行或业余人士如何选择称职的治疗师（或内科医生、牙医、专家、向导、教师），并且避开不称职的治疗师。

第十六章　正常、健康和价值

"正常"和"反常"这两个词意义太多，以至于几乎毫无用处。如今，心理学家和精神病学家都强烈地倾向于用更具体的从属概念来代替这些过于笼统的说法。这就是我将要在这一章中探讨的问题。

一般来说，"正常"状态都是从统计、文化相对论或生物—医学的角度来定义的。但这只是正式定义，类似于"公司"或礼拜日的定义，而非日常定义。"正常"一词的非正式含义跟它的专业含义一样明确。当人们问"什么是正常的？"，大多数人心中已经另有他想。对于多数人，甚至是非正式场合的专业人士来说，这是一个价值问题，它实际上相当于在问"我们应该看重什么？对我们来说，何为好坏？我们应该担心什么？"以及"我们应该对什么感到愧疚或问心无愧？"我打算结合专业和非专业的角度来解释这一章的标题。在我印象中，这一领域的大多数专家也都是这样做的，虽然他们很少承认这一点。人们经常探讨"正常"理应是什么含义，但很少探讨它在具体情况下的实际含义。在我的治疗工作中，我总是从患者的角度而非专业技术角度，来认识"正常"和"异常"的问题。按我的理解，当一位母亲问我她的孩子是否正常时，她是想知道她是否应该为此担忧，她是该进一步控制孩子的行为，还是应该顺其自然、不加干扰。按照同样的思路，当讲座结束后人们问我性行为是否正常时，我的回答实际上是在暗示他们"要注意"或"别担心"。

目前，精神分析学家、精神病学家和心理学家对这一问题重新产生了兴趣，我认为真正原因是，他们认为这关涉一个重大的价值问题。比如埃里克·弗洛姆就是在善、理想和价值的语境中探讨常态的。在这一领域内，越来越多的其他专家也是如此。坦率地说，在现在以及过去一段时间，这种工作一直致力于构建价值心理学，以便最终为普通人提供生活实践的指导，也可以为哲学教授和其他专业技术人员提供理论参照系。

更进一步讲，这些心理学家中，有很多人越来越认为，所有这些理论尝试无非是在做正规宗教孜孜以求却无能为力的事情，也就是给人们提供一种对人性的理解，涉及人性与人性本身、与他人、与整个社会以及与整个世界的关系。同时，对这一问题的思考也给人们提供一个参照系，让他们能够知道何时应该感到内疚，何时应该心安理得。这就是说，我们正在建立一种科学伦理学。若是有人认为，我在本章的探讨意味着向这一方向迈进，我欣然接受。

"正常"的定义

现在，在我们开始讨论这个重要问题之前，让我们先来看看学术界描述和定义"正常"的各种尝试，当然，这些描述和定义都并不成功。

1. 对人类行为的统计调查只告诉我们事实是什么，实际上存在什么，这些调查结果理应是完全客观的。好在大多数人，甚至科学家，都不够坚定，都不由自主地认同平均水平，认同最普遍、最常见的状态，在我们的文化中尤其如此，普通人很难抵御这种强烈的倾向。比如金西博士对性行为的出色调查提供了大量第一手资料，因而极具价值，但金西博士等人很难回避何为正常（即理想）状态这一问题。在我们的社会中，病态的性生活（从精神病学的角度来看）司空见惯，但性生活却不会因此而变得美好或健康。我们必须学会名副其实地使用"正常"一词。

另一个例子是格塞尔婴儿发育标准表，它对于科学家和医生来说无疑是很有用的。但如果自己的孩子在行走或用杯子喝水方面的发育低于平均水平,大多数母亲往往会感到担忧,就好像这不妙或很可怕。显然,在我们发现了平均水平之后,我们还必须问:"这种平均水平理想吗?"

2. "正常"一词常在无意中被等同于"传统""习惯"或"惯例",通常是传统的一种正面托词。我还记得,在我上大学时,曾发生过由女性吸烟引起的骚动。我们的妇女主任说,女性吸烟不正常,并加以禁止。在那个时候,女大学生穿宽松裤子或者在公共场合牵手也是不正常的。当然,妇女主任的意思是说"这不合乎传统",只有传统才是完全正确的。对于她来说,和传统不一致就意味着"是反常的、不健康的,本质上是病态的",所以是完全错误的。几年后,风俗为之一变,她也随之被解雇,因为那时她那一套已经不"正常"了。

3. 这一用法还有一种变化形式,即传统的一种神学托词。人们常常认为,所谓的圣经就是为行为制定准则,但科学家对这些圣经传统如同对其他任何传统一样,很少予以重视。

4. 最后,作为"正常""理想""美好""健康"等定义的根源,"文化相对性"也可以被认为已经时过境迁。当然,人类学让我们意识到了自己的种族中心主义,这一点功不可没。作为一种文化的代表,我们一直尝试将各种地方文化习俗,比如穿裤子、吃牛肉而不是吃狗肉设定为绝对的、全人类的行为标准。但更为广泛的人种学知识已经让人们普遍意识到,种族中心主义是一种严重的威胁。现在,没有人能代表整个人类发言,只有当他了解文化人类学并熟知至少十几种文化,才能够超越或独立于自己的文化,把人类作为某一物种而非同类族群来进行评判。

5. 这一错误有一种主要的变化形式,即"适应良好的人"这一概念。心理学家反对这个看似合理而又不言而喻的概念,可能会使普通读者费解。毕竟,每个人都希望自己的孩子能很好地适应环境,融入团体,受到同龄朋友的欢迎、赞赏和喜爱。我们的主要问题是:"适应哪个群体"?违法者、瘾君子?受谁欢迎?受谁赞赏?在 H. G. 威尔的精彩短篇小说《盲人谷》(*The Valley of the Blind*)中,所有人都是盲人，而视力正常的人却无法适应环境。

适应意味着人对某一种文化和外部环境的被动顺应。但是，如果这是一种病态的文化呢？或者再举一例，我们逐渐学会了不从精神病学的角度来预判少年犯，认为他们必然恶性不改或不受欢迎。有时，儿童的犯罪、违法行为以及不良习性可能说明，他们在心理和生理上对剥削和不公进行合理的反抗。

适应是一个被动而非主动的过程。牛、奴隶或任何没有个性的乐天派，比如适应良好的疯子或囚犯，都能够实现典型的适应过程。

这种极端的环境论意味着人类无限的可塑性和灵活性，以及现实的不可变性。因此，环境论既是现状，是宿命，也是不真实的。人的可塑性不是无限的，而现实也是可以改变的。

6. 在另一迥然不同的传统中，"正常"一词是指没有损伤、疾病或明显机能失常这一医学—临床习惯。如果一个内科医生在给病人进行彻底检查后没有发现任何身体上的问题，他就会说这个病人是"正常"的，即使病人仍然处于痛苦之中。他的意思其实是说，"以我的技术，没法发现你身体有什么问题。"

受过心理学训练的医生和所谓的身心医学家对此更是洞若观火，所以很少使用"正常"一词。诚然，许多精神分析学家甚至说，没有人是正常的，意思是不存在完全没有疾病的人。也就是说，没有人是完美无瑕的。这可以说是不刊之论，但对我们的伦理学研究却助益甚微。

"正常"一词的新概念

既然我们已经知道要摒弃上述概念了，那用什么替代它们呢？本章所提出的新的参照系仍处于发展和建设阶段，目前尚不明确，也没有无可争议的证据作为可靠支持。公平而言，它是一种发展缓慢的概念或理论，且似乎越来越有望成为未来发展的真正方向。

具体而言，据我的预见或推测，"正常"概念中关于普遍的、全人类的心理健康的某种理论不久将会得到发展，并将适用于全人类，无论其文化背景和时代背景如何。不论从经验还是理论上看，这种情况都正在发生。这种新的思维方式由新的事实、新的资料所促成。至于是哪些事实和资料，我将在后文探讨。

德鲁克（113）提出了这样的论点：自基督教诞生以来，西欧前后经历过大约四种主导观点或概念，均表达了追求个人快乐与福祉的方式。每一观点都树立了某类人的完美典范，并普遍认为只要效仿这种完美典范，就一定能实现个人的快乐和福祉。在中世纪，有信仰的人被认为是完美的典范，而在文艺复兴时期，有学识的人被视作理想的典范。随着资本主义和马克思主义的兴起，实用主义者渐渐主导了人们对完美典范的看法。到了现代晚近时期，特别是在法西斯主义国家，我们不妨提到一个类似的神话，即关于英雄人物的神话（尼采哲学意义上的英雄人物）。

现在看来，这些神话似乎都已经破灭了，取而代之的是一个新概念。随着最先进的思想家和学者持续不断的思考探索，这一概念也一直在缓慢发展，并且很有可能在今后的一二十年内发展成熟。这一新概念就是心理健康的人或真正有灵魂的人，实际上也就是"自然"的人。我期望这一概念将会像德鲁克提及的那些概念一样，对我们的时代产生深远的影响。

现在，让我先简要地阐述一下"心理健康的人"这一新概念的本质。第一，最重要的是这样一种强烈的信念：人类有自己的基本天性、某种心理框架结构，可以像研究人体生理结构一样来进行研究。第二，人类有部分由遗传决定的需求、能力和倾向，其中一些超越了文化界限，反映了整个人类物种的特性，另一些则是某些个体所独有的。从表面上来看，这些基本需求是善的或中性的，而非邪恶的。第三，它还涉及这样的概念：全面的健康以及正常和理想的发展在于实现人类的这种天性，发挥这些潜力，沿着模糊的潜在基本天性所指引的轨迹发展成熟。这是内在的发展，而非被外界塑造的结果。第四，现在可以清楚地看到，大多数心理病症都是人类基本天性遭到否定、挫折或扭曲的结果。根据这一概念，凡是有助于实现人类内在天性发展的，即为善；凡是阻碍、妨碍或否定人类基本天性的，即为恶；凡是干扰、阻碍或扭曲自我实现进程的，即为心理病态；凡是可以帮助人回到自我实现的道路上，并沿着他内在天性所指引的轨迹发展的方法，即是心理治疗，或者说是成长。

这一概念让我们想起了亚里士多德和斯宾诺莎曾经的大量思考。事实上，我们不得不承认，这一新概念与早先的哲学有许多共同之处。但同时我们也必须指出，我们现在对人类真实天性的了解，比亚里士多德和斯宾诺莎多得多。我们已经认识到他们的失误和缺陷是什么。

首先，精神分析的众多流派已经发现是哪方面知识的欠缺导致了古代哲学家理论中的致命缺陷。现在不仅动态心理学家，还有动物心理学家和其他方面的专家都使我们获得了对人类动机的更深理解，特别是对人的无意识动机的理解。其次，我们现在对心理病理学及其起源也有了更多了解。最后，我们从心理治疗师，尤其是心理治疗的过程和目标的讨论中获益匪浅。

这意味着我们可以认同亚里士多德的观点，即美好生活在于随性而活，但我们必须补充一点，他对人的真实天性认识有限。在描述人的基本天性或固有结构时，亚里士多德只做到了研究身边的人，并观察他们是什么样的人。但如果仅仅从表面上来观察人类，正如亚里士多德力所能做的那样，最终只会得出关于人性的静态概念。亚里士多德唯一能做到的，就是在他自己的文化中，在那一特定时期，建立一个善人的形象。大家应该记得亚里士多德关于美好生活的概念，他完全接受了奴隶制的事实，并且犯了一个致命的错误，那就是，他认为身为奴隶之人具有天生奴性，因此成为奴隶也就天经地义。这彻底暴露了他的缺陷，也就是他仅依据表面观察来构建概念——善人、正常人或健康人理应是什么样的。

新旧概念的区别

如果我必须用一句话来描述亚里士多德的理论和当代心理学家（包括戈尔茨坦、弗洛姆、霍尼、罗杰斯、布勒、梅、格罗夫、达布罗夫斯基、默里、苏蒂奇、布根塔尔、奥尔波特、弗兰克尔、墨菲、罗夏和许多其他心理学家）的理论之间的区别，我认为最主要的一点是：现在我们不仅认识到人是什么，而且还认识到人未来的可能发展。也就是说，我们现在不仅认识到表面，认识到现状，也能认识到潜力。现在我们更了解人的内在本质，以及那些被压抑、忽略、遗忘的人性。我们不仅依赖外部的观察或是当下的情况，而是通过人的可能性、潜力和最大发展来判断人的本性。这一方法可以总结如下：历史几乎总是低估人性。

与亚里士多德相比我们还有另一优势，那就是我们从动力心理学家那里了解到，仅凭智力和理性是无法获得自我实现的。大家应该记得，亚里士多德为人类能力等级排了序，其中理性占据最高位置。这必然导致了一种见解，即理性与人的感性和类本能是相对的、斗争的、矛盾的。但从心理病理学和心理治疗的研究中我们已经了解到，我们必须彻底改变我们对心理学机体的看法，平等地尊重人性中的理性、情感、意动或是愿望和动机。而且，对健康人的经验研究告诉我们，人性的这几个方面并非相互矛盾或是敌对，而是合作协同的。可以说，健康人是一个整体，是一体化的。只有神经症患者才是自我矛盾的，他的理性与情感才是相互对抗的。将人性的各个方面割裂开来的后果是，不仅人们的情感生活和意动生活被误会和曲解了，我们还意识到，目前我们从过去继承下来的理性概念同样遭到了误会和曲解。正如弗洛姆所说："理性成了看守人性这一囚犯的狱卒，在这一过程中理性本身也成了囚犯。这样，人性中的理性和感性这两个方面也都变得残缺不全。"（148）我们只能同意弗洛姆的观点，即人不能仅通过思考来实现自我，而要实现人的完整人格。这不仅包括积极施展人的才智，还包括积极展现人的情感和类本能。

假如我们确切地知道人在所谓良好条件下可能的发展，假如只有当人实现了自我，成为最好的自我，他才能快乐、平静、接受自己、没有遗憾、身心和谐。只有在这种情况下，我们才有可能，也才有理由探讨好与坏、是与非、利与弊。

如果技术哲学家反驳说："你怎么能证明幸福好于不幸呢？"我们只用经验就能回答这个问题，只要我们在多种条件下观察人类，就会发现人类自身（而不是观察者们）会自发地选择幸福而非不幸、舒适而非痛苦、宁静而非焦虑。总之，在其他条件相同的情况下，人类选择健康而不是疾病（前提是他们有足够的理智进行选择，之后我们将讨论选择所需具备的条件）。

这也回答了哲学对手段—目的这一价值命题的一般反对意见，这些价值命题我们都很熟悉（如果你想达到目的 X，你应该实施手段 Y，比如，"如果你想长寿，你应该吃维生素"）。现在关于这一命题我们有了一种不同见解。通过经验可知，人类想要的是爱、安全、幸福、长寿、知识、没有痛苦等。如此一来，我们可以不说"如果你想开心，那么……"，而是说"如果你是人类的健康一员，那么……"

这在经验层面上也毋庸置疑，比如狗更喜欢吃肉而不是沙拉，或是金鱼需要干净的水，花朵在阳光下开得更好。因此我坚决认为，我们是在进行描述性的科学陈述而非规定性称述。〔我曾提出过"融合词"（Fusion words）这一术语，融合词既是一种描述，也是一种规定（314）。〕

还有一句话要送给我的哲学家同僚，他们清楚地区分了"人是什么"和"人应该是什么"。我们能够成为什么 = 我们应该成为什么，而且"能够成为"这种表达更好。请注意，如果我们采取描述性和经验性的态度，那么"应该"一词就完全不妥当了。很简单，我们不会问花朵或动物，它们"应该"成为什么。在这里"应该"（或者"理应"）是什么意思？一只小猫"应该"成为什么呢？这个问题的答案以及蕴含其中的精神同样适用于人类孩童。

这一观点还有一种更有力的表达，现在任何时候我们都可以区分人目前是怎样的，以及人有可能成为什么。我们都清楚这样一个事实：人类性格可以分成不同层次和不同深度。无意识与有意识共存，尽管它们可能相互矛盾。有意识现在存在（在某一意义上），无意识现在也存在（在另一深层意义上），并且可能有一天会浮现于表面，会变成有意识，然后成为有意识的存在。

按照这个参照系，你就能理解那些行为不端的人也可能内心充满爱心，如果他们能够实现人类的这种潜能，就会变成更健康的人，并且在这一特定意义上变得更正常了。

人类与所有其他生物的重要区别在于他的需求、偏好和残余本能弱而不强，模糊而非清晰，为怀疑、不确定性和矛盾留下了空间，并且都太容易被文化、学习和他人的偏好所遮蔽和湮灭。①数个世纪以来，我们习惯性地认为本能是单一的、明确的、强有力的（就像动物的本能那样），因此我们从来没看到弱本能的可能性。

我们确实有一种天性、一种构造、一种类本能倾向和能力的模糊结构，认识到我们身上的这一点是来之不易的伟大成就。自然而然地、发自内心地希望了解自己是什么和自己究竟想要什么，是一种稀缺并且罕有的高境界，通常需要长久的勇气和多年的努力。

人的内在本质

我们在此做一总结。我们已经确认，人类的固有结构或者说内在本质似乎不只是他的身体结构和生理机能，也包括他最基本的需求、欲望和心理能力。其次，这种内在本质通常不是显性的，而是隐性的、尚未满足的、微弱的。

我们是如何知道这些需求和身体潜能是固有结构呢？在第六章和（298）我列出了十二条相互独立的证据和方法，这里我只列举四

---

① 露西·杰斯娜博士也提出过，人类身上有这样一种特定习性，即需求得到过分满足或是刚满足后不久又得到满足的话，这些需求就会变弱。

条最重要的。第一，这些需求和能力受挫会产生心理疾病症状，也就是说会因此生病。第二，这些需求得到满足有利于培养健康性格（带来良好的心理状态），而神经症需求的满足却没有这种效果。也就是说，满足这些需求会使普通人变得更好、更健康。第三，在自由状态下，它们表现为人的自然选择。第四，在相对健康的人身上，我们可以直接观察到这些需求。

如果我们想区分基本需求和非基本需求，我们不能仅仅依靠对有意识需求的内省，或者仅仅依靠对无意识需求的描述，因为从现象学的角度来说，人对因为患有神经症导致的需求和内在需求的感受是相似的。这些需求同样地要求满足、要求支配意识，并且这两种需求在内省特征上差别不大，内省者往往无法区分它们，除非是在生命的尽头，在回顾过去之时像托尔斯泰笔下的伊凡·伊里奇所做的那样，或者是在特殊顿悟的时刻。

然而，我们必须找到与之关联、协变的外部变量。事实上，这些其他变量形成了从神经症到健康之间的连续体。现在我们已经十分确信，恶性攻击是应对性行为而不是基本行为，是结果而不是原因，因为随着恶人的心理逐渐变得健康，他就变得不再那么具有攻击性了，而健康人的心理病症加重后，就有了更多的敌意，变得更加刻毒和邪恶。

此外我们还认识到，满足神经症患者的需求并不像满足基本内在需求那样有益于健康，给渴望权力的神经症患者他想得到的全部权力并不会缓解他的症状，也不可能满足他渴求权力的需求。不管他获得了多少权力他都会觉得不够（因为他缺乏的其实是别的东西）。无论神经症需求是得到满足还是受到挫折，对一个人的基本健康都没有多大影响。

但是对于安全感和爱这种基本需求来说却不大一样。满足这些需求确实有益于健康，而且这些需求也是有可能得到满足的，这些基本需求受挫则会导致疾病。

这同样适用于类似智力或者强烈的活动倾向这种个体潜能（我们目前仅有来自临床的数据）。这样的倾向就像是一种需要满足的内驱力。满足它，个体就会发展良好；阻挠它或者压抑它，目前我们还不甚了解的各种轻微症状都会立即出现。

但最简单的方法还是直接观察那些真正健康的人。现在我们已经很清楚如何找出那些相对健康的人。虽然完美的标本并不存在，但我们仍然期待更多地了解其本质，就像对比起相对稀释的镭，通过研究相对浓缩的镭，我们可以更多地了解镭的性质。

第十一章提到的研究已经证明，科学家有可能从优秀、完美、理想健康以及实现人类可能性这几个方面来研究和描述正常状态。如果我们知道优秀的人是怎样的或者可以成为怎样的人，那么人类（大多数人都爱好向善）就可以用这种尽善尽美的典范来要求自己，从而提升自己。

人的固有设计中，研究最透彻的就是对爱的需求。从这一研究出发，我们可以用目前提到的四种技巧来区分内在、普遍的人性以及偶然、局部的人性。

1. 几乎所有有经验的治疗师都同意，当我们追溯一个神经症患者的早年经历时，我们经常发现他早年缺乏爱。有几项关于婴幼儿的不完全的实验研究已经证实了这一点，彻底剥夺爱甚至会威胁到婴儿的生命安全。这也就是说，爱的匮乏会引起疾病。

2. 据目前已知的情况来看，特别是在孩子身上，只要这种疾病还没有发展到无可救药的程度，那么给予他们关爱和善意，就可以治愈。我们也有理由相信，成年人的重度心理治疗和分析疗法就是使病人体验和运用有治愈疗效的爱。同样，我们也有大量证据来证明，有爱的童年与健康的成年之间有极大关系。这些数据说明了这样一个结论：对人类健康发展而言，爱是一种基本需求。

3. 孩子们在允许他进行自由选择的环境中，如果他的心灵还没有扭曲和变态，他会喜欢温情而不是冷漠。目前我们还没有直接的实验来证实这点，但是我们确实有许多临床数据和民族学资料来支持这一结论。最常观察到的现象就是孩子喜欢有爱心的老师、家长、朋友，而不是有敌意的或者冷漠的老师、家长或朋友，这证明了我的观点。婴儿啼哭是告诉我们他想要关爱而不是冷漠，巴厘孩子的哭闹就是一个例子。成年巴厘人不像成年美国人那样需要爱。因为巴厘人对孩子从小就实行苦难教育，教育他们不要寻求也不要期待爱。但孩子们并不喜欢这种训练，在大人教育他们放弃爱的时候，他们总是哭闹得很厉害。

4. 最后，我们对健康成年人的描述发现了什么现象呢？那就是几乎所有（虽然不是所有）健康成年人都过着爱意融融的人生，他们爱别人，也被别人所爱。更进一步说，他们已经是爱心人士。最后矛盾的一点是，他们不像普通人那样需要爱，因为他们已经得到了足够的爱。

任何一种因匮乏引起的疾病都能使以上观点变得更加可信，更常识化。假设一个动物体内缺盐，首先会引起缺盐症状。其次，额外摄入身体的盐可以治愈或帮助治愈这些疾病。再次，缺盐的白鼠或者人在可能的情况下会倾向于选择重盐的食物。也就是说，他们会吃远远超过常量的盐，而且缺盐的人会表达他们对盐的主观渴望，并且认为盐味道鲜美。最后，我们发现摄入足量盐的健康机体不会特别渴望盐或是需要盐。

因此，我们可以说，就像机体需要盐来保持健康、避免疾病一样，人也是出于同样的原因才需要爱。汽车出厂前就已经设计好需要汽油，同理，机体的内在设计就需要盐和爱。

我们已经多次谈到良好条件、宽容等。这些跟进行观察所需要的特殊条件有关，在科研工作中，这些观察条件十分必要。科学家们常说："在某些条件下，这是成立的。"

良好条件的定义

现在回到这一问题：是什么因素构成了良好条件，让人类本性显露呢？让我们来看看当代动力心理学对此有何见解。

如果我们上述探讨的结论是机体具有一种模糊、固有的本性，那么可以确定，这种内在本性十分微弱、难以察觉，而不像低等动物的本性那样强而有力。低等动物从不怀疑自己是什么、想要什么、不想要什么。人类需要爱、知识、哲学，这种需要若有若无，并不是一望而知、确定无疑的。这些需要像是窃窃私语而不是大声宣告，而且这私语声经常被湮没。

为了认识人是什么并需要什么，我们有必要设定特殊条件，以帮助人们表达需求，并培养鼓励和实现这些需求的能力。一般来说，这些条件可以概括为一点，即允许满足需求和表达需求。我们如何知道怀孕的白鼠最适合吃什么呢？我们会给它足够的选择，它们想吃什么、什么时候吃、吃多吃少、怎么吃法，这些统统由自己决定。我们知道，依照每个婴儿的习性给他们选择恰当的断奶时间是最好的。那我们如何确定这个时间呢？我们当然不能去问婴儿，我们也不再问传统的儿科专家。我们会给婴儿选择权，让他来决定吃什么。我们为他提供流体食物和固体食物。如果他更喜欢固体食物，那么他会自发地断奶。我们营造一种宽松、包容、令人满意的环境，让孩子告诉我们他何时需要爱、保护、尊重或是控制。对心理治疗而言，这是最有益的一种环境，而且从长远来看，它也确实是心理治疗唯一可能的环境。经证实，在不同社会环境下，在多种可能性中进行自由选择是有效的，比如在少女矫正院里让这些女孩自由选择室友，在大学里自由选择导师和课程，选择投弹手机组成员等。〔我暂不讨论复杂而重要的问题，如积极受挫（desirable frustration）、纪律以及设定满足限制。我希望指出，虽然宽容对我们的实验目的最为有益，但为了教人为他人着想，如何意识到他人的需求，或者着眼于未来所必需，仅有宽容是不够的。〕

那么从促进自我实现和有益健康的角度来看，一个（理论上）良好的环境可以提供所有必要条件，然后退至一旁，让机体陈述自己的希望和要求，自行选择（不要忘记，机体常常为了别人选择延后或放弃等，而其他人也有自己的要求和希望）。

一个心理学上的乌托邦

最近,我很有兴致提出心理学乌托邦的假想描述,在心理学的乌托邦中,所有人都是心理健康的,我称它为"优心态国"(Eupsychia,发音是 Yew-sigh-key-a)。根据我们对健康人的定义,如果把一千个健康家庭聚集在一片荒地上,让他们按照他们的喜好决定自己的命运,我们预见会发展出怎样的文化呢?他们会选择何种形式的教育,何种经济体制,何种性生活,何种宗教?

关于这个乌托邦,我有几件事很不确定,特别是经济制度。但我也有几件事非常确定。其中一点是,这个乌托邦很有可能是(哲学意义上)无政府的,是一种充满爱的道家文化,在那里人们(包括年轻人)会有更多的选择,基本需求和超越性需求会得到更多尊重。那里的人们不会像我们一样,如此频繁地干扰他人,也不会像我们一样,倾向于把自己的观点、信仰的宗教,以及自己喜爱的衣食、艺术强加给他人。总之,这个优心态国的人民会更具道家风范、互不打扰、满足基本需求(任何时候都能满足),只在几种情况下(我还未描述)才会感到挫败。与我们相比,他们人与人之间更开诚布公,不论何时,只要条件允许,这些人就会允许他人做出自由选择。他们不像我们,不会对他人有控制欲、暴力倾向、不屑一顾或傲慢专横。在这种条件下,最深层的人性更容易显露出来。

我必须指出,成年人有一种特殊情况。即自由选择的条件不一定适用于普通人——它只适用于心理健康的人。神经质的病人会做出错误选择,他们不清楚自己想要什么,即使他们知道了,也没有足够的勇气来做出正确选择。当我们谈到人的自由选择时,我们指的是正常、健康的成人和儿童。大多数已有的关于自由选择的出色实验是研究动物的。通过在临床上从心理治疗过程的分析角度,我们也已经对此有颇多了解。

环境与人格

当我们试图理解"正常"一词的新概念及其与环境的关系时，我们还需要处理一个重要的问题。有理论认为，完美的健康只有在完美的世界中才存在，才成为可能。但在实际研究中，情况似乎并非如此。

在我们的社会中，的确有可能发现十分健康的个体，虽然社会本身远远不够完美。当然，这些个体虽不完美，但确实是目前我们能发现的最优秀的个体。或许在当下这种文化中我们还不知道人类能有多么完美。

不管怎样，研究已经证明了重要的一点，即个体可以比他所成长生活的文化更健康，甚至健康得多。之所以有这种可能，首先是因为健康人有能力超越他周围的环境，也就是说，他按照内心的规则生活，不会屈从于外界的压力。

我们的文化足够民主和多元，可以给个体提供充分的自由，让他们按照自己的意愿保持个性，当然前提是个体的外在行为不那么令人恐惧或具有威胁性。我们并不能通过外表来识别健康的个体，他们的穿着打扮、举手投足并无特立独行之处。他们拥有的是一种内在的自由。因此他们不在乎他人的赞同或反对，而是寻找自我肯定，所以健康人被视作心理自主的，即相对独立于文化。对健康人而言，对不同品位和意见的宽容与自由似乎最为重要。

概括而言，研究至此指向这一结论：虽然良好的环境可以培养良好的人格，但是这一关系还远非完美。进一步说，我们必须大力修正良好环境的定义，除了强调物质和经济因素以外，也要强调精神和心理因素。

"正常"的本质

现在回到我们最早的问题上，即"正常"的本质，我们几乎将其等同于人类所能达到的最高完美境界。但对于我们来说，这种理想境界并不是遥不可及的目标。实际上，这种理想境界潜藏在我们心中，是一种潜在的可能性，而非现实性。

此外，我认为这种"正常"的概念基于经验的研究发现，而非主观臆想或凭空捏造。这一概念意味着一套严格的自然主义价值体系，可以通过对人性的进一步研究得以拓展。这样的研究应当能够为我们解答一系列古老的问题："我怎样才能成为健全的人？""我怎样才能过上健全的生活？""我怎样才能得到丰硕回报，感到快乐与心安？"当失去这些价值时，机体会患病或变得萎靡不振，从而告诉我们机体需要什么，看重什么。这也等于告诉我们什么对机体是有利的。

最后一点，新动力心理学的核心概念是自发、释放、自然、自我选择、自我接受、冲动意识和基本需求的满足。而之前的一整套核心概念一直是控制、抑制、纪律、训练和塑造，这些概念所依据的原则是：人的深层本质是危险的、邪恶的、掠夺性的和贪婪的。教育、家庭训练、抚养孩子、一般的文化适应都被视为控制我们内心黑暗力量的手段。

人性的两种不同概念衍生出天差地别的社会、法律、教育和家庭的理想观念。在一种情况下，它们是进行约束和控制的力量；在另一种情况下，它们促使需求得到满足，自我得以实现。①当然，这是一种过于简单、非此即彼的对比。任何概念都不可能完全正确或完全错误。但是，对两种理想化典范的对比有助于强化我们的理解。

无论如何，如果"正常"等同于理想的健康状态这种观点成立，那么我们不仅要修正我们关于个性心理学的概念，还必须修正我们关于社会的理论。

---

① 我必须再次强调，约束和控制的形式有两种。一种形式阻碍基本需求的实现，并压抑基本需要。另一种是阿波罗式的控制，比如延迟性高潮、吃相优雅、游泳技术娴熟等，能提升基本需求的满足感。

附录 A

积极心理学方法带来的问题

学 习[①]

人如何才能学会变得聪明、成熟、友好,有良好的品位和性格,善于创造?人如何学会适应新情况?如何学会发现和认识真善美?也就是说,如何学会进行内在的学习,而非外在的学习(311a)?

从特殊的经历,从灾难、婚姻、生儿育女、成功、胜利、恋爱、生病、死亡中学习?

从痛苦、疾病、抑郁、悲剧、失败、衰老、毁灭中学习?

许多被看作联想式学习的东西实际上是定向疏导(225),即它们是内在的,应现实所需的,而不是相对的、任意的和偶然的。

对自我实现者来说,重复、连续以及任意奖励变得越来越不重要。普通的夸奖对他们来说可能效果有限。任意联想、声望暗示、虚荣诉求和没有意义的简单重复不会轻易影响到他们,甚至还可能会产生负面影响——他们更有可能对这些产生逆反情绪。

为什么教育心理学主要关注手段(如等级、学位、学分、文凭),而不是目的(如智慧、理解力、良好的判断力和审美力)?

我们对于情感态度、品位和偏好的习得了解有限,忽视了"心灵的学习"。

实践中的教育往往为了大人的方便,要求孩子少找麻烦、少调

[①] 该附录只做了一点小小的修改,因为大多数的建议仍然是中肯的;15 年来在这些方面取得了不小的进步,学生们会感兴趣的。

皮捣乱。更积极的教育会更加关注孩子的成长和将来的自我实现。关于教导孩子坚强、自尊、慷慨、反抗统治和剥削、抵制宣传和盲目的文化适应、对抗暗示和时尚，我们了解多少呢？

对于无目的、无动机的学习，如潜在学习、纯粹出于内在兴趣的学习等，我们同样知之甚少。

感　知

感知研究过度局限于错误、曲解、幻觉一类问题。韦特海默称之为心理盲目性研究。为什么不补充对直觉、阈下知觉（subliminal perception）、无意识及前意识知觉的研究？对良好品位的研究不算吗？对真、诚、美的研究不算吗？还有审美知觉呢？为什么有些人感受到了美，而其他人却没有？在知觉这一共同概念之下，我们还可以研究希望、理想、想象力、创造力、组织和排序如何建设性地改变了现实。

无动机的、超然的、无私的知觉，欣赏、敬畏、赞美，不加选择的意识。

对刻板印象的研究有很多，但对新鲜具体的伯格森主义的现实的科学研究却很少。

弗洛伊德所说的"自由漂浮的注意力"。

是什么因素使健康人更有效地感知现实，更准确地预见未来，更轻易地察觉人们的本来面目？是什么因素让他们忍受或享受闻所未闻、混乱无序、模棱两可的神秘事物？

为什么健康人的心愿和希望不足以歪曲他们的知觉呢？

人越健康，就越能融会贯通各种能力。同样，各种感觉也是相互关联的。因此从原则上讲，更基本的研究是联觉研究，而非对单一感觉的孤立研究。不仅如此，感觉系统作为一个整体，与机体的运动也有关联。这些相互关联还需要进行更多的研究，比如统一意识（unitive consciousness）、存在认知（B-cognition）、启发、超越个人和超越人类的知觉、神秘体验和高峰体验的认知等。

情 绪

积极的情绪,比如幸福、沉着、宁静、心安、满足、接受等,尚未得到透彻的研究,怜悯、遗憾、宽容也是如此。

玩笑、乐趣、玩耍、游戏、运动都没有得到充分认识。

狂喜、兴奋、热情、愉悦、快乐、情绪高涨、幸福、神秘体验,宗教的皈依,性高潮带来的情绪。

精神病患和健康人在挣扎、悲伤、焦虑、紧张、内疚、羞愧时的区别。在健康人身上,这些是或可能是积极影响因素。

跟情绪的瓦解作用的研究相比,对情绪的组织作用和其他积极作用的研究更少。在何种情况下,情绪会影响到感知、学习、思考等功效的提升?

认知的情绪方面,比如,顿悟带来的情绪高昂、理解带来的镇定自若、深刻理解不良行为而产生的接纳和宽容。

爱情和友谊的情感方面,它们带来的满足和快乐。

健康人的认知、意动和情感是协同的,而不是相互对立或排斥的。我们必须找出其中原因以及潜在机制,比如健康人的下丘脑和大脑之间的关联是与众不同的吗?我们必须了解意动动员和情感动员如何有助于认知,认知协同支持和意动协同支持如何影响情绪等。研究精神生活这三个方面应当联系起来进行研究,而不是孤立地进行研究。

心理学家毫无理由地忽视了鉴赏力。而单纯地吃喝享受或者其他感官满足在心理学中却占有一席之地。

建设乌托邦背后的动力是什么,希望又是什么?人们为什么要臆想并产生设计和创造像天堂、美好生活以及更好的社会这种理念?

欣赏意味着什么?敬畏,惊异?

研究灵感?我们如何激励人们做出更大努力,为更好的目标奋斗?

为什么痛苦长久而快乐易逝?有什么方法可以让快乐、满足和幸福感常新？我们能不能学会感激所拥有的一切，而不是将一切视为理所当然？

动　机

为人父母的冲动：人们为什么想要孩子？父母为什么要爱孩子？他们为什么为孩子做出那么多牺牲？更确切地说，为什么别人眼中的牺牲行为而父母却浑然不觉？婴儿哪里招人疼爱？

研究正义、平等、自由。人们为什么会为了捍卫正义而付出巨大的代价，甚至牺牲自己的生命？为什么有些人不计个人利益，去帮助那些受压迫、遭受不公和不幸的人？

人类在某种程度上渴望达到自己的短期目标、终极目的和终点，而不是被盲目的冲动和内驱力所激励。当然，后者也时有发生，但不会单独发生。全面的人类动机生活需要两者兼具。

到目前为止，我们只研究了挫折的致病作用，却忽视了它"导致健康"的作用。

体内平衡、均势、适应、自我保护、防御和调整都只是消极的概念，必须用积极概念加以补充。"一切似乎都是为了保存生命，而很少努力使生命有意义"。庞加莱说，他的问题不在于谋生，而在于不在谋生之余感到无聊。如果我们从自我保护的角度把功能心理学定义为实用性研究，那么推而广之，超越性功能心理学就是自我完善的实用性研究。

忽视高级需求及其与低级需求之间的区别注定使人们在一个需求得到满足后，仍然想要满足更多需求。这时，人们还是会感到失落。对健康人来说，满足感不会停止欲望，相反，短暂地满足之后，这种满足感会被更高的欲望和更强烈的挫败感所取代，随之而来的是同样的不安和不满。

食欲、偏好和口味，以及惨无人道、生死攸关的饥饿。

追求完美、真理、正义（相当于摆正一副挂歪的画，还是完成一项未完成的任务,或是坚持思考未解决的问题?)。乌托邦式倾向,渴望改善客观世界,纠正错误。

弗洛伊德(18)以及学院派心理学家们对认知需求的忽视。

美学的意动方面,审美需求。

我们尚未充分了解烈士、英雄、爱国者和无私之人的动机。但是,弗洛伊德主义的"无非"和还原论的阐释无法解释健康人。

是非心理学和伦理、道德心理学呢?

科学心理学、科学家心理学、知识心理学、关于探索知识的心理学、关于探索知识背后的冲动的心理学、关于哲学冲动的心理学。

欣赏、冥想、沉思。

通常,讨论性被视同讨论瘟疫。只注重性的危险性掩盖了一个显而易见的事实:性可以或理应是一桩赏心乐事,也可能是一种十分有效的治疗和教育手段。

智　力

我们必须满足于一个实然而非应然的智力定义吗?整个智商的概念都与智慧无关,智商是一个纯技术的概念。例如,戈林的智商很高,但实际上却是个蠢材。我认为把高智商这一概念进行具体区分并无不可。问题仅在于,画地为牢、自我设限的心理学因为智商问题而忽略了更重要的主题——智慧、知识、洞察力、常识、良好的判断力,原因是智商在研究技术上更加令人满意。当然,对于人文主义者来说,研究技术是个十分恼人的概念。

什么因素能够提高智商——实际智力、常识、良好的判断力?我们更了解什么对它们有害,却很少了解什么对它们有利。但愿会有一种智力心理治疗法。

关于智力的机体论?

智力测试在多大程度上与文化相关联?

认知和思维

思想改变、皈依、心理分析的顿悟、豁然开朗、原则知觉、幻觉、开悟、觉醒。

智慧,与良好的品位、高尚的道德有什么关系?

纯粹知识的性格学和治疗学作用。

创造性和能产性研究在心理学中应占有重要地位。在思维方面,我们应该更关注新颖性、创造性和新思想的产生,而不是为思维研究中沿用至今的预定智力测试寻找答案。既然创造是思维的最佳状态,那么为什么不研究思维的最佳状态呢?

科学和科学家的心理学、哲学和哲学家的心理学。

健康的人的思维——如果他们也都是智慧之人——不仅仅是杜威式的,即由某些失衡问题或麻烦激发出来的,问题解决后随即消失。这种思维也是自发的、自得其乐的,并且常常主动、轻松地释放或产生,就像肝脏分泌胆汁一样。健康人享受思考,而不是被迫进行思考。

思维并不总是有指向、有组织、有动力、有目标的。幻想、梦想、象征、无意识思维、稚气、情感思维、心理分析的自由联想,这些各自都是具有能产性的。健康人做出的很多结论和决定都借助于这些技术的支持,这些技术从传统上讲与理性相对立,但实际上与理性是协同的关系。

客观性的概念。公正无私。被动地对现实本质做出反应,不掺杂任何个人或自我的成分。问题中心而不是自我中心的认知。道家的客观性、爱的客观性与观察者客观性之间的比较。

临床心理学

一般而言,我们应该将任何自我实现过程中的失败看作心理疾病。普通人或正常人和精神病人一样,都是病例,即使症状既不严重,也不紧急。

应该积极看待心理治疗的短期目标和终极目的（这同样适用于教育、家庭、医疗、宗教和哲学上的终极目的）。应该强调美好成功的生活经历，如婚姻、友谊、经济上的成功等，具有治疗价值。

临床心理学与病态心理学不同。临床心理学可以做个案研究，研究成功、快乐、健康的人，可以研究疾病，也可以研究健康。临床心理学可以研究强者，可以研究勇者，也可以研究怯懦胆小之人，还可以研究残忍之人。

病态心理学不应局限于研究精神分裂症，还应该研究像犬儒主义、独裁主义、兴趣缺失、价值观丧失、偏见、仇恨、贪婪、自私等问题。从价值观的角度看，这些都是很严重的疾病。从技术性角度看，精神分裂症、躁郁症、强迫症等都是人类的严重疾病，因为它们降低了效率。但如果希特勒、墨索里尼因为明显的精神分裂而崩溃，那反倒是福音，而非诅咒。从价值导向的积极心理学角度看，我们应该研究那些误导或抑制了人类价值的精神障碍。因此，从社会角度看，犬儒主义肯定比抑郁症更具有研究意义。

我们花了大量时间研究犯罪。为什么不同时研究恪守法律、社会认同、博爱、社会良知和社会兴趣呢？

除了研究美好的生活经历（如婚姻、成功、生儿育女、恋爱、教育等）的心理治疗作用，我们还应该研究不幸的生活经历，尤其是悲剧，还有疾病、贫困、挫折、冲突等对心理的治疗作用。健康人往往很善于将不幸经历化弊为利。

研究兴趣（跟研究无聊相对）。那些富有生命活力、充满人生憧憬、热情洋溢、抵抗死亡的人。

目前，我们关于人格动力学、健康以及调整的知识几乎全部来自对患者的研究。研究健康人不仅会修正这些知识，直接教给我们有关心理健康的知识，而且我敢肯定，还会教给我们更多关于神经症、精神病、心理变态和心理病理学的知识，远远超出现有水平。

对能力、技能、技艺的临床研究。职业、使命、任务。

对天赋和才能的临床研究。我们把更多的时间和金钱花在研究低能者身上，而不是研究智者上。

人们通常所理解的挫折理论是残废心理学的很好例证。大量的育儿经按照原始的弗洛伊德理论，将孩子看作完全保守的机体，依赖业已实现的调整。它没有动力进行新的调整，依自己的风格成长、发展。

直到今天，心理诊断技术被应用于诊断疾病，而不是健康。我们在创造性、自我力量、健康、自我实现、催眠、抵抗疾病等方面没有罗夏墨迹测试、主题统觉测验或明尼苏达多项人格测验的规范。大多数人格调查问卷仍然是仿照原先的伍德沃思模式。他们列出了许多疾病症状，高分或健康评分说明没有所列的症状反应。

心理治疗可以改善人类，我们因为没有研究治疗后的人格，从而失去了了解人的最佳状态的机会。

研究"高峰者"和"非高峰者"就是研究有过高峰体验和没有高峰体验的人。

动物心理学

在动物心理学中，饥渴一直是研究的重点。为什么不去研究更高层次的需求呢？事实上，我们并不知道白鼠是否具有类似于人类对爱、美、理解、地位等高级需求。运用目前动物心理学家所掌握的这些技术，我们怎么能了解到这些呢？我们必须超越对绝望老鼠的心理研究，这些老鼠或被饿得奄奄一息或被虐待、电击至绝望境地，而人类很少经历这些极端情况（有些研究用的是猴子和猿）。

对理解力和洞察力的研究应该比死记硬背、盲目联想学习、智力水平的高低、思维的简单与复杂程度等方面的研究更为重要。而研究正常表现使我们忽视了动物的高水准表现。

当赫斯本德（204）证明，老鼠学习走迷宫的能力几乎和人类一样，迷宫就不应再作为工具用来进行学习时间的研究了。我们事先就知道，人类比老鼠更善于学习，任何技术如果不能证明这一点，那就如同在矮房子里测量一个无法直立的人的身高。按照这样的方法，我们只能测量出房屋的高度，而不是人的身高。迷宫所测量的就是低矮房屋的高度，而不是学习和思维可能达到的高度，甚至都不能测出老鼠真正的学习和思维能力。

很有可能，研究高等动物而非低等动物可以告诉我们更多关于人类心理学的知识。

应该时刻记住：用动物作为研究对象必定会忽略那些人类特有的能力，比如殉难、自我牺牲、羞愧、象征、语言、爱、幽默感、艺术、美、良知、内疚、爱国主义、理想、诗歌与音乐创作、哲学与科学研究等。如果要了解人类与其他灵长类动物之间的共同特征，动物心理学是必不可少的。不过，如果要研究人类独有的特点或远超动物的能力时，动物心理学毫无用处。

社会心理学

社会心理学的研究不应局限于模仿、建议、偏见、仇恨、敌意等。在健康人身上，这些都是次要的力量。

应当研究民主理论和无政府主义理论。研究民主的人际关系、民主体制的领袖。研究民主政体、民主制人民和领袖的权力。研究领袖无私奉献的动机。健康人不喜欢控制他人。社会心理学过于局限于一种低层次、低等动物的权力概念。

研究更多的是竞争而非合作、利他主义、友好以及无私。

在当今的社会心理学中，对自由和自由人的研究屈指可数。

文化如何改善？在这之中，反常者会起到哪些积极作用？我们知道，若没有反常者的存在，社会是无法得到改善或是进步的。为何不重点研究他们？为何通常将他们视为病态？为何不把他们看作健康人？

在社会领域内，应当对手足之情和平等主义的研究和阶级、社会等级和支配的研究给予同等重视。为何不研究宗教兄弟会？不研究消费者和生产者之间的合作？不研究有意的乌托邦式社区？

在研究文化与人格的关系时，文化往往被视为原动力，其塑造力仿佛无可抗拒。但更坚定、更健康的人能够抵抗文化，并且确实做到了这一点。文化适应（acculturation）和文化熏染（encultration）只在一定程度上对一部分人起作用。有必要研究不受文化环境影响的情况。

民意测验的基础是不加批判地接受人类较低层次的可能性。例如假设人们会出于私心或是纯粹按照习惯来投票。不过对于占人口总数99%的非健康群体来说，这一假设却是事实。健康人在投票、购物或判断时至少在一定程度上会考虑逻辑、常识、正义、公平、现实等，即使从狭隘、自私的角度来看这样做有损于自己的利益。

在民主政体中，国家领导人所寻求的更多应是为民服务而非掌控他人的机会，为何这一事实受到如此严重的忽视？尽管它在美国历史和世界历史中一直扮演着重要角色，但却完全遭到了忽视。很显然，杰斐逊绝不是因一己私欲而寻求权力或领导地位的，而是感到应该奉献自己，做好本职工作。

应该研究责任感、忠诚感、社会义务感、责任心和社会良知。研究良好公民、正直之人。我们为何要花那么多精力去研究罪犯，而不是研究这些人呢？

应该研究改革的志士，研究为原则、为正义、为自由、为平等而战的斗士，研究理想主义者。

应该研究偏见、冷遇、剥夺和挫折产生的积极作用。即使是像偏见这种病态心理，心理学家也很少研究其多面性。排除或排斥也会产生积极结果，尤其是当某一文化举棋不定、积重难返的时候。尽管遭到这类文化的排斥会带来痛苦，但对个人来说却是一桩幸事。自我实现者常常自我排斥，远离自己不认可的亚文化。

我们了解暴君、罪犯、心理变态者，却对圣人、骑士、行善者、英雄、无私的领袖知之甚少。

常规性有其积极的方面和影响。我们应该研究好的常规，研究健康社会和病态社会中相互对立的常规价值，"中产阶级"的价值观同样应加以研究。

心理学教科书中有关善良、慷慨、慈悲以及博爱的内容少之又少。

我们应该研究富有的自由主义者,如富兰克林·罗斯福、托马斯·杰斐逊,他们不为利欲所动,不惜损害自己的经济利益,为公理和正义而战。

虽然反犹主义、反黑主义、种族主义和仇外心理甚嚣尘上,却很少有人意识到,亲犹主义、亲黑主义以及对受压迫者的同情同样有市场。这说明我们更关注敌意,而非利他主义和对受压迫者的关心与同情。

我们应该研究体育精神,研究公平、正义感以及对他人的关怀。

人际关系或社会心理学教科书探讨爱情、婚姻、友谊以及医患之间的治疗关系,为后来的研究树立了榜样。但这些问题很少为当今的教科书所重视。

跟常人相比,健康人对于销售、广告、宣传、他人意见、建议、模仿和权威的抵抗能力更强,也更具独立自主性,应用社会心理学家应针对这些心理健康表征展开更广泛的研究。

文化相对论过于强调人的被动性、可塑性和无形性,忽视了人的自主性、成长趋势和内在力量的成熟。社会心理学必须摆脱文化相对论的桎梏,既要研究主动的人,也要研究被动的人。

心理学家或社会学家为人类建立经验价值体系,只有他们才堪当此任,而这一重任本身就问题很多。

从人类潜能的积极发展这一角度来看,在第二次世界大战期间,心理学几乎是失败了。许多心理学家只是把它当作一门技术来应用,并且仅限于已知的研究。实际上,二战期间的心理学在理论上毫无创新,可能直到后期才取得一些进展。这意味着许多心理学家和其他科学家与那些目光短浅之人合流,只关心战争的输赢,对战后的和平不以为意。他们完全忽视了战争的实质,将其视为一场技术角逐,却没有认识到其本质应是或至少应是一场观念的斗争。心理学知识体系本身无法使他们避免这种错误,比如心理学没有区分技术与科学,缺乏价值理论来让人们认清何为民主精神,认清战争的本质，认清战争的侧重点在哪或应该放在何处。因此，这些心理学家在处理问题时从方法出发，而非从目的出发，他们既可以为民主国家所用，也可以为纳粹主义所利用。即使是在本国，这些心理学家在抵制独裁主义方面也毫无贡献。

社会制度乃至文化本身常常被视为某种塑造、强迫、阻碍个性的力量，而非满足需要、创造幸福、促进自我实现的力量。米克尔约翰曾问道"文化带来的是一系列问题，还是一系列机会？"文化塑造论的形成很可能是长时间只接触病态心理的结果。以健康人为实验对象的研究却表明，文化是满足需要的源泉。家庭也是如此，但家庭常常只被视为某种塑造、训练、影响个性的力量。

人　格

所谓的适应良好的人格和良好适应的概念门槛很低，大大限制了人类成长和进步的可能性。按照这些概念，奶牛、奴隶甚至机器人也可以称得上适应良好。

儿童的超我通常被视为是恐惧、惩罚、缺爱、遗弃等在儿童心理上的投射。如果研究安全、情感、尊重需求均得到满足的儿童和成人，会发现可以建立起一种内在良知，这一良知基于爱的认同、成人之美的愿望以及真理、逻辑、正义、坚定、是非感、责任感。

健康人的行为主要受到真理、逻辑、正义、现实、公正、合理、榜样和是非观的影响，而较少为焦虑、恐惧、不安全感、内疚、惭愧等心理所左右。

无私、不嫉妒、意志力、骨气、乐观、友善、现实主义、自我超越、无畏、勇气、豁达、真诚、耐心、忠诚、可靠、责任感，对于以上内容我们研究过吗？

当然，对积极心理学来说，心理健康既是最合适也是最不言而喻的研究主题（也包括其他与健康有关的研究，如审美健康、观念健康、生理健康等）。但积极心理学也需要进一步研究健康人，研究那些具有安全感、自信、富有民主思想、精神愉悦、沉稳、镇静、平和、富有同情心、慷慨、善良的人，研究那些创造者、圣人、英雄、强者、天才以及其他优秀的研究对象。

善良、社会良知、乐于助人、邻里和睦、认同感、宽容、友好、打抱不平、义愤填膺，是什么产生了人类社会中这些令人称道的优秀品格？

心理病理学的术语蔚为大观，而健康和超越的概念却寥寥可数。

剥夺和挫折也有一定的积极效果。正义原则、非正义原则、自我约束原则，对这三者的研究是很有必要的，自我约束原则产生于同现实的直接接触以及从奖罚和反馈中学习的过程。

我们应该研究个性和个体化（并非传统意义上的个性差异），将人格发展为一门独立的学科。

人与人之间的差异是如何产生的（是文化适应的结果？还是被文化强行抹杀的结果？）

何为献身于事业？是什么力量导致人们愿意投身于某项超越自我的事业或使命？

我们还应该研究满足、快乐、镇定、沉稳、平和的人格。

自我实现者的品位、价值观、态度以及选择在很大程度上是建立在由现实决定的内在基础上，而非建立在相对外在的基础上。因此，他们所追求的是真、善、美，而非假、恶、丑。他们拥有稳定的价值体系，该体系独立于那价值尽失的机械世界（这个世界中只有潮流、风尚、一己之见、模仿、暗示以及权威）。

跟常人相比，自我实现者的挫折承受能力可能更高，他们的内疚、冲突、羞愧程度也是如此。

在研究中，亲子关系常常被片面地视为问题和错误。而实际上，这一关系主要带来的是天伦之乐，是享受人生的绝佳机会。青春期也是如此，它常常被看作瘟神，实际上却是人生的芳华。

附录 B

整体动力学、机体理论、综合征动力学

心理学数据与方法的本质[1]

心理学的基础数据

要想准确地给这种基础数据下一个定义,是十分困难的,但要说它不是什么,却容易得多。许多人尝试过对它进行基本定义,但所有简化的尝试均以失败告终。我们知道,心理学的基础数据不是肌肉的痉挛,不是反射动作,也不是基本感觉或是神经元,甚至不是可观察到的外显行为,它是一个大得多的单元。越来越多的心理学家认为,它至少和适应性或应对性行为属于同等大小单元,其中必然包括机体、情境、短期目标或终极目的。从前文对无动机反应和纯粹表达的论述来看,这一界定还是显得太过局限。

简言之,我们得出了一个自相矛盾的结论:心理学的基础资料是心理学家独立创建的复合物,用以对基本部分或基本单元进行分析。如果我们一定要使用心理学的基础数据这一概念,那这个概念无疑就会显得十分特别,因为它指的是复合体而非单一体,整体而非部分。

如果深入这一悖论,我们很快就会认识到,基础资料的搜集本身就反映了一整套世界观,一种持原子论观点的科学哲学,认为世界上一切复杂的事物都是由简单的元素所构成的。持这种观点的科学家的首要任务就是将所谓的复杂事物简化。他们对其进行分析,

---

[1] 该附录所提出的一系列理论结论都是直接基于关于人格组织的研究数据,可以说是严格基于数据又领先数据一步。

将其不断分解，越分越细，直至不可再分为止。至少在一段时间内，科学界的其他领域已经圆满完成这一任务，但心理学领域除外。

这一结论从根本上揭示了简化行为的理论性质。必须认识到，这一简化行为并非一般科学的本质。它不过是一种原子论、机械论世界观在科学上的反映。如今，我们有充分的理由对其提出质疑。质疑这一观点并非质疑一般科学，而是质疑一种对科学所采取的态度。但这并不能使我们回避最初的问题。现在让我们换一种问法，将问题从"心理学的基础资料（不可再分的）是什么？"换成"心理学研究的主题内容是什么？""心理学资料的实质是什么？""如何对其进行研究？"

整体—分析的方法论

如果不将个体简化为其"简单部分"，那么我们如何对其进行研究？事实已经证明，否定简化方法的人们把这一问题看得很复杂，但实际情况却简单得多。

首先必须明白，我们否定的并不是一般的分析，而是我们称为简化的特定分析。我们完全没有必要去否定分析、部分等概念的有效性。我们需要做的只是重新定义这些概念，从而使我们的研究更有成效。

举例来说，比如研究脸红、颤抖、口吃时，我们轻而易举地就能发现两种不同的研究方法。一方面，我们可以将其作为一个孤立、单独的现象来进行研究，其本身自成一体，也能为人理解。另一方面，我们也可以将其作为一种整个机体的表达形式，研究它与机体以及机体其他表达形式之间的多种相互关系。我们可以通过一个类比来进一步说明这一区别，以研究胃这一器官为例，我们有两种研究方法：①将胃从人体内取出，放置于解剖台上进行研究；②在活体中对其进行研究，即在有生命、运转正常的机体内部对其进行研究。解剖学家现在意识到，这两种研究方法所得出的结果在很多方面都截然不同。第一种方法等于使用了体外技术，通过第二种方法得出的结果要比前者更加有效、更加有用。当然，现代的解剖学家也并没有把解剖研究和孤立研究贬得一无是处，他们仍在进行解剖研究和孤立研究，只是在实地知识的整体背景之下进行研究。他们懂得了人体并非一个个独立器官的集合，也开始意识到死体中的组织与活体中的组织是不一样的。简而言之，现在的解剖学家不过是重复以前的研究，但如今他们的看法与之前不同，并且运用了过去没有的技术，他们现在能够更加全面地进行研究。

正是这样，我们可以用两种态度对待人格的研究。我们既可以将其视为分立的实体，也可以将其视为某个整体的一部分。我们不妨将前一种方法称为简化—分析法，将后一种方法称之为整体—分析法。在实际运用中，整体分析有一个本质特征，即只有对整个机体进行初步研究或了解之后，才能进一步研究整体的某一部分在整个机体的组织和动态中所起到的作用。

本章有两组研究（对自尊综合征和安全感综合征的研究），均使用了这种整体分析法。实际上，与其说研究的内容是自尊与安全感本身，不如说是研究它们在整个人格中所起到的作用。从方法上讲，这意味着笔者发现，要想具体了解某一研究对象的自尊心，首先需要将其理解为具有整体性、功能性、适应性的个体。因此，在具体涉及有关自尊心的问题前，首先要了解研究对象与其家人、与其所处的亚文化之间的关系和他面对主要生活问题时的总体态度、对未来的展望以及他的理想、挫折与矛盾。这一研究过程循序推进，直到笔者认为，通过运用简单的技术手段已经最大限度地了解了研究对象。直到那时，笔者才感到能理解自尊在各种具体行为中的实际心理含义。

这种背景理解对于合理阐释某一具体行为是十分必要的，关于这一点，我们可以举例说明。一般来说，比起自尊心强的人，自尊心弱的人宗教信仰更加虔诚，但显然虔诚程度还有许多其他决定因素。但对于某一特定个体来说，宗教情感是否意味着必然依赖其他某种力量？要弄清这一问题，我们就必须了解这一个体所受的宗教熏陶以及各种外部的亲宗教和反宗教因素强加于该个体的影响，必须要了解他的宗教情感深浅程度以及是否发自内心。简而言之，我们必须了解宗教对于该个体的意义。因此,一个人虽然定期去教堂做礼拜,但他或许还没有一个从不去教堂做礼拜的人虔诚。这也许是因为:他去教堂做礼拜是为了避免被社会所孤立;他去是为了讨母亲欢心;宗教于他而言并非代表谦卑,而是支配他人的工具;去教堂做礼拜能够表明他是上层集团中的一员;正如克拉伦斯·戴的父亲所说,"这有益于愚昧的大众,所以我必须随大流",或其他诸如此类的原因。从动态的意义上来说,他可能根本毫无虔诚之心,但依然表现得十分虔诚。显然,我们只有先了解宗教对作为个体的人来说意味着什么,然后才能分析宗教信仰在人格中的作用。实际上,去教堂做礼拜这一行为本身可以有太多含义,因此对我们来说近乎毫无意义。

我们再以政治、经济上的激进主义为例,这一例子或许更加引人注目,因为它表明,同一行为可能存在两种截然相反的心理含义。如果我们仅仅关注行为本身,也就是脱离环境、孤立地研究行为,那我们在研究行为与安全感之间的关系时,只会得到最混乱的结果。有些激进分子拥有十足的安全感,而另一些又极度缺乏安全感。然而,如果我们把激进主义置于整个环境之中,就不难发现,人之所以变得激进,可能是因为生活不如意而牢骚满腹、心灰意冷,因为别人所拥有的,他却没有。对这类人的详细分析常常表明,他们通常有意无意地对自己的同胞抱有很大的敌意。用一句十分贴切的话来形容,这类人一遇到困难就觉得天塌地陷。

还有一类激进分子在投票和言行上都与上述那类激进分子十分相似,但他们属于另一个个体类型。这些人表现出的激进主义有着完全不同甚至截然相反的动机或含义。他们拥有安全感、幸福快乐、生活称心如意,他们出于对同胞的深爱,感到自己必须帮助不幸的人,即使事不关己也要向不义宣战。这类人有许多方式来将这种冲动化为行动:个人慈善事业、宗教规劝、耐心教导或激进的政治活动。他们的政治信仰往往不受收入波动、个人不幸之类因素的影响。

总之,激进主义这一表达形式既可能源于完全不同的潜在动机,也可能是由完全相反的性格类型造成的。在不同的人身上,激进主有可能源于对同胞的恨，也有可能源于对同胞的爱。如果我们对激进主义的研究拘泥于其本身，很可能就无法得出这一结论。[①]

为了更清晰地论述分析整体，接下来我们先来探讨其他一些问题。

整体动力学观点

这里提出的一般观点是整体论的而非原子论的，是功能性的而非分类学的，是动态的而非静态的，是动力学的而非因果论的，是目的论的而非简单机械论的。尽管这一系列对立因素通常被看作可以分割的二分概念，但作者却不这样认为。作者认为，这些二分概念极有可能融合成两种对立又统一的世界观。对于那些动态思维的人来说，这是千真万确的：更加自然而然、驾轻就熟的思维方式是整体式而非原子论式，是目的性的而非机械性的。我们称这种观点为整体动力学观点。按照戈尔茨坦的理解，它也可以被称为有机论观点。

与此相对的是一种有序的、一元化的观点，它同时也是原子论的、分类学的、静态的、因果论的以及简单机械论的。原子论的思想家认为静态思维比动态思维、机械性思维比目的性思维要自然得多。我把这种普遍的观点称为武断的一般原子论。我毫不怀疑，不但可证明这些片面观点是合流的，而且它们在逻辑上必然是合流的。

在此有必要对因果关系的概念进行特别说明，因为它作为广义原子论的一个方面，在我看来至关重要，而心理学的作者却往往对

[①] 在构建人格测试时使用的迭代技术属于一种十分常见的整体技术（这种叫法并不常见）。我在研究人格综合征时同样使用了这一技术。起初只是对整体有模糊的了解，接着我们对其结构进行分解，将其细分为更小的部分。通过这一分解过程，我们发现最初的整体观念有问题，于是我们对整体进行重新组合和界定，对整体的表述比之前更加精准高效。然后我们再如法炮制，重新再将其分解一遍，使得整体变得更加明晰准确，如此反复。

此语焉不详，甚至视而不见。这个概念是一般原子论观点的核心，是一般原子论自然的乃至必然的结果。如果把世界看作本质上相互独立的实体的集合，那一个亟待解决的显著事实是：这些实体之间必然相互关联。解决这一问题的最早尝试中诞生了台球式的简单因果关系概念。在这种因果关系中，一个独立物体对另一独立物体产生作用，但所涉及的物体继续保持各自的本质特性。持有这种观点并无难处，只要我们的世界观依旧来自旧物理学，它似乎就是绝对的。但是物理和化学的进步使得有必要对这一观点加以修正。例如，如今那些更加周严烦琐的表述都是为了说明多重因果关系。人们认识到，世界内部的相互关系太错综复杂，没法像描述台球撞击桌子那样来描述。但答案往往也只是将原始概念复杂化，而不是从根本上重构概念。原因不一而足，但我们往往认为，这些原因运作的方式是一致的，那就是各自独立，互不依赖。台球现在不是被另一个球击中，而是同时被十个球击中，我们需要一个更为复杂的算法来理解发生了什么。基本的程序仍然是将独立的实体相加，得到韦特海默所说的"算数和"。人们仍然认为，没必要改变对复杂事件的基本看法。不管现象有多复杂，都不会有全新的事情发生。这样，原因的概念被不断地扩展，以适应新的需要，直到它跟原有的原因概念已经毫无关联，只是时间上有先后而已。但实际上，这些概念貌似不同，本质上却是相同的，因为它们始终反映了同样的世界观。

尤其是用于人格数据的时候，因果论几乎完全破产。在任何人格综合征中很容易证明，除了因果关系之外，还存在其他关系。也就是说，如果我们不得不使用因果的术语，我们只能说，综合征的每一症候既是其他某一症候及症候组合的原因，也是它们造成的结果。更进一步，我们应该说每一症候都是其整体症候的原因和结果。如果我们只使用因果关系的概念，唯一可能得出的便是这样荒谬的结论。即使我们尝试借用循环因果或可逆因果关系的新概念，我们也不能完全描述综合征内的各种关系以及部分与整体的关系。

我们必须面对的因果术语的缺陷还不止于此。还有一个难题就是描述"某一综合征与外界影响力之间的相互作用或相互关系"。例如，自尊综合征已被证明具有整体上的变化趋势。如果我们试图改善一个人的口吃并乐此不疲，很可能我们会发现：我们什么都没改变，或者我们不仅改变了他口吃的毛病，还改变了他因口吃导致的自卑，甚至改变了他的全部个性。外部的影响往往会改变整个人，而不仅是人的某一点或某一部分。

这种情况还有其他一些特点，无法用普通的因果术语来描述。有一种现象特别难以描述。我能想到的最贴切的说法是，这好比机体（或任何其他综合征）"吞下病因，消化它，并排放出结果。"当一个有效的刺激，比如一次创伤性的经历冲击到人格时，肯定会产生一定的后果。但实际上，这些后果与最初的经历绝非一对一或直线关系。实际上，这种经历如果有效的话，会改变整个人格。改变后的人格，其自我表达方式和行为都不同于以前。如果假设这种效应会使他的面部抽搐得更严重，那么抽搐增加 10% 是由创伤引起的吗？如果说是，那么为了理论的前后一致，我们只能说，冲击过机体的每个有效刺激都会造成面部抽搐增加 10%。因为每一次经历都被机体吸收，就如同食物被摄取、消化、吸收变成机体本身一样。如此说来，我此刻写下的这些文字是因为一小时前吃的三明治，还是我喝的咖啡，抑或是我昨天吃的东西、几年前学的写作课，甚至是我一周前读的一本书呢？

显而易见，任何重要的表达方式（比如写一篇自己非常感兴趣的论文）都不是由某一东西引起的，而是整个人格的表达或创造，而这又是发生在人身上的所有事情的共同结果。对于心理学家来说，把刺激或原因看作经过重新调整后被人格所吸收，就好像把它看作打击和推动机体一样自然。最终结果不是因果的彼此分离，而是产生了一种新的人格（无论变化多么细微）。

还有一种方法能证明传统因果概念的心理学的不足。那就是证明机体不是被动接受原因或刺激，而是主动与其建立一种复杂的相互关系，并对刺激产生影响。对于精神分析研究的读者来说，这是司空见惯的，只需要提醒读者以下事实：我们可以对刺激视而不见，可以扭曲它们、重构它们，如果刺激被扭曲了，我们也可以重塑它们，可以寻找或回避它们，也可以筛选并挑选它们，或者，如果需要，我们甚至可以创建刺激。

因果关系的概念建立在原子世界的假设之上，这一世界中的实体尽管相互作用，但依旧保持离散。然而，人格及其表达、影响或冲击人格的刺激（原因）是不可分离的，因此至少对心理学资料而言，它必须用另一个概念来替代。①这一概念——整体动力学——涉及观点的整体重构，因此不可轻易界定，而必须逐步阐述。

综合征概念的界定

既然一种更有效的分析方法是可能的，那么我们怎样才能对整个机体进行更深入的研究呢？显然，这一问题的答案只能取决于有待分析数据的组织方式，我们现在必须问：人格是如何组织的？要完整回答这一问题，首先必须对综合征的概念进行分析。

为了描述自尊的相互关联性，我借用了医学中的"综合征"一词。在该领域，它用来指一系列通常同时出现的复杂症状，因此被赋予了一个统一的名称。在这一意义上使用该词，既有优点也有缺点。首先，"综合征"通常意味着疾病和反常，而不是健康或正常。我们不应在这样的特殊意义上使用该词，而应将其视为一个一般概念，仅指一种组织方式而不涉及该组织的"价值"。

此外，在医学上，"综合征"一词仅仅指症候的累加，指诸多症状的罗列，而不是一个有组织的、相互依存的、结构化的症状群。当然，我们将在后一种意义上使用它。最后，这一概念在医学中常用来解释因果关系。任何综合征的症状都被认为有一个假定的、单

---

① 更有经验的科学家和哲学家现在已经用"函数"关系的解释来取代因果关系的概念，也就是说，A 是 B 的函数，或者如果 A 成立，那么 B 同样成立。在我看来，他们这样做，似乎就放弃了原因概念的核心方面，也就是说，放弃了必然和作用的概念。简单线性相关系数是函数式表述的例子，然而它们通常被用来与因果关系进行对比。如果"原因"这个词的意思与它过去的意思完全相反，那么它就没有任何意义。在任何情况下，我们都面临着必要的或内在的关系问题，以及变化的发生方式的问题。这些问题必须得到解决，而不是放弃、否认或消除。

一的原因。一旦发现诸如结核病中的微生物之类的东西，研究人员便感到安心，并认为他们的工作已经完成。这样他们就忽略了许多我们认为应该考虑的核心问题。例如：①结核分枝杆菌普遍存在，结核病发病却并不频繁；②该综合征的许多症状经常缺失；③这些症状可相互替换；④在特定个体中，该疾病轻重程度不等，无法解释而且不可预测，等等。总之，我们应该研究结核病的所有相关致病因素，而不仅仅是最突出或最重大的单一因素。

我们对人格综合征的初步定义是：它是一个结构复杂、有组织的综合体，具有明显不同的特征（行为、思想、行动冲动、感知等）。然而，经过详细而有效的研究后，我们发现，这些特征具有共性，可以多样化地表达为：类似的动态含义、表达方式、"味道"、功能或目的。

由于这些特征具有相同的来源、功能或目的，它们是可以互换的，实际上可看作彼此的心理学同义词（都"说的是同一件事"）。例如，一个孩子发脾气和另一个孩子遗尿可能出于同样的原因，比如都遭到拒绝，也可能是为了达到同样的目的，如获得母亲的关注或爱。因此，尽管它们在行为上有很大的不同，但却具有动态的一致性。①

在某一综合征中，我们有一系列感觉和行为，这些感觉和行为看似"行为上不同"，或者至少名称各异，但这些名称相互依赖，可以说是动态的近义词。因此，我们可以研究它们作为部分症候或具体症候的多样性或特殊性，或者研究它们的统一性或整体性。在此，语言问题是个难题。我们给这种多样性中的统一性贴上何种标签？当然，标签可能五花八门。

我们可以引入"心理味道"（psychological flavor）的概念，以一道由不同菜品组成但又独具特点的菜肴为例，例如汤、杂烩、炖菜

---

① 互换性可以定义为行为差异和目标的动态相似性。它也可以用可能性来定义。如果在个某一病例中，症状 a 和 b 在 X 综合征中被发现或未被发现的可能性相同，则它们可以称为具有互换性。

等。①在炖菜中，我们混合了许多原料，然其味道却是独一无二的。这种味道渗透在炖菜的所有成分中，跟某一具体成分的味道有所不同。或者，如果我们看人的相貌，很容易就能看出一个人虽然鼻梁不挺，眼睛太小，耳朵太大，但仍然很英俊。（现在有一句俏皮话是这样说的："他五官分开看都很一般，但搭在一起却很好看。"）在此我们又可以把个别的成分累加起来考虑，或者单从整体考虑，整体虽由部分组成，却有一种不同于任何单一成分的"味道"。我们由此得出的综合征的定义：它由多样性组成，同时具有共同的心理"味道"。

解决定义问题的第二种方法可以从心理学意义着手，这一概念在当前的动态心理病理学中已得到广泛应用。如果说疾病症状具有相同的含义（盗汗、体重减轻、呼吸时发出某些声音等，均指结核），则意味着它们以不同形式表达了上述假定的共同原因。或者说，在心理学探讨中，孤立感和不受欢迎的症状都意味着缺乏安全感，因为缺乏安全感的概念更宽泛，涵盖内容更广，包括了这两种症状。也就是说，如果两种症状同属于某一整体病症，则意味着它们是同义的。由此可以从循环定义的视角，将综合征定义为一个有组织的多样化症状集合，所有这些多样化症状具有相同的心理意义。互换性、味道和意义这些表述虽然可能有用（例如在描述某一文化模式时），但在理论和实践上有特定困难，这促使我们进一步寻找令人满意的术语。如果我们借鉴动机、终极目的、短期目标或应对目标等功能性概念，其中一些困难是可以解决的（但还有一些问题需要用表达或无动机的概念来解决）。

从功能心理学的观点来看，统一的机体总是面对某种问题，并尽可能运用机体本性、文化和外部现实等允许的方式来解决问题。功能心理学家根据机体为问题世界所提供的答案来解释所有人格组织的关键原则或中心。换言之，应该根据人格所面临的问题以及它试图解决问题的方式来理解人格的组织。大多数有组织的行为必定

---

① "在讲述这个故事时，我无法像从左到右画一条直线那样，在左边标上出生，在右边标上死亡，而必须像审视一件文物一样，拿在手里反复端详，仔细考量。"（Taggard. G. *Life and Mind of Emily Dickinson*. Knopf. 1934, p.15.）

是有所为的。[①]在讨论人格综合征时，如果两个特定行为对某一问题有相同的应对目标，即他们就同一件事的做法相同，我们应该将这两种行为定性为属于同一综合征。例如，我们可以说自尊综合征是机体有组织地回答获得、失去、保持和捍卫自尊问题。同样，安全综合征是机体试图回答如何获得、失去和保持他人的爱。

当我们动态地分析某一行为时，通常会发现它的应对目标不止一个，而是多个。这一事实表明我们没有终极的简单答案。其次，对于重要的生活问题，机体的答案通常也不止一个。

还可以补充一点，除了有关性格表达的事实之外，目的无论如何也不能成为所有综合征的主要特征。

我们不能脱离机体去探讨某一组织的目的。格式塔心理学家已经充分证明，感知、学习和思考的材料一般都是有组织的。当然，不能说这些材料本身具有我们所说的应对目标。

我们对综合征的定义同韦特海默、科勒、科夫卡等人对格式塔的各种定义之间有一些明显的相似之处。在我们的定义中，两个艾伦菲尔斯标准也是并行的。

艾伦菲尔斯对有组织的心理现象的第一个标准是，单独的刺激物（如某一旋律的单个音符）刺激了某人后，会缺失某些东西，而这些东西恰恰是只有人受到有组织的全部刺激（如整个旋律）之后才能体验到的。换句话说，整体不是各部分的简单相加，所以综合征也不是被分离出来的具体症候的相加。[②]但是还有一个重要的区别。在我们对综合征的定义中，整体的主要品质（意义、味道或目标）可以在它的任何部分中表现出来，如果这些部分不是被还原式理解，而是被整体理解的话。当然，这是一个理论陈述，我们可能会发现，它在实际操作上有困难。大多数时候，我们只有通过理解整体的特定行为，才能发现它的味道或目标。然而，这一规则常

---

① 关于这条规则的例外情况，见第十四章。

② 然而问题是，这种综合征是否不同于整体上各部分的总和。还原得到的部分累加只能得到相加和，但是，如果以特定的方式来重新定义各种术语，则可以认为，整体的各部分相加成为有组织的整体。

有例外情况,所以我们相信,目标或味道既存在于整体,也存在于局部。例如,我们经常可以从某一给定部分来推导演绎出整体,比如,我们听到一个人只笑过一次,便可以断定他缺乏安全感;或者我们可以只通过一个女人对衣服的选择来大致了解她的自尊心。当然,从部分得出的判断通常不如从整体得来的判断有效。

第二个艾伦菲尔斯标准是某一整体中各种元素的可互换性。因此,即使所有单个音符都变了,用不同的音调演奏时,某一旋律仍能与众不同。这类似于综合征中元素的可互换性。具有相同目标的元素是可互换的或动态同义的,在旋律中起同样作用的不同音符也是如此。①

一般来说,格式塔心理学家同意韦特海默最初的定义,即当某一整体的各部分之间明显相互依存时,这个整体就是有意义的。整体不同于部分之和的说法,虽然是真实而且经得起论证的,但作为一个有效的实验室概念,它用处有限。此外,来自不同传统的心理学家常常认为它过于模糊,因为即使证明了整体的存在,关于整体的定义和表征的问题仍然有待解决。

显然,如果我们期待格式塔定义具有启发性、可操作性和具体性,并且能够被不同传统(坚持原子论的、机械世界观)的心理学家所接受,那么格式塔的正面定义问题就不能算是彻底解决了。造成这一困难的原因有很多,但我只想探讨一个原因,即选择已经使用过的数据。格式塔心理学家主要研究现象世界的组织方式,主要探讨机体之外的"材料"的"领域"(应当指出,他们通常否认这一批评)。然而,正如果戈尔茨坦充分证明的那样,机体本身才是组织化程度最高和内部相互依赖性最强的。要想证明组织和结构规律,最好去研究机体自身。选择这种数据还有另一优势:动机、终极目的、短期目标、表达和方向等基本现象在机体中都表现得更加清晰。从应对目标的角度对综合征进行定义,马上就有可能将孤立的功能主义、格式塔心理学、意图论(并非目的论)、精神分析学家及阿德勒等人所拥护的那种精神动力学以及戈尔茨坦的有机整体论等理论

---

① 然而,见科勒对艾伦菲尔斯标准的批评(239,第25页)。

统一起来。也就是说,定义科学的综合征概念可以为一种统一的世界观提供理论基础,我们称之为整体动力学观点,与一般原子论观点形成鲜明对照。格式塔概念也是如此,同样只要把它的概念加以扩展,并且更集中于人类机体及其内在动机。

人格综合征的特征(综合征动态)

可互换性

之前的段落中已经探讨过,某一综合征中的各部分可以动态地互换或等同,所谓动态即两个不同行为的部分或症状,因其具有相同的目的而可以相互替代,可以完成同样的任务,有着相同的出现概率,或具有同等的可预测性。

就此而言,癔症患者的各种症状显然是可以互换的。在经典病例中,一条麻痹的腿可以通过催眠或其他暗示疗法得到"治愈",但随后几乎不可避免地会被其他症状所代替——也许是一只麻痹的手臂。在弗洛伊德学说的著述中,类似的互换性症状也有不少例子。比如对马的恐惧可能意味着或代替了受到压抑的、对父亲的畏惧心理。对于有安全感的人来说,他所有的行为表达都是可以互换的,因为它们都表达了同一件事,即安全感。在前面提到的安全型激进主义的例子中,帮助人类的一般性愿望会有不同的结果,可能是激进主义,也可能是慈善、善待邻居或向乞丐和流浪汉施舍点小钱。在一个不为人知的病例中,我们只要知道了患者有安全感,就能肯定他会表现出某种善意或对社会利益的关注,但具体是何种表现我们却无法准确预测。这些同等的症状或表达可认为是可以相互替代的。

循环决定性

对这一现象最好的描述来自心理病理学的研究，例如，霍尼（197）恶性循环的概念就是循环决定性的一个特例。霍尼的概念试图描述某一综合征内部持续的动态互动，即任一部分总是以某种方式影响其他所有部分，并反过来又被所有其他部分所影响，整个过程是并行不悖的。

完全的神经质依赖意味着期望必然受挫。因为完全依赖本身就意味着承认了软弱和无助，而这种必然的挫败会雪上加霜，进一步引发愤怒情绪。但这种愤怒往往针对人们所依赖的人，或者帮助自己免于不幸的人，因此，这种愤怒情绪会立即导致内疚、焦虑、害怕被报复等。反之，这种状态也是造成完全依赖的首要因素。对这一类病人的检查结果表明，在任何时刻，大多数这些因素是共存的，而且变动不居、彼此强化。虽然基因分析可能显示，某一特征在时间上先于另一特征，但动态分析永远显示不出这一点。所有的因素都是互为因果的。

再如，某人可以采取专横、傲慢的态度来维持自己的安全感。若非感到被排斥和嫌弃（没有安全感），他是不会采取这种态度的。但正是这种态度使人们更加讨厌他，这反过来使他的态度更加专横，等等。

在种族偏见中，我们可以很清楚地看到这种循环决定性。怀有种族仇恨者会指出某些令人憎恨的特征来为自己的憎恨开脱，但是这些令人憎恨的特征本身几乎都是仇恨和排斥的产物。①

如果我们用更熟悉的因果术语来描述这个概念，我们

---

① 我们在这些例子中只描述了同步动力学。整个综合征的起源和决定，以及循环决定是如何产生的，这是一个历史问题。即使这样的遗传分析表明，某一特定因素在链条中是最先出现的，也不能保证这一因素在动态分析中具有基本的或优先的地位（6）。

应该说A和B互为因果。或者说它们是相互依赖或相互支持或相互强化的变量。

有序综合征有拒绝改变或维持自身的倾向

无论安全感处于什么水平，想要提升或降低安全感都有难度。这一现象类似于弗洛伊德所描述的"抗拒"，但运用得更为广泛和普遍。因此，我们发现人无论健康与否，都倾向于坚持自己原本的生活方式。性善论者和性恶论者一样，同样对改变自身信念表现出抗拒。在实际操作中，可以根据心理实验员提升或降低安全感的难度，对这种拒绝变化的行为进行定义。

在外界发生巨变时，人格综合征有时也可以保持相对稳定。不少例证表明，遭受过艰难困苦的很多移民仍然有安全感。对轰炸区的士气研究也证明，大多数健康人对外界的恐怖有着惊人的抵抗力。统计数据表明，经济萧条和战争并没有导致心理疾病发病率的大幅增长。①安全感综合征的变化通常与环境的变化并不同步，有时人格似乎没有任何变化。

> 有个德国人原本非常富有，后来变得身无分文，移民到了美国。他被诊断为安全型人格。深入的访谈表明，他对人性的根本看法并没有改变。他仍然觉得，只要机会合适，人性在根本上是健全的、善良的，他所看到的肮脏丑恶，可以以多种方式解释为外部原因引起的现象。对他在德国的熟人进行采访后可知，在破产以前，他几乎一直就是这样的人。

病人对心理治疗的抗拒中也可以发现许多其他的例子。

---

① 这类数据通常被误读，因为人们常运用这些数据来反驳心理病态的任何环境或文化决定论。这一争议只表明了对动态心理学的一种误解。其实真正的主张是，心理病态是内部冲突和威胁导致的直接结果，而非外部灾难。或者至少只有在心理病态涉及个人的主要目标和防御系统时，外部灾难才对人格产生动态的影响。

有时，经过一个阶段的分析后，会发现病人对自己某些信念的错误根据和不良后果有着惊人的洞察。即便如此，他也可能仍旧固执己见。

有序综合征在改变后自我重建的倾向

如果某一综合征被迫改变层级，人们常常可以注意到，这种变化只是暂时的。例如某种创伤性经历往往只有短暂的影响，然后可能就会自发地重新调整，回到以前的状态。或者创伤引起的症状会被轻而易举地消除（271）。有时，我们推论认为，综合征的这一倾向只是更大的变化系统中的一个过程，这一变化系统还包括其他综合征倾向。

下面是一个典型的例子。一个对性一无所知的女人嫁给了一个同样无知的男人，婚后的第一次体验使她大为震惊。她的整个安全感综合征的水平发生了明显的变化，即从平均水平降到低安全感水平。调查表明，从整体上看，综合征的大多数方面都发生了变化，包括她的外在行为、人生观、梦境、对人性的态度等方面。就在这时，她得到了帮助和安慰，在非专业的交谈中，她了解了自己的情况，四五个小时的交谈过程中她得到了一些简单的建议。她慢慢地有所改善，也许是由于这些交谈，她的安全感逐渐增强，但她再也没有恢复以前的安全感。她的经历留下了一些轻微但持久的影响，她那个相当自私的丈夫也许难辞其咎。跟永久性的后遗症相比，更令人吃惊的是，不管发生什么事情，她始终坚持结婚前的思想和理念。另一位女性也遇到过类似的剧变，她的第一任丈夫患上了精神病，再婚以后，她恢复了安全感，恢复得虽然缓慢但很彻底。

对于那些健康的朋友们，我们一般期望是，只要给他们足够的时间，他们就能从任何打击中完全恢复过来，这就说明这种自我重建的倾向是普遍存在的。亲人的死亡、经济上的损失，以及其他诸如此类的基本性创伤经历，可能会使人在一段时间内严重失衡，但他们通常几乎能够完全恢复。只有长期恶劣的外部环境或人际关系才会对健康的性格结构带来永久性的变化。

综合征的整体变化趋势

上面已经讨论过的这种趋势可能是最显而易见的。如果综合征的任一部分发生了变化，正确的研究几乎总能发现，综合征的其他部分发生了同向的伴随变化。通常情况下，综合征的所有症状几乎都表现出这种伴随变化。这些伴随变化经常被忽视，其中原因再简单不过：没有人期待这些变化发生，因此也就没有人去发现它们。

应该强调的是，这种整体变化的趋势，同我们讨论的所有其他趋势一样，只是一种趋势，而不是一种必然。在某些病例中，特定的刺激似乎只有特定的局部效应，而没有可观察到的普遍效应。然而，如果我们排除明显的表面精神错乱，这种病例就很罕见了。

1935年进行了一项未公开的实验，内容是通过外部手段来提升自尊。一名女性依照指示，在大约20种相当琐碎的特定场合下做出强硬表现。（比如一向是杂货店老板替她拿主意，但这回她坚持买某一品牌）她按照这些指示行事，三个月后，对她进行了一次全面的人格变化调查[①]。毫无疑问，她的自尊发生了整体的变化。她理想中的性格也变了。她第一次买了紧身而且暴露的衣服。她的性行为变得更为主动，连她的丈夫也注意到了这种变化。她第一次和别人一起去游泳，而以前她总是羞于穿游泳衣。在许多其他场合下，她也感觉非常自信。这些变化不再那么含蓄隐晦，而是发自内心的，她甚至都没有意识到这一变化的重要意义。行为的改变会导致性格的改变。

一个极度缺乏安全感的女人，在经历了几年非常成功的婚姻生活之后，安全感会整体提升。我第一次见到她时（在她结婚之前），

---

① 现在，这被称为一种行为疗法。

她感到自己孤独、没人爱也不值得爱。她现在的丈夫最终让她相信了他爱她——对一个缺乏安全感的女人来说，这是一项艰巨的任务——于是他们结婚了。现在她不仅觉得丈夫爱她，还觉得自己值得被爱。她接受了以前无法接受的友谊，对他人的敌意也基本消失了。她变得温柔善良，而我第一次见到她时，她几乎完全不是这样。某些症状要么减轻了，要么完全消失了——包括反复出现的噩梦、对聚会和其他陌生团体的恐惧、长期的轻度焦虑、对黑暗和某些恶势力的特定恐惧，以及对残酷行为的幻想。

内部一致性的倾向

虽然人整体上缺乏安全感，但由于种种原因，他仍可能会有某些特殊行为、信仰或感觉，说明他是有一定安全感的。因此，极其缺乏安全感的人虽然可能长期做噩梦、焦虑的梦或者其他不好的梦，但一般这些个体中仍有相当比例的人并没有做不愉快的梦。但对这些缺乏安全感的人来说，环境的轻微改变就会导致这类不愉快的梦发生。这些相互冲突的因素之间似乎有特别的张力，使得它们和综合征的其他症状相协调。

> 自卑的人往往谦虚或害羞，因此，通常情况下，大部分自卑的女孩要么根本不会穿泳衣出现，要么穿泳衣时会感觉非常不自然。但有个低度自尊的女孩在沙滩上穿着暴露的泳衣。之后的交谈表明，她对自己的身体感到骄傲，认为她的身体是完美的。对一个低度自尊的女性来说，这一想法与她的行为一样，都很少见。通过她的说法我们可以看出，她对于游泳的态度是矛盾的，因为她总觉得很不自然，总是在身边放个浴袍以遮盖身体，如果有人太明目张胆地盯着她看，她会索性离开沙滩。外界各种各样的评论使她相信，她的身体是迷人的。理智上她也认为，自己理应有所表现，也很努力地去表现，但却发现，由于自身的性格结构，她很难做到有所表现。

即使人安全感很强，也不是胆小之辈，但也会表现出对某些事物的特定恐惧。这些恐惧可以通过特别的条件设定经验得到解释。我发现，他们很容易就能摆脱这些恐惧。简单地重新设定条件，树立榜样，增强意志的忠告或理性的解释或其他的类似表面的心理治疗措施往往就足够了。然而，对毫无安全感的人而言，这些简单的行为技术未必奏效。可以认为，恐惧若是与整体人格不一致，则可以轻易消除，若是与整体人格相一致，则更为顽固。

换句话说，人若没有安全感，就倾向于完全或者一直没有安全感，而高度自尊型的人则倾向于一直保持较高度自尊。

综合征水平走向极端的趋势

伴随着上述的保守倾向还有至少一种反向的力量来自综合征的内部动力，这种力量倾向于变化而非守恒。相对缺乏安全感的人倾向于变得极其缺乏安全感，而相对有安全感的人则倾向于变得安全感极强。①

相对缺乏安全感的人倾向于将任何外部的影响和任何作用于机体的刺激统统视为不安全的。例如微笑会被看作冷笑，忽略会被理解成侮辱，冷漠会被解读成讨厌，些许好感被解读成冷漠。在这些人的世界里，不安全的影响多于安全的影响。可以认为，对他而言，所有证据都堆积在"不安全"的一端。因此不安全感持续吸引着他，甚至最终将他一步步推向极端不安全的深渊。以下事实进一步说明了这一因素：一个没有安全感的人倾向于表现得没有安全感，这使得人们讨厌并拒绝他，这又会让他更没有安全感，也会让他表现得更不安全——由此形成了一个恶性循环。因此，他的内部动力会导致他最害怕的后果。

---

① 这一倾向和先前描述的内部一致性倾向紧密相关。

>最明显的例子是嫉妒行为。它源于不安全感,并且实际上也会带来进一步的排斥和更深层次的不安全感。有个男人这样解释他的嫉妒心:"我太爱我的妻子了,如果她离开我或者不再爱我,我担心我会垮掉。所以她对我兄弟好我自然不高兴。"他采取了很多愚蠢的措施来阻断这段友谊,结果却失去他妻子和兄弟的爱,而这当然使他更加疯狂和嫉妒。心理学家的帮助最终打破了这一恶性循环,他们先教他即使感到嫉妒也不要表现出来,随后再开始更重要的任务,用多种方法缓解整体的不安全感。

外部压力下综合征改变的倾向

过于专注综合征的内在动力,很容易暂时忘记所有的综合征都是对外部环境的自然反应。在此提及这一明显的事实只是为了论述的全面性,也是为了提醒人们:机体的人格综合征并不是一个孤立的系统。

综合征变量

最重要、最显著的变量就是综合征的水平变量。人的安全感可高、可低、可居中,人的自尊心可强、可弱、可适中。这并不一定意味着这种变化呈单一的连续体,而是说这种变化是从多到少、从高到低、循序渐进的。我们主要通过自尊综合征或支配综合征来探讨综合征的特征。在不同的类人灵长类动物身上,几乎都可以看到支配现象,但每一种动物表达支配都有不同的特征。在自尊心强的人身上,我们可以区分高度自尊的至少两种不同特征,我们把其中一种称为力量,另一种称为权力。一个自尊心强并有安全感的人,会以一种善良、合作和友好的方式展现出自信的力量;自尊心强但是安全感弱的人倾向于支配弱者或伤害弱者,而不是帮助弱者。这两类个体都有着高度自尊,但是由于机体的其他特征不同,他们表达这种高度自尊的方式有所不同。在缺乏安全感的人身上,这种不安全感可以通过多种方式表现出来。例如他(低度自尊人)可能表现出隐居和退缩的倾向,(高度自尊的人)也可能怀有敌意、具有攻击性而且人品低劣。

综合征表达的文化决定性

当然，文化和人格之间的关系过于深刻和复杂，不能简单对待。主要出于全面性考量而不是其他原因，我们必须指出：总体而言，实现人生主要目标的途径常常是由特定文化的本质决定的。自尊的表达或者实现虽然不是完全由文化决定的，但至少主要是由文化决定的。恋爱关系也是如此。我们通过文化许可的方式来获得他人的爱或向他人表达爱意。在一个复杂的社会中，社会等级角色也是部分由文化决定的，这一事实常常会改变人格综合征的表达方式。例如我们的社会允许高度自尊的男性更直接、更多样地表达这种高度自尊，而高度自尊的女性却得不到同等表达机会。同样，高度自尊的儿童也很少有机会来直接表达自己的高度自尊。我们也应指出，像安全、自尊、社交、活动等任何综合征的水平也都是由某一文化所认可的。不少跨文化对比和历史对比都可以最清楚地表明这一事实。例如普通的多布族公民一般比阿拉佩什公民更有敌意，而且人们对此已经习以为常了。我们认为，现在的普通女性比一百年前的普通女性拥有更强的自尊心。

人格综合征的组织

目前，我们将综合征的不同部分视为同质性的，就像雾中的微粒一样，但事实并非如此。在综合征组织内，依其重要性不同而存在不同等级和聚类。自尊综合征已经用最简单的方法，即相关性方法，说明了这一事实。如果这一综合征是一体的，那么综合征的任一部分理应像其他部分一样与整体紧密相连。但事实上，（被视为一个整体的）自尊与各个部分的关联度并不相同。比如，根据社会人格列表（Social Personality Inventory，313）的测量结果，整体的自尊综合征与易怒性的关联度为 $r=-0.39$，与异教徒的性观念的关联度为 $r=0.85$，与有意识的自卑感的关联度为 $r=-0.40$，与各种情形下的尴尬的关联度为 $r=-0.60$，与有意识的恐惧感的关联度为 $r=-0.29$（305，311）。

对这些数据的临床检验也证实了部分的自然聚类这一倾向，这些聚类似乎本质上是紧密相连的。例如，传统、道德、谦逊和循规蹈矩可以看成是自然聚类或者属于同一整体，从而与另一聚类特征，比如自信、沉着、淡定、魄力和胆识等，恰好形成鲜明对比。

这一聚类的趋势使我们有可能在综合征内部进行分类，但当我们分类时却面临着许多困难。首先，我们面临着所有的分类都会遇到的普遍问题，即以何种原则为基础进行分类。当然，如果我们了解了全部数据以及数据之间的关系，事情就简单多了，但我们分类时对数据并不完全了解，因此不论我们多么敏锐地捕捉事物的内在本质，我们发现有时分类仍有些武断。这种内在的一致性为我们分类提供最初的线索，给我们指明大致方向。但这种自发性分组只能进行到这一步，当我们无法自发地感知群组的时候，就必须以自己的假说为基础继续分类。

另一明显的困难是，当我们研究综合征材料时，我们很快就会发现，我们可以把某一人格综合征分成十几个主要的群组，甚至可以随心所欲地分成成百上千、成千上万个群组，这取决于我们分类依据的概括程度。我们怀疑，一般的分类尝试就只是原子论、关联论观点的另一种反映。当然，用原子论工具来处理相互依存的数据难有更大作为。但如果一般的分类不是分离出不同的部分，或者独立的各项，又能是别的什么呢？如果数据之间没有根本差别，无法相互独立，我们又该如何分类呢？或许我们必须拒斥原子论的分类方法，寻找整体性的分类原则，因为我们发现，为了进行整体分析，有必要拒斥简化分析。下述的类比可以指明方向，使我们有可能找到一个可行的整体性分类技巧。

放大倍数

这一说法是从显微镜的操作方式中衍生出来的一种物理学类比。在研究显微镜载片上的组织切片时，将载片放到光下，用肉眼观察切片的整体情况，从而发现其整体特征、总体结构、构成以及整个主体的内在联系。脑海中有了整体的清晰图像后，我们接下来对其中的一部分用低倍镜进行放大观察，比如用10倍的显微镜。我们现在研究一个细节，不是孤立地研究细节本身，而是还要考虑到细节与整体的关系。之后，我们可以使用更高倍率的显微镜，比如50倍，对整体中的这一范围进行更深入的研究。不断放大倍数直至显微镜的倍数极限，可以对整体中的细节进行更精细化的分析。[1]

我们也可以认为材料已经经过分类处理，但不是以线性方式分为互不相干和彼此独立的部分，之后再随意地重组，而是采用"内嵌式"分类，可能像一套盒子。如果我们把整个安全感综合征看作一个盒子，那么14个亚综合征就是这个盒子中的14个小盒子（294）。在这14个小盒子里的每一个又有其他更小的盒子——也许一个里面有4个，另一个里面有10个，再一个里面有6个，等等。

如果用上述的例子来考察综合征，我们可以把安全感综合征作为一个整体来观察，即在1号放大倍数上进行观察。具体来说，这意味着将整个综合征的心理特征、含义或目的作为一个整体来研究。随后，我们可以选取14个亚综合征中的一个，在我们称为2号放大倍数上进行研究。这样，这一亚综合征就会被当作一个特殊的整体，在同其他13个亚综合征的相互关联中进行研究，但也始终被理解为整个安全感综合征的一个整体性部分。我们可以以缺乏安全感的人们表现出的屈服于权力这一亚综合征为例。通常缺乏安全感的人需要权力，但这种需要在很多方面都有所体现，也有很多不同的表现形式，如野心过大、过于激进、占有欲强、渴望金钱、过度竞争、易于产生偏见和仇恨等。但也可能表现为另一个极端，如拍马屁、柔顺服从、受虐倾向等。但这些特征本身显然都很笼统，可以进行进一步的分析和分类。对其中任何一个特征的研究将在3号放大倍数上进行。我们不妨选择偏见需求或倾向，种族偏见就是一个很好的例子。如果我们要科学地研究种族偏见，就不能只孤立地研究种族偏见本身。更透彻地说，我们研究的是产生偏见的倾向，即权力

---

[1] "但如果只用显微镜观察，那么人们就永远不会发现'整体'的存在。"（Koffka, K., *Principles of Gestalt Psychology*, Harcourt, Brace & World, 1935, p.319.）

需求综合征，而权力需求整体上又属于缺乏安全感综合征的亚综合征。我无须指出，不断细化的研究会使我们继续使用4号和5号甚至更高的放大倍数。我们以某一特定复杂性的某一方面为例，比如倾向于利用像肤色、鼻子的形状、语言等差异来满足自己的安全需求。这种利用差异的倾向可以组成一个综合征，同时也可以作为一个综合征来研究。更具体地说，在这种情况下，这种倾向可以划分为亚—亚—亚—亚综合征，即一套盒子里的第五层。

总而言之，这种基于"内嵌式"而非"分离出来"这一基本概念的分类方法，能够提供我们一直在苦寻的线索。这种分类方法使我们对细节和整体都有充分的认识，而不会陷入毫无意义的特色论或者模棱两可、一无用处的共性论之中。这种分类方法既是综合的又是分析的。最后，它能让我们同时对特性和共性进行有效的研究。它反对二分法这种亚里士多德式的A类和非A类的划分，但还是为我们提供了一个理论上令人满意的分类和分析原则。

综合征密集度的概念

如果我们要寻找区分综合征和亚综合征的启发性标准，从理论上讲，我们可以在密集度这一概念中找到。自尊综合征的各个自然分组之间有什么区别呢？可以发现，恪守常规、遵守道德、谦逊和尊重规则等特征聚类形成一个群组，与自信、镇静、自然和大胆的群组有所区别。这些聚类或亚综合征当然不仅互为关联，与自尊这一整体也有关联。此外，每一聚类中的各要素也是相互关联的。也许我们对于聚类的感知，对各要素自然聚合的主观感觉，会反映在各种相互关系之中。只要我们能够衡量这些要素，就会发现这些相互关系。也许自信与镇静比镇静与反常规有更加密切的相互关联。在统计学上，也许某一聚类意味着该类的成员之间存在着高平均关联值。这一平均关联可能高于两个不同聚类成员之间的平均关联值。假设同一聚类内部的平均关联值$r=0.7$，不同聚类的成员之间的平均关联值$r=0.5$，那么由各种聚类或亚综合征混合而成的新综合征的平均关联值会高于$r=0.5$，低于$r=0.7$，可能接近于$r=0.6$。依次类推，当我们从亚—亚综合征推进到亚综合征再推进到综合征时，可以预料到平均关联值会有所下降。我们可以称这种变化为综合征密集度的变化，仅仅因为这一概念可能为我们提供有效的工具来检验临床观察的结果，我们也理应强调这一概念。[①]

从动态心理学的基本假设中可以得出：能够并且理应互相关联的不是行为本身，而是行为的含义。比如，不是谦虚行为，而是在谦虚行为与机体其他部分的关系中表现出来的谦虚这一原本的品质。而且，我们必须认识到，即使是动态变量也未必呈现出单一连续的变化，而可能在某一节点发生聚变，变成一种完全不同的东西。强烈的情感饥渴所造成的后果可以说明这种变化。如果我们按照从完全被接受到彻底被遗弃为标准，将幼童排序，我们会发现，随着我们越来越接近标准底端，幼童们也越来越热切地渴望关爱，但一旦我们到达标准的底端——从一出生就被完全遗弃的幼童——我们发现幼童已经失去了对关爱的热切渴望，变得完全冷漠。

最后，我们当然必须利用整体论的数据，而不是原子论的数据，也就是说，要利用整体分析的产物，而不是还原分析的产物。这样，单个变量或部分综合征都可以互相关联，而不会破坏有机体的统一性。如果我们对相互关联的数据都保持足够的谨慎，同时对所有的统计数据进行临床和实验知识的检验，那么关联技术完全可以成为整体方法论中大有可为的方法。

机体内相互关联性的程度

在科勒（239）有关于物理格式塔的论著中，他反对把相互关联性过度抽象化，以至无法在高度概括化的一元论和彻底的原子论之间做出选择。因此，他不仅强调格式塔内的相互关联性，而且还强调格式塔之间的独立性这一事实。对他来说，他研究的大部分格式

---

① 整体心理学家会有一种倾向，就是不相信这种关联技术，但我认为这是因为这种关联技术仅用于原子论方法中，而不是因为它本质上与整体论相悖。例如，尽管一般的统计学家不相信自我关联性（好像机体中除此之外还有别的），但如果考虑到某些整体性事实，自我关联性就不会受到怀疑了。

塔都是（相对的）封闭体系。他仅对格式塔内部进行分析，很少讨论不同格式塔之间的关系，无论是物理格式塔还是心理格式塔。

显然，当我们处理机体的数据时，情况就不同了。当然，机体内部几乎没有封闭的体系。机体内的任何事物都与其他事物有关联，虽然这种关联可能影影绰绰、若有若无。此外，我们已经证明，作为整体的机体同下述因素相互关联并且从根本上相互依赖，如文化、他人的直接存在、特定的情境、自然和地理。迄今为止，我们至少可以说，科勒理应将他的理论概括局限于现象世界的物理格式塔和心理格式塔，因为他的限制确实不是十分适用于机体。

如果我们选择探讨这一问题，就有可能超越这一保守说法。事实上，有一点提得很好，即从理论上讲，整个世界都是相互关联的。如果我们从现存的众多关系类型中进行选择，就会发现，宇宙中的任一部分都与其他部分有着某种关联。只有当我们着眼于实际，或者探讨单一话语领域而非所有话语领域时，才假定各个系统之间是相对独立的。例如从心理学角度来看，普遍的相互关联性被打破了，因为世界的某些部分并没有同宇宙的其他部分产生心理学上的关联，即使它们可能在化学、物理学和生物学上是相互关联的。此外，世界的相互关联性很可能被生物学家、化学家或物理学家以完全不同的某种方式所割裂。在我看来，目前最好的说法可能是，的确存在某些相对封闭的系统，但这些封闭系统在某种程度上只是观察者转换观察视角的产物而已。某一封闭系统一年之后（可能）就不再封闭了，因为一年后的科学进步足以证明某种关联性是存在的。如果有人回答说，我们应该说明世界各部分之间的实际物理过程，而不是各部分之间更多的理论关系。那么，我们应该这样回答：一元论哲学家从未声称存在这种物理上的普遍的相互关联性，只是探讨过其他不同类型的相互关联性。然而，既然这并非我们论述的重点，那么就没有必要详述。指出机体内部（理论上）存在普遍的相互关联性这一现象就足够了。

综合征之间的关系

在这一研究领域中,我们至少能提供一个深入细致的研究个案。这是典型还是特例仍有待进一步研究发现。

在数量上,也就是说,就简单的线性相关性而言,安全感水平和自尊心水平之间存在细微的正相关,关联值 r=0.2 或 0.3。在对正常人的个体诊断中,很明显,这两种综合征实际上都是自变量。在某些群体中,这两种综合征之间可能存在典型的关系:例如,在犹太人中(20 世纪 40 年代),高度自尊心和高度安全感倾向于同时存在,而信奉天主教的妇女的自尊感较低而安全感很高。在神经症患者中,自尊心和安全感水平历来均偏低。

但比这两种综合征水平的这种关联性(缺乏关联)更令人吃惊的是,安全感(或自尊心)水平与自尊心(或安全感)特征之间的关系非常密切。将两个高度自尊心但安全感处于两端的人进行对比,可以很容易证明这种关联。甲(高度自尊心和高度安全感)倾向于以一种与乙(高度自尊心和低度安全感)截然不同的方式表达自己的自尊。甲既具有个人的力量,又热爱自己的同伴,他自然会用自己的力量来培育、善待或保护他人。而乙拥有同等的力量,但对其同伴怀有憎恨、蔑视或恐惧,他更有可能利用自己的力量去伤害、支配他人,以缓解自己的不安全感。这样一来,他的力量对他的同伴来说无疑是一种威胁。因此,我们可以说,高度自尊中存在安全感缺乏的特征,并将其与高度自尊的安全感特性进行对比。同样,我们可以区分低度自尊的不安全感和安全感,即一方面是受虐狂或马屁精,另一方面是安静、温柔、体贴、依赖他人的人。安全感特征的类似差异与自尊心水平的差异有关。例如,缺乏安全感的人可能会因为他们自尊程度低,而选择回避、退缩,或因自尊程度高而表现出公开的敌意和侵略性。有安全感的人可以是谦逊的,也可以是骄傲的,可以是追随者,也可以是领导者,因为他们的自尊水平从低到高不等。

人格综合征与行为

从广义上讲，在进行更具体的分析之前，我们可以说综合征与显性行为之间的关系大致如下。每一行为都是完整人格的表达。具体来说，这意味着，每一行为都是由人格综合征的单个症状以及全部症状决定的（不包括下面将要提到的其他决定因素）。当约翰·多伊听了笑话后一笑了之，理论上我们可以从这一行为的各种决定因素中梳理出他的安全感水平、自尊、精力、智力等。这种观点与现在已经过时的特征理论形成了鲜明的对比，后者的典型例子是单一的行为完全由单一的特征决定。某些被认为"更重要"的任务，比如艺术创作，最为生动地说明了我们的理论陈述。在创作一幅画或一首协奏曲时，艺术家显然完全投入其中，因此这是他整个人格的表现。但这一例证，或者说对一个非结构化情景（unstructured situation）的任何创造性反应——就像在罗夏墨迹测验中——都处于连续体的极端。另一端是孤立的、特定的行为，它与性格结构几乎没有关系。这样的例子包括：根据临时情况进行即时反应（避开卡车）、对多数人失去了心理意义的纯粹习惯性的文化响应（当女士进入房间时起身），或最后的情况，即反射行为。这种行为几乎不能透露关于性格的任何信息，因为在反射行为作为一个决定因素时是可以忽略不计的。在这两个极端之间，我们会发现程度不等的梯度变化。例如，有些行为几乎完全由一两种症状决定。某一特殊的善意行为与安全综合征的关系比其他任何行为都要密切。谦虚的感觉很大程度上是由自尊决定的，等等。

这些事实可能会引发这样一个问题：如果这些各种各样的行为—症状关系都存在，能不能一开始就假定，行为通常是由所有的症状决定的呢？

很明显，出于理论的需要，整体理论会从这样的陈述出发，而原子论的方法会以孤立、离散、与机体割裂开来的行为为起点，例如感觉或条件反射。这里是一个"以何者为中心"的问题（什么才是需要组织的整体）。按照原子论，最简单的基本数据是通过还原分析得到的某一行为，该行为与机体其他部分的所有关联都被割裂。

还有一种主张也许更切中主题：第一种综合征——行为关系更重要。孤立的行为往往处于生活重心的边缘位置。它们之所以是孤立的，仅仅是因为它们不重要，即它们与机体的主要问题、主要答案或主要目标无关。的确，髌腱被击中时我的腿会踢出去，或者我用手抓橄榄吃，或者我吃不了煮熟的洋葱，因为我习惯性排斥它们。我有某种生活哲学，我爱家庭，或者对某一实验感兴趣，这些同上述行为一样真实，但后一种情况更为重要。

诚然，机体的内在本质是行为的决定因素，但它并不是行为的唯一决定因素。机体所处的文化环境已经先行决定了机体的内在本质，所以同样是行为的决定因素。最后，行为的另一组决定因素可能被归入"直接情境"（the immediate situation）的主要范畴。虽然行为的短期目标和长期目标是由机体的性质决定的，但实现目标的途径是由文化决定的，而直接情境决定了实现目标的现实可能性和不可能性：哪种行为是明智的，哪种行为是不明智的；哪部分目标是现实的，哪部分不现实；是什么造成了威胁，又是什么提供了实现目标的可能工具。

正因为行为如此错综复杂，所以为什么行为无法很好地说明性格结构就不难理解了。因为如果行为同样取决于性格、外部环境和文化，同时又是这三种力量的一种折中形式，那么它就不能很好地反映其中某一种力量，这是一个理论陈述。实际上，我们可以通过某些技巧①来"控制"或消除文化和环境的影响，因此在实际操作中，行为有时可能是一个好的性格指标。

---

① 例如，可以像在各种投射测验中一样弱化情境，从而控制它对行为的决定所用。有时，机体的需求像精神错乱一般强烈，机体甚至拒斥或忽视外部世界，或对抗文化。排除部分文化因素主要采取的技术是交谈缓解（interview rapport）或精神分析迁移（psychoanalytic transference）。在某些其他情况下，文化制约可能会被弱化，如醉酒、愤怒或其他失控行为。同样，许多行为是文化调节无能为力的，例如，文化性主题的各种微妙的、潜意识的变化，即所谓的表达性行为。或者我们可以研究相对不拘无束的人的行为，受有限文化制约的儿童行为，几乎不受文化制约的动物行为，或者其他社会的行为，这样我们就可以通过对比来排除文化影响。这几个例子表明，一项复杂的，理论上站得住脚的行为研究可以告诉我们一些关于人格的内部结构。

我们发现，性格和行为冲动之间具有更高的相关性。事实上，这两者之间高度相关，以至于这些行为冲动本身有可能被认为是综合征的一部分。与显性的行为相比，行为冲动更加不受外部和文化的制约。我们甚至可以认为，我们只是将行为作为冲动的一个指标进行研究的。如果我们研究的最终目标是理解性格的话，那么凡是好的性格指标就值得研究，否则就不值得研究。

综合征数据的逻辑表达和数学表达

据我所知，现有的数学和逻辑都不适合以符号的形式来表达和处理各种综合征数据。但要建立这一符号系统也绝非不可能，因为我们可以根据需要来构建相应的数学与逻辑。然而，目前各种可用的逻辑和数学体系都基于我们此前批评过的一般原子论。我本人在这方面的研究尚浅，不便在此陈述。

尽管亚里士多德所提出的其他假设遭到了现代逻辑学的摒弃，但作为其逻辑学的基本原理之一，他所提出的 A 和非 A 之间的明显区别则一直为现代逻辑学所沿用。举例来说，我们发现在兰格的著作《符号逻辑导论》（250）中，她将这一概念描述为补充类别，对她来说，这一概念就是基本假设，无须证明，可以理所应当地视为一种常识。"每一个类别都有一个增补，类别及其增补相互排斥，能够穷尽任何宇宙万象"（第 193 页）。

如今显而易见的是，将综合征数据的任一部分与整体割裂开来，或是将单个数据与综合征其余部分分割开来，都是不可行的。当我们将 A 从整体中剥离出来，A 便不再是 A，非 A 也不再是非 A，而且毫无疑问，如果将 A 与非 A 简单相加，得到的整体也不再是原先的整体。综合征内的任一部分都与其余部分相互交叠，因此每一部分都是不可割裂的，除非我们忽视了这些重叠部分。而这些重叠部分至关重要，心理学家绝不可能忽视。孤立获取的数据之间也可能相互排斥。如果在某一情境中获取数据，在心理学中这是必然的，那么这种 A 与非 A 的二分法则毫无可能。例如，我们无法想象能够将自尊的行为与所有其他行为割裂开来,理由非常简单:不存在独立于其他行为的孤立的自尊行为。

如果我们不认同这一互斥性概念,就等于我们不仅仅质疑以互斥性为部分基础的整个逻辑,也在质疑我们所熟知的大部分数学体系。现存的数学和逻辑大都将世界视为一个许多互斥性实体的集合,就像一堆苹果,从中将一个苹果拿出,既不会改变苹果的本质也不会改变苹果堆的本质。而对机体来说则大不相同,如果将某一器官剥离出来,剥离部分以及整个机体都会发生变化。

我们还可以在加减乘除这类基本运算中找到一个例子。这类运算明显采用了原子论数据。将一个苹果同另一个苹果相加是可行的,因为苹果的本质允许这一点。但就人格而言,情况会大不相同。假设有两个高度自尊但缺乏安全感的人,如果我们为其中一位提供安全感("增加"安全感),那么这个人可能变得乐于合作,另一个可能变得专横霸道。不同人格中的高度自尊有不同的性质。在那个多了安全感的人身上,发生了两种而非一种变化。他不仅仅获得了安全感,高度安全感与自尊相结合导致自尊的性质也发生了变化。这一例子虽有些烦琐,但在我们所能想象的人格相加运算的例子里,这个最贴切不过了。

显然,传统的数学和逻辑尽管有着无限的可能性,实际上却是在为原子论的机械世界观服务。

甚至可以说,数学对动力学和整体论的接受要落后于现代物理学。物理理论的本质所发生的根本性变化,并非通过改变数学的本质来实现,而是通过扩展数学的应用范围,巧妙地运用数学技巧,并且尽可能地维持其根本的静态性。这些变化只能通过提出各种假设来实现。微积分就是一个很好的例子,它声称研究运动与变化,但不过是将变化转变为一系列静态来加以研究。曲线下方的面积是通过将其分为一系列长方形来进行计算的。曲线本身被"假设"为具有许多极小边的多边形。微积分行之有效,是一种极为有用的方法,这也证明了它的运算过程是合理的,对此我们并无异议。但我们不应当忘记,它之所以行之有效,是因为有着一系列假设的存在,这些假设有的闪烁其词,有的故弄玄虚,还有的"似是而非",而且不涉及现象世界,这与心理学研究不同。

下面这段引文能支撑我们的见解,即数学往往是静态和原子论的。据我所知,目前还没有任何数学家对该引文的核心观点提出诘难。

> 难道我们过去不曾狂热地宣称我们生活在一个静止的世界?难道我们不曾运用芝诺的悖论,不遗余力地论证运动是不存在的,飞矢实际上是静止的?我们应当把这一立场的明显转变归结于何种原因呢?
>
> 此外,如果数学的发展都是建立在原有的基础之上,那么从静态代数和静态几何理论中,又怎么可能诞生出一种能够解决涉及动态实体问题的新型数学呢?
>
> 关于第一个问题的观点并没有改变。我们仍然坚信,在这个世界中,静态是常态,运动与变化才是特殊情况。如果变化意味着本质上与静止不同的状态,那么变化是不存在的。正如此前所指出的,我们所认为的变化,不过是在相对较短的时间内,我们感知到的一系列不同的静止图像。
>
> 由于我们实际上并未看到飞矢在飞行途中穿过了每一个点,因此我们本能地相信,运动的物体行为具有连续性,于是我们本能地将运动的概念抽象为某种在本质上不同于静态的概念。但这种抽象源于我们生理和心理上的局限,完全无法用逻辑分析来加以证明。运动是某种位置与时间之间的相互关联。变化只不过是函数的别称,是那种关联性的另一方面。
>
> 至于其余的问题,微积分作为几何和代数的产物,属于静态的范畴,几何和代数不具有的特点,微积分也不具有。数学中不可能存在突变,因此,微积分不可避免地和乘法表与欧几里得几何学一样,具有静态特性。它不过是对这一静止世界的另一种诠释,尽管我们不得不说,这是一种天才的诠释。[①]

---

① Kasner, E., and Newman, J., *Mathematics and the Imagination*, Simon & Schuster, 1940, pp. 301—304.

让我们重申一遍：我们可以从两方面来看待因素。例如，脸红可以是脸红本身（简化因素），也可以是处于情境之中的脸红（整体因素）。前者涉及某种假设，"仿佛这一因素在世界上是完全独立的，与世界的其他部分没有关联"。这是一种形式上的抽象，在某些科学领域中大有用处。只要记住这只是一种形式上的抽象，那么它在任何情况下都并无大碍。只有当数学家、逻辑学家或科学家在谈到脸红本身时忘记了这是一种人为的抽象，才会出问题，因为他们必须承认，现实世界中没有脱离人、脱离具体情境的脸红行为。这种人为的抽象习惯或处理简化因素的习惯因行之有效而变得根深蒂固，以至于如果有人质疑这些习惯在经验上和现象上的有效性，对此习以为常的人往往会感到诧异。他们一步步地让自己坚信，这个世界就是这样构成的，同时他们发现自己很容易忽略这一事实，即这种人为的抽象尽管十分有用，但仍是人为的、约定俗成的、假设性的——简言之，这个世界本是相互联系且运动不止的，而这种人为抽象是一种强加于这一世界之上的人造体系。当这些关于世界的独特假设能带来公认的便利之时，才有权利公然违背常识。当它们无法提供便利，甚至成为阻碍的时候，就必须加以摒弃。一味站在前人的肩膀上观察世界，却不去探求真相，是十分危险的。说得更直白些，从某种意义上来说，原子论数学或逻辑学是一种关于世界的理论，运用这一理论对世界做出的任何描述，心理学家都可以因与自身的目的不符为由而加以拒绝。很显然，方法论者有必要着手建立一套逻辑和数学体系，以便更好地与现代科学观念中的世界保持协调一致。①

---

① 这些论述可以扩展至英语这一语言本身。这同样反映了我们文化中隐含的原子论世界观。因此，我们在描述综合征资料和综合征规律时，不得不借助于稀奇古怪的类比、修辞和其他各种拐弯抹角的说法也不足为奇。在连接两个分立实体时，我们可以运用"与"这一连接词，但在面对两个并不分立并且一旦连接起来便会合一而非二元的实体时，我们便无计可施了。我所能想出的替代这个基本的连接词的蹩脚说法，就是"同构于"（structured with）。还有一些语言更加倾向于一种整体动态的世界观。依我看来，黏合语言（agglutinate languages）比英语更能反映一个整体的世界。另外，就像

本章结论所依据的研究数据来自以下马斯洛的文章及实验。麦克莱兰与其同事所进行的研究与我的研究尽管并不完全相同,但却相关且相似(297a)。

The dominance drive as a determiner of the social and sexual behavior of infra-human primates, I, II, III, IV, *J. genet. Psychol.*, 1936, *48*, 261—277; 278—309 (with S. Flanzbaum); 310—338; 1936, *49*, 161—198.

Dominance-feeling, behavior, and status, *Psychol. Rev.*, 1937, *44*, 404—429.

Dominance-feeling, personality, and social behavior in women, *J. social Psychol.*, 1939, *10*, 3—39.

Individual psychology and the social behavior of monkeys and apes, *Int. J. individ. Psychol.*, 1935, *1*, 47—59.

Dominance-quality and social behavior in infra-human primates, *J. social Psychol.*, 1940, *11*, 313—324.

A test for dominance-feeling (self-esteem) in women, *J. social Psychol.*, 1940, *12*, 255—270.

The dynamics of psychological security-insecurity, *Character and Pers.*, 1942, *10*, 331—344.

Self-esteem (dominance-feeling) and sexuality in women, *J. social Psychol.*, 1942, *16*, 259—294.

A clinically derived test for measuring psychological security-insecurity, *J. gen. Psychol.*, 1945, *33*, 21—51. (with E. Birsh, E. Stein, and I. Honigmann). Published by Consulting Psychologists Press, Palo Alto, Calif., 1952.

(接上页)数学家和逻辑学家一样,我们的语言将世界组成了各种成分与关系,以及物质和物质的变化。我们一般把名词视为物质,把动词视为物质对物质的作用,用形容词来更准确地描述某种物质,用副词来更准确地描述某种行为。但整体动力学不会这样泾渭分明地二分。无论如何,即使是在描述综合征资料时,名词也必须呈直线状罗列出来(257)。

Comments on Prof. McClelland's paper. In M. R. Jones (ed.), *Nebraska Symposium on Motivation, 1955*, Lincoln: University of Nebraska Press, 1955.

Some parallels between the dominance and sexual behavior of monkeys and the fantasies of patients in psychotherapy, *J. nervous mental Disease*, 1960, *131*, 202—212 (with H. Rand and S. Newman).

Liberal leadership and personality, *Freedom*, 1942, *2*, 27—30.

The authoritarian character structure, *J. social Psychol.*, 1943, *18*, 401–411.

参考文献

[1] Ackerman, N., Psychotherapy and "giving love," *Psychiatry*, 1944, 7, 129—137.

[2] Adler, A., *Social Interest*, New York: Putnam, 1939.

[3] Adler, A., *Superiority and Social Interests: A Collection of Later Writings*, H. L. and R. R. Ansbacher (eds.), Evanston: Northwestern University Press, 1964.

[4] Alderfer, C. P., An organization syndrome, *Admin Sci. Quart.* 1967, 12, 440—460.

[5] Allport, G., *Becoming*, New Haven, Conn.: Yale University Press, 1955.

[6] Allport, G., *Pattern and Growth in Personality*, New York: Holt, Rinehart and Winston, 1961.

[7] Allport, G., *Personality and Social Encounter*, Boston: Beacon, 1960.

[8] Allport, G., and Vernon, P. E., *Studies in Expressive Movement*, New York: Macmillan, 1933.

[9] Allport, G., Normative compatibility in the light of social science, *in* Maslow, A. H. (ed.), *New Knowledge in Human Values*, New York: Harper & Row, 1959.

[10] Anderson, H. H. (ed.), *Creativity and Its Cultivation*, New York: Harper & Row, 1959.

[11] Anderson, O. D., and Permenter, R. A., A long term study of the

experimental neurosis in the sheep and dog, *Psychosomat. Med. Monogr.*, 1941, *2*, Nos. 3, 4.

[12] Angyal, A., *Neurosis and Treatment: A Holistic Theory*, New York: Wiley, 1965.

[13] Ansbacher, H., and R., *The Individual Psychology of Alfred Adler*, New York: Basic Books, 1956.

[14] Ardrey, R., *The Territorial Imperative*, New York: Atheneum, 1966.

[15] Argyris, C., *Interpersonal Competence and Organizational Effectiveness*, Homewood, Ill.: Irwin-Dorsey, 1962.

[16] Argyris, C., *Organization and Innovation*, Homewood, Ill.: Irwin, 1965.

[17] Aronoff, J., *Psychological Needs and Cultural Systems*, New York: Van Nostrand Reinhold, 1967.

[18] Aronoff, J., Freud's conception of the origin of curiosity, *J. Psychol.*, 1962, *54*, 39—45.

[19] Asch, S. E., *Social Psychology*, Englewood Cliffs, N. J.: Prentice-Hall, 1952.

[20] Asch, S. E., Studies of independence and conformity, *Psycholog. Monogr.*, 1956, 70, entire No. 416.

[21] Assagioli, R., *Psychosynthesis: A Manual of Principles and Techniques*, New York: Hobbs, Dorman, 1965.

[22] Axline, V. D., *In Search of Self*, Boston: Houghton Mifflin, 1964.

[23] Back, K. W., The game and the myth as two languages of social science, *Behavioral Science*, 1963, *8*, 66—71.

[24] Bacon, F., *The Advancement of Learning*, New York: Colonial Press, 1900.

[25] Baker, R. S., *American Chronicle*, New York: Scribner's, 1945.

[26] Balint, M., The final goal of psychoanalytic treatment, *Int. J.*

Psychoanal., 1936, *17*, 206—216.

[27] Balint, M., On genital love, *Int. J. Psychoanal.*, 1948, *29*, 34—40.

[28] Banham, K. M., The development of affectionate behavior in infancy, *J. gen. Psychol.*, 1950, *76*, 283—289.

[29] Barker, R., Dembo, T., and Lewin, K., *Frustration and Regression: An Experiment with Young Children*, Iowa City: University of Iowa Press, 1941.

[30] Barrett, W., *Irrational Man*, New York: Doubleday, 1958.

[31] Barron, F., *Creativity and Psychological Health*, New York: Van Nostrand Reinhold, 1963.

[32] Barry, J. R., and Malinovsky, M. R., *Client Motivation for Rehabilitation: A Review*, Monogr. No. 1, 1965, Gainesville, Fla.: Regional Rehabilitation Research Institute, University of Florida.

[33] Bartlett, F. C., *Remembering*, Cambridge, England: Cambridge University Press, 1932.

[34] Bateson, G., and Mead, M., *Balinese Character: A Photographic Analysis*, New York: The New York Academy of Sciences, 1942.

[35] Bay, C., *The Structure of Freedom*, New York: Antheneum, 1968.

[36] Bay, C., Needs, wants and political legitimacy, *Can. J. pol. Sci.*, 1968, *1*, 241—260.

[37] Becker, E., *The Structure of Evil*, New York: Braziller, 1968.

[38] Beer, M., *Leadership Employee Needs and Motivation*, Monogr. No. 129, 1966, Columbus, O.: The Ohio State University.

[39] Belo, J., *The Trance in Bali*, New York: Columbia University Press, 1960.

[40] Benedict, R., Unpublished lectures on *Synergy in Society*, Bryn Mawr, ca 1942] Excerpts to be published, *Amer. Anthropologist*, 1970.

[41] Bennett, E., Diamond, M., Krech, D., and Rosenzweig, M., Chemical and anatomical plasticity of brain, *Science*, 1964, *146*, 610—619.

[42] Bennis, W., *Changing Organizations*, New York: McGraw-Hill, 1966.

[43] Bennis, W., and Slater, P., *The Temporary Society*, New York: Harper & Row, 1968.

[44] Bennis, W., Schein, E., Berlew, D., and Steele, F. (eds.), *Interpersonal Dynamics*, 2nd ed., Homewood, Ill.: Dorsey, 1968.

[45] Bennis, W., Organizations of the future, *Personnel Administration*, 1967, *30*, 6—24.

[46] Bergson, H., *Creative Evolution*, New York: Modern Library, 1944.

[47] Bernard, L. L., *Instinct: A Study in Social Psychology*, New York: Holt, Rinehart and Winston, 1924.

[48] Berne, E., *Games People Play*, New York: Grove Press, 1964.

[49] Bertalanffy, L. V., *Modern Theories of Development*, London: Oxford University Press, 1933.

[50] Bertocci, P., and Millard, R., *Personality and the Good*, New York: McKay, 1963.

[51] Bettelheim, B., *The Informed Heart*, New York: Free Press, 1960.

[52] Bibring, E., The development and problems of the theory of instincts, *Int. J. Psychoanal.*, 1941, *22*, 1—30.

[53] Blai, B., Jr., An occupational study of job satisfaction, *J. exptl. Education*, 1964, *32*, 383—388.

[54] Blazer, J., An experimental evaluation of "transcendence of environment," *J. humanistic Psychol.*, 1963, *3*, 49—53.

[55] Blyth, R. H., *Zen in English Literature and Oriental Classics*, Tokyo: Hokuseido Press, 1942.

[56] Bois, J. S., *The Art of Awareness*, Dubuque, Iowa: Brown, 1966.

[57] Boisen, A., *The Exploration of the Inner World*, New York: Harper & Row, 1952.

[58] Bonner, H., *Psychology of Personality*, New York: Ronald Press, 1961.

[59] Bonney, M. E., *The Normal Personality*, Berkeley, Calif.: McCutchan, 1969.

[60] Boss, M., *A Psychiatrist Discovers India, London*: Oswald Wolff, 1965.

[61] Bossom, J., and Maslow, A. H., Security of judges as a factor in impressions of warmth in others, *J. abnorm. soc. Psychol.*, 1957, 55, 147—148.

[62] Bowlby, J., *Maternal Care and Mental Health*, Geneva: World Health Organization, 1952.

[63] Braden, W., *The Private Sea*, Chicago: Quadrangle Books, 1967.

[64] Brand, M., *Savage Sleep*, New York: Crown, 1968.

[65] Breuer, J., and Freud, S., *Studies in Hysteria*, Boston: Beacon, 1961.

[66] Bronowski, J., *Science and Human Values*, New York: Harper & Row, 1956.

[67] Brown, G. I., *Now: the Human Dimension*, Monogr. No. 1, 1968, Big Sur, Calif.: Esalen Institute.

[68] Bugental, J., *The Search for Authenticity*, New York: Holt, Rinehart and Winston, 1965.

[69] Bugental, J. (ed.), *Challenges of Humanistic Psychology*, New York: McGraw-Hill, 1967.

[70] Bühler, C., *Psychology for Contemporary Living*, New York: Hawthorn, 1969.

[71] Bühler, C., *Values in Psychotherapy*, New York: Free Press, 1962.

[72] Bühler, C., and Massarik, F. (eds.), *The Course of Human Life: A Study of Life Goals in the Humanistic Perspective*, New York: Springer, 1968.

[73] Bühler, C., Maturation and motivation, *Dialectica*, 1951, *5*, 321—361.

[74] Bühler, C., Psychotherapy and the image of man, *Psychotherapy: Theory, Research and Practice*, 1968, *5*, 89—94.

[75] Bühler, C., The reality principle, *Am. J. Psychother.*, 1954, *8*, 626—647.

[76] Burrow, T., *Preconscious Foundations of Human Experience*, Galt, W. E. (ed.), New York: Free Press, 1964.

[77] Burtt, E. A., *In Search of Philosophic Understanding*, London: George Allen and Unwin, 1967.

[78] Cannon, W. G., *Wisdom of the Body.* New York: Norton, 1932.

[79] Carpenter, J., *Relations between dominance-feeling (self-esteem) and musical tastes*, Unpublished.

[80] Carpenter, J., and Eisenberg, P., Some relations between family background and personality, *J. Psychol.*, 1938, *6*, 115—136.

[81] Cauffman, J., Motivating university women to positive behavior, *J. Health human Behav.*, 1966, *7*, 295—302.

[82] Chenault, J., Syntony: A philosophical premise for theory and research, *in* Sutich, A., and Vich, M. (eds.), *Readings in Humanistic Psychology*, New York: Free Press, 1969.

[83] Cheney, S., *Men Who Have Walked With God*, New York: Knopf, 1945.

[84] Chiang, Hung-min, and Maslow, A. H., *The Healthy Personality: Readings*, New York: Van Nostrand Reinhold, 1969.

[85] Chiang, Hung-min, An experiment in experiential approaches to personality, *Psychologia*, 1968, *11*, 33—39.

[86] Child, I., The experts and the bridge of judgment that crosses every cultural gap, *Psychology Today*, 1968, *2*, 24—29.

[87] Clark, J. V., Worker Motivation, Alcan, Ltd., Mimeographed copies are available from the author.

[88] Clark, J. V., Motivation in work groups: A tentative view, *Human Organization*, 1960, *19*, 199—208.

[89] Combs, A., and Snygg, D., *Individual Behavior*, 2nd ed., New York: Harper & Row, 1959.

[90] Combs, A. (ed.), *Perceiving, Behaving, Becoming: A Hew Focus for Education*, Washington, D.C.: Association for Supervision and Curriculum Development, 1962.

[91] Combs, A., Soper, D., Gooding, C., Benton, J., Dickman, J., and Usher, R., *Florida Studies in the Helping Professions*, Monogr., Social Sciences, No. 37, 1969, Gainesville, Fla.: Univ. of Florida.

[92] Corlis, R. B., and Rabe, P., *Psychotherapy from the Center: A Humanistic View of Change and of Growth*, Scranton, Pa.: International Textbook, 1969.

[93] Cortés, J. B., and Gatti, F. M., Physique and motivation, *J. consulting Psychol.*, 1966, *30*, 408—414.

[94] Cortés, J. B., and Gatti, F. M., Physique and self-descriptions of temperament, *J. consulting Psychol.*, 1965, *29*, 432—439.

[95] Craig, R., Trait lists and creativity, *Psychologia*, 1966, *9*, 107—110.

[96] Crawford, M. P., The cooperative solving of problems by young chimpanzees, *Comp. Psychol. Monogr.*, 1937, *14*, No. 68.

[97] Crookshank, F. G., The importance of a theory of signs and a critique of language in the study of medicine, *in* Ogden, C. K., and Richards, I. A. (eds.), *The Meaning of Meaning*, New York: Harcourt, Brace & World, 1938.

[98] Crutchfield, R., Conformity and character, *Am. Psychologist, 1955*, *10*, 191—198.

[99] Cummings, L. L., and El Salmi, A. M., Empirical Research on the Bases and Correlates of Managerial Motivation: A review of the literature, *Psycholog. Bull.*, 1968, *70*, 127—141.

[100] Dabrowski, K., *Positive Disintegration*, Boston: Little, Brown,

1964.

[101] Dailey, C., The effects of premature conclusion upon the acquisition of understanding a person, *J. Psychol.*, 1952, *33*, 133—152.

[102] D'Arcy, M. C., *The Meeting of Love and Knowledge*, New York: Harper & Row, 1957.

[103] D'Arcy, M. C., *The Mind and Heart of Love*, New York: Holt, Rinehart and Winston, 1947.

[104] Davies, J. C., *Human Nature in Politics*, New York: Wiley, 1963.

[105] Davies, W. A., The motivation of the underprivileged worker, *in* Whyte, F. W. (ed.), *Industry and Society*, New York: McGraw-Hill, 1946, 84—106.

[106] De Forest, I., *The Leaven of Love*, New York: Harper & Row, 1954.

[107] De Martino, M. (ed.), *Sexual Behavior and Personality Characteristics*, New York: Grove Press, 1963.

[108] Dewey, J., Theory of valuation, *Int. Encycl. Unified Sci.*, *2*, No. 4, Chicago: University of Chicago Press, 1939.

[109] Dove, W. F., A study of individuality in the nutritive instincts, *Am. Naturalist*, 1935, *69*, 469—544.

[110] Drews, E. M., Counseling for self-actualization in gifted girls and young women, *J. counseling Psychol.*, 1965, *12*, 167—175.

[111] Drews, E., *The Creative Intellectual Style in Gifted Adolescents, Report II; Report III*; Portland, Ore.: Northwest Regional Educational Research Laboratory, 1966.

[112] Driesch, H., *Embryonic Development and Induction*, London: Oxford University Press, 1938.

[113] Drucker, P. F., *The End of Economic Man*, New York: John Day, 1939.

[114] Dunbar, H. F., *Psychosomatic Diagnosis*, New York: Hoeber,

1943.

[115] Eastman, M., *The Enjoyment of Poetry*, New York: Scribner's, 1928.

[116] Edel, E. C., A study in managerial motivation, *Personnel Administration*, 1966, *29*, 31—38.

[117] Einstein, A., and Infeld, L., *The Evolution of Physics*, New York: Simon and Schuster, 1938.

[118] Eisenberg, P., Expressive movements related to feelings of dominance, *Arch. Psychol.*, 1937, *211*, 73.

[119] Eisenberg, P., and Lazarsfeld, P., The psychological effects of unemployment, *Psycholog. Bull.*, 1938, *35*, 358—390.

[120] Eliade, M., *The Sacred and the Profane*, New York: Harper & Row, 1961.

[121] Ellis, W. D. (ed.), *Source Book of Gestalt Psychology*, New York: Harcourt, Brace & World, 1939.

[122] Endore, G., *Synanon*, Garden City, N. Y.: Doubleday, 1968.

[123] Erikson, E., *Identity and the Life Cycle*, New York: International Universities Press, 1959.

[124] Esalen Institute brochures, Big Sur, Calif.: Esalen Institute, 1965-1969.

[125] Escalona, S., Feeding disturbances in very young children, *Am. J. Orthopsychiat.*, 1945, *15*, 76—80.

[126] Fantini, M., and Weinstein, G., *The Disadvantaged: Challenge to Education*, New York: Harper & Row, 1968.

[127] Farrow, E. P., *Psychoanalyze Yourself*, New York: International Universities Press, 1942.

[128] Farson, R. (ed.), *Science and Human Affairs*, Palo Alto, Calif.: Science and Behavior Books, 1965.

[129] Fenichel, O., *The Psychoanalytic Theory of Neurosis*, New York: Norton, 1945.

[130] Feuer, L., *Psychoanalysis and Ethics*, Springfield, Ill.: C. C Thomas, 1955.

[131] Fiedler, F. E,, The concept of an ideal therapeutic relationship, *J. consulting Psychol.* 1950, *14*, 239—245.

[132] Fingarette, H., *The Self in Transformation*, New York: Harper & Row, 1963.

[133] Frankl, V., *Man's Search for Meaning*, Boston: Beacon, 1962.

[134] Frankl, V., *The Will to Meaning*, New York: World Publishing, 1969.

[135] Frenkel-Brunswik, E., Intolerance of ambiguity as an emotional and perceptual personality variable, *J. Pers.*, 1949, *18*, 108—143.

[136] Freud, A., *The Ego and the Mechanisms of Defense*, London: Hogarth, 1942.

[137] Freud, S., *Beyond the Pleasure Principle*, London: International Psychoanalytic Press, 1922.

[138] Freud, S., *Civilization and its Discontents*, New York: Cape and Smith, 1930.

[139] Freud, S., *Collected Papers, Vol. II*, London: Hogarth, 1924.

[140] Freud, S., Contributions to the psychology of love, Papers XI, XII, XIII *in Collected Papers, Vol. IV*, London: Hogarth, 1925.

[141] Freud, S., *General Introduction to Psychoanalysis*, New York: Boni and Liveright, 1920.

[142] Freud, S., *The Interpretation of Dreams*, New York: Basic Books, 1956.

[143] Freud, S., *New Introductory Lectures on Psychoanalysis*, New York: Norton, 1933.

[144] Freud, S., *An Outline of Psychoanalysis*, New York: Norton, 1949.

[145] Fromm, E., *Escape from Freedom*, New York: Farrar, Straus &

Giroux, 1941.

[146] Fromm, E., *The Forgotten Language*, New York: Grove Press, 1957.

[147] Fromm, E., *The Heart of Man*, New York: Harper & Row, 1964.

[148] Fromm, E., *Man for Himself*, New York: Holt, Rinehart and Winston, 1947.

[149] Fromm, E., *Psychoanalysis and Religion*, New Haven, Conn.: Yale University Press, 1950.

[150] Fromm, E., *The Sane Society*, New York: Holt, Rinehart and Winston, 1955.

[151] Fromm, E., Suzuki, D. T., and De Martino, R., *Zen Buddhism and Psychoanalysis*, New York: Harper & Row, 1960.

[152] Gardner, J. W., *Self Renewal: The Individual and the Innovative Society*, New York: Harper & Row, 1963.

[153] Ghiselli, E. E., Managerial talent, *Am. Psychologist*, 1963, *18*, 631—642.

[154] Glasser, W., *Reality Therapy*, New York: Harper & Row, 1965.

[155] Goble, F., *Return to Responsibility*, Pasadena, Calif.: Thomas Jefferson Research Center, 1969.

[156] Goldberg, R. T., Need satisfaction and rehabilitation progress of psychotic patients, *J. counseling Psychol.*, 1967, *14*, 253—257.

[157] Gourevitch, V., and Feller, M. H., A study of motivational development, *J. gen. Psychol.*, 1962, *100*, 361—375.

[158] Goldfarb, W., Psychological privation in infancy and subsequent adjustment, *Am. J. Orthopsychiat.*, 1945, *15*, 247—255.

[159] Goldstein, K., *Human Nature*, Cambridge, Mass.: Harvard University Press, 1940.

[160] Goldstein, K., *The Organism*, New York: American Book, 1939.

[161] Goodman, R. A., *On the Operationality of the Maslow Need Hierarchy*, Los Angeles: Graduate School of Business Admin., University of California, Los Angeles, 1968, Reprint No. 112.

[162] Gordon, D. C., *Self Love*, New York: Verity House, 1968.

[163] Guggenheimer, R., *Creative Vision for Art and for Life*, rev. ed., New York: Harper & Row, 1960.

[164] Green, H., *I Never Promised You a Rose Garden*, New York: Holt, Rinehart and Winston, 1967.

[165] Greening, T. C., and Coffey, H. S., Working with an "impersonal" T group, *J. app. behav. Sci.*, 1966, *2*, 401—411.

[166] Grof, S., *Theory and Practice of LSD Psychotherapy,* To be published.

[167] Guiterman, A., *Lyric Laughter*, New York: Dutton, 1939] Reprinted by permission.

[168] Hall, D. T., and Nougaim, K. E., An examination of Maslow's need hierarchy in an organizational setting, *Organizational Behavior and Human Performance*, 1968, *3*, 12—35.

[169] Halmos, P., *The Faith of the Counsellors*, London: Constable, 1965.

[170] Halmos, P., *Towards a Measure of Man*, London: Kegan Paul, 1957.

[171] Harding, M. E., *Psychic Energy*, New York: Pantheon, 1947.

[172] Harlow, H. F., Motivation as a factor in the acquisition of new responses, in Jones, R. M. (ed.), *Current Theory and Research in Motivation*, Lincoln, Neb.: University of Nebraska Press, 1953.

[173] Harlow, H. F., The heterosexual affectional system in monkeys, Am. *Psychologist*, 1962, *17*, 1—9.

[174] Harlow, H. F., Learning motivated by a manipulation drive, *J. exptl. Psychol.*, 1950, *40*, 228—234.

[175] Harlow, H. F., Maternal behavior in socially deprived rhesus

monkeys, *J. abnorm. soc. Psychol.*, 1964, *69*, 345—354.

[176] Harlow, H. F., Primary affectional patterns in primates, *Am. J. Orthopsychiat.*, 1960, *30*, 676—684.

[177] Harlow, H. F., and Harlow, M. K., The affectional systems, in Schrier, A. M., Harlow, H. F., and Stollnitz, F. (eds.), *Behavior of Nonhuman Primates*, Vol. 2, New York: Academic Press, 1965.

[178] Harlow, H. F., and Harlow, M. K., Learning to love, *Am. Scientist*, 1966, *54*, 244—272.

[179] Harlow, H. F., and Harlow, M. K., Social deprivation in monkeys, *Scientific American*, 1962, *207*, 136—146.

[180] Harman, W. W., Contemporary social forces and alternative futures, *J. Res. Develop. Education*, 2, Summer 1969, 67—89.

[181] Harman, W. W., The new Copernican revolution, *Stanford Today*, Winter 1969, 6—10.

[182] Harper, R., *Human Love: Existential and Mystical*, Baltimore: Johns Hopkins Press, 1966.

[183] Hartmann, C. G., Endocrine influences on instinctual processes, *Psychosomat. Med.*, 1942, *4*, 206—210.

[184] Hartman, R. S., *The Structure of Value: Foundations of Scientific Axiology*, Carbondale, Ill.: Southern Illinois University Press, 1967.

[185] Hartmann, H., *Ego Psychology and the Problem of Adaptation*, New York: International Universities Press, 1958.

[186] Hattis, R., Love feelings in courtship couples: An analysis, in Sutich, A., and Vich, M. (eds.), *Readings in Humanistic Psychology*, New York: Free Press, 1969, 347—385.

[187] Hayakawa, S. I., *Language and Thought in Action*, Harcourt, Brace & World, 1949.

[188] Hayakawa, S. I., The fully functioning personality, *in* S. I. Hayakawa (ed.), *Our Language & Our World*, New York: Harper & Row,

1959, 202—217.

[189] Heard, G., *Training for a Life of Growth*, Santa Monica, Calif.: Wayfarer Press, 1959.

[190] Heath, D. H., *Explorations of Maturity: Studies of Mature and Immature College Men*, New York: Appleton-Century-Crofts, 1965.

[191] Henle, M. (ed.), *Documents of Gestalt Psychology*, Berkeley, Calif.: University of California Press, 1961.

[192] Herzberg, A., *The Psychology of Philosophers*, New York: Harcourt, Brace & World, 1929.

[193] Herzberg, F., *Work and the Nature of Man*, New York: World Publishing, 1966.

[194] Higgins, M., and Raphael, C. M. (eds.), *Reich Speaks of Freud*, New York: Farrar, Straus & Giroux, 1967.

[195] Hitschmann, E., Freud's conception of love, *Int. J. Psychoanal.*, 1952, *33*, 1—8.

[196] Hoggart, R., *The Uses of Literacy*, Boston: Beacon, 1961.

[197] Horney, K., *The Neurotic Personality of Our Time*, New York: Norton, 1937.

[198] Horney, K., *New Ways in Psychoanalysis*, New York: Norton, 1939.

[199] Horney, K., *Neurosis and Human Growth*, New York: Norton, 1950.

[200] Horney, K., *Self-Analysis*, New York: Norton, 1942.

[201] Howells, T. H., The obsolete dogma of heredity, *Psychol. Rev.*, 1945, *52*, 23—34.

[202] Howells, T. H., and Vine, D. O., The innate differential in social learning, *J. abnorm. soc. Psychol.*, 1940, *35*, 537—548.

[203] Huber, J., *Through an Eastern Window*, Boston: Houghton Mifflin, 1967.

[204] Husband, R. W., A comparison of human adults and white rats

in maze learning, *J. comp. Psychol.*, 1929, *9*, 361—377.

[205] Husserl, E., *Ideas: General Introduction to Pure Phenomenology*, New York: Macmillan, 1952.

[206] Huxley, A., *Grey Eminence*, New York: World Publishing, 1959.

[207] Huxley, A., *Heaven & Hell*, New York: Harper & Row, 1955.

[208] Huxley, A., *Island*, New York: Bantam Books, 1963.

[209] Huxley, A., *The Perennial Philosophy*, New York: Harper & Row, 1944.

[210] Jahoda, M., *Current Conceptions of Positive Mental Health*, New York: Basic Books, 1958.

[211] James, W., *The Principles of Psychology*, New York: Holt, Rinehart and Winston, 1890.

[212] James, W., *The Varieties of Religious Experience*, New York: Modern Library, 1943.

[213] Jekels, L., and Bergler, E., Transference and love, *Psychoanal. Quart.*, 1949, *18*, 325—350.

[214] Jessner, L., and Kaplan, S., "Discipline" as a problem in psychotherapy with children, *The Nervous Child*, 1951, *9*, 147—155.

[215] Johnson, W., *People in Quandaries*, New York: Harper & Row, 1946.

[216] Jones, R. M., *Fantasy and Feeling in Education*, New York: New York University Press, 1968.

[217] Jourard, S. M., *Disclosing Man to Himself*, New York: Van Nostrand Reinhold, 1968.

[218] Jung, C., *The Integration of the Personality*, London: Routledge & Kegan Paul, 1950.

[219] Jung, C., *Modern Man in Search of a Soul*, New York: Harcourt, Brace & World, 1933.

[220] Jung, C., *The Undiscovered Self*, London: Kegan Paul, 1958.

[221] Kamiya, J., Conscious control of brain waves, *Psychology Today*, 1968, *1*, 56—61.

[222] Kardiner, A., *The Traumatic Neuroses of War*, New York: Hoeber, 1941.

[223] Kasanin, S. J., Neurotic "acting out" as a basis for sexual promiscuity in women, *Psychoanal. Rev.*, 1944, *31*, 221—232.

[224] Kasner, E., and Newman, J., *Mathematics and the Imagination*, New York: Simon and Schuster, 1940.

[225] Katona, G., *Organizing and Memorizing*, New York: Columbia University Press, 1940.

[226] Katz, R., Unpublished reports on the Outward Bound program.

[227] Kaufman, W., *Nietzsche*, New York: World Publishing, 1956.

[228] Kaufman, W. (ed.), *The Portable Nietzsche*, New York: Viking, 1954.

[229] Kempf, E. J., *The Autonomic Functions and the Personality*, New York: Nervous and Mental Disease Publishing Co., 1921.

[230] Kilby, R. W,, Psychoneuroses in times of trouble: evidence for a hierarchy of motives, *J. abnorm. soc. Psychol.*, 1948, *43*, 544—545.

[231] King, D. C., The meaning of normal, *Yale J. Biol. Med.*, 1945, 17, 493—501.

[232] Kirkendall, L., *Premarital Intercourse and Interpersonal Relationships*, New York: Julian Press, 1961.

[233] Klee, J. B., *Problems of Selective Behavior*, Lincoln, Neb.: University of Nebraska Studies, 1951, New Series No. 7.

[234] Klein, M., Dittmann, A., Parloff, M., and Gill, M., *Behavioral Therapy*: Observations and reflections, *J. consult, clin. Psychol.*, 1969, 33, 259—266.

[235] Kluckhohn, C., *Mirror for Man*, New York: McGraw-Hill, 1949.

[236] Knutson, J., *Motivation and Political Behavior*, Ph.D. thesis,

University of Oregon, 1968.

[237] Koestler, A., *The Yogi and the Commissar*, New York: Macmillan, 1945.

[238] Kohler, W., *The Place of Values in a World of Facts*, New York: Liveright, 1938.

[239] Kohler, W., Gestalt psychology today, in Henle, M. (ed.), *Documents of Gestalt Psychology*, Berkeley, Calif.: University of California Press, 1961.

[240] Korman, A. K., Self-esteem as a moderator in vocational choice: Replications and extensions, *J. applied Psychol.*, 1969, *53*, 188—192.

[241] Korzybski, A., *Science and Sanity: An Introduction to Non-Aristotelian Systems and General Semantics*, 3rd ed., Lakeville, Conn.: International Non-Aristotelian Lib. Pub. Co., 1948.

[242] Kris, E., *Psychoanalytic Explorations in Art*, New York: International Universities Press, 1952.

[243] Kropotkin, P., *Ethics, Origin and Development*, New York: Dial Press, 1924.

[244] Krout, M., Autistic gestures, *Psychol. Monogr.*, 1935, *46*, No. 208.

[245] Kubie, L. S., *Neurotic Distortion of the Creative Process*, Lawrence, Kansas: Univ. of Kansas, 1958.

[246] Kubie, L. S., Some unsolved problems of the scientific career, *Am. Scientist*, 1953, *41*, 596—613; 1954, *42*, 104—112.

[247] Landsman, T., Existentialism in counseling: the scientific view, *Personnel & Guidance Journal*, 1965, *XL*, pp. 568—572.

[248] Landsman, T., The beautiful person, *The Futurist*, 1969, *3*, 41—42.

[249] Langer, S., *Philosophy in a New Key*, Cambridge, Mass.: Harvard University Press, 1942.

[250] Langer, S., *Symbolic Logic*, Boston: Houghton Mifflin, 1937.

[251] Lao Tsu, *The Way of Life*, New York: Mentor, 1955.

[252] Laski, M., *Ecstasy*, Bloomington, Ind.: Indiana University Press, 1962.

[253] Lawler, E. E., III, Job Design and Employee Motivation, *Personnel Psychology*, 1969, *22*, No. 4, 426—435.

[254] Lawler, E. E., III, and Porter, L. W., Antecedent attitudes of effective managerial performance, *Organizational Behavior and Human Performance*, 1967, *2*, 122—142.

[255] Lawler, E. E., III, and Porter, L. W., The effect of performance on job satisfaction, *Industrial Relations*, 1967, *7*, pp. 20—27.

[256] Lee, D., Autonomous motivation, *J. humanistic Psychol.*, 1962, *1*, 12—22.

[257] Lee, D., *Freedom & Culture*, Englewood Cliffs, N. J.: Prentice-Hall, 1961.

[258] Leeper, R. (ed.), *Humanizing Education*, Washington, D.C.: Association for Supervision and Curriculum Development, 1967.

[259] Leeper, R., A motivational theory of emotion to replace "emotion as disorganized response," *Psychol. Rev.*, 55, 5—21.

[260] Leonard, W. E., *The Locomotive God*, New York: Century Co., 1929.

[261] Le Shan, E., *The Conspiracy Against Childhood*, New York: Atheneum, 1967.

[262] Le Shan, L., Mobilizing the life force, *The Ethical Forum*, 3, 1966, 1—11.

[263] Levy, D. M., *Maternal Overprotection*, New York: Columbia University Press, 1943.

[264] Levy, D. M., The deprived and indulged forms of psychopathic personality, *Am. J. Orthopsychiat.*, 1951, *21*, 250—254.

[265] Levy, D. M., Experiments on the sucking reflex and social behavior of dogs, *Am. J. Orthopsychiat.*, 1934, *4*, 203—224.

[266] Levy, D. M., On instinct-satiations: an experiment on the

pecking behavior of chickens, *J. gen. Psychol.*, 1938, *18*, 327—348.

[267] Levy, D. M., A note on pecking in chickens, *Psychoanal. Quart.*, 1934, *4*, 612—613.

[268] Levy, D. M., On the problem of movement restraint, *Am. J. Orthopsychiat.*, 1944, *14*, 644—671.

[269] Levy, D. M., Primary affect hunger, *Am. J. Psychiat.*, 1937, *94*, 643—652.

[270] Levy, D. M., Psychic trauma of operations in children, *Am. J. Diseases Children*, 1945, *69*, 7—25.

[271] Levy, D. M., Release therapy, *Am. J. Orthopsychiat.*, 1939, *9*, 713—736.

[272] Levy, D. M., The strange hen, *Am. J. Orthopsychiat.*, 1950, *19*, 140—144.

[273] Levy, D. M., Studies in sibling rivalry, *Amer. Orthopsychiat. Assn., Monogr.*, 1937, No. 2.

[274] Lewin, K., *Dynamic Theory of Personality*, New York: McGraw-Hill, 1935.

[275] Likert, R., *New Patterns in Management*, New York: McGraw-Hill, 1961.

[276] Lorenz, K., *On Aggression*, New York: Harcourt, Brace & World, 1966.

[277] Lowen, A., *The Betrayal of the Body*, New York: Macmillan, 1967.

[278] Lowen, A., *Love and Orgasm*, New York: Macmillan, 1965.

[279] Luchins, A., Mechanization in problem solving: the effect of Einstellung, *Psychol. Monogr.*, 1942, *54*, No. 6.

[280] Luchins, A., On recent use of the Einstellung effect as a test of rigidity, *J. consulting Psychology*, 1951, *15*, 89—94.

[281] Lyman, E., Occupational differences in the value attached to work, *Am. J. Sociol.*, 1955, *61*, 138—144.

[282] Lynd, R., *Knowledge for What?*, Princeton, N. J.: Princeton University Press, 1939.

[283] Mahrer, A. H. (ed.), *The Goals of Psychotherapy*, New York: Appleton-Century-Crofts, 1967.

[284] Maier, N. R. F., *Frustration*, New York: McGraw-Hill, 1949.

[285] Maier, N. R. F., *Studies of Abnormal Behavior in the Rat*, New York: Harper & Row, 1939.

[286] Manuel, F. E., *Shapes of Philosophical History*, Stanford, Calif.: Stanford University Press, 1965.

[287] Manuel, F. E., *A Portrait of Isaac Newton*, Cambridge, Mass.: Harvard University Press, 1968.

[288] Marcuse, H., *Eros and Civilization*, Boston: Beacon, 1955.

[289] Marmor, J., The role of instinct in human behavior, *Psychiatry*, 1942, 5, 509—516.

[290] Marrow, A., Bowers, D., and Seashore, S., *Management by Participation*, New York: Harper & Row, 1967.

[291] Maslow, A. H., *Eupsychian Management: A Journal*, Homewood, III.: Irwin-Dorsey, 1965.

[292] Maslow, A. H., *The Psychology of Science: A Reconnaissance*, New York: Harper & Row, 1966.

[293] Maslow, A. H., *Religions, Values and Peak Experiences*, Columbus, Ohio: Ohio State University Press, 1964.

[294] Maslow, A. H., *The S-I Test: A Measure of Psychological Security-Insecurity*, Palo Alto, Calif.: Consulting Psychologists Press, 1952.

[295] Maslow, A. H., *Toward a Psychology of Being*, 2nd ed., New York: Van Nostrand Reinhold, 1968.

[296] Maslow, A. H., and Mittelman, B., *Principles of Abnormal Psychology*, rev. ed., New York: Harper & Row, 1951.

[297] Maslow, A. H. (ed.), *New Knowledge in Human Values*, New

York: Harper & Row, 1959.

[297a. Maslow, A. H., Comments on Prof. McClelland's paper in Jones, M. R. (ed.), *Nebraska Symposium on Motivation, 1955*, Lincoln, Neb.: University of Nebraska Press, 1955, 65—69.

[298] Maslow, A. H., Criteria for judging needs to be instinctoid, in Jones, M. R. (ed.), *Human Motivation: A Symposium*, Lincoln, Neb.: Univ. of Nebraska Press, 1965.

[299] Maslow, A. H., A philosophy of psychology, in Fairchild, J. (ed.), *Personal Problems and Psychological Frontiers*, New York: Sheridan, 1957.

[300] Maslow, A. H., Power relationships and patterns of personal development, in Kornhauser, A. (ed.), *Problems of Power in American Democracy*, Detroit: Wayne University Press, 1957.

[301] Maslow, A. H., and Diaz-Guerrero, R., Juvenile delinquency as a value disturbance, in Peatman, J., and Hartley, E. (eds.), *Festschrift for Gardner Murphy*, New York: Harper & Row, 1960.

[302] Maslow, A. H., Appetites and hunger in animal motivation, *J. comp. Psychol.*, 1935, *20*, 75—83.

[303] Maslow, A. H., The authoritarian character structure, *J. social Psychol.*, 1943, *18*, 401—411.

[304] Maslow, A. H., The dominance drive as a determiner of the social and sexual behavior of infra-human primates, I-IV, *J. genet. Psychol.*, 1936, *48*, 261—277, 278—309, 310—338; *49*, 161—190.

[305] Maslow, A. H., Dominance-feeling, personality and social behavior in women, *J. social Psychol.*, 1939, *10*, 3—39.

[306] Maslow, A. H., Dominance-quality and social behavior in infra-human primates, *J. soc. Psychol.*, 1940, *11*, 313—324.

[307] Maslow, A. H., Emotional blocks to creativity, *J. individ. Psychol.*, 1958, *14*, 51—56.

[308] Maslow, A. H., The farther reaches of human nature, *J.*

transpers. Psychol., 1969, *1*, 1—10.

[309] Maslow, A. H., The influence of familiarization on preference, *J. Exptl. Psychol.*, 1937, *21*, 162—180.

[310] Maslow, A, H., Lessons from the peak-experiences, *J. humanistic Psychol.*, 1962, *2*, 9—18.

[311] Maslow, A. H., Self-esteem (dominance feeling) and sexuality in women, *J. social Psychol.*, 1942, *16*, 259—294.

[311a] Maslow, A. H., Some educational implications of the humanistic psychologies, *Harvard Educational Review*, 1968, *38*, 685—696.

[311b] Maslow, A. H., Some fundamental questions that face the normative social psychologist, *J. humanistic Psychol.*, 1968, *8*, 143—153.

[312] Maslow, A. H., Synergy in the society and in the individual, *J. individ. Psychol.*, 1964, *20*, 153—164.

[313] Maslow, A. H., A test for dominance-feeling (self-esteem) in women, *J. social Psychol.*, 1940, *12*, 255—270.

[314] Maslow, A. H., A theory of metamotivation: the biological rooting of the value-life, *J. humanistic Psychol.*, 1967, *7*, 93—127.

[315] Maslow, A. H., Theory Z, *J. transpers. Psychol.*, 1969, *1*, 31—47.

[316] Maslow, A. H., Toward a humanistic biology, *Am. Psychologist*, 1969, 724—735.

[317] Maslow, A. H., Various meanings of transcendence, *J. transpers. Psychol.*, 1969, *1*, 56—66.

[318] Maslow, A. H., and Mintz, N. L., Effects of esthetic surroundings: I. Initial short-term effects of three esthetic conditions upon perceiving "energy" and "well-being" in faces, *J. Psychol.*, 1956, *41*, 247—254.

[319] Maslow, A. H., Rand, H., and Newman, S., Some parallels between the dominance and sexual behavior of monkeys and the fantasies of psychoanalytic patients, *J. nervous mental Disease*, 1960, *131*,

202—212.

[320] Masters, R. D., Review of M. F. A. Montagu (ed.), Man & aggression, *Saturday Review*, October 19, 1968.

[321] Matson, F., *The Broken Image*, New York: Braziller, 1964.

[322] Matson, F. (ed.), *Being, Becoming and Behavior*, New York: Braziller, 1967.

[323] May, R., *Love and Will*, New York: Norton, 1969.

[324] May, R., *Psychology and the Human Dilemma*, New York: Van Nostrand Reinhold, 1967.

[325] May, R. (ed.), *Existential Psychology*, New York: Random House, 1961.

[326] McClelland, D., *The Achieving Society*, New York: Van Nostrand Reinhold, 1961.

[327] McClelland, D., *The Roots of Consciousness*, New York: Van Nostrand Reinhold, 1964.

[328] McClelland, D., and Winter, D. G., *Motivating Economic Achievement*, New York: Free Press, 1969.

[329] McDougall, W., *The Energies of Men*, New York: Scribner's, 1933.

[330] McDougall, W., *The Frontiers of Psychology*, New York: Appleton-Century-Crofts, 1935.

[331] McDougall, W., *An Introduction to Social Psychology*, rev. ed., Boston: J. W. Luce & Co., 1926.

[332] McGregor, D., *The Human Side of Enterprise*, New York: McGraw-Hill, 1960.

[333] Mead, M., *Sex and Temperament in Three Primitive Societies*, New York: Morrow, 1935.

[334] Mead, M., and Metraux, R., Image of the scientist among high school students, *Science*, 1957, *126*, 384—390.

[335] Meadow, A., A relation between dominance-feeling and a

classroom test situation, *J. Psychol.*, 1940, *9*, 269—274.

[335a] Menninger, K. A., *Love Against Hate*, New York: Harcourt, Brace & World, 1942.

[336] Mintz, N. L., Effects of esthetic surroundings: II. Prolonged and repeated experiences in a "beautiful" and an "ugly" room, *J. Psychol.*, 1956, *41*, 459—466.

[337] Money-Kyrle, R. E., Some aspects of political ethics from the psychoanalytical point of view, *Int. J. Psychoanal.*, 1944, *25*, 166—171.

[338] Money-Kyrle, R. E., Towards a common aim—a psychoanalytical contribution to ethics, *Brit. J. Med. Psychol.*, 1944, *20*, 105—117.

[339] Montagu, M. F. A., The Direction of Human Development, New York: Harper & Row, 1955.

[340] Montagu, M. F. A., *Man and Aggression*, New York: Oxford University Press, 1968.

[341] Montagu, M. F. A. (ed.), *The Meaning of Love*, New York: Julian, 1953.

[342] Moreno, J. (ed.), *Sociometry Reader*, New York: Free Press, 1960.

[343] Moustakas, C., *The Authentic Teacher*, Cambridge, Mass.: Doyle, 1966.

[344] Moustakas, C. (ed.), *The Self*, New York: Harper & Row, 1956.

[345] Mowrer, O. H., *The New Group Therapy*, New York: Van Nostrand Reinhold, 1964.

[346] Mowrer, O. H. (ed.), *Morality and Mental Health*, Chicago: Rand McNally, 1967.

[347] Mumford, L., *The Conduct of Life*, New York: Harcourt, Brace & World, 1951.

[348] Munroe, R. L., *Schools of Psychoanalytic Thought*, New York: Holt, Rinehart and Winston, 1955.

[349] Murphy, G., *Human Potentialities*, New York: Basic Books, 1958.

[350] Murphy, G., *Personality*, New York: Harper & Row, 1947.

[351] Murphy, G,, Psychology in the year 2000, *Am. Psychologist*, 1969, *24*, 521—530.

[352] Murphy, L., *Social Behavior and Child Personality*, New York: Columbia University Press, 1937.

[353] Murray, H. A., *Explorations in Personality*, New York: Oxford University Press, 1938.

[354] Murray, H. A., Prospect for psychology, *Science*, 1962, *136*, 483—488.

[355] Murray, H. A., Some basic psychological assumptions and conceptions, *Dialectica*, 1951, *5*, 266—292.

[356] Myerson, A., *When Life Loses Its Zest*, Boston: Little, Brown, 1925.

[357] Nameche, G., Two pictures of man, *J. humanistic Psychol.*, 1961, *1*, 70—88.

[358] Naranjo, C., *The Unfolding of Man*, Menlo Park, Calif.: Stanford Research Institute, 1969.

[359] Nielsen, K., On taking human nature as the basis of morality, *Soc. Res.*, 1962, *29*, 157—176.

[360] Northrop, F. S. C,, *The Logic of the Sciences and the Humanities*, New York: Macmillan, 1947.

[361] Northrop, F. S. C., *The Meeting of East and West*, New York: Macmillan, 1946.

[362] Olds, J., Physiological mechanisms of reward, in Jones, M. R. (ed.), *Nebraska Symposium on Motivation*, Lincoln, Neb.: University of Nebraska Press, 1955.

[363] Oppenheimer, M., The "Y" theory: enlightened management confronts alienation, *New Politics*, 1967, *6*, 33—48.

[364] Oppenheimer, O., Toward a new instinct theory, *J. social Psychol.*, 1958, *47*, 21—31.

[365] Otto, H. (ed.), *Exploration in Human Potentialities*, Sprinfield, Ill.: C. C Thomas, 1966.

[366] Otto, H., and Mann, J. (eds.), *Ways of Growth*, New York: Gross-man, 1968.

[366a] Overstreet, H,, *The Mature Mind*, New York: Norton, 1949.

[367] Ovsiankina, M., Die Wiederaufnahme unterbrochener Handlungen, *Psychol. Forsch.*, 1928, *11*, 302—379.

[368] Owens, C. M., *Discovery of the Self*, Boston: Christopher, 1963.

[369] Pahnke, W., Implications of LSD and experimental mysticism, *J. Religion mental Health*, 1966, *5*, 175—208.

[370] Paine, F. T., Carroll, S. J,, Jr., and Leete, B. A., Need satisfactions of managerial level personnel in a government agency. *J. appl. Psychol.*, 1966, *50*, 247—249.

[371] Paine, F. T., Deutsch, D. R., and Smith, R. A., The relationship between family backgrounds to work values, *J. appl. Psychol.*, 1967, 320—323.

[372] Pastore, N., *The Nature-Nurture Controversy*, New York: King's Crown, 1949.

[373] Pavlov, I. P., *Conditioned Reflexes*, London: Oxford University Press, 1927.

[374] Perls, F., Hefferline, R., and Goodman, P., *Gestalt Therapy*, New York: Julian Press, 1951.

[375] Pieper, J., *Leisure, the Basis of Culture*, New York: Pantheon, 1964.

[376] Polanyi, M., *Personal Knowledge*, Chicago: University of Chicago Press, 1958.

[377] Polanyi, M., *Science, Faith and Society*, Chicago: University

of Chicago Press, 1964.

[378] Polanyi, M., *The Tacit Dimension*, New York: Doubleday, 1966.

[379] Porter, L. W., and Lawler, E. E., *Managerial Attitudes and Performance*, Homewood, Ill.: Irwin, 1968.

[380] Porter, L. W., A study of perceived need satisfactions in bottom and middle management jobs, *J. appl. Psychol.*, 1961, *45*, 1—10.

[381] Porter, L. W., Job attitudes in management: I. Perceived deficiencies in need fulfillment as a function of job level, *J. appl. Psychol.*, 1962, *46*, 375—384.

[382] Porter, L. W., Job attitudes in management: II. Perceived importance of needs as a function of job level, *J. appl. Psychol.*, 1963, *47*, 375—384.

[383] Porter, L. W., Job attitudes in management: III. Perceived deficiencies in need fulfillment as a function of line versus staff type of job, *J. appl. Psychology*, 1963, *47*, 267—275.

[384] Porter, L. W., Job attitudes in management: IV. Perceived deficiencies in need fulfillment as a function of size of company, *J. appl. Psychol.*, 1963, *47*, 386—397.

[385] Porter, L. W., and Henry, M., Job attitudes in management: V. Perceptions of the importance of certain personality traits as a function of job level, *J. appl. Psychol.*, 1964, *48*, 31—36.

[386] Progolf, I., *Depth Psychology and Modern Man*, New York: Julian Press, 1959.

[387] Progolf, I., *Jung's Psychology and Its Social Meaning*, New York: Grove Press, 1953.

[388] Rand, A., *The Fountainhead*, Indianapolis: Bobbs-Merrill, 1943.

[389] Rapaport, D. (ed.), *Organization and Pathology of Thought*, New York: Columbia University Press, 1951.

[390] Reich, W., *Character Analysis*, 3rd ed., New York: Orgone Institute Press, 1949.

[391] Reich, W., *The Function of the Orgasm*, New York: Farrar, Straus & Giroux, 1942.

[392] Reik, T., *Listening With the Third Ear*, New York: Farrar, Straus & Giroux, 1948.

[393] Reik, T., *Of Love and Lust*, New York: Farrar, Straus & Giroux, 1957.

[394] Rhinehart, J. B., Barrell, R. P., De Wolfe, A. S., Griffin, J. E., and Spaner, F. E., Comparative study of need satisfactions in governmental and business hierarchies, *J. appl. Psychol.* 1969, *53*, 230—235.

[395] Ribble, M., *The Rights of Infants*, New York: Columbia University Press, 1943.

[396] Ribot, T. H., *La psychologie des sentiments*, Paris: Alcan, 1896.

[397] Richter, C. P., and J. Eckert, Mineral appetites of parathyroidectomized rats, *Am. J. Med. Sci.*, 1939, *198*, 9—16.

[398] Riesman, D., *The Lonely Crowd*, New Haven, Conn.: Yale University Press, 1950.

[399] Rimmer, R., *The Harrad Experiment*, Bantam, 1966.

[400] Ritter, P., and Ritter, J., *The Free Family*, London: Gollancz, 1959.

[401] Roe, A., *The Making of a Scientist*, New York: Dodd, Mead, 1953.

[401a] Rogers, C., *Client-Centered Therapy*, Boston, Mass.: Houghton Mifflin, 1951.

[402] Rogers, C., *Freedom to Learn*, Columbus, O.: Merrill, 1969.

[403] Rogers, C., *On Becoming a Person*, Boston, Mass.: Houghton Mifflin, 1961.

[404] Rogers, C., *Psychotherapy and Personality Changes*, Chicago:

University of Chicago Press, 1954.

[405] Rogers, C., and Skinner, B. F., Some issues concerning the control of human behavior: A symposium, *Science*, 1956, *124*, 1057—1066.

[406] Rokeach, M., *The Open and Closed Mind*, New York: Basic Books, 1960.

[407] Rosenthal, R., *Experimenter Effects in Behavioral Research*, New York: Appleton-Century-Crofts, 1966.

[408] Rosenzweig, S., Need-persistive and ego-defensive reactions to frustration, *Psychol. Rev.*, 1941, *48*, 347—349.

[409] Ruitenbeek, H. M. (ed.), *Varieties of Personality Theory*, New York: Dutton, 1964.

[410] Schachtel, E., *Metamorphosis*, New York: Basic Books, 1959.

[411] Scheinfeld, A., *Women and Men*, New York: Harcourt, Brace & World, 1944.

[412] Schilder, P., *Goals and Desires of Man*, New York: Columbia University Press, 1942.

[413] Schilder, P., *Mind: Perception and Thought in Their Constructive Aspects*, New York: Columbia University Press, 1942.

[413a] Schlick, M., *Problems of Ethics*, Englewood Cliffs, N. J.: Prentice-Hall, 1939.

[414] Schooland, J, B., Are there any innate behavior tendencies?, *Genet. Psychol. Monogr.*, 1942, *25*, 219—287.

[415] Schutz, W., *Joy*, New York: Grove Press, 1968.

[416] Schwarz, O., *The Psychology of Sex*, New York: Penguin Books, 1951.

[417] Schwitzgebel, R., The self in self-actualization, *Psychologia*, 1961, *4*, 163—169.

[418] Seguin, C. A., *Love and Psychotherapy*, New York: Libra, 1965.

[419] Severin, F. (ed.), *Humanistic Viewpoints in Psychology*, New

York: McGraw-Hill, 1965.

[420] Sheldon, W. H., *Psychology and the Promethean Will*, New York: Harper & Row, 1936.

[421] Sheldon, W. H. (with the collaboration of E. M. Hartl and E. McDermott), *Varieties of Delinquent Youth*, New York: Harper & Row, 1949.

[422] Sheldon, W. H. (with the collaboration of S. S. Stevens), *The Varieties of Temperament*, New York: Harper & Row, 1942.

[423] Shils, E., Of plenitude and scarcity, *Encounter*, 1969, *32*, 37—57.

[424] Shirley, M., Children's adjustments to a strange situation, *J. abnorm. soc. Psychol.*, 1942, *37*, 201—217.

[425] Shostrom, E., *Bibliography for the P.O.I.*, San Diego, Calif.: Educational and Industrial Testing Service, 1968.

[426] Shostrom, E., *Personal Orientation Inventory (POI) : A Test of Self-Actualization*, San Diego, California: Educational and Industrial Testing Service, 1963.

[427] Simpson, G., Science as morality, *Phil. Sci.*, 1951, *18*, 132—143.

[428] Singh, P. N., and Baumgartel, H., Background factors in airline mechanics' work motivations: A research note, *J. appl. Psychol.*, 1966, *50*, 357—359.

[429] Singh, P. N., and Wherry, R. J., Ranking of job factors by factory workers in India, *Personnel Psychology*, Spring, 1963, 29—33.

[430] Sinnott, E. W., *The Bridge of Life*, New York: Simon and Schuster, 1966.

[431] Skeels, H. M., Adult status of children with contrasting early life experiences, *Monographs of the Society for Research in Child Development*, 1966, *31*, entire No. 105.

[432] Sohl, J., *The Lemon Eaters*, New York: Dell, 1967.

[433] Sontag, L. W., The purpose and fate of a skin disorder,

Psychosomat. Med., 1945, *7*, 306—309.

[434] Sorokin, P. (ed.), *Exploration in Altruistic Love and Behavior*, Boston: Beacon, 1950.

[435] Spemann, H., *Embryonic Development and Induction*, New Haven, Conn.: Yale University Press, 1938.

[436] Spitz, R., Hospitalism, *Psychoanal. Study of the Child*, 1945, *1*, 53—74.

[437] Stapledon, O., *Odd John*, New York: Galaxy, 1936.

[438] Starr, H. E., Promethean Constellations, Parts I and II, *Psychological Clinic*, 1933, *22*, 1—20.

[439] Storr, A., *Human Aggression*, London: Allen Lane, The Penguin Press, 1968.

[440] Strauss, G., Human relations—1968 style, *Ind. Rel.*, 1968, *7*, 262—276.

[441] Sutich, A., and Vich, M., *Readings in Humanistic Psychology*, New York: Free Press, 1969.

[442] Suttie, I., *The Origins of Love and Hate*, New York: Julian Press, 1935.

[443] Szasz, T. S., The myth of mental illness, *Am. Psychologist*, 1960, *15*, 113—118.

[444] Taggard, G., *The Life and Mind of Emily Dickinson*, New York: Knopf, 1934.

[445] Tanzer, D., Natural childbirth: Pain or peak experience? , *Psychology Today*, 1968, *2*, 16—21, 69.

[446] Tart, C. (ed.), *Altered States of Consciousness*, New York: Wiley, 1969.

[447] Tead, O., Toward the knowledge of man, *Main Currents in Modern Thought*, Nov. 1955, *12*, 35—39.

[448] Thompson, C., *Psychoanalysis: Evolution and Development*, New York: Hermitage, 1950.

[449] Thorndike, E. L., *Human Nature and the Social Order*, New York: Macmillan, 1940.

[450] Tillich, P., *The Courage to Be*, New Haven, Conn.: Yale University Press, 1952.

[451] Tillich, P., *Love, Power and Justice*, New York: Oxford University Press, 1954.

[452] Trotter, W., *Instincts of the Herd in Peace and War*, New York: Macmillan, 1915.

[453] Van Doren, C., *Three Worlds*, New York: Harper & Row, 1936.

[454] Van Kaam, A. L., *Existential Foundations of Psychology*, Pittsburgh: Duquesne University Press, 1966.

[455] Van Kaam, A. L., Phenomenal analysis: Exemplified by a study of the experience of "really feeling understood," *J. individ. Psychol.*, 1959, *15*, 66—72.

[456] Vroom, V., *Work and Motivation*, New York: Wiley, 1964.

[457] Walder, R., The psychoanalytic theory of play, *Psychoanalyt. Quart.*, 1933, *2*, 208—224.

[458] Watson, D. L., *The Study of Human Nature*, Yellow Springs, O.: Antioch Press, 1953.

[459] Watts, A. W., *Nature, Man and Woman*, New York: Pantheon, 1958.

[460] Watts, A. W., *Psychotherapy: East and West*, New York: Pantheon, 1961.

[461] Weisskopf, W., *The Psychology of Economics*, Chicago: University of Chicago Press, 1955.

[462] Weisskopf, W., Economic growth and human well-being, *Manas*, August 21, 1963, *16*, 1—8.

[463] Wells, W. R., Hypnotic treatment of the major symptoms of hysteria: a case study, *J. Psychol.*, 1944, *17*, 269—297.

[464] Werner, H., *The Comparative Psychology of Mental*

Development, New York: Harper & Row, 1940.

[465] Wertheimer, M., *Productive Thinking*, 2nd ed., New York: Harper & Row, 1959.

[466] Wertheimer, M., On truth, in Henle, M. (ed.), *Documents of Gestalt Psychology*, Berkeley, Calif.: University of California Press, 1961.

[467] Wertheimer, M., Some problems in the theory of ethics, in Henle, M. (ed.), *Documents of Gestalt Psychology*, Berkeley, Calif.: University of California Press, 1961.

[468] Wheelis, A., *The Quest for Identity*, New York: Norton, 1958.

[469] Wheelis, A., *The Seeker*, New York: Random House, 1960.

[470] Whitaker, C., and Malone, T., *The Roots of Psychotherapy*, New York: Blakiston, 1953.

[471] White, R. W., *Lives in Progress*, New York: Holt, Rinehart and Winston, 1952.

[472] White, R. (ed.), *The Study of Lives*, New York: Atherton Press, 1966.

[473] White, R., Motivation reconsidered: the concept of competence, *Psychol. Rev.*, 1959, 66, 297—333.

[474] Whitehead, A. N., *The Aims of Education*, New York: New American Library, 1949.

[475] Whitehead, A. N., *Modes of Thought*, New York: Macmillan and Cambridge Univ. Press, 1938.

[476] Whitehead, A. N., *Science and the Modem World*, New York: Macmillan, 1925.

[477] Whiteman, S. L., Associative learning of the college student as a function of need relevant stimuli, Ph.D. Thesis, Case Western Reserve University, 1969.

[478] Wienpahl, P., *The Matter of Zen*, New York: New York University Press, 1964.

[479] Wilkins, L., and Richter, C., A great craving for salt by a

child with cortico-adrenal insufficiency, *J. Am. Med. Assoc.*, 1940, *114*, 866—868.

[480] Wilson, C., *Beyond the Outsider*, London: Arthur Barker, 1965.

[481] Wilson, C., *Introduction to the New Existentialism*, Boston: Houghton Mifflin, 1967.

[482] Wilson, C., *Origins of the Sexual Impulse*, London: Arthur Barker, 1963.

[483] Wilson, C., *Voyage to a Beginning*, New York: Crown, 1969.

[484] Winthrop, H., *Ventures in Social Interpretation*, New York: Appleton-Century-Crofts, 1968.

[485] Witkin, H., Dyk, R., Faterson, H., and Karp, S., *Psychological Differentiation: Studies of Development*, New York: Wiley, 1962.

[486] Wolff, W. *The Expression of Personality*, New York: Harper & Row, 1943.

[487] Wolpe, J., and Lazarus, A. A., *Behavior Therapy Techniques: A Guide to the Treatment of Neuroses*, New York: Pergamon Press, 1966.

[488] Wootton, G,, *Workers, Unions and the State*, New York: Schocken, 1967.

[489] Yablonsky, L., *The Tunnel Back: Synanon*, New York: Macmillan, 1965.

[490] Yeatman, R. J., and Sellar, W. C., *1066 and All That*, New York: Dutton, 1931.

[491] Young, P. T., Appetite, palatability and feeding habit; a critical review, *Psychol. Bull.*, 1948, *45*, 289—320.

[492] Young, P. T., The experimental analysis of appetite, *Psychol. Bull.*, 1941, *38*, 129—164.

[493] Zeigarnik, B., Uber das Behalten von erledigten and unerledigten Handlungen, *Psychol. Forsch.*, 1927, *9*, 1—85.

[494] Zinker, J., *Rosa Lee: Motivation and the Crisis of Dying*, Painesville, Ohio: Lake Erie College Studies, 1966.

致　谢

首先，我想向比尔·劳克林和 W.P. 劳克林慈善基金会表达衷心的感谢，感谢他们授予了我居民奖学金，给了我充足的时间和自由来完成该修订本。这样的理论研究是一份全职工作。如果没有这份奖学金，我便无法完成这项工作。除此之外，我还要感谢福特基金会教育促进基金于 1967—1968 年间授予我奖学金，使我能利用这一年的时间提出了人文教育理论。

凯·庞修斯夫人不仅承担了该书的所有秘书工作，而且还帮助我完成了查找、核对参考文献、编校以及其他诸多工作。她工作起来高效、专业且兴致勃勃。在此，我要向她表示由衷的感谢，感谢她的辛勤工作。我还要感谢我在布兰代斯大学的前秘书希尔达·史密斯女士，感谢她在我离职前帮我开始了这项工作。我也要感谢玛里琳·莫雷尔夫人，她同样慷慨地协助我完成了参考文献的整理。哈珀与罗出版公司的乔治·米登多夫曾劝我编撰该修订本，对此我表示衷心的感谢。

在其他书中和本书的参考书目中，我已多次致谢，这里不再重复。我想对诸多朋友表示感谢，他们通过倾听、对话和辩论的方式帮助了我。在朋友身上实验这些理论问题有利于我进行透彻思考。我的妻子伯莎就天天做我的参谋，而且她总是非常耐心，并且提出了很多真知灼见。在此，我不仅感谢她对我的帮助，更对她的耐心表示钦佩。

图书在版编目（CIP）数据

动机与人格 /（美）亚伯拉罕·H. 马斯洛（Abraham H. Maslow）著；赵巍译 . —西安：世界图书出版西安有限公司，2023.7

（马斯洛心理学经典译丛）

书名原文：Motivation and Personality

ISBN 978-7-5232-0292-0

I. ①动… II. ①亚… ②赵… III. ①人本心理学—研究 IV. ① B84-067

中国国家版本馆 CIP 数据核字（2023）第 071804 号

动机与人格
DONGJI YU RENGE

作　　者	［美国］亚伯拉罕·H. 马斯洛
译　　者	赵　巍
责任编辑	雷　丹
书籍设计	鹏飞艺术
出版发行	世界图书出版西安有限公司
地　　址	西安市雁塔区曲江新区汇新路 355 号
邮　　编	710061
电　　话	029-87233647（市场部）　029-87234767（总编室）
网　　址	http://www.wpcxa.com
邮　　箱	xast@wpcxa.com
经　　销	新华书店
印　　刷	天津丰富彩艺印刷有限公司
开　　本	960mm×640mm　1/16
印　　张	24
字　　数	334 千字
版　　次	2023 年 7 月第 1 版
印　　次	2023 年 7 月第 1 次印刷
国际书号	ISBN 978-7-5232-0292-0
定　　价	59.80 元

版权所有　翻印必究

（如有印装错误，请与出版社联系）